SV

Herlinde Pauer-Studer / J. David Velleman

»WEIL ICH NUN MAL EIN GERECHTIGKEITSFANATIKER BIN«

Der Fall des SS-Richters Konrad Morgen

Suhrkamp

Die englischsprachige Originalausgabe dieses Buches erschien 2015 unter dem Titel *Konrad Morgen. The Conscience of a Nazi Judge* bei Palgrave Macmillan (London/New York). Der Text wurde für die deutsche Ausgabe überarbeitet und um die theoretische Einleitung ergänzt; auch das Nachwort wurde für die vorliegende Ausgabe erweitert.

Bibliographische Information der Deutschen Nationalbibliothek
Die Deutsche Nationalbibliothek verzeichnet diese Publikation in der Deutschen Nationalbibliographie; detaillierte bibliographische Daten im Internet über http://dnb.d-nb.de abrufbar.

Erste Auflage 2017

Satz: Satz-Offizin Hümmer GmbH, Waldbüttelbrunn
Druck: Pustet, Regensburg
Printed in Germany
ISBN 978-3-518-42599-2

INHALT

VORWORT

Im Mittelpunkt dieses Buches steht eine normative Fallstudie, ihr Gegenstand ist die aktive Laufbahn des SS-Richters Konrad Morgen in den Jahren 1940 bis 1945. Grundlage unserer Darstellung von Morgens Tätigkeit, die tiefen Einblick in die moralisch pervertierten Strukturen des NS-Systems gibt, sind die in Archiven verfügbaren Dokumente zu Konrad Morgen und zur SS- und Polizeigerichtsbarkeit sowie Morgens Aussagen in Verhören und Prozessen nach dem Krieg.[1]

Georg Konrad Morgen (1909-1982) war ausgebildeter Jurist und seit 1933 Mitglied der SS und der NSDAP. Nach einer kurzen Einarbeitung wurde er im Herbst 1940 SS-Richter in der SS- und Polizeigerichtsbarkeit. Von Januar 1941 bis Mai 1942 war Morgen dem SS-Gericht in Krakau zugeteilt, wo er als Untersuchungsrichter auch Fälle von finanzieller Korruption unter hochrangigen SS-Offizieren im besetzten Polen verfolgte. Im Mai 1942 enthob ihn Himmler seines Amtes und versetzte ihn im Dezember 1942 als einfachen Soldaten an die Ostfront. Im Juli 1943 wurde Morgen auf Befehl Himmlers zurückbeordert und mit der Untersuchung von finanziellen Unregelmäßigkeiten in den Konzentrationslagern beauftragt. Sein erster Fall betraf Buchenwald, wo sich Hinweise auf die systematische Ermordung von Häftlingen durch den vormaligen Lagerkommandanten ergaben. Die Untersuchung dieser Verbrechen führte Morgen nach Lublin und schlussendlich nach Auschwitz, wo er sich mit der industriellen Massenvernichtung der Juden konfrontiert sah.

In Überschreitung seines Auftrags klagte Morgen den ehemaligen Kommandanten von Buchenwald, den Lagerarzt von Buchen-

1 Vgl. die Auflistung der Archivmaterialien auf S. 309ff.

wald und den Leiter der Gestapo in Auschwitz wegen Mordes an. Er versuchte sogar, einen Haftbefehl gegen Adolf Eichmann zu erwirken. Seine Tätigkeiten gründeten auf SS-internen Ermittlungen gegen fünf KZ-Kommandanten. In einem SS-internen Gerichtsprozess, der im Herbst 1944 in Weimar stattfand, wurde der frühere Kommandant von Buchenwald, Karl Otto Koch, zum Tode verurteilt.[2]

Nach dem Krieg wurde Morgen vom amerikanischen Counter Intelligence Corps (CIC)[3] in Gewahrsam genommen und intensiv verhört. Er sagte als Zeuge in einer Reihe von Kriegsverbrecherprozessen aus: zunächst im Nürnberger Prozess gegen die Hauptkriegsverbrecher, dann in den Nachfolgeprozessen, ebenfalls in Nürnberg, und schließlich, als er sich nach seiner Entnazifizierung als Anwalt und Notar in Frankfurt am Main niedergelassen hatte, in einer Reihe von Gerichtsverfahren, die in den sechziger Jahren begannen. So war er auch Zeuge im ersten Frankfurter Auschwitzprozess (1963-65). Seine letzte Aussage in einem Verfahren erfolgte 1980, zwei Jahre vor seinem Tod.

Morgen erklärte nach dem Krieg, es sei ihm nicht möglich gewesen, Anklage wegen der Ermordung von Millionen Menschen in den Gaskammern von Auschwitz-Birkenau zu erheben, denn die für die Massenvernichtung verantwortliche Instanz sei Hitler gewesen, dessen Wille und Anordnungen im Führerstaat Gesetzen gleichgekommen seien. Die Ahndung »gewöhnlicher« Morde, also nicht im Rahmen der Befehlskette der NS-Administration angeordneter

2 Die Exekution Karl Otto Kochs, von 1937 bis 1941 Kommandant des Konzentrationslagers Buchenwald, ist belegt. Die Exekution Hermann Florstedts, der unter Koch Lagerführer in Buchenwald und von November 1942 bis Oktober 1943 Kommandant des Lagers Majdanek war, wird von einem Familienmitglied infrage gestellt (vgl. Lindner 1997). Konrad Morgen gibt an, Florstedt im Herbst 1943 in Lublin verhaftet zu haben; dieser sei angeklagt und exekutiert worden. Der gemeinsam mit Karl Otto Koch im Herbst 1944 vor einem SS-Gericht in Weimar angeklagte SS-Aufseher Martin Sommer, der im selben Gefängnis wie Koch inhaftiert war, stellt in einem von ihm verfassten Bericht fest, er könne bestätigen, dass Hermann Florstedt am 5. April 1945 zusammen mit Karl Otto Koch erschossen wurde (vgl. GMSB, S. 33f.).

3 Das amerikanische Counter Intelligence Corps, die Spionageabwehr des US-Militärs, hatte nach dem Ende des Zweiten Weltkrieges unter anderem die Aufgabe, in Deutschland nach Kriegsverbrechern zu suchen.

Tötungen, war, wie Morgen argumentierte, sein einziges Mittel, um etwas gegen das Vernichtungsprogramm zu tun.

Unsere Nachforschungen und die intensive Beschäftigung mit dem Archivmaterial ergaben, dass Morgen seine Tätigkeiten als SS-Richter nach dem Krieg zum größten Teil wahrheitsgemäß schilderte. Mit einigen wenigen Ausnahmen, die wir genau darlegen und diskutieren,[4] decken sich seine Aussagen mit den verfügbaren Archivdokumenten, die nicht nur ihn direkt betreffende Materialien umfassen, sondern auch Dokumente über Personen, mit denen er während des Krieges zu tun hatte.[5] Selbst seine gänzlich unwahr-

4 Die bemerkenswerteste Ausnahme ist Morgens Bericht über seine Entdeckung der »Endlösung« im Rahmen seiner Zeugenaussage beim Prozess des Internationalen Militärgerichtshofes gegen die Hauptkriegsverbrecher in Nürnberg im August 1946. Wir diskutieren dies eingehend in Kapitel 12.

5 Nikolaus Wachsmann schreibt in seinem Buch *KL: Die Geschichte der nationalsozialistischen Konzentrationslager*: »Nach dem Krieg sagte der gewiefte Morgen gegen einige Männer der Lager-SS aus und stellte sich selbst als unermüdlichen Vorkämpfer für Recht und Ordnung dar. Verschiedene Historiker sind auf seine Pose hereingefallen, einige Richter ebenfalls. Doch seine Aussagen nach dem Krieg waren Schutzbehauptungen, durchlöchert von Auslassungen und schamlosen Lügen.« (Wachsmann 2016, S. 447)
Wir teilen diese Beurteilung Morgens, die sich nur auf einen winzigen Ausschnitt der verfügbaren Dokumente stützt, nicht. Wenngleich die Frage berechtigt scheint, ob und wie weit sich Morgen für mehr als nur für Recht und Ordnung in einem systemkonformen Sinn interessierte – eine Frage, der wir unten weiter nachgehen werden –, so ist sein Einsatz für das, was er unter Gerechtigkeit verstand, doch umfassend dokumentiert. Was Morgens Aufrichtigkeit und den Wahrheitsgehalt seiner Aussagen betrifft, ist zu bedenken, dass sich Wachsmanns Urteil einzig auf Morgens Zeugenaussage beim Hauptkriegsverbrecherprozess in Nürnberg stützt. Diese Aussage, die wir in Kapitel 12 im Detail diskutieren, enthält in der Tat bedeutsame Verzerrungen und gewisse Unwahrheiten. Diese Zeugenaussage wurde allerdings vor den beinahe drei Jahre dauernden intensiven Vernehmungen Morgens durch die Amerikaner gemacht. Diese weiteren Vernehmungen, in denen Morgen unter Eid aussagte, brachten wesentlich mehr und genauere Informationen ans Licht, Informationen, die Morgen in seinen nachfolgenden Zeugenaussagen bei späteren Kriegsverbrecherprozessen ergänzte und erweiterte. Wie wohl jeder Zeuge formulierte Morgen seine Aussagen gemäß seinen eigenen Interessen und Vorurteilen, doch die Behauptung, Morgens Aussagen seien von »schamlosen Lügen« »durchlöchert« gewesen, entbehrt der Grundlage.
Rebecca Wittman stellt in ihrem Buch *Beyond Justice* die Frage, ob Morgen in seiner Zeugenaussage beim Auschwitzprozess in Frankfurt am Main wirklich alles sagte, was er wusste. Sie schreibt: »Ich meine, dass Morgen sich nachträglich in einem wesentlich besseren Licht darstellte, vor allem auch, um möglichen Untersuchungen seiner eigenen Aktivitäten zu entgehen. Seine Unwilligkeit, etwas über die konkreten Vergehen auszusagen, die den in Frankfurt Angeklagten angelastet wurden, [...] zeigt, dass er gar nicht bereit

scheinlich klingende Behauptung, er habe versucht, einen Haftbefehl gegen Eichmann zu erwirken, wurde von Eichmann im Prozess in Jerusalem bestätigt.

Wir verstehen unser Buch als »moralische Biografie« – als Studie darüber, wie das moralische Bewusstsein eines Mannes mit einer zutiefst unmoralischen Welt zurechtzukommen versuchte, teils aber daran scheiterte. Nicht immer vermochte Morgen den Herausforderungen angemessen zu begegnen. In unserer Darlegung von Konrad Morgens Tätigkeit als SS-Richter vermeiden wir jede literarische Ausgestaltung der Geschehnisse. Morgens Aussagen und Berichten über diese Ereignisse geben wir jedoch breiten Raum, so dass die Leserinnen und Leser ihn gleichsam sprechend erleben. Ungeachtet der erschreckenden Dimension unserer Fallgeschichte bemühen wir uns um Sachlichkeit. Wir zeichnen nach, wie Morgen über die dramatischen Ereignisse, die er miterlebte, fühlte, dachte und urteilte.

Morgens Geschichte ist auch für die historische Forschung zum Nationalsozialismus interessant.[6] Seine Tätigkeiten sind in Berichten an seine Vorgesetzten, in den Vernehmungen durch die amerikanischen Besatzungsorgane und in seinen Zeugenaussagen in den Kriegsverbrecherprozessen der Nachkriegszeit dokumentiert. Als

war, dem Gericht mit spezifischen sachdienlichen Informationen zu dienen.« (Wittmann 2005, S. 166 [Übersetzung H. P.-St.]) Dass sich Morgen in seiner Zeugenaussage in einem vorteilhaften Licht präsentiert, ist offensichtlich. Doch daraus zu schließen, dass er damit versuchte, Ermittlungen zu seinen eigenen Aktivitäten auszuweichen, setzt voraus, dass er während des Krieges in Vorgänge involviert war, die einer Überprüfung nach dem Kriege nicht standgehalten hätten, dass er also etwas zu verbergen hatte. Für eine solche Annahme haben weder Wittmann noch wir irgendwelche Belege. Morgen befand sich von September 1945 bis Mai 1948 in amerikanischer Haft. Und die Amerikaner, die während dieser Zeit seine gesamten Tätigkeiten während des Krieges genau untersuchten, fanden keine Anhaltspunkte, um Morgen anzuklagen. Im Zeugenstand beim Auschwitzprozess in Frankfurt bestätigte Morgen auch die den Angeklagten vorgeworfenen Taten. Was er allerdings nicht lieferte, waren Details über die konkreten Fälle – Namen und Daten der Opfer sowie genaue Angaben über die begangenen Delikte. An diese Einzelheiten, die das Gericht selbstredend gerne von Morgen erfahren hätte, konnte er sich laut seinen eigenen Angaben zwanzig Jahre später nicht mehr erinnern. Anders als Wittmann sind wir nicht der Überzeugung, dass Morgen seine Vergesslichkeit nur vortäuschte.

6 Unsere Rekonstruktion umfasst nicht Morgens gesamtes Leben, sondern beschränkt sich auf seine Laufbahn als SS-Richter.

erfahrener Jurist und Richter sah und beurteilte er den Holocaust aus einer – wenn auch verzerrten – moralischen Perspektive. Er war ein hartnäckiger, ja verbissener Untersuchungsrichter, der selbst gegenüber monströsen Verbrechen nicht zurückwich. Da er selbst nie wegen Kriegsverbrechen angeklagt wurde, war Morgen als Zeitzeuge wesentlich offener und gesprächsbereiter als jene Täter, über die er nach dem Krieg aussagte.

Morgen erweist sich vielfach als höchst unsensibler und in seinem Urteilsvermögen eingeschränkter Beobachter seiner Umgebung. Nach 1945 unterließ er es allerdings, seine Berichte über Erlebtes dem anzupassen, was die Zuhörerschaft in der Nachkriegsära wusste oder hören wollte. Ob nun aus Ehrlichkeit, aus bloßer Naivität und einem gewissen Geltungsdrang oder infolge nach wie vor unhinterfragter ideologischer Prägung war Morgen doch ein bemerkenswert freimütiger und authentischer Zeuge.

Morgen entzieht sich der Kategorie des aktiven NS-Täters und NS-Verbrechers. Dennoch war er als SS-Offizier und SS-Richter nicht nur Teil des Systems, sondern aktives Mitglied, ja Vollzugsorgan einer Institution des Regimes. Gleichzeitig zwang ihn sein berufliches Rollenverständnis, das gegenüber gewissen Standards der Rechtsstaatlichkeit nicht gänzlich blind war, ein über der SS-Ideologie stehendes Ideal der Gerechtigkeit im Blick zu haben. Morgen war ein ambivalenter und schillernder Charakter – und die Beschäftigung mit ihm ist eine Studie in moralischer Komplexität.

Morgen beschrieb sich selbst einmal als »Gerechtigkeitsfanatiker«. Diese Selbstbeschreibung ist weit weniger positiv, als Morgen sie verstand oder verstehen wollte. Morgen fühlte sich einer spezifischen Form der Gerechtigkeit bedingungslos, ja »fanatisch« verpflichtet, die er sich zurechtgelegt hatte, um seinen komplexen, teils widersprüchlichen normativen Bindungen zu entsprechen. Manchmal leitete ihn sein Gerechtigkeitsempfinden, das Richtige zu tun, doch häufig verfehlte Morgen dieses Ziel. Sein moralisches Bewusstsein war zu selbstbezogen und ideologisch zu verformt, um kritischer Distanz und unparteilicher Reflexion zugänglich zu sein. Letztlich zeigte sich sein Gerechtigkeitsverständnis der systematischen Inhumanität, die ihn umgab, nicht gewachsen.

Der Versuch, ein nuanciertes Bild eines SS-Offiziers zu zeichnen, der so nahe an den Verbrechen des NS-Regimes war wie Morgen, wirft eine höchst sensible Frage auf: Verpflichtet es die Autoren nicht auf eine Perspektive, die inakzeptabel ist? Bedeutet es nicht, so kann man provokant fragen, eine Art Grenzüberschreitung? Doch Charaktere wie Konrad Morgen sind konkrete Individuen, deren eingehende Betrachtung moralisch wichtig ist.

Die Philosophie hat sich in den letzten Jahren zunehmend für moralpsychologische Fragestellungen interessiert. Methodisch beruht der philosophische Zugang allerdings weitgehend auf reinen Vernunftüberlegungen, die auf allgemeine, von den Komplexitäten des sozialen Lebens abstrahierende Grundsätze zielen. Die historische Aufarbeitung bedeutsamer realer Ereignisse und Charaktere leistet hingegen einen konkreten Beitrag zur philosophischen Analyse moralischer Prinzipien unter konkreten und politisch nichtidealen Verhältnissen – im Falle Morgens sind dies die Rahmenbedingungen eines totalitären Staates. Der Blick auf das Deliberieren eines Individuums, das mit einer Katastrophe wie dem Holocaust unmittelbar konfrontiert ist, ermöglicht Einsichten, die über simple Generalisierungen hinausgehen.

Der Fall Konrad Morgen ist schließlich auch für die Rechtsgeschichte und Rechtsphilosophie relevant. Nach wie vor beschäftigt uns die Frage, welche normativen Entwicklungen der Pervertierung des Rechts im Nationalsozialismus Vorschub leisteten. Dieser theoretische Hintergrund, in den Morgens berufliches Wirken eingebettet ist, wird in der Einleitung dargelegt, die der Rekonstruktion von Morgens Laufbahn als SS-Richter vorangestellt ist.

Im Nachwort folgen zusammenfassende Urteile über Morgens Tätigkeit und seinen Charakter und die sich daraus ergebenden Folgerungen für die Moral- und die Rechtsphilosophie. Diese abschließenden Reflexionen umfassen sicherlich nicht alle Einsichten, die Leserinnen und Leser dieses Buches bis dahin gewonnen haben werden.

In den Originalzitaten aus den Vernehmungen Morgens und anderer SS-Offiziere wurde die ursprüngliche alte Rechtschreibung beibehalten. Zu beachten ist allerdings, dass es in den von den

Amerikanern in Maschinenschrift angefertigten Protokollen solcher Verhöre Abweichungen von der alten Rechtschreibung gibt, so dass eine gewisse Uneinheitlichkeit in der Schreibweise nicht vermeidbar war. Dies gilt auch für Morgens teils in Maschinenschrift verfasste Berichte und Eingaben an die SS- und Polizeigerichtsbarkeit.

Wir danken Raphael Gross (Simon-Dubnow-Institut für jüdische Geschichte und Kultur, Universität Leipzig) und Werner Konitzer (Fritz Bauer Institut, Frankfurt am Main), die uns auf den SS-Richter Konrad Morgen aufmerksam gemacht haben. Raphael Gross' Artikel zu Konrad Morgen (2009) war Anstoß für unsere ersten Reflexionen über die normative Bedeutung dieses Falls. Werner Konitzer hat uns während der verschiedenen Stadien unseres Projektes beraten und hat auch das gesamte Manuskript gelesen und kritisch kommentiert. Dank ergeht auch an folgende Historikerinnen und Historiker für Hilfe und Rat: Norbert Frei, Ian Kershaw, Karin Orth, Barbara Schwindt, Sybille Steinbacher und Rebecca Wittmann.

Für Kommentare zum Manuskript danken wir Sarah Buss, David Dyzenhaus, Hans Petter Graver, Christoph Hanisch, Don Herzog, Veronika Hofer, Martin Kusch, David Owens, Nada Ina Pauer, Nishi Shah, Brian Slattery, Sharon Street, Christopher Theel und Renate Zoitl-Wolfsgruber.

Besonderen Dank schulden wir Christopher Theel. Mit seinem umfassenden historisches Wissen über die SS-Gerichtsbarkeit und seinen Hinweisen bei der Suche nach Archivmaterial im Bundesarchiv Berlin-Lichterfelde, im Bundesarchiv Ludwigsburg und im Staatsarchiv Ludwigsburg hat er die Arbeit an diesem Projekt maßgeblich unterstützt.

Wir danken David Dyzenhaus, der im Oktober 2013 eine Diskussion des Buchmanuskripts in seinem Seminar an der Law School der New York University organisierte, und allen Teilnehmerinnen und Teilnehmern für wertvolle Rückmeldungen und Kritik. Dank geht auch an die Teilnehmerinnen und Teilnehmer der vom ERC Advanced Research Grant »Distortions of Normativity« im Mai 2011 an der Universität Wien organisierten Konferenz zu »Autorität, Legalität und Legitimität«, die uns gleichfalls wertvolle

Rückmeldungen zu ersten, auf der Tagung präsentierten Ergebnissen unserer Forschungen zu Konrad Morgen gaben. Der Fall Morgen konnte auch an Vorträgen an der Johann Wolfgang Goethe-Universität Frankfurt am Main, der University of Kentucky, der University of South Carolina und am Philosophischen Seminar der Universität Hamburg vorgestellt werden. Wir danken den Teilnehmern dieser Diskussionen für ihre kritischen Fragen, Rückmeldungen und Hinweise.

Unser Dank geht auch an das Lektorat des Suhrkamp Verlags: Eva Gilmer und vor allem Heinrich Geiselberger haben mit einer Vielzahl kritischer Hinweise und Überarbeitungsvorschläge zur Verbesserung des Manuskripts beigetragen.

Folgende Personen standen uns dankenswerterweise bei Archivrecherchen mit Hilfe, Rat und Auskunft zur Verfügung: Kirsten Carter, FDR Library in Hyde Park, NY; Laura Joy, Hartley Library, University of Southampton; Teresa Gray, Jean und Alexander Heard Library der Vanderbilt University; Andreas Grunwald, Bundesarchiv Berlin-Lichterfelde; Dr. Klaus A. Lankheit und Petra Mörtl, Institut für Zeitgeschichte, München; Dr. Peter Klefisch, Landesarchiv Nordrhein-Westfalen, Düsseldorf; Dr. Johann Zilien, Hessisches Hauptstaatsarchiv, Wiesbaden; Rebecca L. Collier, US National Archives in College Park, MD; und last but not least, Werner Renz, Fritz Bauer Institut Frankfurt am Main, wo der Nachlass Morgens aufbewahrt ist.

Dank schulden wir auch Michael Gartler und Christoph Lernpaß für editorische Hilfe, Steven B. Rogers und Simon Gansinger für Assistenz bei Nachforschungen und Alexander Seifert für Hilfe bei der Suche nach Archivmaterial im Bundesarchiv Berlin-Lichterfelde.

Das Buch ist ein Ergebnis der im Rahmen des ERC Advanced Research Grant »Distortions of Normativity« durchgeführten Forschungen. Wir danken dem European Research Council für die Förderung des Projekts und der Universität Wien sowie der New York University für zusätzliche Unterstützung. Dem Zukunftsfonds der Republik Österreich danken wir für die Förderung vorbereitender Arbeiten zu diesem Buch.

ZEITTAFEL

8. Juni 1909	Konrad (Valentin Georg) Morgen wird in Frankfurt am Main geboren.
1930-33	Konrad Morgen studiert Rechtswissenschaften.
1. März 1933	Morgen wird Mitglied der SS (Mitgliedsnummer 124940)
1. April 1933	Morgen wird Mitglied der NSDAP (Mitgliedsnummer 2536236)[1]
August 1934	Morgen nimmt nicht an der Volksabstimmung teil, mit der Hitlers Übernahme des Amts des Reichspräsidenten nachträglich »legitimiert« werden soll.
12. Mai 1934	Morgen legt die erste juristische Staatsprüfung ab.
1934-38	Morgen absolviert die Referendarausbildung.
20. Februar 1936	Morgen promoviert an der Johann Wolfgang Goethe-Universität Frankfurt am Main zum Doktor der Rechte. Er publiziert seine Dissertation *Kriegspropaganda und Kriegsverhütung* im Verlag Noske (Leipzig).
2. September 1938	Morgen legt die zweite juristische Staatsprüfung ab.
7. März 1939	Morgen wird Assessor am Landgericht Stettin.

1 Diese Angaben beruhen auf Morgens Personalakte im Bundesarchiv Berlin-Lichterfelde, siehe PKM. In einem von Konrad Morgen am 15. Juni 1934 im Rahmen seines Ansuchens um die Zulassung zur ersten juristischen Staatsprüfung handschriftlich verfassten Lebenslauf wird der 24. April 1933 als Datum seines Eintritts in die NSDAP genannt. In dem Lebenslauf gibt Morgen an, ab April 1933 Dienst bei der »Studenten-SA« geleistet zu haben und dann in die SS eingetreten zu sein (vgl. HAW [3], Blatt 4). Morgen schreibt, im Juni 1933 von der »Studenten-SA« zur »SS-Studentenschaft« übergetreten zu sein. In den Vernehmungen durch die Amerikaner nach dem Krieg wird der 1. Mai 1933 als Datum des Eintritts in die NSDAP genannt (KMI, 4. September 1946, S. 2). In dem mit 24. Juni 1948 datierten Urteil der Spruchkammer des Interniertenlagers Ludwigsburg (Kornwestheim), in das Konrad Morgen nach der Entlassung aus amerikanischer Haft überstellt wurde, wird der Eintritt in die NSDAP auf den 1. Februar 1933 verlegt und das genaue Datum des Eintritts in die SS bis auf die Jahresangabe 1933 offengelassen (SKV EL 903/3, Bü 2196).

30. April 1939	Absetzung Morgens in Stettin. Er beginnt eine Tätigkeit als Rechtsberater bei der Deutschen Arbeitsfront.
1. September 1939	Beginn des Zweiten Weltkriegs; Morgen wird in die Waffen-SS eingezogen und dient beim 12. SS-Regiment in Posen (er wird Sachbearbeiter für Rechtsangelegenheiten).
Herbst 1940	Morgen bewirbt sich bei der SS- und Polizeigerichtsbarkeit in München; Schulung als SS-Richter.
1. Januar 1941	Morgen wird als SS-Hilfsrichter dem SS- und Polizeigericht Krakau zugeteilt.
22. Juni 1941	Überfall Deutschlands auf die Sowjetunion.
September 1941	Morgen präsentiert seine Untersuchungsergebnisse im Fall Hermann Fegelein.
27. März 1942	Morgen ersucht beim Hauptamt SS-Gericht um Versetzung aus dem Generalgouvernement.
März 1942	Erster Transport von Juden in das Vernichtungslager Belzec.
Mai 1942	Auf Befehl Himmlers wird Morgen aus der SS- und Polizeigerichtsbarkeit entlassen und zum »gemeinen Soldaten« degradiert.
Juli 1942	Morgen befindet sich zur militärischen Ausbildung in Stralsund.
Dezember 1942	Morgen wird zur SS-Division »Wiking«[2] an die Ostfront versetzt.
Mai 1943	Morgen wird von Himmler von der Ostfront zurückbeordert und wieder zur SS- und Polizeigerichtsbarkeit versetzt. Gleichzeitig wird er dem Reichskriminalpolizeiamt in Berlin zugewiesen.
Juni/Juli 1943	Morgen erhält den Auftrag zur Untersuchung von Finanzkorruption im Konzentrationslager Buchenwald.
18./19. August 1943	Letzter Transport von Juden in das Vernichtungslager Treblinka.

2 Die SS-Division »Wiking« war eine SS-Panzerdivision, in der neben deutschen Soldaten Freiwillige aus Skandinavien, Belgien und den Niederlanden dienten. Die SS-Standarte »Germania« war Teil dieser Division. Konrad Morgen verwendet in seinen Zeugenaussagen beide Begriffe.

24. August 1943	Morgen verhaftet den ehemaligen Kommandanten des KZ Buchenwald, Karl Otto Koch.
(Vermutlich) September 1943	Morgen untersucht eine Hochzeitsfeier von jüdischen Häftlingen im Alten Flughafenlager in Lublin.
14. Oktober 1943	Häftlingsrevolte in Sobibor.
3. November 1943	Erntefest-Massaker in Lublin.
November 1943	Morgen inspiziert das KZ Auschwitz und das Vernichtungslager Auschwitz-Birkenau.
Januar 1944	Morgen sucht Odilo Globocnik in Triest auf.
11. April 1944	Morgen verfasst seinen Untersuchungsbericht über Korruption und Morde im KZ Buchenwald.
17. August 1944	Morgen reicht seine Anklageschrift gegen die in Buchenwald verhafteten Personen ein (Karl Otto Koch, Ilse Koch, Lagerarzt Dr. Waldemar Hoven und SS-Aufseher Martin Sommer).
1.-10. September 1944	Erste Verhandlung im Buchenwaldprozess der SS-Gerichtsbarkeit in Schloss Kranichfeld bei Weimar (angeklagt sind das Ehepaar Koch, Hoven und Sommer).
13./14. Oktober 1944	Prozess der SS-Gerichtsbarkeit gegen den Chef der Gestapo in Auschwitz, Maximilian Grabner, in Schloss Kranichfeld bei Weimar.
November 1944	Neuerliche Versetzung Morgens an das SS-Gericht in Krakau.
Dezember 1944	Wiederaufnahme des Buchenwaldprozesses in Weimar.
Januar 1945	Morgen flieht vor der Roten Armee aus Krakau.
September 1945	Morgen meldet sich bei den amerikanischen Besatzungsbehörden in Mannheim-Seckenau und wird in Haft genommen.
7./8. August 1946	Morgen sagt als Zeuge der Verteidigung beim Prozess des Internationalen Militärgerichtshofs gegen die Hauptkriegsverbrecher in Nürnberg aus.
11./12. Juni 1947	Morgen sagt als Zeuge beim Prozess gegen den Erbprinz zu Waldeck und Pyrmont aus (*United States vs. Josias Prinz zu Waldeck et al.*).
21./22. August 1947	Morgen sagt als Zeuge beim Prozess gegen Oswald

	Pohl (Chef des Wirtschafts- und Verwaltungshauptamts [WHVA] der SS) aus.
24. März 1948	Morgen sagt als Zeuge im Wilhelmstraßenprozess (»The Ministries Trial«, *United States vs. Ernst von Weizsäcker et al.*) im Rahmen der Anklage gegen den Chef des Hauptamts SS, Gottlob Berger (Fall XI), aus.
Anfang Mai 1948	Morgen wird aus amerikanischer Haft entlassen und von den deutschen Behörden ins Interniertenlager Kornwestheim überstellt, um sein Entnazifizierungsverfahren abzuwarten.
15. Mai 1948	Morgen stellt den Antrag auf Entlassung aus dem Lager Kornwestheim. Dies wird mit der Auflage gewährt, sich dreimal wöchentlich bei den Behörden zu melden.
24. Juni 1948	Urteil der Spruchkammer des Interniertenlagers Ludwigsburg (Kornwestheim); Morgen wird als »Entlasteter« eingestuft. Dieses Urteil wurde durch das Ministerium für Politische Befreiung aufgehoben. Ein zweites Entnazifizierungsverfahren wird beim Gericht Nordwürttemberg anhängig.
27. September 1948	Morgen heiratet in Frankfurt am Main Maria Wachter, geb. Blank.
18. September 1950	Beschluss der Zentral-Spruchkammer Nordwürttemberg, Morgens Entnazifizierungsverfahren mit Wirksamkeit Mai 1951 abzuschließen.
1951	Morgen arbeitet nach seiner Entnazifizierung als Rechtsanwalt und Notar in Frankfurt am Main.
9. März 1964	Morgen sagt als Zeuge der Anklage im Auschwitzprozess in Frankfurt am Main aus.
19. September 1973	Aussage Morgens (eidesstattliche Vernehmung) im Vorfeld des Majdanek-Prozesses in Düsseldorf.
22. Januar 1980	Majdanek-Prozess in Düsseldorf. Aus gesundheitlichen Gründen tritt Morgen dort nicht persönlich als Zeuge auf, sondern macht seine Aussage in Frankfurt am Main.
4. Februar 1982	Konrad Morgen stirbt in Frankfurt am Main.

EINLEITUNG: DER RECHTSTHEORETISCHE KONTEXT

Konrad Morgen begann sein Studium der Rechtswissenschaften in der Endphase der Weimarer Republik. Als er 1934 das erste Staatsexamen ablegte, war der normative Umbau zu einem autoritären Führerstaat bereits so gut wie abgeschlossen. Die demokratischen Grundrechte waren dispensiert, andere politische Parteien außer der NSDAP verboten, die Gleichschaltung vollzogen und die Gewaltenteilung zwischen Legislative, Exekutive und Judikative zugunsten der »Einheit der Führergewalt« aufgehoben. Nach dem Tod Paul von Hindenburgs am 2. August 1934 übernahm Hitler auch dessen Aufgaben. Das Amt des »Führers«, das nun die Funktionen von Reichskanzler und Reichspräsident vereinigte, symbolisierte in der Person Hitlers die angestrebte Einheit von Staat und Partei.

Diese Veränderungen wurden von einer Flut an regimekonformen rechtstheoretischen Publikationen untermauert.[1] Die nationalsozialistischen Rechtstheoretiker waren bestrebt, das neue Staatsgebilde zu legitimieren. Sie versuchten, die Vorstellung zu zerstreuen, ein willkürlicher Maßnahmenstaat würde nun in Konkurrenz zum rechtsstaatlichen Normenstaat treten.[2] Maßnahmen und Befehle der Führung hatten Gesetzescharakter und gehören somit zum NS-Rechtssystem. Die unumschränkte Macht des Führers wurde über seine Bindung an die Volksgemeinschaft legitimiert. Die Autorität des »Führers« gründe, so das Argument, auf einer Selbstverpflichtung, Wohl und Ehre des Volkes zu fördern.

Die NS-Theoretiker rechtfertigten die neuen Rechtsquellen, nämlich das Führer- und das Volksgemeinschaftsprinzip. Die heik-

1 Eine ausschnittweise Sammlung dieser Texte findet sich in Pauer-Studer & Fink 2014.

2 Ernst Fraenkel beschrieb den NS-Staat als Dualismus von Normenstaat und Maßnahmenstaat (vgl. Fraenkel 1984).

le Frage nach der Vorrangigkeit eines dieser Prinzipien umgingen die Rechtstheoretiker mit einer moralisierenden Überhöhung der Person des »Führers«: Dieser verfüge selbstredend über die epistemische und »ethische« Kompetenz, bestmöglich für die Sicherheit der Volksgemeinschaft zu sorgen. Das Prinzip politischer Repräsentation wurde durch eine personalisierte Vertrauensrelation ersetzt. Im Führerstaat erübrige es sich, wie die NS-Juristen betonten, dass Einzelpersonen zu ihrem Schutz subjektive Rechte gegen die umfassende Macht des Staates geltend machten. Die Maßnahmen des Führers wurden als positivrechtlich legal und politisch legitim akzeptiert.[3]

Inwieweit Morgen diese ideologischen Vorgaben innerlich bejahte, lässt sich nicht mit Bestimmtheit sagen. Öffentlich hatte er sich mit seiner Partei- und SS-Mitgliedschaft 1933 als regimekonform deklariert. Seine Skepsis gegenüber der Zusammenlegung der Ämter von Reichskanzler und Reichspräsident im Jahr 1934 ist dokumentarisch belegt. Morgen beteiligte sich nicht an der Volksabstimmung, mit der sich Hitler diesen weiteren Griff nach noch umfassenderer Macht nachträglich absegnen ließ. Und Morgens 1936 eingereichte Dissertation, die dem Thema der Kriegspropaganda und der Kriegsverhütung gewidmet war, lag in Anliegen und Ton nicht in allen Punkten auf der Parteilinie.

Im Bereich des Strafrechtsdenkens geriet Morgen jedoch eindeutig unter den Einfluss der herrschenden politischen Ideologie. Morgens Vorgehen als Untersuchungsrichter und seine Urteile sind ein anschauliches Beispiel der normativen Verschiebungen im nationalsozialistischen Strafrecht, so etwa der Hinwendung zu einem Willensstrafrecht, das nicht mehr den Straftatbestand, sondern den »bösen« Willen des Täters in den Mittelpunkt rückt. Seine theoretischen Reflexionen über den Kampf gegen Korruption und Verbrechen verdeutlichen die ideologische Rechtsmoralisierung im »Dritten Reich«. Und seine harschen Urteile als SS-Richter folgen der ver-

3 Dabei kam den NS-Juristen der Umstand entgegen, dass sich die ersten gesetzlichen Maßnahmen des NS-Regimes, die »Reichstagsbrandverordnung« vom 28. Februar 1933 und das Ermächtigungsgesetz vom 24. März 1933, auf § 48.2 der noch gültigen Weimarer Verfassung berufen konnten.

schärften Handhabung des Strafrechts im Nationalsozialismus. Wie stark die Neuausrichtung im Strafrecht und die geänderte Rollendefinition des Richters Eingang in die SS-Gerichtsbarkeit fanden, zeigt auch ein Schreiben seines Vorgesetzten am SS-Gericht in Krakau an das Hauptamt SS-Gericht in München, das wir in Kapitel 5 dieses Buches diskutieren.

Die Strafrechtskonzeption im nationalsozialistischen Staat

Mit der »Machtergreifung« der Nationalsozialisten Ende Januar 1933 begannen unter führenden Rechtstheoretikern, die dem NS-Regime loyal gegenüberstanden, Diskussionen darüber, welche Art von Strafrecht den Werten des Nationalsozialismus am dienlichsten sei. Eine Ende 1933 von Hitler persönlich eingerichtete Strafrechtskommission unter dem Vorsitz des Reichsjustizministers Franz Gürtner hatte den Auftrag, das Strafrecht im nationalsozialistischen Sinn zu reformieren.[4] Im Dezember 1939 weigerte sich Hitler allerdings, den von dieser Kommission ausgearbeiteten neuen Strafrechtskodex zu unterschreiben.[5]

Ungeachtet dessen hatten sowohl die Arbeit der Kommission als auch die daraus resultierenden Publikationen der Kommissionsmitglieder beträchtlichen Einfluss auf die Rechtsprechung im »Dritten Reich«. Erklärtes Ziel war es, dem liberalen Strafrechtsdenken der Weimarer Republik eine autoritäre Konzeption entgegenzusetzen, die den Sinn der Strafe in Abschreckung und Vergeltung sah.[6] Nach der liberalen Auffassung obliegt dem Strafrecht der Schutz grund-

4 Die Kommission wurde 1933 auf Anordnung Hitlers gegründet; der Auftrag lautete, »einen den Anschauungen und Bedürfnissen des neuen Staates entsprechenden Entwurf eines Strafgesetzbuchs aufzustellen« (zitiert nach Hartl 2000, S. 71). Die Kommission publizierte 1935 und 1936 ein zweibändiges Werk mit theoretischen Beiträgen zu einem kommenden Strafrecht im nationalsozialistischen Sinn (vgl. Gürtner 1935, 1936).

5 Gruchmann 1988, S. 819-822; vgl. auch Hartl 2000, S. 277.

6 Ein aussagekräftiger Text ist Dahm & Schaffstein 1933. Edmund Mezger verknüpft Abschreckung und Vergeltung folgendermaßen: »Die Vergeltung vergangener Verbrechen erweist sich als ein unentbehrliches Mittel künftiger Verbrechensverhütung: punitur, ne

legender Rechtsgüter wie Leben, Freiheit und Eigentum. Die NS-Theoretiker sahen die Aufgabe des Strafrechts hingegen in Grundwerten wie »Rasse, Ehre, Arbeit, Boden und Staat«.[7] An die Stelle der Sicherung negativer Abwehrrechte trat die Forderung nach einer aktiven Verfolgung materialer Rechtsprinzipien, die inhaltlich einer rassisch konnotierten »völkischen Ethik« entsprachen.[8]

Das Strafrecht transformierte sich in ein politisches »Kampfinstrument«.[9] Die erbarmungslose Ahndung von Rechtsverstößen und Verletzungen der für die Volksgemeinschaft konstitutiven Normen und Werte wurde zur Staatsmaxime. In dieses Bild fügte sich, dass für die NS-Juristen die Frage der gesamtgesellschaftlichen Verbrechensvorbeugung (Generalprävention) Priorität gegenüber einer auf den individuellen Täter gerichteten Verbrechensvorbeugung (Spezialprävention) genießt, die auch Fragen der Resozialisierung berührt. Ein vielsagendes Beispiel ist folgende Aussage des Strafrechtstheoretikers Hellmuth Mayer: »Allen spezialpräventiven Maßnahmen fehlt das starke sittliche Pathos der vergeltenden Strafe, keine appelliert unmittelbar an die sittliche Selbstverantwortung, keine spricht ein deutliches Verdammungsurteil über die böse Tat.«[10]

Unter den Strafrechtstheoretikern bestand ab Mitte der dreißiger Jahre weitgehend Konsens darüber, dass ein Willensstrafrecht den weltanschaulichen und politischen Vorstellungen des National-

peccetur.« (Mezger 1938, S. 135; Anmerkung der Autoren dieses Buchs: *Punitur, ne peccetur* bedeutet: Es wird gestraft, damit nicht gesündigt werde.)
Gustav Radbruch hatte mit seinem »Entwurf eines Allgemeinen Deutschen Strafgesetzbuchs« (1922) einen liberalen Strafrechtsansatz vorgelegt (Ablehnung der Vergeltungsidee, Fokussierung auf Spezialprävention). Wenngleich Radbruchs Entwurf in überarbeiteter Form als »Amtlicher Entwurf eines Allgemeinen Deutschen Strafgesetzbuches« 1925 dem Reichsrat übermittelt wurde und nach nochmaliger Überarbeitung 1927 dem Reichstag vorlag, kam es durch die zunehmenden politischen Blockaden nicht mehr zu einer endgültigen parlamentarischen Verabschiedung des reformierten Strafrechts. Zudem standen viele Strafrechtstheoretiker und Juristen einem liberalen Ansatz bereits in der Weimarer Republik ablehnend gegenüber (vgl. Lüken 1988, S. 7-9).

7 Freisler 1938, S. 57.

8 Die Bezugnahmen der NS-Theoretiker auf Begriffe wie »Ethik« und »Moral« werden hier rein deskriptiv wiedergegeben; auf die ideologisch spezifische Bedeutung der Begriffe im NS-Kontext wird immer wieder hingewiesen.

9 Freisler 1935, zitiert nach dem Auszug in Pauer-Studer & Fink 2014, S. 458.

10 Mayer 1936, S. 36.

sozialismus am besten gerecht werde. Maßgeblich für das Willensstrafrecht ist, wie erwähnt, die These, der verbrecherische Wille des Täters und nicht vorrangig der Taterfolg sei für die strafrechtliche Schuldzumessung ausschlaggebend.[11] Der Staat solle nicht erst auf eine erfolgte Rechtsverletzung reagieren, sondern müsse jede Schädigung der Volksgemeinschaft bereits in der vorbereitenden Willensartikulation unterbinden.[12]

Der Wille des Straftäters galt nun als konstitutives Element der Tat und nicht bloß, wie im liberalen Strafrecht, als eventuell erschwerender Umstand bei der Strafzumessung. Der kriminelle Wille rückte moralisch und juristisch ins Zentrum. In den Worten des Strafrechtstheoretikers Wilhelm Sauer:

> Wie nach der Kant-Fichteschen Ethik nichts gut ist als allein der gute Wille, so liegt umgekehrt der Schwerpunkt des Verbrechens im bösen Willen. [...] Verdunkelt konnte jener Zusammenhang von Verbrechen und moralischer Verwerflichkeit nur werden, als eine übertrieben liberalistische Auffassung einen haarscharfen Strich zwischen Moral und Recht, wie zwischen Willen und äußerem Verhalten zog.[13]

Das Willensstrafrecht war dennoch kein reines Gesinnungsstrafrecht, da im Willensstrafrecht die internalistisch-subjektiven Komponenten doch noch an den objektiv feststellbaren Tatversuch oder die begangene Tat gebunden blieben.[14] Das Willensstrafrecht un-

11 Vgl. Hartl 2000, S. 37. Das RStGB von 1871 vertritt, wie auch Hartl betont, eine objektivistische Linie und erklärt (ungeachtet subjektiver Merkmale wie Vorsatz) den Tatbestand zum wesentlichen Element des Strafrechts.

12 Freisler 1935, zitiert nach dem Auszug in Pauer-Studer & Fink 2014, S. 463ff.

13 Sauer 1934, S. 188. Eine damit zusammenhängende Entwicklung war die von einigen NS-Theoretikern verlangte Wiedereinführung der Ehrenstrafe (vgl. Dahm 1934b, S. 826). Friedrich Schaffstein argumentierte, die Ehrenstrafe ergebe im liberalen Staat keinen Sinn, da infolge des liberalen Wertrelativismus der Begriff der Ehre keine klare Bedeutung habe. Die »nationalsozialistische Einheit von rechtlicher und sittlicher Wertung« würde dem Begriff der Ehre jedoch einen genauen Sinn geben, der sich dann auf das Konzept der Ehrenstrafe anwenden lasse (vgl. Schaffstein 1934, S. 279).

14 Hier stellt sich einmal mehr die Frage des präzisen Unterschieds gegenüber einem Tatstrafrecht. Auch bei einem Tatstrafrecht müssen subjektive Elemente, zum Beispiel der Vorsatz, über den Tatbestand erschlossen werden. Doch diese stellen, anders als das Willensstrafrecht, nicht den Vorrang des Tatbestandes infrage.

terschied sich auch von einem reinen Täterstrafrecht, das zwischen der Persönlichkeit des Täters und der Schuld einen direkten Zusammenhang sah und die Relevanz der objektiven Tatmerkmale weitgehend überging.[15]

Das Willensstrafrecht hing jedoch eng mit einer Tätertypologie zusammen. Da sich das Auge des Gesetzes bereits auf den bösen Willen richten sollte, von dem Unheil ausging, musste es entsprechende Hinweise auf diesen geben. Aus diesem Grund nahmen die NS-Juristen an, dass es bestimmte Typen potenzieller Täter gab, die auf einen verbrecherischen Willen schließen ließen. Dies erklärt, warum im nationalsozialistischen Strafrechtsdenken Täterkategorien wie »der Gewohnheitsverbrecher«, »der Volksschädling«, »der Volksverräter« so zentral wurden. Wie wir sehen werden, fixierte sich Konrad Morgen als Untersuchungsrichter besonders auf den Typus des Korruptionsverbrechers, eine von ihm selbst geschaffene und auch publizistisch vertretene Täterkategorie.[16]

Die maßgebliche normative Stellung des Willens lenkte den strafrechtlichen Blick auf den Charakter des Täters. Dem Rechtstheoretiker Edmund Mezger zufolge sind Wille und Charakter eng verbunden, denn »den einzelnen Verbrechen liegt ein typischer Willensentschluß zugrunde und durch ihn kennzeichnen sich einzelne bestimmte Tätertypen in den verschiedenartigen Straftaten«.[17] Mezger entwickelte deshalb den Begriff der »Lebensführungs-Schuld«, die sich im schlechten Charakter des Täters und in seiner gesamten Art zu leben manifestiert: »Schuld ist Tat-Schuld, aber auch Lebensführungs-Schuld und deshalb richtet sich die Strafe nicht nur nach der Einzel-Tat, sondern auch nach der Persönlichkeit des Täters, soweit aus ihr gegen den Täter ein Vorwurf erhoben werden kann.«[18]

15 Kritisch zum Täterstrafrecht äußert sich Bockelmann. Nach ihm ist das Täterprinzip allein ohne die Tat nicht ausreichend für eine Urteilsfindung (vgl. Bockelmann 1939, S. 123-141).

16 Vgl. KMK, S. 117-119; wiederabgedruckt in Pauer-Studer & Fink 2014, S. 497-506.

17 Mezger 1936, S. 29.

18 Mezger 1938, S. 135.

Die NS-Juristen lehnten das im deutschen Strafgesetzbuch von 1871 als Teil von § 2 verankerte rechtsstaatliche Prinzip des *nullum crimen, nulla poena sine lege* (»Keine Strafe ohne Gesetz«) ab. Dieses lautete: »Eine Handlung kann nur dann mit einer Strafe belegt werden, wenn diese Strafe gesetzlich bestimmt war, bevor die Handlung begangen wurde.«[19]

Dieser Grundsatz, der Bürger vor gesetzlicher und richterlicher Willkür schützen sollte, wurde von den nationalsozialistischen Juristen als die »Magna Charta des Verbrechertums« verunglimpft.[20] Die Regelung nehme »in Kauf [...], daß es dem Findigen gelingen könnte, sich zwischen den Maschen des geschriebenen Rechts hindurchzuwinden und straflos zu bleiben trotz eines Verhaltens [...], das von Sitte und Rechtsempfinden verurteilt wird«.[21] Das Prinzip *nulla poena sine lege* verlangt, die Fakten eines Falles unter das geschriebene Gesetz zu subsumieren. Der NS-Rechtstheoretiker Karl Schäfer hielt dem entgegen, dieser Grundsatz würdige den Richter zu einer reinen »Subsumtionsmaschine« herab.[22] Er forderte, die liberale Richtlinie durch das Prinzip des *nullum crimen sine poena* (»Kein Verbrechen ohne Strafe«) zu ersetzen.

§ 2 des Strafgesetzbuchs wurde deshalb 1935 auf Vorschlag der amtlichen Strafrechtskommission durch folgende Formulierung ersetzt:

> Bestraft wird, wer eine Tat begeht, die das Gesetz für strafbar erklärt oder die nach dem Grundgedanken eines Strafgesetzes und nach gesunder Volksanschauung Bestrafung verdient. Findet auf die Tat kein be-

19 Strafgesetzbuch für das Deutsche Reich vom 15. Mai 1871. Im derzeit geltenden Strafgesetzbuch ist das Prinzip des *nulla poena sine lege* in § 1 so formuliert: »Eine Tat kann nur bestraft werden, wenn die Strafbarkeit gesetzlich bestimmt war, bevor die Tat begangen wurde.«

20 Vgl. Freisler 1935, S. 22; vgl. auch Gleispach 1936, S. 1070, Dahm 1934a, S. 92. Hintergrund der Herabwürdigung des Prinzips des *nulla poena sine lege* zur »Magna Charta des Verbrechers« im Nationalsozialismus ist, dass sich dieses Prinzip historisch aus dem Artikel 39 der englischen Magna Charta Libertatum von 1215 herleitet (vgl. Mezger 1938, S. 29).

21 Schäfer 1935, S. 202.

22 Ebd.

stimmtes Strafgesetz unmittelbar Anwendung, so wird die Tat nach dem Gesetz bestraft, dessen Grundgedanke auf sie am besten zutrifft.[23]

Der letzte Satz dieses umformulierten Paragraphen erlaubte es dem Richter, von der Analogie in der Rechtsprechung Gebrauch zu machen, das heißt, auch Handlungen zu bestrafen, die nicht explizit durch eine Gesetzesnorm untersagt waren, die aber eine Ähnlichkeit mit gesetzlich verbotenen Handlungen hatten. Diese Formulierung bezog sich auf die »Gesetzesanalogie«, also die Anwendung besonderer Normen auf analoge Fälle. Eine Reihe von NS-Juristen sprach sich dafür aus, die Zulässigkeit der Analogie im Strafrecht auf die sogenannte »Rechtsanalogie« auszudehnen. Rechtsanalogie bedeutet die »Anwendung eines der gesamten Rechtsordnung innewohnenden Gedankens auf einen gesetzlich nicht geregelten Fall, der diesem Gedanken im Sonderfall entspricht«.[24]

Damit erweiterte sich der richterliche Ermessensspielraum erheblich.[25] Gesetze wurden zu bloßen »Richtlinien« der Urteilsfindung herabgestuft.[26] Solange sich der Richter darauf berufen konnte, in seiner Urteilsfindung die »ethische Ordnung« und die »gesunde Volksanschauung« umzusetzen, konnte er relativ autonom bestimmen, ob ein Tatbestand unter eine gesetzliche Regelung fiel. Zudem galten die objektiven Elemente eines kriminellen Tatbestandes nicht länger als einzig relevante Grundlage der Rechtsprechung.[27] So spiel-

23 Ebd., S. 213, 214. Diese Fassung trat durch Art. 1 des Gesetzes zur Änderung des Strafgesetzbuchs vom 28. Juni 1935 in Kraft und wurde im *Reichsgesetzblatt* veröffentlicht (RGBl. I [1935], S. 839), mit der Änderung, dass der Ausdruck »gesunde Volksanschauung« durch »gesundes Volksempfinden« ersetzt wurde.

24 Siegert 1934, S. 380.

25 NS-Juristen wie der Kieler Strafrechtstheoretiker Georg Dahm räumten bereitwillig ein, dass sich die richterliche Autorität im NS-System durch »die Preisgabe des Analogieverbots, die reichliche Verwendung von Generalklauseln und die Bezugnahme auf dehnbare Wertbegriffe, wie die gesunde Volksanschauung, endlich die Einräumung einer weitgehenden Freiheit in der Bestimmung der Rechtsfolgen« deutlich verstärkt habe (Dahm 1934a, S. 87). Im Führerstaat mit seiner einheitlichen weltanschaulichen Grundlage und seiner überpositiven Konzeption des Rechts stelle diese Zunahme an Richtermacht jedoch kein Problem dar (ebd., S. 88).

26 Ebd., S. 89.

27 Ebd., S. 89-92.

ten, wie bereits erwähnt, gemäß dem auch von der Strafrechtskommission unter Gürtners Leitung propagierten »Willensstrafrecht« der Wille und der Charakter des Täters bei der Urteilsfindung die entscheidende Rolle.[28]

Die hinter diesen Veränderungen stehende »Ethisierung« des Strafrechts war eine Folge der Aufhebung des Unterschieds von Recht und Moral, die der Staatssekretär für Justiz und spätere Präsident des Volksgerichtshofs, Roland Freisler, folgendermaßen begründete: »Eine Kluft kann sich zwischen Rechtsgebot und Sittengebot nicht auftun. Denn Gebote des Rechtes sind Gebote der Anständigkeit; was anständig ist, sagt aber das Gewissen des Volkes wie des Volksgliedes.«[29]

Die übergesetzliche Moralordnung sollte als Standard der Rechtsprechung neben das Gesetz treten. Freisler schrieb dazu:

> [W]ir glauben, daß im Strafrecht eine materielle Rechts- und Unrechtsauffassung durchweg maßgebend sein muß, weil wir das Recht nicht dem Gesetze gleichstellen, sondern es aus der völkischen Sittenordnung entwickeln. Das Strafrecht soll man daher auch nach unserer Ansicht nicht allein aus dem Gesetz entnehmen und erkennen; wir wollen vielmehr eine außergesetzliche Rechtserkenntnisquelle ebenfalls anerkennen.[30]

Dies besagt, dass der Richter neben den beschreibenden Tatbestandsmerkmalen noch spezifisch normative Elemente berücksichtigen soll, die eine »wertausfüllende Rechtsprechung« ermöglichen. Die Liste der von Freisler genannten »echten normativen Elemente« umfasst: Wohl des Reiches, Wohl des Volkes, gute Sitten, Unzuchtbegriff, Anstandsverletzung, Wehrlosigkeit, gesundes Volksempfinden.[31] Über diese normativ wertenden Komponenten etabliert sich nach Freisler eine zweite gleichwertige Rechtserkenntnisquelle neben dem Gesetz.

Was genau waren nun die Normen der »völkischen Sittenord-

28 Ebd., S. 827-831; vgl. auch Hartl 2000, S. 277, S. 116-126.
29 Freisler 1938, S. 56.
30 Freisler 1936, S. 57.
31 Vgl. Freisler 1936, S. 61f.

nung«? Manche NS-Denker griffen zu deren Bestimmung auf die Tugendethik zurück. So bildeten für Sauer »ureigentliche, deutsche (gotische) Tugenden«, wie sie sich in der »deutschen Sitten- und Kulturgeschichte« finden, die Inhalte der »Volksmoral«.[32] Er nannte Wahrhaftigkeit, Treue (Zuverlässigkeit), Zielstreben und Selbstbeherrschung, wobei Zielstrebigkeit sich in Gemeinschaftssinn und Opfergeist ausdrückte und die Tugend der Selbstbeherrschung umfasste. Als »typisch kriminelle Laster« galten Unredlichkeit (Verstellung), Verrat (Treubruch), Ausbeutungsgier (Selbstsucht) und Zügellosigkeit (Neid).[33]

Letztlich aber bestimmte die nationalsozialistische Weltanschauung, hinter welcher der Führerwille stand, was die »gesunde Volksanschauung« ausmachte. Dies unterstrich auch Georg Dahms Behauptung, für das Rechtsleben seien neben dem Gesetz »außerjuristische Äußerungen des Führerwillens, maßgebende literarische Auslassungen, programmatische Erklärungen der dazu Berufenen auch dann ausschlaggebend«, »wenn diese Äußerungen nicht in juristische Formen gekleidet sind und nicht unmittelbar eine Beeinflussung des Rechtslebens bezwecken«.[34]

Der Richter war aber nicht nur der hinter dem Gesetz stehenden »völkischen Moralordnung« verpflichtet, sondern auch der politischen Führung, weil

> der nationalsozialistische Gemeinschaftsgedanke mit dem Grundsatz der autoritären Führung untrennbar verbunden ist. Denn in der politischen Führung und insbesondere im Führer selbst findet das Volk seine wahre Vertretung, und eben darauf beruht die Autorität von Führer und Staat.[35]

Der Weg zur Politisierung des Rechts war somit vorgezeichnet. Folgen zeigte dies besonders in einer Institution wie der SS-Gerichtsbarkeit: Die Aufgabe des SS-Richters beschränkte sich hier nicht

32 Sauer 1934, S. 188.
33 Ebd.
34 Dahm 1934a, S. 91.
35 Ebd., S. 90.

auf eine an Gesetzen orientierte Urteilsfindung. Der SS-Richter war angehalten, in seiner Rechtsprechung auch die weltanschaulich-politischen Prinzipien der SS umzusetzen.

Die Untergrabung der Justiz

Kennzeichnend für den NS-Staat war eine äußerst brutale Handhabung des Strafrechts. Die Hinwendung zum blanken Terror hing damit zusammen, dass sich im Strafvollzug zunehmend eine Rivalität von Justizstrafrecht und Polizeistrafrecht ergab, in der sich Letzteres durchsetzte. Ein Auslöser dieser Entwicklung war, dass Himmler, der ab 1936 neben seiner Stellung als »Reichsführer-SS« auch Chef der deutschen Polizei war, mit allen Mitteln versuchte, seinen Machtbereich auf die gesamte Kontrolle der inneren Sicherheit auszudehnen. Die Justiz verlor zunehmend ihre Kompetenzen. So wurde ihre Position als vorrangige Instanz der Strafrechtsanwendung von den diversen Abteilungen der Polizei, insbesondere der Geheimen Staatspolizei unterwandert, so dass sich »die Polizei als ein der Justiz gleichgeordnetes oder sogar übergeordnetes Organ der Verbrechensbekämpfung etablierte«.[36] Parallel zur justiziellen Strafrechtspflege entwickelte sich eine polizeiliche Strafjustiz, die durch die Eingliederung der Polizei in den Autoritäts- und Herrschaftsbereich Himmlers eine Radikalisierung erfuhr.

Bereits ab 1933 kam es zu polizeilichen Freiheitsentziehungen ohne vorherige oder nachträgliche Gerichtsverfahren. Die Vorbeugungshaft bei nichtpolitischen Verbrechen und die Schutzhaft bei politischen Verbrechen bedeuteten Einweisung in ein Konzentrationslager.[37]

36 Werle 1989, S. 3. Wie Werle an anderer Stelle bemerkt: »Die Justiz verliert ihr Alleinrecht für eingriffsintensive Maßnahmen der Verbrechensbekämpfung.« (Ebd., S. 715) Ein vielsagendes Beispiel ist der Umgang mit politisch Andersdenkenden. Da politische Opposition gleich Verbrechen war, fiel die strafrechtliche Verfolgung politischer Gegner in den Zuständigkeitsbereich der Geheimen Staatspolizei.

37 Ebd., S. 49. Im Grunde stützten sich diese Polizeimaßnahmen auf Ermächtigungen gegenüber der Polizei.

Konkret besagte dies, dass Straftäter in Konzentrationslager kamen, wo sie über die Verbüßung ihrer Haftstrafen hinaus festgehalten wurden und vielfach keine Chance auf Entlassung und Rückkehr in ein ziviles Leben hatten.[38]

Himmlers SS war ein Instrument der »Weltanschauungsherrschaft« und die Polizei das ausführende Organ. Die Polizei verwandelte sich von einem exekutiven Instrument des Staates in ein politisches Instrument der Gegnerbekämpfung. Und wieder bediente sich das Regime einer klassischen Quelle der Normativität, nämlich der Formel von der allgemeinen politischen Willensbildung. Die Idee des »allgemeinen Willens« und der Volkssouveränität wurde in ideologiekonformer Weise uminterpretiert. Ein diffuser Appell an einen allgemeinen politischen Willen als der höchsten Norm imitierte formal das aus der klassischen politischen Philosophie bekannte Konzept einer allgemeinen Willensbildung, das dort jedoch als Grundlage einer die Freiheit und Gleichheit aller respektierenden Gesellschaftsform dient.[39] Die NS-Juristen reduzierten den allgemeinen Willen auf eine Identifikation mit den der arischen Volksgemeinschaft inhärenten weltanschaulich-politischen Grundsätzen. Wie Werner Best, der juridische Experte der Gestapo, dies 1936 in seinem Kommentar zur dritten Fassung des Gestapo-Gesetzes formulierte:

> Der politische Totalitätsgrundsatz des Nationalsozialismus, der dem weltanschaulichen Grundsatz der organischen und unteilbaren Volkseinheit entspricht, duldet keine politische Willensbildung in seinem Bereiche, die sich nicht der Gesamtwillensbildung einfügt. Jeder Versuch, eine andere politische Auffassung durchzusetzen oder auch nur aufrecht zu erhalten, wird als Krankheitserscheinung, die die generelle Einheit des unteilbaren Volksorganismus bedroht, ohne Rücksicht auf das subjektive Wollen seiner Träger ausgemerzt.[40]

38 Dieser Umstand wird, wie wir sehen werden, von Konrad Morgen in seiner Anklageschrift gegen Karl Otto Koch, den ehemaligen Kommandanten von Buchenwald, thematisiert.

39 Der klassische Text ist hier Rousseau 2004 [1762].

40 Best 1936, S. 126; vgl. auch Herbert 2001, S. 164; vgl. auch Frei 2001, S. 141.

Bests Interpretation der »Gesamtwillensbildung« war eine programmatische Aufhebung der Trennung zwischen der juridischen, der politischen und der ideologischen Sphäre. Politische Maßnahmen vermischten sich mit biologistischen Konzeptionen von Stärke, Macht und Gesundheit. Die Politische Polizei wurde zur Superinstitution, die nicht nur die Sicherheit des Staates, sondern die Entwicklung zu einer rassisch reinen und biologisch gesunden Volksgemeinschaft überwachte.

Die Tendenz zu Gewalt und Terror, die von Beginn an die Strafrechtskultur des »Dritten Reichs« charakterisierte, gewann besonders unter den Bedingungen des Kriegs an Dynamik. Zahlreiche Gesetze, die ab 1939 geschaffen wurden, brachten eine extreme Verschärfung der Strafzurechnung und der Strafmaßnahmen mit sich.[41]

Besonders radikal waren die Gesetze in den besetzten »Ostgebieten«. Ein vielsagendes Beispiel war die Verordnung zum sogenannten »Polen- und Judenstrafrecht vom 4. Dezember 1941«.[42] Diese Regelung verschärfte die »Verordnung über die Einführung des deutschen Strafrechts in den eingegliederten Ostgebieten vom 6. Juni 1940«. Die Verordnung drohte in Absatz I (2) Polen und Juden die Todesstrafe an, »wenn sie gegen einen Deutschen wegen seiner Zugehörigkeit zum deutschen Volkstum eine Gewalttat begehen«;

41 Beispiele sind die »Verordnung gegen Volksschädlinge vom 5. September 1939« und die »Verordnung gegen Gewaltverbrecher vom 5. Dezember 1939«. Diese Verordnungen zielten darauf ab, sich unter den Kriegsverhältnissen gegen eine sogenannte »innere Front« abzusichern. Die »Verordnung gegen Gewaltverbrecher« besagte, dass jede mit einer Waffe ausgeführte Gewalttat mit dem Tode zu bestrafen sei. Das Gesetz galt rückwirkend. Die Tatbestände und der »Waffen-Begriff« wurden sehr weit ausgelegt. Beihilfe und Versuch konnten, da die Strafmilderung entfiel, ebenfalls mit der Todesstrafe geahndet werden. Das Gesetz war stark von Ideen des Willensstrafrechts geprägt: Der Träger jeder feindlichen und die innere Sicherheit gefährdenden verbrecherischen Willenskundgebung sollte bekämpft werden. Bei der Verurteilung spielte neben der Tat auch eine Rolle, inwieweit die Persönlichkeit des Täters die Zuordnung zur Kategorie »Gewaltverbrecher« rechtfertigte.

42 Der volle Titel lautete: »Das nationalsozialistische Polenstrafrecht unter besonderer Berücksichtigung der Verordnung über die Strafrechtspflege gegen Polen und Juden in den eingegliederten Ostgebieten vom 4. Dezember 1941«.

gleichfalls drohte Polen und Juden gemäß Absatz I (3) die Todesstrafe, in weniger schweren Fällen Freiheitsstrafe,

> wenn sie durch gehässige oder hetzerische Betätigung eine deutschfeindliche Gesinnung bekunden, insbesondere deutschfeindliche Äußerungen machen oder öffentliche Anschläge deutscher Behörden oder Dienststellen abreißen oder beschädigen, oder wenn sie durch ihr sonstiges Verhalten das Ansehen oder das Wohl des Deutschen Reiches oder des deutschen Volkes herabsetzen oder schädigen.[43]

Wesentlich ist auch Absatz II, in dem klar der Grundsatz der Rechtsanalogie zum Ausdruck kommt:

> Polen und Juden werden auch bestraft, wenn sie gegen die deutschen Strafgesetze verstoßen oder eine Tat begehen, die gemäß dem Grundgedanken eines deutschen Strafgesetzes nach den in den eingegliederten Ostgebieten bestehenden Staatsnotwendigkeiten Strafe verdient.[44]

Der Einfluss des Gesinnungsstrafrechts auf diese Verordnung, die eine besonders extreme Form der Strafrechtsgewalt verkörpert, wird nicht nur in Absatz I (3) deutlich, sondern auch in Absatz III (2), der festlegt, dass eine Tat, die von besonders niedriger Gesinnung zeugt, mit dem Tode bestraft werden kann. Teil der Verordnung war auch die Bestimmung, dass Polen und Juden deutsche Richter nicht wegen Befangenheit ablehnen konnten (Absatz VII). Zudem galt, dass Polen und Juden im Falle schwerer Ausschreitungen gegen Deutsche oder wegen Straftaten, die »das deutsche Aufbauwerk ernstlich gefährdeten«, von Standgerichten zum Tode verurteilt werden konnten (Absatz XIII). Den Standgerichten oblag es auch, die Täter ohne Verfahren oder Aburteilung an die Geheime Staatspolizei zu überweisen.

Die Grenze zwischen Politik und Recht war im »Polen- und Judenstrafrecht« aufgehoben. In der auch in den Ostgebieten starken

43 Absatz I (3), »Polen- und Judenstrafrechtsverordnung vom 4. Dezember 1941«.
44 Absatz II, »Polen- und Judenstrafrechtsverordnung vom 4. Dezember 1941«.

Rivalität zwischen Justiz und Polizei setzte sich Himmler durch. Ende 1942 einigte er sich mit Justizminister Otto Georg Thierack darauf, dass die Polizei die Strafgewalt in Polen übernehmen sollte.

In den besetzten Ostgebieten reduzierte sich das Strafrecht auf ein Instrument der Disziplinierung und politischen Machtausübung – ohne jede Garantie von Rechtssicherheit oder gar Schutz und, in diesem Kontext, ohne jeden Bezug auf den Standard einer »völkischen Sittenordnung«.[45] Die Strafe ist in diesem Fall also schlicht eine Maßnahme zur Wahrung und Festigung der Besatzungsordnung. Das »Polen- und Judenstrafrecht« war zwar Teil der deutschen Rechtsordnung, doch konstitutiv für diese Verordnung ist das Prinzip der »völkischen Ungleichheit«. Bereits in dem für die deutsche Bevölkerung geltenden Strafrecht vermischten sich Recht und Politik. Gegenüber einer Bevölkerungsgruppe, die als andersartig und ungleichwertig angesehen wurde, schlug diese Politisierung jedoch zwangsläufig in blanke Gewaltausübung um. Moralische Ausklammerung bedeutete, dass die letzten Beschränkungen, die eine »völkische Sittlichkeit« überhaupt noch aufzubringen vermochte, entfielen.

Für Konrad Morgen war als SS-Richter in erster Linie das Militärgesetz maßgeblich, da die SS- und Polizeigerichtsbarkeit die Funktion einer Militärgerichtsbarkeit für Mitglieder der Waffen-SS innehatte. Das »Polen- und Judenstrafrecht« und der strafrechtliche Rahmen bildeten allerdings den Hintergrund für seine Tätigkeit im Generalgouvernement von Januar 1941 bis Mai 1942.

Recht und Moral

Eine besondere Rolle im Rechtssystem des Nationalsozialismus spielte, wie wir gesehen haben, die Durchdringung des Rechts mit der der Moral entlehnten, jedoch der politischen Ideologie angepassten

45 Werle bemerkt, dass Freisler die »Strafrechtsverordnung gegen Polen und Juden« als rein autoritäres Tatstrafrecht betrachtete, da angeblich die »ethische« Verbindung zum Subjekt über die Zugehörigkeit zur Volksgemeinschaft nicht gegeben sei, weshalb die Persönlichkeit des Täters nicht zähle (vgl. Werle 1989, S. 373f.).

Rede- und Begründungsfiguren. Die folgenden Bemerkungen sollen die theoretische Einordnung und Bewertung dieser politisch motivierten Rechtsmoralisierung erleichtern.

Moral ist zu trennen von Moralisierung. »Moralisierung« bedeutet die Zweckentfremdung moralischer Grundsätze. Die Berufung auf solche Prinzipien dient in dem Fall nicht der Verwirklichung moralischen Handelns, sondern Zielen wie zum Beispiel der Manipulation und Kontrolle anderer sowie der Durchsetzung machtpolitischer Interessen. Besonders brisant wird es, wenn die politischen Zielsetzungen gar nicht im Einklang mit weitgehend anerkannten moralischen Prinzipien sind. Dann kommt der moralisierenden Rhetorik die weitere Aufgabe zu, die nicht gerechtfertigte und verzerrende Inanspruchnahme moralischer Argumente und Werte zu verschleiern.

Die Trennung zwischen Moral und Moralisierung setzt voraus, dass wir inhaltlich zumindest in Ansätzen benennen können, was unter »Moral« zu verstehen ist. Aus theoretischer Perspektive bezieht sich »Moral« auf die Normierung individueller Handlungen und institutioneller Praktiken, die das Wohlergehen anderer und ihren Status als Personen berühren. Moralische Überlegungen und Gründe werden relevant, wenn die Behandlung, die Menschen durch andere erfahren, berechtigte Reaktionen der Abwehr, Missbilligung und Empörung hervorrufen. Missbilligung und Empörung sind dann angemessen, wenn grundlegende Prinzipien des sozialen Zusammenlebens verletzt werden, die konstitutiv für Koordination und Kooperation unter Gleichen sind.[46] Ausgehend von der Idee gleicher Achtung für andere als Personen, umfassen die elementarsten moralischen Grundsätze das Tötungsverbot, das Verbot der Verletzung der körperlichen Integrität, das Verbot von Herabsetzung, Demütigung, Ausgrenzung und Benachteiligung. Der Geltungsbereich dieser unparteilich anzuwendenden Prinzipien ist universell.

Der Nationalsozialismus stellte diese Bedingungen infrage. An die Stelle universell geltender Prinzipien traten Grundsätze, deren

46 Vgl. zur Rolle von Bedingungen wie Kohärenz und interpersonaler Koordination zur Bildung moralischer Relationen Velleman 2009, Kap. 5, bes. S. 145-151.

Geltungsbereich auf eine bestimmte Gruppe von Menschen zugeschnitten war. So setzten die NS-Juristen dem Grundsatz allgemeiner Gleichheit das Prinzip einer »rassischen Artgleichheit« entgegen.[47] Die »arisch reine Volksgemeinschaft« definierte sich über ethnische und rassische Besonderheiten, also über Merkmale, die eine am Konzept geteilter Menschlichkeit und Menschenwürde orientierte Moraltheorie als irrelevant für die Zuschreibung moralischer Rechte betrachtet.

Diese Verschiebungen werfen die Frage auf, ob und in welcher Form wir von einer »nationalsozialistischen Moralordnung« sprechen können.[48] Manche Theoretiker schreiben dem Nationalsozialismus eine Art »partikulare Moral« zu.[49] Andere Philosophen stehen dieser These skeptisch gegenüber, da der Nationalsozialismus für einen eklatanten Bruch mit elementarsten moralischen Werten steht.[50]

Die Vorstellung, dass der Nationalsozialismus eine in sich geschlossene Konzeption von Moral hatte,[51] scheint wenig plausibel. Zum einen war die nationalsozialistische Ideologie zu heterogen, zu

47 So betonen Wilhelm Stuckart und Hans Globke in ihrem Kommentar zu den Nürnberger Rassegesetzen: »Den Lehren von der Gleichheit aller Menschen und von der grundsätzlich unbeschränkten Freiheit des einzelnen gegenüber dem Staate setzt der Nationalsozialismus hier die harten, aber notwendigen Erkenntnisse von der naturgesetzlichen Ungleichheit und der Verschiedenartigkeit der Menschen entgegen« (Stuckart & Globke 1936, S. 25). Ein weiteres Beispiel aus einer Reihe ähnlich klingender Formulierungen ist Ernst Forsthoffs Behauptung: »Volk ist eine Gemeinschaft, die auf einer seinsmäßigen, artmäßigen Gleichartigkeit beruht. Die Gleichartigkeit geht hervor aus der Gleichartigkeit der Rasse und des volklichen Schicksals.« (Forsthoff 1933, S. 38)

48 Diese Debatte wurde in den letzten Jahren intensiv geführt; vgl. dazu die Beiträge in Gross & Konitzer 2009.

49 Vgl. Welzer 2005, S. 31.

50 Vgl. dazu Tugendhat 2009, S. 61-75; Rolf Zimmermann spricht von einer »nationalsozialistischen Moral«, betont aber, dass es sich dabei um einen »Gattungsbruch« gehandelt habe (vgl. Zimmermann 2009, S. 15; vgl. auch Zimmermann 2005, S. 25-46).

51 In den Texten der nationalsozialistischen Rechtstheoretiker ist häufig von Sittlichkeit die Rede. Dies ist zum einen der Sprachgebrauch der Zeit. »Sittlichkeit« ist in dieser Bedeutung ein anderes Wort für »Moral«. Zum anderen aber hat der Begriff der Sittlichkeit eine spezifische philosophische Bedeutung, die im Zusammenhang mit Hegels Kritik an Kants kategorischem Imperativ als einer rein formalen Gesetzesformel steht, die das Testkriterium für die moralische Zulässigkeit unserer Maximen bildet. Hegel kritisierte, dass ein rein formales Prinzip keine moralischen Inhalte generiere. In diesem Kontext meint »Sittlichkeit« die in soziale Lebensformen eingebetteten konkreten Formen des Moralischen,

plakativ, zu sprunghaft und zu widersprüchlich, um daraus einigermaßen stimmige und kohärente Werte und Prinzipien abzuleiten. Aus den einschlägigen Schriften, Kundgebungen, Reden lassen sich lediglich gewisse programmatische Leitlinien ablesen, so zum Beispiel, dass eine »völkische Sicht« von Moral rassisch homogen, deutsch, antijüdisch und antichristlich zu sein habe.[52] In begrifflicher Hinsicht wurde zwar an absolute Werte und unbedingte Imperative appelliert. Doch diese Formeln wurden in den unterschiedlichen organisatorischen Strukturen gemäß den jeweiligen politischen Notwendigkeiten und Interessenlagen interpretiert.

Zum anderen wäre es vom strukturellen Entstehungskontext her irreführend anzunehmen, der Nationalsozialismus habe eine »nationalsozialistische Moral« geschaffen, die dann die normative Grundlage für Staat, Gesellschaft und Weltanschauung bildete und solcherart für die ideologischen Pervertierungen verantwortlich zeichnete. Wie Werner Konitzer überzeugend argumentiert, war der Rassismus des Nationalsozialismus nicht Ergebnis eines neuen moralischen Kanons; vielmehr folgten die neuen »ethischen« Vorgaben dem bereits tief in die Gesellschaft eingesickerten Rassismus und Antisemitismus des NS-Regimes.[53]

Die religiösen Vorstellungen nachgebildete These, Moral sei ein System von Normen, das einer Gesellschaft extern und *ab initio* gegenübertritt, ist, für sich genommen, wenig überzeugend. Methodisch gesehen, sind philosophische Theorien der Moral und deren Standards des moralisch Richtigen und Falschen das Ergebnis einer Rekonstruktion der allgemeinsten normativen Voraussetzungen und Prinzipien, die moralischen Urteilen und Argumenten zugrunde liegen. Moralische Vorstellungen und Werte sind also bereits in sozialen Praktiken verankert und bestimmen das normative Selbst-

eben die »Sitten« einer Gesellschaft. Im nationalsozialistischen Rechtsdiskurs werden diese beiden Verwendungen von »Sittlichkeit« nicht genau getrennt.

52 Vgl. dazu Bialas 2009, S. 39f.

53 Konitzer schreibt: »Es gab nicht erst die Normen einer partikularen Moral und dann die Verfolgung, sondern die ›ethischen‹ Vorstellungen des Nationalsozialismus sind unmittelbar in einem Verfolgungskontext entstanden und aus diesem heraus zu verstehen.« (Konitzer 2009, S. 108) Zur Umdeutung ethischer Begrifflichkeiten im Nationalsozialismus vgl. auch Pauer-Studer & Velleman 2011, S. 334, 335, 350ff.

verständnis einer Gesellschaft. Und deren kritische Hinterfragung und Rechtfertigung ist an ein Nachdenken über normative Standards gebunden, die wir aus guten Gründen für allgemein verbindlich erachten – nämlich wenn diese Standards zustimmungsfähig und vernünftigerweise nicht zurückweisbar sind.

Kennzeichnend für den Nationalsozialismus war, dass sich mit dem aggressiven politischen Umbau der deutschen Gesellschaft auch grundlegende moralische Überzeugungen und Standards verschoben. So bemerkt Hannah Arendt mit Blick auf die Situation vor 1933, die Maxime habe gelautet: »*Das Moralische versteht sich von selbst.*«[54] Mit der Machtübernahme der Nationalsozialisten kam dieses Vertrauen abhanden. Das NS-Regime bediente sich der gleichen begrifflichen Konzepte und Ressourcen (Werte, Tugenden, Pflichten) wie der herkömmliche Diskurs, doch die ideologische Auslegung von Tugenden und Werten sowie die Erosion gängiger moralischer Standards endete letztlich im Bruch mit grundlegenden Gesetzen der Menschlichkeit.

Nach diesen Bemerkungen können wir uns nun einer Diskussion über den Zusammenhang von Recht und Moral zuwenden. Wie wir gesehen haben, durchzieht die Forderung nach der Aufhebung des Unterschieds von Recht und Moral die Texte der NS-Rechtstheoretiker. Doch unter den Bedingungen einer politisch-weltanschaulichen Umdeutung moralischer Prinzipien durch einen autoritären Staat verkehrt sich die Einheit von Recht und Moral in ein Machtinstrument des Staates.

Die NS-Theoretiker unterschieden nicht klar zwischen Normen der Sozialmoral und der politischen Moral, die sich auf Institutionen richten, und den Normen der Individualmoral, die das eigene Personsein und die Beziehungen zu anderen betreffen. Die von den NS-Juristen befürwortete Synthese von Recht und Gerechtigkeit, Recht und Moral, Recht und Sittlichkeit beschränkte sich demnach nicht auf die Gestaltung der staatlichen Institutionen, sondern berührte auch die persönlichen ethischen Gesinnungen der Einzel-

54 Arendt 2003 [1975], S. 22 (deutschsprachige Formulierung im englischsprachigen Gesamttext von Arendt, kursiv im Original).

person. Somit legitimierte die geforderte Einheit von Recht und Sittlichkeit den Zugriff des Staates auf die inneren Haltungen der Bürger und erweiterte die Macht des Regimes. Die für liberale Staaten konstitutive Neutralität gegenüber persönlichen Werthaltungen und weltanschaulichen Prinzipien[55] wich den umfassenden normativen Eingriffen des Staates.

Dies kommt einer radikalen Abkehr von Grundprinzipien der Aufklärungsphilosophie gleich. So verankerte Immanuel Kant die Trennung von Recht und Ethik in seiner praktischen Philosophie, um die Grenzen staatlicher Macht und Kontrolle aufzuzeigen. Die Regelung der Beziehungen externer Freiheit ist nach Kant Aufgabe des Staates; doch die Sphäre der inneren Freiheit, also der Bereich der ethischen Haltungen und Gesinnungen, ist der Selbstverpflichtung der Person anheimgestellt. Dem Staat kommt die Autorität zu, die Einhaltung der Gesetze notfalls mit Zwang durchzusetzen. Die persönlichen Gründe, die Individuen bewegen, sich an die Gesetze des Staates zu halten, haben den Staat jedoch, wie Kant klar festlegt, nicht zu interessieren. Natürlich können ethische Gründe für die Gesetzeskonformität einer Person ausschlaggebend sein, doch dies fällt in den Bereich der ethischen Tugendhaftigkeit und somit der inneren Freiheit der Individuen.[56] Der NS-Staat missachtete diese Grenzen und stellte bewusst eine die Gesinnungen der Subjekte berührende normative Forderung: Eine im Sinne der Weltanschauung des NS-Staates handelnde Person befolgt die Rechtsregeln aus innerer Überzeugung und Selbstbindung. Dies machte den Weg frei zur politischen Gesinnungskontrolle.

Die Synthese von Recht und Moral hatte Konsequenzen für die Haltung der Einzelnen gegenüber Führeranordnungen. Da im NS-

55 Diese liberaldemokratische Neutralitätsbedingung erlaubt selbstredend nicht beliebige weltanschauliche Hintergrundkonzeptionen, sondern nur solche, die grundlegenden demokratischen politischen Werten und Rechten nicht eklatant widersprechen. Es war gerade eine Strategie der Nationalsozialisten, dieses für liberaldemokratische Staaten konstitutive Neutralitätsprinzip im Sinne umfassender Indifferenz gegenüber allen politischen Anschauungen zu interpretieren, womit sie polemisch die strukturelle Hilflosigkeit und Richtungslosigkeit der Demokratie aufzuzeigen suchten.

56 Vgl. Kant 1907 [1797], MS AA 06: 218.10-25; 219.1-37; 220.1-37.

Staat Führerbefehle Rechtsgeltung hatten, waren diese wegen der Aufhebung zwischen Rechtspflichten und ethischen Pflichten aus einer Einstellung des »Ethos« und der Treue zu befolgen. Eine Haltung der inneren Loyalität dient den Zielen des Führerstaates erheblich mehr als die erzwungene Konformität mit Gesetzen und Normen.

Rechtsphilosophische Überlegungen

Der normative Kontext, in den Morgens Tätigkeit als SS-Richter eingebettet ist, berührt auch die Frage nach der philosophisch angemessenen Theorie des Rechts.

Die beiden klassischen philosophischen Positionen, nämlich Rechtspositivismus und Naturrecht, unterscheiden sich genau in der Bestimmung der Relation von Recht und Moral. Während der Rechtspositivismus die notwendige Trennung der Sphären von Recht und Moral betont, bestehen Vertreter des Naturrechts darauf, dass Recht, das diesen Namen verdient, Grundsätze der Moral und Gerechtigkeit umfasst.

Die Erfahrungen mit dem NS-System zeigen, dass die Kontroverse zwischen diesen beiden Rechtstheorien nicht rein akademisch ist. In seinem im Jahre 1946 publizierten Artikel »Gesetzliches Unrecht und übergesetzliches Recht« warf Gustav Radbruch dem Rechtspositivismus vor, »den deutschen Juristenstand wehrlos [...] gegen Gesetze willkürlichen und verbrecherischen Inhalts« gemacht zu haben. Radbruch argumentiert des Weiteren, dass nicht Macht und faktische Geltung die normative Kraft von Rechtsnormen begründen, sondern nur der dem Recht innewohnende Wert der Gerechtigkeit.[57]

Die Annahme, dass Rechtssysteme, die grundlegende Prinzipien der Moral und Gerechtigkeit verletzen, nicht wirklich Recht ver-

57 Radbruch 2002 [1946], S. 10.

körpern, bildet bis in die Gegenwart den Kern einer naturrechtlichen Rechtskonzeption.[58] Solche Formen von Recht sind, wie John Finnis in seinem 2011 erschienen Buch *Natural Law and Natural Rights* argumentiert, »periphere« und »verwässerte Versionen« des Rechts.[59] Doch ein ungerechtes Rechtssystem ist und bleibt de facto Recht und hat Macht über die ihm unterstehenden Personen.[60] Es bestimmt nach wie vor das Handeln der betroffenen Personen durch Androhung von Sanktionen. So betont H. L. A. Hart, die Behauptung, ungerechtes Recht sei kein Recht, wirke ähnlich paradox wie die Behauptung, Verfassungsgesetze seien kein Recht.[61]

Vorrangiges Anliegen des Rechtspositivismus ist es, eine politisch gesteuerte Moralisierung des Rechts zu verhindern. Die Sorge vor einer Unterwanderung des Rechts durch politische und vor allem auch religiöse Interessen motivierte Hans Kelsens Forderung nach einer reinen Rechtslehre, in der rechtsimmanente prozedurale Verfahren die Rechtserzeugung bestimmen und damit Legalität definieren.[62] Die Unparteilichkeit des Rechts ist demnach nur gegeben, wenn dieses über politisch-weltanschaulichen Auseinandersetzungen steht.

Moral ist und bleibt auch für Rechtspositivisten ein Standard, um die Qualität von Rechtsregelungen zu bewerten – allerdings ein externer. Wie Positivisten immer wieder betont haben, vermag die Moral ihre kritische Funktion als Maßstab für intakte Rechtssysteme nur dann zu erfüllen, wenn eine Grenzziehung der beiden normativen Sphären von Recht und Moral gegeben ist. Um überhaupt von einem »schlechten«, also moralisch reformbedürftigen

58 Radbruchs Kritik gipfelte bekanntlich in der als »Radbruch'sche Formel« bekannt gewordenen These, Konflikte zwischen Gerechtigkeit und Rechtssicherheit dahingehend zu lösen, »daß das positive, durch Satzung und Macht gesicherte Recht auch dann den Vorrang hat, wenn es inhaltlich ungerecht und unzweckmäßig ist, es sei denn, daß der Widerspruch des positiven Gesetzes zur Gerechtigkeit ein so unerträgliches Maß erreicht, daß das Gesetz als ›unrichtiges Recht‹ der Gerechtigkeit zu weichen hat«. (Ebd., S. 11)

59 Finnis 2011 [1980], S. 11.

60 Neben Hans Kelsen hat vor allem Joseph Raz diesen Punkt in seinen rechtsphilosophischen Arbeiten nachhaltig betont (vgl. Raz 2009a [1979] und 2009b).

61 Hart 2012 [1961], S. 8.

62 Kelsen 1960.

Rechtssystem sprechen zu können, muss die Moral einen außerhalb dieses Systems stehenden Parameter bilden. Dies bedeutet jedoch nicht, dass moralische Grundsätze, die wir als unverzichtbar für ein die personale Würde von Menschen achtendes Zusammenleben betrachten, nicht Eingang in das Recht finden können und sollen. Allerdings bedarf dies der Übersetzung dieser moralischen Prinzipien in rechtliche Normen und Grundsätze.[63]

Moral spielt, wie Rechtspositivisten betonen, auch in bestimmten Fällen richterlichen Urteilens eine Rolle. Der Rechtspositivismus räumt ein, dass richterliches Urteilen nicht immer einem einfachen Schema der Ableitung eines Urteils aus der Anwendung einer allgemeinen Gesetzesregel auf einen besonderen Fall entspricht. Manchmal sind, wie insbesondere H. L. A. Hart betont, Rechtsregeln unbestimmt und eröffnen eine Grauzone. Solche »schwierigen Rechtsfälle« (*hard cases*), die durch eine gegebene Rechtsregel nicht unmittelbar entscheidbar sind, bleiben dann dem über das positive Recht hinausgehenden Ermessensspielraum des Richters überantwortet. Und hier werden auch moralische Überlegungen und Urteile des Richters relevant.

An diesem Punkt setzt die Kritik von Ronald Dworkin an, der dem Rechtspositivismus eine Konzeption des »Rechts als Form von Integrität« (*law as integrity*) gegenüberstellt. Für Dworkin steht nicht die metaphysisch-philosophische Frage »Was ist Recht?« im Vordergrund, sondern die Frage nach einer Rechtsprechung, die grundlegenden Standards der Gerechtigkeit entspricht. Dworkins Bedenken richten sich auf den außerhalb des Rechts liegenden Ermessensbereich, den der Rechtspositivismus dem Richter in schwierigen Fällen zugesteht.[64] Richterliche Entscheidungen können nach Dworkin nicht dem subjektiven Deliberieren des Richters in einem

63 Ein sehr gutes Beispiel ist Artikel 1 des deutschen Grundgesetzes (»Die Würde des Menschen ist unantastbar. Sie zu achten und zu schützen ist Verpflichtung aller staatlichen Gewalt.«) In anderen demokratischen Verfassungen erfolgt diese Sicherstellung in Form eines Gleichheitsgrundsatzes.

64 Dworkin argumentiert in seinen Schriften vorwiegend gegen Hart; aber seine Einwände gelten auch gegen Kelsen.

gleichsam außerrechtlichen Bereich überlassen bleiben. Grundlegende moralische Prinzipien sind deshalb Teil des Rechts.[65]

Dworkins These ist, dass es auch in schwierigen Fällen, wo Rechtsregeln keine eindeutige Antwort mehr liefern, eine im Sinne der Gerechtigkeit richtige Entscheidung gibt, die zu finden Aufgabe des Richters ist. In diesem Prozess der Rechtsfindung müsse der Richter, so Dworkin, von Prinzipien geleitet sein, die neben die Regeln des Rechts treten, dabei aber selbst Teil des Rechts sind. Diese Prinzipien sind laut Dworkin Grundsätze der Moral, vor allem auch der politischen Moral. Als Beispiele nennt Dworkin, dass niemand von einem Unrecht, das er anderen zufügt, profitieren dürfe, und das Prinzip der moralischen Sorgsamkeit bei Verträgen (Verbot »sittenwidriger« Verträge). Ein in Dworkins Theorie des Rechts maßgeblicher Grundsatz der politischen Moral ist das Prinzip gleicher Achtung und Rücksichtnahme (*equal concern and respect*). Dworkin setzt voraus, dass es moralische Wahrheiten gibt und dass Moral und Gerechtigkeit uns immer klare Antworten geben.[66]

Ein Richter, der nach den angeführten moralischen Prinzipien urteilt, erfüllt die Standards von Dworkins idealer Konzeption der Rechtsintegrität. Richter sollen in ihren Entscheidungen die bestmögliche moralische Rechtfertigung des positiven Rechts, also der gegebenen Regeln, Präzedenzfälle und Rechtsgrundsätze, entwickeln.

Dworkin veranschaulicht seine Rechtskonzeption am Beispiel eines idealtypischen Richters, den er »Herkules« nennt. »Herkules« ist unparteilich, er verfügt über umfassende juridische Kenntnisse und die Fähigkeit, die grundlegenden politisch-moralischen Prinzipien, auf denen die Verfassung beruht, zu erkennen und diese in seinen Entscheidungen konstruktiv umzusetzen. »Herkules« ist als Richter in einen demokratischen Verfassungsrahmen mit einem fest verankerten Grundsatz der gleichen Achtung und Rücksichtnahme eingebunden.

Doch was gilt unter Bedingungen wie im NS-Staat? Dworkin ge-

65 Dworkin 1998, S. 243.
66 Diese Position bekräftigt Dworkin auch in neueren Publikationen (vgl. Dworkin 2012, Kapitel 2, 6 und 8).

steht zu, dass die Forderung an den Richter, eine bestmögliche moralische Interpretation und Rechtfertigung der bestehenden Rechtsregeln zu leisten, im NS-System sinnlos würde. Das Rechtssystem sei dafür zu pervertiert. Unter den Bedingungen des NS-Staates müsse sich ein idealtypischer Richter – Dworkin nennt ihn »Siegfried« – nicht länger am Recht, sondern direkt an der Moral orientieren, um in seinen Urteilen Gerechtigkeit und Fairness zu verwirklichen.

Aber verkennt dies nicht die institutionelle Einbettung der richterlichen Tätigkeit in einen administrativen und hierarchisch geregelten Kontext? Dworkins Rechtskonzeption ist auf das isolierte Deliberieren des einzelnen Richters zugeschnitten. »Herkules« verfügt über die rationale Einsicht in moralische Wahrheiten – und dies gilt auch für den unter den Bedingungen des NS-Staates agierenden Richter »Siegfried«. Dworkin setzt ein Ideal der Moralerkenntnis voraus, das mehr einer platonischen Gewissheitsmetaphysik denn einer an vernünftigen Übereinkünften orientierten moralischen Deliberation unter demokratischen Hintergrundbedingungen entspricht. Moralisches Überlegen ist, wie auch Jürgen Habermas gegenüber Dworkin geltend macht, vielfach an einen von Verfahren und Prinzipien strukturierten Diskurs mit anderen gebunden, der auf konsensuell herstellbare Vereinbarungen zielt, die immer wieder kritisch zu hinterfragen sind.[67]

Was besagt dies im Hinblick auf Morgens Tätigkeit? Wie ist Morgen im Lichte von Dworkins Ideal des Richters und einer integren Rechtsprechung zu beurteilen? Welche normativen Rechtsbedingungen verhindern die Verkehrung in Unrecht? Ist eine rein positivrechtliche Definition von Legalität ausreichend? Wir kommen im Nachwort auf diese Fragen zurück und zeigen abschließend einige Folgerungen für die Rechtsphilosophie auf.

67 Vgl. Habermas 1992, S. 272-291.

1. EINE ART AUSGANGSPUNKT

Transkription Tonbandprotokoll: der Auschwitzprozess, 25. Verhandlungstag, 9. März 1964. Vernehmung des Zeugen Konrad Morgen:

Meine Untersuchungen im Konzentrationslager Auschwitz wurden ausgelöst durch ein Feldpostpäckchen. Es war ein etwas kleineres, mehr langes als schmales Paket, gewöhnlicher Karton, das wahrscheinlich wegen seines ungeheuren Gewichtes bei der Feldpost aufgefallen war, und wegen seines Inhalts hatte ihn [sic!] die Zollfahndung beschlagnahmt. Es enthielt nämlich drei Klumpen mit Gold. Gold war eine Devise, ablieferungspflichtig, und so ergab sich die Beschlagnahme durch die Zollfahndung. Absender war ein SDG, das heißt ein Sanitätsdienstgrad des Konzentrationslagers Auschwitz, und adressiert war dieses Paket an seine Frau. Er unterstand damit der SS- und Polizeigerichtsbarkeit, und mir wurde diese beschlagnahmte Sendung mit einem kurzen Anschreiben – »zur weiteren Veranlassung«, glaube ich, hieß es – zugeleitet.

Bei dem Gold handelte es sich um hochkarätiges Zahngold, das in einer primitiven Weise zusammengeschmolzen war. Es war ein sehr großer Klumpen, vielleicht in der Größe von zwei Fäusten, der andere war wesentlich kleiner, der dritte mehr unbedeutend. Aber immerhin, es war eine ganze Anzahl von Kilos. Ehe ich nun weiter etwas veranlaßte, überlegte ich mir die Sache. Zunächst war die Dreistigkeit, mit der hier der mir bis dahin unbekannte Täter vorgegangen war, verblüffend. Und es schien sich hier um eine ausgemachte Dummheit zu handeln. Aber je länger ich über die Sache nachdachte, glaubte ich, daß eine solche Auffassung den Täter unterschätzte. Denn immerhin: Bei Hunderttausenden von Feldpostpäckchen war die Chance sehr gering, daß nun ausgerechnet diese gefährliche Sendung beschlagnahmt und entdeckt werden würde. Sondern hier schien mir ein Zug einer raffinierten Primitivität und einer skrupellosen Rücksichtslosigkeit bei dem Täter vorzuwalten, ein Zug, der sich dann bei meinen späteren Ermittlungen im Konzentrationslager Auschwitz als richtig erweisen sollte. Denn nach dieser Methode wurde da eigentlich durchweg gearbeitet. Meine weitere Überlegung, die jagte mir allerdings einen nicht geringen Schauder den Rücken herunter, denn ein [Kilogramm] Gold besteht ja aus 1000 Gramm.

Ich wußte, daß die Zahnstationen der Konzentrationslager beauftragt waren, in den Krematorien das dort anfallende Gold der Leichenverbrennung zu sammeln und an die Reichsbank abzuführen. Und eine Goldplombe, das sind ja nur wenige Gramm. 1000 Gramm oder mehrere Tausend Gramm bedeuteten also den Tod von mehreren Tausend Menschen. Aber es trägt ja nicht jeder Goldplomben, sondern in der damaligen, doch sehr armen Zeit nur ein gewisser Bruchteil. Und je nachdem, wie man schätzte, ob jeder Zwanzigste oder Fünfzigste oder Hundertste Gold im Mund trug, mußte man diese Zahl damit multiplizieren, und so stellte eigentlich diese beschlagnahmte Sendung sozusagen den Gegenwert von Zwanzig-, Fünfzig- oder Hunderttausenden von Leichen dar. [Pause] Ein erschütternder Gedanke. Aber das geradezu Unfaßbare daran war, daß der Täter unbemerkt derartig bedeutende Mengen beiseite bringen konnte. Und so wenig die Tat des Angeklagten aufgefallen war, so schloß ich weiter, so wenig konnte es da auffallen, daß da 50 000 oder 100 000 Menschen verschwunden und verascht worden waren. Eine natürliche Todesursache konnte hier ja nicht obwalten, sondern die Menschen, die mußten hier ermordet worden sein.

Unter diesem Gesichtspunkt erfaßte ich erstmals, daß dieses damals kaum bekannte Auschwitz, dessen geographische Lage ich mit einigen Schwierigkeiten auf der Karte suchen mußte, eine der größten Menschenvernichtungsstätten sein mußte, die überhaupt die Welt gesehen hatte. [Pause] Ich hätte diesen Vorgang der beschlagnahmten Goldsendung sehr einfach erledigen können. Die Beweisstücke waren ja nun überzeugend. Ich hätte den Täter verhaften lassen können und anklagen, und damit war der Sachverhalt erledigt. Aber nach meinen Überlegungen, die ich Ihnen kurz geschildert habe, mußte ich unbedingt mir das ansehen. Und ich fuhr deshalb, so schnell ich konnte, nach Auschwitz, um die Untersuchungen an Ort und Stelle zu führen.

So stand ich dann an einem Vormittag auf dem Bahnhof in Auschwitz. Man erwartet unwillkürlich von einer Stätte, in der sich Ungeheuerliches, Unsagbares, Unvorstellbares vollzieht, daß irgendwie da Spuren sichtbar sein müßten, eine besondere Atmosphäre. Ich blieb deshalb längere Zeit auf dem Bahnhof stehen, um da irgend etwas zu sehen. Aber Auschwitz war eine kleine Stadt mit einem sehr großen Durchgangs- und Verschiebebahnhof, etwa wie Bebra. Es gingen dauernd Züge durch, Truppentransporte nach dem Osten, Verwundetentransporte kamen zurück, Kohlenzüge, Erzzüge, Güterzüge, auch Personenzüge. Die Menschen, die stiegen da aus, die jungen lustig, die älteren mürrisch, abgearbeitet, als wäre es die alltäglichste Sache von der Welt. Ich sah auch Häftlingstransporte in gestreiften Anzügen. Aber die gingen von Auschwitz weg, es kam keiner an.

Nun, das Konzentrationslager war nicht zu übersehen, aber von außen bot es auch nur den Anblick, den man von Kriegsgefangenenlagern oder anderen Konzentrationslagern gewohnt war: hohe Mauern, Stacheldraht, Wachtürme, Posten, die auf und ab gingen. Ein Tor, ein geschäftiges Treiben der Häftlinge, aber sonst nichts Auffälliges. Ich meldete mich bei dem Kommandanten, dem Standartenführer Höß, ein etwas untersetzter, sehr wortkarger, einsilbiger Mann mit einem steinernen Gesicht. Ich hatte ihm meine Ankunft bereits durch Fernschreiben mitgeteilt und eröffnete ihm, daß ich hier Untersuchungen zu führen hätte. Er sagte etwa dem Sinne nach, daß ihnen eine ungeheuer harte Aufgabe übertragen sei, und dieser Aufgabe seien charakterlich nicht alle gewachsen. Er fragte dann kurz, wie ich beginnen wolle. Ich sagte ihm, ich müßte zunächst mal das ganze Lager besichtigen. Ehe ich eine Untersuchung in einem Konzentrationslager begann, habe ich mir das Lager allgemein und insbesondere seine Schwerpunkte da angesehen. Er sah kurz auf den Dienstplan, telefonierte, und es kam dann ein Hauptsturmführer. Und den wies er an, mich mit einem Wagen durch das Gelände zu fahren und mir alles zu zeigen, was ich sehen wollte. Ich fing mit dem Anfang vom Ende an, nämlich der Rampe in Birkenau. [Pause]

Die Rampe sah aus wie jede andere Rampe auf einem Güterbahnhof auch. Es war nichts besonderes daran festzustellen, und es waren auch gar keine besonderen Vorkehrungen irgendwie getroffen. Ich fragte deshalb meinen Führer, wie das nun vor sich ginge. Er erklärte mir, daß ein Transport, meistens Juden, vom Bahnhof, kurz vor der Ankunft, vorm Einlaufen in Auschwitz, dem Lager gemeldet wird. Darauf rückte eine Wachmannschaft aus, sperrte die Gleise und die Rampe ab. Dann wurden die Türen der Waggons geöffnet, die Ankömmlinge mußten aussteigen und ihr Gepäck absetzen. Männer und Frauen mußten sich getrennt aufstellen, und dann, erklärte er mir, würde zunächst nach Rabbinern gefragt. Rabbiner und sonstige bedeutende jüdische Persönlichkeiten wurden sofort ausgesondert, ins Lager gebracht, in eine Baracke, die sie für sich hatten. Ich habe sie später gesehen, es stimmte. Gut gehalten, sie brauchten nicht zu arbeiten, es wurde erwartet, daß sie möglichst viele Briefe und Postkartengrüße in alle Welt von Auschwitz schickten, um damit von vornherein jeden Verdacht, daß hier irgend so etwas Greuliches vor sich gehe, zu zerstreuen.

Danach fragte man nach Spezialisten, die das Lager brauchte – das Lager war ja mit großen Industriebetrieben verbunden –, die suchte man dann vorher aus. Und der Rest, der wurde dann nach arbeitsfähig, arbeitsunfähig getrennt. Die Arbeitsfähigen marschierten zu Fuß in das Lager Auschwitz, wurden dort regulär als Häftlinge aufgenommen, eingekleidet, eingeteilt. Die andere Gruppe mußte auf Lastwagen Platz nehmen und ging sofort, ohne daß eine namentliche Feststellung erfolgte, in die Gaskammern nach Birkenau. Als schwarzen Witz erzählte mir mein Begleiter, daß, wenn man keine Zeit habe oder kein Arzt da sei, zu viele Ankömmlinge da seien, daß man dann auch gelegentlich ein Verfahren abkürze, man den Ankömmlingen dann sagte, in höflichen Worten, das Lager wäre doch einige Kilometer entfernt, und wer sich zu krank oder zu schwach [fühle] oder wem das Gehen zu unbequem sei, der könne auch hier von der Fahrgelegenheit, die das Lager bereitgestellt habe, Gebrauch machen. Darauf setzte dann ein Massenansturm auf die Fahrzeuge ein. Und nur diejenigen, die nicht mitkamen, die konnten dann in das Lager marschieren, während die anderen unbewußt den Tod gewählt hatten. [Pause]

Von der Rampe folgten wir der Spur der Todesfrachten zum Lager Birkenau, es lag einige Kilometer entfernt. Äußerlich war da auch nichts Auffälliges zu sehen: großer Maschendrahtzaun, etwas windschief, mit einem Posten. Dahinter lag das sogenannte Lager »Kanada«, wo die Effekten der Opfer durchsucht, geordnet, weiterverwandt wurden. Man sah von den letzten Transporten noch einen Haufen aufgebrochener Koffer, Wäschestücke, Aktentaschen, aber auch ganze Zahnarzteinrichtungen, Schustereinrichtungen, Medikamententaschen liegen. Offensichtlich waren die sogenannten Evakuierten wirklich der Auffassung, sie würden im Osten, wie man es ihnen gesagt hatte, angesiedelt und fänden dort eine neue Existenz, und hatten dann das Notwendige dazu mitgebracht. [Pause]

Und dahinter lagen dann die Krematorien. Es waren einstöckige Hallen mit Satteldächern, die genausogut Werkschuppen oder kleine Werkstätten hätten sein können. Selbst die sehr breiten und massiven Schornsteine brauchten dem Laien nicht weiter aufzufallen, denn sie waren sehr niedrig, sie endeten kurz über dem Dach. Auf der Seite, wo die Lkws anfuhren, war der Boden schräg vertieft, etwa in Schulhofgröße, mit Schlacke bestreut und kurz abgestellt. Da fuhren die rein, so daß also ein Außenstehender, der diese Lastwagenkolonne sah, dann plötzlich nur feststellte, daß die in einer Bodensenkung verschwunden waren, ohne daß er aber nun feststellen konnte, wo die Transportierten abgeblieben waren – auch wieder eine dieser raffinierten, im Grunde aber primitiven Vorsichtsmaßnahmen, die man als roten Faden durch die ganze Organisation immer wieder feststellen konnte. [Pause] In dem Hof war ein Rudel, muß man sagen, jüdischer Häftlinge mit gelbem Stern, mit ihrem Kapo, der einen langen Knüppel trug, und die uns sofort umkreisten. Sie liefen dauernd so im Kreise da herum, gegenwärtig jeden Befehls und nach jedem Blick haschend. Und es schoß mir so durch den Kopf: Die verhalten sich ja genauso wie ein Rudel Schäferhunde. Und das sagte ich dann auch da meinem Begleiter, der darüber lachte und sagte, ja, das wäre auch die Aufgabe. Die Todesopfer, die sollten zunächst mal, indem sie also ihre Glaubensgenossen da sahen, Vertrauen haben. Und dieses Kommando hatte auch Anweisung, ja nicht die Ankömmlinge zu schlagen. Es sollte alles vermieden werden, damit keine Panik ausbricht. Sondern man sollte denen ein bißchen Angst und Respekt machen, im übrigen aber eben nur dasein und die da hinleiten und -führen, wo man sie haben wollte.

Hinter dem Hof war ein großes Tor, das in die sogenannten Umkleidungsräume führte, ähnlich wie die Auskleidehalle von einer Turnhalle. Einfache Holzbänke standen da, mit Kleiderrechen, und auffälligerweise war jeder Platz numeriert, trug auch eine Garderobenmarke. Und man schärfte noch den Opfern ein, ja acht auf ihre Garderobe zu geben, die Garderobenmarke festzuhalten – alles, um bis zur buchstäblich letzten Sekunde nicht den geringsten Verdacht aufkommen zu lassen und die Todesopfer ahnungslos in die gestellte Falle zu bringen.

Dann an der Wand war ein großer Pfeil, der in einen Gang wies, und darauf stand kurz und bündig: »Zu den Duschräumen«, und das wurde in sechs oder sieben Sprachen wiederholt. Man sagte denen also: Ihr kleidet euch aus und werdet geduscht und desinfiziert. Und an diesem Gang lagen dann verschiedene Kammern ohne jede Einrichtung, kahl, nackt, Zementfußboden. Auffällig und zunächst unerklärlich war nur, daß in der Mitte ein vergitterter Schacht stand, der bis zur Decke führte. Ich hatte zunächst dafür keine Erklärung, bis man mir sagte, daß durch eine Öffnung vom Dach aus Gas, und zwar in kristalliner Form, das Zyklon B, in diese Todeskammern gegossen würde. Bis zu diesem Moment war also der Häftling ahnungslos, und dann war es natürlich zu spät. Gegenüber den Gaskammern lagen die Leichenaufzüge, und diese führten dann nun in den ersten Stock oder, von der anderen Seite aus gesehen, in das ebenerdige Geschoß. [Pause] Das eigentliche Krematorium war ein riesiger Saal, an dessen einer Seite in langer Reihe die Krematoriumsöfen standen, mit geplättetem Fußboden, alles atmete eine sachliche, neutrale, technische, wertfreie Atmosphäre aus. Es war alles spiegelblank, geleckt, und einige Häftlinge in Monteuranzügen, die polierten da ihre Armaturen, machten sich da künstlich Bewegung. Sonst war alles still und leer.

Nachdem ich diese äußeren Einrichtungen gesehen hatte und irgendwie SS gar nicht in Erscheinung getreten war, interessierte mich natürlich, nun mal die SS-Leute zu sehen und kennenzulernen, die diesen ganzen Apparat da verwalteten und in Betrieb hielten. Es wurde mir dann ein kurzer Blick in die sogenannte Wachstube des Lagers Birkenau gestattet, und hier habe ich dann zum ersten Mal einen wirklichen Schock erlitten. Sie wissen, eine militärische Wachstube, die zeichnet sich bei sämtlichen Armeen der Welt durch eine spartanische Einfachheit aus. Es steht da ein Schreibtisch, es hängen Anschläge, es sind da einige Pritschen da für diejenigen, die da abgelöst werden, Schreibtisch und Telefon. Aber das hier war anders. Es war ein niedriger, etwas schummriger Raum, und da standen bunt zusammengewürfelte Couchen herum. Und auf diesen Couchen, da lagen malerisch einige SS-Leute, meistens untere Führerdienstgrade, und dösten da mit glasigen Augen vor sich hin. Ich hatte den Eindruck, daß sie die Nacht vorher ziemlich viel Alkohol genossen haben mußten.

Statt eines Schreibtisches stand ein riesiger Hotelherd da, und auf diesem buken vier, fünf junge Mädchen Kartoffelpuffer. Es waren offensichtlich Jüdinnen, sehr schöne, orientalische Schönheiten, vollbusig, feurige Augen, trugen auch keine Häftlingskleider, sondern normales, ganz kokettes Zivil. Und die brachten nun ihren Paschas, die auf den Couchen da rumlagen und dösten, die Kartoffelpuffer und fragten besorgt, ob auch genügend Zucker darauf war, und fütterten die. [Pause] Keiner nahm von mir und meinem Begleiter – immerhin also doch einem Hauptmann – Notiz. Es wurde keine Meldung gemacht, es ließ sich keiner stören. Und ich glaubte, meinen Ohren nicht zu trauen: Diese weiblichen Häftlinge und die SS, die duzten sich gegenseitig. Ich muß also wohl ziemlich entgeistert meinen Begleiter angeschaut haben. Der zuckte nur die Achseln und sagte: »Die Männer haben eine schwere Nacht hinter sich. Sie hatten einige Transporte abzufertigen.« Ich glaube, so drückte er sich aus. Das bedeutete also, daß in der Nacht, während ich da im Zuge stehend nach Auschwitz fuhr, einige Tausend Menschen, einige Zugladungen voll hier vergast und verascht worden waren. Und von diesen Tausenden von Menschen, da war auch nicht das Stäubchen auf einer Ofenarmatur übriggeblieben. [Pause]

Nachdem ich also in Birkenau alles gesehen hatte, was es zu sehen gab, habe ich dann einen Rundgang durch das Lager gemacht. Was man da so auf die Schnelle gezeigt bekommt: irgendeine gut ausgesuchte Häftlingsstube oder -baracke, Kultureinrichtungen des Lagers, die es auch gab, [Pause] der Krankenbau. Und dann ließ ich mich natürlich in den sogenannten Bunker unter anderem auch führen, und dabei wurde mir ganz offen und mit größter Bereitwilligkeit die sogenannte Schwarze Wand gezeigt, wo die Erschießungen stattfanden. [Pause]

Nachdem ich das Lager besichtigt hatte – es war mittlerweile Spätnachmittag geworden –, da schritt ich nun zur Aktion und ließ das ganze SS-Krematoriumskommando in seiner Unterkunft vor den Spinden antreten und nahm eine Durchsuchung vor. Und wie ich mir es gedacht hatte, kam dann da einiges zum Vorschein: goldene Ringe, Münzen, Ketten, Kettchen, Perlen, so ziemlich sämtliche Währungen der Welt. Bei dem einen wenig »Souvenirs«, wie der Betreffende sagte, bei dem anderen ein kleines Vermögen. Was ich aber nicht erwartet hatte, war, daß aus einem der zwei Spinde mir die Geschlechtsteile frisch geschlachteter Bullen entgegenfielen. Ich war zunächst völlig entgeistert und konnte mir also den Verwendungszweck nicht vorstellen. Bis mir der betreffende Spindinhaber errötend – tatsächlich, das gab es –, dann gestand, daß man sich das besorge zur Auffrischung der eigenen sexuellen Potenz. [Pause] Nachdem ich also diese Durchsuchung vorgenommen und damit ziemlich das ganze Krematoriumskommando da festgenagelt, kurz vernommen hatte, war der Tag zu Ende. Und ich begab mich dann in meine Unterkunft. [Pause]

Verständlicherweise konnte ich in dieser Nacht kein Auge schließen, obwohl ich da schon einiges in Konzentrationslagern gesehen hatte, aber so etwas nun doch noch nicht. Und ich überlegte mir, was nun dagegen unternommen werden könnte.[1]

So schildert Konrad Morgen 1964 seine erste Inspektion des Konzentrationslagers Auschwitz im November 1943.

Im Frankfurter Auschwitzprozess, der enorme Bedeutung für die Aufarbeitung des Holocaust in Deutschland hatte, standen 22 SS-Leute niederer Dienstgrade wegen Verbrechen in den Lagern Auschwitz und Auschwitz-Birkenau vor Gericht. Viele der leitenden Offiziere, so der ehemalige Kommandant Rudolf Höß, waren kurz nach dem Krieg in Polen angeklagt und hingerichtet worden. Am Ende des Frankfurter Auschwitzprozesses wurden sechs Angeklagte zu lebenslanger Haft verurteilt, fünf freigesprochen und die restlichen Angeklagten zu Haftstrafen zwischen dreieinhalb und 14 Jahren verurteilt.

Morgen war als Zeuge gleichsam ein Star, da er die Vernichtungsanlagen in Auschwitz-Birkenau selbst gesehen hatte. Seine in gedehnter und gewichtig klingender Sprechweise vorgetragenen Ausführungen waren von wiederholtem Räuspern und dramatisch eingelegten Pausen unterbrochen. Trotz der teils fragwürdigen Relevanz von Morgens Aussage für die Feststellung der Schuld oder Unschuld der Angeklagten ließ ihn der Vorsitzende Richter ohne Unterbrechung über eine Stunde lang reden. Da Morgen in Auschwitz weder Täter noch Opfer war, galt er wohl als einigermaßen unbefangener Zeuge, um die Rolle des Lagers bei der Massenvernichtung der Juden darzulegen.

Auschwitz ist, wie Susan Neiman schreibt, »das Ergebnis von

1 KMF, S. 5557-5570. Aus dem weiteren Verlauf der Zeugenaussage wird klar, dass sich Morgens Bemerkung »Und ich überlegte mir, was nun dagegen unternommen werden könnte« auf die Massenvernichtung bezieht. Die Fortsetzung dieser Zeugenaussage wird in Kapitel 14 zitiert und besprochen.

Tausenden von Schritten, unternommen von Menschen, die anders hätten handeln können«.[2] Blicken wir daher kurz auf jene normativen Maßnahmen, die nach der Machtübernahme der Nationalsozialisten die ersten entscheidenden Schritte in Gang setzten.

Der radikale Antisemitismus des NS-Regimes fand zunächst in einer Reihe gesetzlicher Regelungen Ausdruck. Das »Gesetz zur Wiederherstellung des Berufsbeamtentums«, das Juden vom Staatsdienst ausschloss, trat bereits am 7. April 1933, also etwas mehr als zwei Monate nach Hitlers »Machtergreifung«, in Kraft.[3] Der nächste gravierende Schritt waren die »Nürnberger Rassengesetze« von 1935, die Juden den Status als Reichsbürger entzogen.

Die nationalsozialistischen Rechtstheoretiker schrieben den Nürnberger Gesetzen Verfassungsrang zu.[4] Konstitutiv für den NS-Staat war eine Rassenideologie, die alle Ebenen des Staates, einschließlich der polizeilichen Exekutivorgane, durchdrang und prägte. In einer Publikation zum Gestapo-Gesetz 1936 brachte Werner Best die Kernelemente dieser Ideologie folgendermaßen auf den Punkt:

> [Die Politische Polizei ist] eine Einrichtung, die den politischen Gesundheitszustand des deutschen Volkskörpers sorgfältig überwacht, jedes Krankheitssymptom rechtzeitig erkennt und die Zerstörungskeime – mögen sie durch Selbstzersetzung entstanden oder durch vorsätzliche Vergiftung von außen hineingetragen worden sein – feststellt und mit jedem geeigneten Mittel beseitigt. Das ist die Idee und das Ethos der Politischen Polizei im völkischen Führerstaat unserer Zeit.[5]

Wie diese ideologischen Vorgaben gemeint waren, wurde nach dem Anschluss Österreichs im März 1938 deutlich. Die Nationalsozialisten beauftragten Adolf Eichmann, ein Programm zur zwangsweisen Emigration der Wiener Juden umzusetzen. Im November desselben Jahres verstärkte sich im Zuge des »Kristallnacht«-Pogroms

2 Neiman 2006, S. 47.
3 Vgl. für eine detaillierte Darlegung dieses Gesetzes und seiner Wirkungen Mommsen 1966.
4 Vgl. Koellreutter 1938, S. 19; Huber 1939, S. 55f.
5 Best 1936, S. 126; vgl. auch Herbert 2001, S. 164.

der politische Druck, und die Zahl der Emigranten stieg sprunghaft an. Im Mai 1939 konnte sich Adolf Eichmann rühmen, fast 100 000 Juden mit »legalen« Mitteln aus Österreich vertrieben zu haben.[6]

Mit dem Überfall auf Polen im September 1939 verschärfte sich die Lage der jüdischen Bevölkerung. Der Kriegsausbruch erschwerte die Emigration, ja verunmöglichte sie schlussendlich. Die Eingliederung der polnischen Gebiete bedeutete, dass mehr als drei Millionen Juden zur Bevölkerung des »Dritten Reiches« hinzukamen. Den Truppen der Wehrmacht folgten Polizeieinheiten und SS-Einsatzgruppen, deren Aufgabe es war, die zivile Ordnung durch Terror zu sichern – konkret durch die Exekution von lokalen Beamten, Mitgliedern der Intelligenz, potenziellen Widerstandskämpfern und anderen Personen, die als Sicherheitsrisiko galten. Juden wurden in diese Exekutionen einbezogen, da sie angeblich zu all diesen verdächtigen Gruppen gehörten: als natürliche politische Gegner, als Anhänger subversiver Ideologien oder schlicht als Kriminelle. Diese Aktionen mündeten in spontane Massenerschießungen von Polen und Juden in den ersten Wochen des Krieges.[7]

Die offizielle Politik der Nationalsozialisten gegenüber den Juden war zu diesem Zeitpunkt noch auf Ausweisung und Vertreibung gerichtet.[8] Juden wurden mit dem Ziel der späteren »kontrollierten Deportation« in Ghettos verbannt.[9] Man plante, ethnische Deutsche, die außerhalb der Grenzen des nun erweiterten Deutschen Reiches lebten, zu repatriieren und in den Gebieten, die man von Polen und Juden konfisziert hatte, anzusiedeln. Polen und Juden sollten in ein »Judenreservat« im nicht in das Reichsgebiet inkorporierten polnischen Gebiet verbannt werden,[10] das durch einen »Ostwall« von Deutschland abgegrenzt werden sollte. Nach Hitlers Vorstellungen würde sich diese Demarkationslinie erst »nach Jahr-

6 Cesarani 2004, S. 104.
7 Browning 2003, S. 54-64.
8 Ebd., S. 50.
9 Ebd., S. 173.
10 Ebd., S. 77.

zehnten« weiter nach Osten verschieben.[11] Dieses Transferieren ganzer Bevölkerungsgruppen führte rasch zu ernsthaften Problemen und Engpässen.

Versuche, diese Schwierigkeiten zu überwinden, führten zu Kontroversen unter den Nazi-Führern und auch unter den in den okkupierten Gebieten eingesetzten Beamten. Die Vertreibung der Juden funktionierte nicht mehr reibungslos.[12] Auseinandersetzungen ergaben sich auch über den Punkt, ob die Juden als Arbeitskräfte genutzt, ja zur Unterstützung der Kriegswirtschaft ins Reich zu deportieren seien oder ob man sie einfach isolieren sollte.[13] Kontrovers war gleichfalls, ob die Ghettos sich selbst erhaltende Enklaven oder schlicht nichts anderes als Todesfallen bilden sollten.[14]

Die Invasion der Niederlande, Belgiens und Frankreichs im Mai 1940, die weitere Zehntausende Juden der Verfolgung aussetzten, eröffnete kurzzeitig die Möglichkeit einer Verbannung der Juden in die Kolonien der nun besetzten westeuropäischen Staaten.[15] Der für die Juden vorgesehene Bestimmungsort wurde neu definiert. Im Mai 1940 verfasste Himmler eine Denkschrift (»Einige Gedanken über die Behandlung der Fremdvölkischen im Osten«), in der er programmatisch verkündete: »Den Begriff Juden [...] hoffe ich, durch die Möglichkeit einer großen Auswanderung sämtlicher Juden nach Afrika oder sonst in eine Kolonie völlig auslöschen zu sehen.«[16] Zur gleichen Zeit müsse, so Himmlers ideologische Vorgabe, »das Fundament in unseren Erwägungen sein [...], die rassisch Wertvollen aus diesem Brei herauszufischen, nach Deutschland zu tun, um sie dort zu assimilieren«.[17] Noch gingen diese Pläne nicht über die

11 Ebd., S. 52.

12 Ebd., S. 91-104, S. 54-63. Browning schreibt: »Obwohl die Nationalsozialisten es nicht zugaben und entsprechende Schlussfolgerungen monatelang zurückwiesen, erwies sich, dass die ›Festigung des deutschen Volkstums‹ in den ins Reich eingegliederten Gebieten und die ›Lösung der Judenfrage‹ keine komplementären, sondern in Konkurrenz zueinander stehende Ziele waren.« (Ebd., S. 73f.)

13 Ebd., S. 259-264.

14 Ebd., S. 173-252.

15 Ebd., S. 130.

16 Ebd., S. 113.

17 Ebd., S. 112.

Neuansiedlung von Bevölkerungsgruppen hinaus. Himmler schrieb dazu: »So grausam und tragisch jeder einzelne Fall sein mag, so ist diese Methode, wenn man die bolschewistische Methode der physischen Ausrottung eines Volkes aus innerer Überzeugung als ungermanisch und unmöglich ablehnt, doch die mildeste und beste.«[18]

Im Herbst 1940 sprach Reinhard Heydrich, der Leiter des Reichssicherheitshauptamts, noch davon, »die Regelung der Judenfrage« durch »Evakuierung nach Übersee« erreichen zu wollen.[19] Als die Aussichten auf einen Sieg gegen die Briten und damit die Hoffnung auf eine Kontrolle der Seewege schwanden, wurde der Plan einer Evakuierung der Juden in die Überseegebiete unrealistisch. Ungeachtet dessen hielt sich die Idee der Vertreibung der Juden an einen noch festzulegenden Ort.[20] Im Februar 1941 schrieb Heydrich in einem Brief an das Auswärtige Amt von einer »späteren Gesamtlösung des Judenproblems« durch Abtransport »nach dem zukünftigen Bestimmungslande«.[21] Die Vorstellung, dass sich die »Judenfrage« durch Emigration und Neuansiedlung lösen ließe, existierte in der nationalsozialistischen Führungsriege zumindest bis zum Juni 1941.[22]

Diese Pläne änderten sich mit dem als »Vernichtungskrieg« geplanten Überfall auf die Sowjetunion. Hunderttausende Juden kamen nun unter deutsche Besatzungskontrolle. Die Grenzen der geplanten Vertreibung der Juden verlagerten sich weit nach Osten.[23] Wie schon beim Überfall auf Polen kam es zu Exekutionen angeblich gefährlicher Elemente durch die auf die Invasionstruppen folgenden Einsatzgruppen. Unter dem Vorwand, es handle sich um Bolschewisten (»Kommissare«) und um feindlich gesinnte Weltanschauungsträger,[24] richteten sich diese Tötungen gezielt auf jüdische Männer.

18 Ebd., S. 113; vgl. auch die Bemerkung des Befehlshabers der Sicherheitspolizei und des Sicherheitsdienstes (BdS) in Krakau, Bruno Streckenbach: »Schließlich könne man sie [die Juden] ja nicht verhungern lassen« (ebd., S. 115).

19 Ebd., S. 160.

20 Ebd., S. 142.

21 Ebd., S. 163.

22 Ebd., S. 371.

23 Ebd., S. 171f.

24 Dieckmann schreibt dazu: »In der Führungsgruppe von RSHA und Sicherheitspolizei um

Als die Invasion nicht so rasch wie geplant Erfolg hatte, wurden sogar jüdische Frauen und Kinder, die zunächst verschont geblieben waren, erschossen.[25] So wurde im August 1941 Massenmord das Mittel, um Gebiete »judenrein« zu machen. Gegen Ende des Sommers stießen die flächenmäßigen Exekutionen großen Stils auf Schwierigkeiten. Die Mitglieder der Erschießungskommandos erlitten infolge des entsetzlichen Auftrags psychische Traumata.[26] Deshalb wurde nach »humaneren« Methoden gesucht, um unerwünschte Bevölkerungsgruppen auszulöschen – Methoden, deren Zweck vor allem darin bestand, den SS-Einsatzgruppen die mühevolle Aufgabe zu ersparen, ihre Opfer einzeln ermorden zu müssen. Die Idee, solche Methoden anzuwenden, lag bereits in der Luft. Im Juli 1941 schrieb Rolf-Heinz Höppner an Eichmann Folgendes über die Internierung der Juden im Warthegau:

> Es besteht in diesem Winter die Gefahr, daß die Juden nicht mehr sämtlich ernährt werden können. Es ist ernsthaft zu erwägen, ob es nicht die humanste Lösung ist, die Juden, soweit sie nicht arbeitseinsatzfähig

Heydrich, aber auch weit darüber hinaus, wurde das Judentum als ›rassische‹ Basis des Bolschewismus angesehen. Die jüdischen Männer umzubringen, wurde hier als eine Form der Ausführung des Befehls angesehen, die sowjetische Führungsschicht zu ›liquidieren‹.« (Dieckmann 1998, S. 303) Und Browning schreibt: »Wie in den vor dem Krieg angefertigten Denkschriften und Plänen verschleierten die Vertreter des NS-Regimes ideologische Vorurteile mit rationalisierenden Erklärungen. Antijüdische Maßnahmen wurden zumeist als Teil einer umfassenderen ›Befriedungspolitik‹ in den besetzten Gebieten präsentiert.« (Browning 2003, S. 380) Sowohl die Politkommissare der Roten Armee als auch die sowjetischen Juden »sollten im Zuge des deutschen Vormarschs ermordet werden, bildeten sie in den Augen der Nationalsozialisten doch letztlich eine Einheit« (ebd., S. 172).

25 Browning 2003, S. 382.

26 Wie Browning ausführt: »Einem sichtlich mitgenommenen Himmler, der soeben Zeuge einer relativ kleinen Exekution geworden war, will HSSPF von dem Bach-Zelewski in Minsk gesagt haben: ›Sehen Sie in die Augen der Männer des Kommandos, wie tief erschüttert sie sind! Solche Männer sind fertig für ihr ganzes Leben. Was züchten wir uns damit für Gefolgsmänner heran? Entweder Nervenkranke oder Rohlinge!‹« (Browning 2003, S. 508) In seinen Zeugenaussagen nach dem Krieg sagte Bach-Zelewski, der ehemalige Höhere SS- und Polizeiführer (HSSPF) von Minsk, aus, Himmler habe den Leiter der Einsatzgruppe B, Arthur Nebe, nach der Exekution in Minsk gebeten, andere Tötungsmethoden zu entwickeln (ebd., S. 510).

sind, durch irgendein schnell wirkendes Mittel zu erledigen. Auf jeden Fäll wäre dies angenehmer, als sie verhungern zu lassen.[27]

Solch ein »schnell wirkendes Mittel« gab es bereits. Im Rahmen der sogenannten »Euthanasieaktion« kam es im Winter 1939/40 zur Tötung einer großen Zahl geistig und körperlich behinderter Erwachsener in Gaskammern.[28] Dieses Programm dürfte Hitler bereits seit 1935 geplant haben.[29] Patienten aus allen Teilen des Reichs wurden – unter Aufsicht lokaler Anstaltsärzte – in sechs medizinische Tötungsanstalten eingeliefert.

Im Jahre 1940 wurden auch erstmals Juden in das »Euthanasieprogramm« einbezogen.[30] Während die Selektion nichtjüdischer Patienten im Rahmen des »Euthanasieprogramms« nach einer oberflächlichen medizinischen Untersuchung erfolgte, wurden jüdische Patienten ohne jede medizinische Begründung in ausschließlich jüdischen Transporten in diese Tötungszentren eingeliefert. Diese Juden wurden gemeinsam mit ungefähr 70 000 kranken und behinderten Menschen[31] in als Duschräume getarnten Gaskammern getötet. Im Sommer 1941 befahl Hitler die Einstellung des »Euthanasieprogramms«. Allerdings änderte sich damit lediglich die Gruppe der Opfer. Ärzte, die zunächst im medizinischen »Euthanasieprogramm« eingesetzt waren, selektierten nun in regelmäßigen Abständen Insassen von Konzentrationslagern für den Abtransport in die Tötungslager. Ziel war es, »nichtarbeitsfähige« Personen und potenzielle Unruhestifter zu beseitigen.[32] Auch hier wurden Juden in die Selektionen miteinbezogen;[33] sie waren aber nur eine der Gruppen, die Opfer dieser »Sonderbehandlung« wurden.

Unter Historikern ist immer noch umstritten, wann genau im Führungskorps der Nationalsozialisten die Entscheidung fiel, diese

27 Ebd., S. 465.
28 Friedlander 1997, S. 154.
29 Ebd., S. 118.
30 Ebd., Kapitel 13, »Der Mord an den behinderten Juden«.
31 Ebd., S. 190, Tabelle 5.3.
32 Ebd., S. 239f., S. 245.
33 Ebd., S. 238ff.

Technologie auf die Lösung der »Judenfrage« anzuwenden. Irgendwann im Sommer oder Herbst 1941 beschloss man jedenfalls, die im »Euthanasieprogramm« entwickelten Techniken für die Operationen gegen die Juden im Osten zu nutzen. Dies führte zu dem als »Endlösung« bekannten Vernichtungsprogramm.

Fachleute des »T4-Programms«, so der Deckname für das »Euthanasieprogramm«, kamen nach Lublin, um die Konstruktion und den Bau reiner Vernichtungslager zu überwachen.[34] Diese Lager (Belzec, Sobibor und Treblinka) waren Teil der sogenannten »Aktion Reinhard«, die nach dem Erfinder der »Endlösung«, dem 1942 an den Folgen eines Attentats verstorbenen Reinhard Heydrich, benannt war.[35] Fast die gesamte Belegschaft in den Tötungslagern stammte aus dem T4-Programm.[36] Diese Leute brachten ihre Methoden und Expertise mit: als Duschräume getarnte Gaskammern, Spinde, in denen die Opfer ihre Wertgegenstände zur »Aufbewahrung« ablegten – all diese Täuschungsmanöver wurden übernommen.[37]

Der skizzierte historische Hintergrund ist unverzichtbar, um zu verstehen, dass sich einem SS-Richter, selbst einem so beharrlich ermittelnden wie Morgen, diese Zusammenhänge nur schrittweise erschließen konnten. Morgen entdeckte die oben beschriebene Tötungsmaschinerie zu einem Zeitpunkt, als die Lager der »Aktion

34 Ebd., S. 468ff.

35 Chełmno (Kulm) war noch vor diesen zur »Aktion Reinhard« zählenden Vernichtungslagern in Betrieb gegangen. In Chełmno wurden bereits von den SS-Einsatzgruppen getestete Gaswagen zur Tötung eingesetzt. Diese Gaswagen waren auch für die Tötung behinderter Menschen in Polen benutzt worden (Friedlander 1997, S. 453f.).

36 Ebd., S. 467, S. 327-334.

37 Wie Friedlander schreibt: »Zum einen täuschte man die Opfer bei der Ankunft durch den Anschein von Normalität. In den Euthanasie-Mordzentren ließen Ärzte und Pflegekräfte, die medizinische Akten studierten, das Mordzentrum wie ein gewöhnliches Krankenhaus erscheinen, während in den Zentren der Aktion Reinhard der Aufnahmebereich und die Begrüßungsrede durch ein Mitglied des Personals dem Mordzentrum das Aussehen eines Arbeitslagers verlieh. An beiden Orten wurde den Opfern mitgeteilt, sie müßten aus hygienischen Gründen duschen, und die Gaskammern waren als Duschräume getarnt; außerdem wurde das Eigentum der Opfer sorgfältig eingesammelt und registriert, um die Illusion der Normalität aufrechtzuerhalten [...]. Zum anderen wurden die Opfer im Reich wie im Osten in die Gaskammern gezwängt und ihre Leichen sofort nach ihrer Ermordung verbrannt.« (Friedlander 1997, S. 473f.)

Reinhard« bereits aufgelöst und ein Großteil der europäischen Juden ermordet worden waren. In Auschwitz-Birkenau fand Morgen die für einen Untersuchungsrichter unabdingbaren Beweise für seine Vermutung, dass im Generalgouvernement in »ungeheurem Maße« gemordet wurde.

Auschwitz war 1940 als Konzentrationslager errichtet worden, in das zunächst polnische politische Gefangene und polnische Juden eingeliefert wurden. Vernichtungslager gab es zu diesem Zeitpunkt noch nicht. In dem zum Konzentrationslager Auschwitz gehörenden Vernichtungslager Auschwitz-Birkenau, dessen Bau im Herbst 1941 in Angriff genommen wurde, begann im Frühjahr 1942 das Morden in den Gaskammern. Diese Gaskammern waren noch in Betrieb, als Morgen im November 1943 den gesamten Lagerkomplex in Auschwitz inspizierte.

In seiner Zeugenaussage beim Frankfurter Auschwitzprozess beschreibt Morgen seine Reaktion auf die unmittelbare Konfrontation mit dem industriellen Massenmord mit folgenden Worten: »Und ich überlegte mir, was nun dagegen unternommen werden könnte.«[38] Seine berufliche Position gab Morgen die Mittel an die Hand, etwas zu tun – etwas, das sich im Endergebnis als unwirksam erweisen sollte, aber dennoch persönlich mutig war. Die Überlegungen, die seine Entscheidung zum Handeln bestimmten, waren aber keineswegs so geradlinig, wie Morgens Frankfurter Zeugenaussage Glauben macht. Er war schließlich SS-Offizier, und die normativen Annahmen seines Denkens waren andere als 1964 jene der kritischen Zuhörer im Frankfurter Gerichtssaal. Wie Morgen zu seinen Entschlüssen kam, soll nun im Lichte seiner bemerkenswerten Laufbahn als SS-Richter verdeutlicht werden.

38 KMF, S. 5570.

2. MORGENS EINTRITT IN DIE SS

Im September 1945 stellte sich Morgen freiwillig dem amerikanischen militärischen Abwehrdienst (Counter Intelligence Corps) in Mannheim-Seckenheim.[1] Er wurde von den Amerikanern, die ihn seit Kriegsende bereits gesucht hatten, in Haft genommen. Wenngleich er sich den Amerikanern als Zeuge von Kriegsverbrechen präsentierte, verdächtigten ihn diese, selbst ein Kriegsverbrecher zu sein.

Morgen hatte bei seiner Inhaftierung eine Reihe von Dokumenten aus seiner Zeit als SS-Untersuchungsrichter bei sich, die er den amerikanischen Behörden übergab: unter anderem Anklageschriften aus Verfahren, die er gegen Angehörige der SS angestrengt hatte.[2] Während seiner fast dreijährigen Haft wurde er wiederholt eingehendst unter Eid verhört. Auch weitere Dokumente über seine Laufbahn während des Krieges kamen zum Vorschein.

Das amerikanische CIC begann die Vernehmungen Konrad Morgens am 30. August 1946. Zunächst wird Morgen zu seiner Erziehung und zu seinem Eintritt in die SS befragt. Er führt aus:

> A. Ich wurde am 8. Juni 1909 zu Frankfurt a/Main geboren. Mein Vater ist Lokomotiv-Fuehrer. Ich bin in Frankfurt zur Schule gegangen. Vor dem Studium war ich ½ Jahr als Volontaer in einer Bank taetig und habe dann in Frankfurt, Rom, Berlin, Den Haag und Kiel studiert. Ich

1 Morgen fuhr auf eigene Initiative von Prien am Chiemsee nach Mannheim-Seckenheim, denn bei seiner Rückkehr nach Bayern im September 1945 (Morgen war bei Kriegsende am SS-Gericht Breslau tätig und geriet nach eigenen Angaben auf dem Rückmarsch in tschechische Kriegsgefangenschaft) hatte er erfahren, dass ihn die Amerikaner bereits suchten. Morgen berichtet darüber in KMP, S. 6674; vgl. auch Morgens handgeschriebenen Brief über seinen Weg von Prien nach Mannheim in F65, Bl. 58. Morgens Festnahme wird im *CIC Seventh Army Detention Report* bestätigt (SKV EL 903/3, Bü 2196).

2 Dieses Material befindet sich in NO-2366.

war vorher schon als Schueler Austauschschueler in Frankreich. Sie sehen daraus, dass ich mich schon von fruehester Kindheit an fuer internationale Beziehungen interessiert habe. Ich war auch waehrend meines Studiums Mitglied der Paneuropaeischen Union. Und gehoerte der Logengruppe der Deutschen Volkspartei an. Ich bin 1933 im Mai auf Raten meiner Eltern in die Partei eingetreten, habe darin keine Funktion ausgeuebt. Zur SS bin ich im selben Jahr gekommen. Ich war damals Student, letztes Examen-Semester, und man hat uns ohne viel Fragen in die SS uebernommen.
Fr. Als was uebernommen? Sie waren in irgendeiner Organisation?
A. Das war das sog. Reichskuratorium fuer Jugendertuechtigung. Man hat damals gesagt, fuer Akademiker insbesonder [sic!] seien die Buecher zu einseitig usw., es muesse ein koerperlicher Ausgleich geschaffen werden. [...] Und nun hat man 1933 an den oertlichen Verband in Frankfurt einen Studenten gesetzt, der in der SS war und der hat die ganze Sache so organisiert. Das ging an mit Exerzieren. Da hiess es dann erst: Sie brauchen ein paar Stiefel dazu. Sie muessen Ihrem Zugehoerigkeitsgefuehl Ausdruck verleihen. Und Sie brauchen ein Braunhemd, so gings dann weiter. Und ehe man sich versah war man dabei. Diese damalige Zeit gab mir nicht die geringsten Bedenken oder Zweifel. Denn Hitler betonte ja, seine ganze Kraft und seine ganze Regierungspolitik wolle er dem Frieden widmen. Er sagte immer wieder: »Ich bin selbst Frontkämpfer gewesen. Ich kenne die Schrecken des Krieges. Was das Volk braucht und was die Welt braucht ist Ruhe.« [...] Das war alles so ueberzeugend, dass man sich nicht vorstellen konnte, dass dieser Mann die Welt einer neuen Katastrophe entgegenfuehrt.[3]

Morgen fügt an, er habe ein Buch zum Thema *Kriegspropaganda und Kriegsverhütung* geschrieben. In seiner 1936 im Verlag Noske in Leipzig erschienenen Publikationsfassung seiner Dissertation analysiert er die kausale Rolle von Propaganda beim Ausbruch von Kriegen; die Arbeit endet mit einem politisch naiven Lobgesang auf den Nationalsozialismus und dessen Beitrag zur Friedenssicherung.[4]

3 KMI, 30. August 1946, S. 1-3.

4 KMB, S. 110. Das Buch *Kriegspopaganda und Kriegsverhütung* ist die publizierte Fassung von Morgens Doktorarbeit, mit der er am 20. Februar 1936 an der Johann Wolfgang Goethe-Universität Frankfurt am Main den akademischen Grad eines »Doktors der Rechte« erwarb (vgl. HAW[3], Promotionsurkunde).

Kurz gesagt: Morgen versucht, die ihn verhörenden Offiziere zu überzeugen, dass er der nationalsozialistischen Bewegung beitrat, ohne zu wissen, wohin diese führen würde – getäuscht von Hitlers vermeintlich friedlichen Absichten, wie so viele andere Deutsche. Morgens Gründe für den Parteieintritt waren nach seinen Angaben rein opportunistischer Natur:

> Ich bin am 1. Mai 1933 in die Partei eingetreten. Auf instaendiges Bitten meiner Mutter hin. Sie sagte: »Du kriegst keine Stellung, wenn du zum Staat gehen willst. Wir haben so viele Opfer fuer Dein Studium gebracht.« Ich erwaehnte schon, mein Vater war Lokomotivfuehrer. Meine Eltern hatten die Kosten fuer meine Ausbildung unter groessten Entbehrungen aufgebracht. Da dachte ich mir: »Nun ja, es ist nur eine Formalitaet« und bin eingetreten.[5]

Laut seinem Personalbogen trat Morgen der Partei nicht am 1. Mai, sondern bereits am 1. April 1933 bei. Und am 1. März 1933 wurde er SS-Mitglied.[6] Jedenfalls kam er mit einer Flut neuer Rekruten zur SS. Zwischen Januar und Mai 1933 verdoppelte sich die Mitgliederzahl dieser Organisation von 50 000 auf mehr als 100 000.[7] Die Partei gewann in diesem Zeitraum zusätzlich 1,6 Millionen Mitglieder.[8]

Der Umstand, dass Morgen zunächst der SS und erst dann der Partei beitrat, stützt seine Behauptung, er sei über eine Studentenorganisation zur SS gekommen und mehr daran interessiert gewesen, einer sich als Elite verstehenden Verbindung anzugehören, als an einer Karriere in der Politik. Morgens Angaben werden auch durch eine eidesstattliche Erklärung bestätigt, die ein Studienfreund an die nach dem Krieg zuständige Entnazifizierungsbehörde übermittelte. Dieser Freund gibt an, die Studentenverbindung, zu der er und Morgen gehörten, sei auf Inititative ihres Leiters als ganze in die SS aufgenommen worden.[9]

5 KMI, 4. September 1946, S. 2f.
6 PKM, S. 1.
7 Koehl 1983, S. 79.
8 Kershaw 1998, S. 606.
9 SKV EL 903/3, Bü 2196; eidesstattliche Erklärung von Wilhelm Felgenauer vom 2. Janu-

Nach und nach scheint Morgen sich dann jedoch die ideologischen Normen der SS zu eigen gemacht zu haben. Himmler, ab 1929 Chef der SS, plante, diese in eine verschworene, dem Nationalsozialismus und dessen Idealen ergebene Bruderschaft zu formen.[10] Mit seinem Hang zu Romantizismus und Mystizismus kultivierte Himmler bewusst das Bild der SS als eines in der Tradition des Deutschen Ritterordens stehenden,[11] der arischen Rasse und ihrer Förderung verpflichteten Ordensverbands. Die SS-Mitglieder sollten an einen Kodex persönlicher Tugend und unbedingten Gehorsams gebunden sein. Diese moralisierende Ideologie wurde von Himmler – ungeachtet der sich häufenden SS-Verbrechen – über die Jahre unermüdlich propagiert.

Im Frühjahr 1933 war die SS in Hans Buchheims Worten »nur eine etwas vornehmere Variante der ungleich größeren und mächtigeren, aber als plebejisch geltenden SA«.[12] Die SS war angesehener, weil sie das offen rücksichtslose und gewalttätige Vorgehen der SA vermied und mit dieser nur die äußere Form militärischer Uniformierung und Übungen teilte. Wer, wie Buchheim bemerkt, »damals glaubte, einer der nationalsozialistischen ›Kampfformationen‹ beitreten zu müssen, sich dabei aber politisch und zeitlich nicht allzusehr engagieren wollte, der ging zur SS«.[13]

Mit dem »Röhm-Putsch« Ende Juni 1934 gewann die SS an Ansehen und Geltung. Die SA war angeblich zu einer Gefahr für Hitlers Autorität geworden, weshalb Hitler den Befehl gab, den SA-Führer Ernst Röhm und an die hundert seiner Gefolgsleute zu beseitigen. Die Ausführung dieser Morde wurde der SS übertragen. Von diesem Zeitpunkt an bildete die SS einen bedeutenden Machtfaktor im NS-Staat.

ar 1948. Zu erwähnen ist aber, dass Felgenauer selbst es vermeiden konnte, in die SS übernommen zu werden.

10 Longerich 2008, S. 265-395; vgl. auch Hambrock 2009, S. 79-101.

11 Der Deutsche Ritterorden spielte eine wesentliche Rolle bei der Kolonisierung Ostpreußens sowie von Teilen Polens, Lettlands und Litauens. Vgl. für Himmlers Bezugnahmen auf den Deutschen Ritterorden und andere historische Ideale Reinicke 2003, S. 73-78, S. 93-105.

12 Buchheim 1967, S. 160.

13 Ebd., S. 160f.

Im Herbst 1934 ordnete Hitler den Aufbau bewaffneter SS-Einheiten an (der sogenannten »SS-Verfügungstruppe«). Mit dem Ausbruch des Krieges im September 1939 bildeten diese bewaffneten SS-Standarten den Kern der Waffen-SS, in die fast alle SS-Mitglieder, so auch Morgen, übernommen wurden. Das Ergebnis war, dass sich Männer, die zunächst einer politisch inspirierten Bruderschaft mit paramilitärischen Zügen beigetreten waren, nun in einer spezifischen militärischen Organisation wiederfanden.

Im Nürnberger Prozess gegen die Hauptkriegsverbrecher wurde die SS als kriminelle Organisation verurteilt. In der Folge wurde sie vielfach mit barbarischer Gewalt durch brutale Schlägertypen und Mörder assoziiert. Diese Sicht findet sich insbesondere in Eugen Kogons berühmtem Buch *Der SS-Staat. Das System der deutschen Konzentrationslager.*[14]

Historiker haben mittlerweile das Bild der SS als einer Bande von Rohlingen, die dem Abschaum der deutschen Gesellschaft entstammen, revidiert.[15] Kogons Charakterisierung trifft auf viele jener SS-Wärter zu, die er in Buchenwald kannte. Sie kann jedoch nicht ohne Weiteres auf die Mitglieder des administrativen und des politischen Bereichs der Organisation übertragen werden, vor allem nicht auf das Personal des Reichssicherheitshauptamts (RSHA). Viele der am Massenmord beteiligten »Schreibtischtäter« im RSHA hatten akademische Abschlüsse.[16] Das von Kogon gezeichnete Bild gilt auch nicht für die SS- und Polizeigerichtsbarkeit, die nicht direkt in den Massenmord involviert war. Die SS war ein komplexes Gebilde mit vielen Facetten, und Morgen fand seinen Weg in ihre etwas »kultivierteren« Abteilungen.

Die Ermordung der SA-Mitglieder und zahlreicher politischer Gegner im Zuge des »Röhm-Putsches« hatte viele Deutsche schockiert. Die Morde zeigten, zu welch extremen Mitteln das Nazi-Regime greifen würde, um Hitlers unbeschränkte politische Autorität zu schützen. Das Ereignis war auch aus juridischer Perspektive be-

14 Vgl. Kogon 1991 [1946], bes. das Kapitel »Psychologie der SS«, S. 415-436.
15 Vgl. Schulte 2009b, S. xi-xxxv; vgl. auch Smelser & Syring 2003, S. 9-27.
16 Vgl. Wildt 2002.

merkenswert; immerhin war Justizminister Franz Gürtner gezwungen, die Morde durch rückwirkende Gesetzgebung zu legitimieren.[17] Der »Kronjurist des Dritten Reiches«, Carl Schmitt, publizierte den Artikel »Der Führer schützt das Recht«, in dem er nicht nur die Morde rechtfertigte, sondern diese für rechtlich legal und auch legitim erklärte. Er argumentierte, Hitler habe »das Recht vor dem schlimmsten Mißbrauch« geschützt, indem »er im Augenblick der Gefahr kraft seines Führertums als oberster Gerichtsherr unmittelbar Recht« geschaffen habe.[18]

Ein maßgeblicher Schritt in der Festigung von Hitlers Macht war die bereits erwähnte Zusammenlegung des Amts des Reichskanzlers mit jenem des Reichspräsidenten nach Hindenburgs Tod am 2. August 1934. Wieder war das Regime bemüht, dem Griff nach der absoluten Macht einen Anschein von Legalität zu geben. Das »Gesetz über das Staatsoberhaupt des Deutschen Reichs«, das die Ämterzusammenlegung rechtlich absicherte, wurde bereits am 1. August 1934 verabschiedet, und am 19. August folgte die angesprochene Volksabstimmung zur Rechtfertigung dieser Maßnahme.[19]

Morgen weigerte sich, wie er in einer Vernehmung nach dem Krieg aussagte, an der Abstimmung teilzunehmen: »Ich steckte noch in meinen alten rechtsstaatlichen Ansichten und habe das nicht als gut ansehen koennen, dass alle Macht des Staates in eine Hand kommt.«[20] Diese Haltung brachte ihn in Schwierigkeiten, und nur eine Intervention der SS konnte seinen Parteiausschluss verhindern. Wie Morgen erklärend bemerkt: »Und dann hat das die SS uebernommen. Die sagten: ›Der Mann gehoert ja eigentlich zu uns‹. Ich wurde formell mit einem Verweis bestraft und blieb bei der SS nur

17 Grundlage war das »Gesetz über die Maßnahmen der Staatsnotwehr vom 3. Juli 1934«, dessen einziger Artikel lautete: »Die zur Niederschlagung hoch- und landesverräterischer Angriffe am 30. Juni, 1. und 2. Juli vollzogenen Maßnahmen sind als Staatsnotwehr rechtens.« Der Text ist online verfügbar unter: {http://www. Documentarchiv.de/ns/stnotw.html} (Stand Juli 2016).

18 Schmitt 1934, S. 945-950, hier zitiert nach dem Wiederabdruck in Pauer-Studer & Fink 2014, S. 327.

19 Vgl. Huber 1939, S. 30-37; S. 216f.

20 KMI, 30. August 1946, S. 5; vgl. auch KMP, S. 6671.

Anwaerter, wurde also nicht ordentliches Mitglied.«[21] Seinen Ausschluss verhinderte wohl auch der Umstand, dass sein Vater der Nationalsozialistischen Volkswohlfahrt, einer Unterorganisation der Partei, eine für seine bescheidenen Verhältnisse beträchtliche Spende zukommen ließ.[22]

Was auch immer Morgen bewogen haben mag, sich 1934 nicht an der Volksabstimmung zu beteiligen, so scheint er sich doch bereits 1936 mit der Alleinherrschaft Hitlers arrangiert zu haben. In seinem Buch über *Kriegsverhütung und Kriegspropaganda* schrieb er nämlich: »Die erste Großtat des neuen Deutschland besteht in der Abschaffung des parlamentarisch-liberalen Systems und seiner Ersetzung durch das Führerprinzip.«[23] Möglicherweise war seine Nicht-Beteiligung am Plebiszit im August 1934 nicht so prinzipienbezogen, wie er dies später darzustellen versuchte, vielleicht waren diese Passagen seines Buches aber auch einfach der Absicht geschuldet, die Partei zu beschwichtigen.

Sollte Letzteres der Fall gewesen sein, war Morgens Loblied auf den Nationalsozialismus vergeblich. Sein Buch war ein Fehlschlag, von Seiten der Partei wurde es scharf kritisiert. In seiner Zeugenaussage im Nachkriegsprozess gegen Oswald Pohl, den Leiter des Wirtschafts- und Verwaltungshauptamts (WVHA) der SS, erklärt er: »Mir wurde vorgeworfen, nicht darauf hingewiesen zu haben, dass eigentlich die Juden die Kriegshetzer waren.«[24]

Es gibt keine dokumentarischen Belege, dass Morgen innerhalb der SS oder der NSDAP zwischen 1933 und 1938 besondere Rührig-

21 KMI, 4. September 1946, S. 2f. Morgen meint, dieser Vorfall habe es ihm verunmöglicht, in Frankfurt am Main eine Stelle im Justizdienst zu finden, weshalb er nach Stettin habe gehen müssen. Dass Morgens Weigerung, an der Wahl zum Reichspräsidenten teilzunehmen, ihm Probleme mit der NSDAP bereitete, wird durch einen Brief bestätigt, den der örtliche Parteileiter Fleischer an ihn richtete. Der Parteileiter forderte Morgen auf mitzuteilen, wo er seine Stimme abgegeben habe, da seine Wahlteilnahme nicht in den Listen des örtlichen Wahllokals aufscheine (SKV EL 903/3, Bü 2196, Brief von Fleischer an Morgen, 28. August 1934).

22 SKV EL 903/3, Bü 2196; eidesstattliche Erklärung von Wilhelm Müller, Frankfurt am Main, 28. Februar 1948.

23 KMB, S. 105.

24 KMP, S. 6671. Morgens Aussage lautet im englischsprachigen Original: »I was reproached with not having pointed out that the Jews were […] actually the instigators of war.«

keit entwickelt hätte. Er bekleidete in beiden Organisationen keine Ämter und beteiligte sich laut seiner Aussagen in Nachkriegsverhören kaum an den Aktivitäten der Partei oder der SS. Gäbe es Indizien, die gegen diese Darstellung sprechen, wären diese wohl in seinem Entnazifizierungsverfahren zur Sprache gekommen, bei dem er erklärte, er habe 1933 keine Zeit für Politik gehabt, weil er sich damals auf den Abschluss seines Studiums konzentrierte.[25] Wir verfügen zudem über keine Unterlagen, aus denen Morgens Reaktion auf die Ermordung Röhms oder auf die im selben Jahr einsetzende Militarisierung der SS deutlich würde.[26] Morgen war, wie auch unsere weiteren Darlegungen zeigen werden, gegenüber sozialen und politischen Entwicklungen mehr oder weniger blind. Soziale und politische Gerechtigkeit waren nicht Teil jener Gerechtigkeit, für die er sich nach eigenen Angaben so »fanatisch« einsetzte.

Von 1934 bis 1939 absolvierte Morgen seine Referendarausbildung an mehreren Gerichten in Frankfurt am Main und Umgebung.[27] Eine dokumentarisch belegte Episode aus dieser Zeit verdeutlicht dabei nicht nur Morgens Dienstbeflissenheit, sondern auch seinen

25 Vgl. SKV EL 903/3, Bü 2196 (J/75/5326), Protokoll der öffentlichen Sitzung der Spruchkammer der Interniertenlager Ludwigsburg 24. Juni 1948.

26 Morgens einzig überlieferte Reaktion auf den »Röhm-Putsch« findet sich in einer kurzen Aussage in seinem Entnazifizierungsverfahren 1948. Auf eine die Röhm-Affäre betreffende Frage erwidert Morgen, die Mitglieder der SS seien über das Verhalten der SA-Führung und darüber unterrichtet worden, dass Röhm homosexuell gewesen sei (Homosexualität war damals ein Straftatbestand). Morgen fügt – irrigerweise – hinzu, Röhm sei verurteilt und von einem Standgericht erschossen worden (vgl. SKV EL 903/3, Bü 2196 [J/75/5326], Protokoll der öffentlichen Sitzung der Spruchkammer der Interniertenlager Ludwigsburg 24. Juni 1948).

27 Morgen musste während seiner Referendarausbildung zweimal eine schriftliche Versicherung abgeben, dass er für seine Vorbereitung auf den Beruf des Rechtswahrers gemäß der »Ersten Verordnung zum Reichsbürgergesetz« keinerlei Unterrichtshilfe bei Juden in Anspruch genommen habe. Die erste Versicherung ist mit 5. Oktober 1936 datiert, die zweite mit 30. April 1938 (HAW[3], S. 65, S. 144). Im September 1936 meldete sich Morgen krank und unterbrach seine Referendarausbildung kurz mit der Begründung, er leide »in der letzten Zeit an nervösen Störungen der verschiedensten Art« (HAW[3], S. 53, Schreiben Morgens an den Oberlandesgerichtspräsidenten Frankfurt am Main vom 13. September 1936). Ob diese nervösen Störungen im Zusammenhang mit Angriffen auf ihn wegen seiner Dissertation standen (Morgen erwähnt ja in den Nachkriegsvernehmungen die teils heftige Kritik) oder ob Morgen in der Tat Kontakte zu jüdischen Juristen pflegte, lässt sich aus der Aktenlage nicht erschließen.

Hang zu vorwitziger Anmaßung unter bewusster Ausnützung seiner SS-Zugehörigkeit.[28] Morgen war im Zuge seines Referendariats für einige Wochen (Juli bis Anfang Oktober 1937) der Dienststelle der Geheimen Staatspolizei Wiesbaden zugeordnet. Dort wurde er Zeuge eines Gesprächs einiger Polizeikommissare, die sich über die mangelnde Bereitschaft eines Ermittlungsrichters beschwerten, Haftbefehle gegen politisch Verdächtige zu erlassen. Offensichtlich war dieser Richter, Dr. Tomforde, nicht auf der Linie der Gestapo.

Morgen verteidigte nach eigenen Angaben Dr. Tomforde, den er bereits früher im Zuge seiner Referendartätigkeit als untadeligen Juristen kennengelernt hatte, gegenüber den Gestapo-Kommissaren.[29] In einem persönlichen Gespräch teilte Tomforde Morgen zudem mit, er bedauere, nicht mehr Strafrichter, sondern nun als Ermittlungsrichter der Gestapo zugeteilt zu sein, eine Position, in der er sich keineswegs wohlfühle. Morgen riet Tomforde, beim Landgerichtspräsidenten um Versetzung anzusuchen, was Tomforde als »unehrenhaft« ablehnte. Morgen ging nun selbst zu dem Landgerichtspräsidenten und legte diesem die Versetzung Tomfordes nahe. Dabei trat er ihm gegenüber als Vertreter der Staatspolizeidienststelle auf, was diesen (Morgen war ja nur Justizreferendar) zu einer Rückfrage veranlasste. Sein Vorgesetzter bei der Staatspolizei kritisierte in seiner Antwort zwar Morgens Vorgehen (»Ich habe den Eindruck, dass Dr. Morgen in etwas übertriebenem Diensteifer weitergegangen ist, als angängig war«), bat aber gleichzeitig den Landgerichtspräsidenten, Morgen »daraus keine Nachteile erwachsen zu lassen«.[30]

Im Oktober 1937 wurde Morgen im Rahmen seiner Referendarausbildung zu einem achtwöchigen Lehrgang in das Ausbildungslager Jüterbog in Brandenburg geschickt.[31] In diesem 1933 vom

28 Die Dokumente finden sich in HAW(3), S. 107-124.

29 HAW(3), S. 119f., Aufzeichnungen des Gerichtsreferendars Dr. K. Morgen über den Fall »Amtsgerichtsrat Dr. Tomforde«.

30 HAW(3), Schreiben des Vorsitzenden der Staatspolizeistelle Wiesbaden an den Landgerichtspräsidenten Frankfurt am Main vom 29. September 1937.

31 HAW(3), Schreiben des Oberlandesgerichtspräsidenten Frankfurt am Main vom 13. September 1937.

Preußischen Justizminister Hanns Kerrl gegründeten Lager sollten künftige Generationen von Rechtsanwälten, Richtern und Staatsanwälten im Geiste des Nationalsozialismus erzogen werden.[32] Jüterbog wurde, wie Lothar Gruchmann bemerkt, »geradezu zum Symbol der Juristenausbildung im Dritten Reich«.[33] Ab 1936 mussten alle angehenden deutschen Juristen dort einen sechswöchigen Ausbildungskurs absolvieren. Zur Zeit von Morgens Aufenthalt in Jüterbog konzentrierte sich die Ausbildung auf Recht, Geopolitik, Ökonomie, aber auch auf Rassenkunde und Sport. Ziel war es, einen Gemeinschaftsgeist und eine Gemeinschaftsmoral im Sinne des Nationalsozialismus zu schaffen und zu kultivieren.

Die Atmosphäre in Jüterbog war hochgradig repressiv. Das maßgebliche Mittel zur politischen Kontrolle war ein beim Kursabschluss ausgehändigtes schriftliches Lagerzeugnis, das die Referendare benötigten, um in den Justizdienst aufgenommen zu werden.[34] Die Beziehungen zwischen den Referendaren waren von Argwohn und Misstrauen vergiftet und endeten mitunter in Denunziationen.

Morgens Leistungen in Jüterbog waren mangelhaft. Zum einen fiel er bei der Prüfung für das Sportabzeichen durch. Schwerer wog aber, dass es ihm anscheinend an Interesse und Kameradschaftsgeist fehlte. In der fünften und sechsten Woche wurde Morgen nach Aussage seines Beurteilers

> bequem und schläfrig. In Haltung und Auffassung wurde er lässig; selbst sein Ausdruck in der Unterhaltung wurde bedeutend schwerfälliger. Man konnte fast glauben, er sei zu bequem, überhaupt ein Wort zu sprechen. Wegen dieses Verhaltens wurde er von vielen Kameraden auch nicht mehr geschätzt, zumal er sich auch von jeder unangenehmen Kameradschaftsarbeit mit nichtigen Aussagen zu drücken versuchte.[35]

32 Auch Roland Freisler, Staatssekretär im Justizministerium und späterer Präsident des Volksgerichtshofs, war aktiv an der Gestaltung des Ausbildungsprogramms in Jüterbog beteiligt.

33 Gruchmann 1988, S. 303.

34 Das Lagerzeugnis war, wie Schmerbach schreibt, für die Anmeldung zum Zweiten Staatsexamen notwendig (vgl. Schmerbach 2008, S. 140).

35 HAW(3), Bl. 9, Beurteilung des Kommandanten des Gemeinschaftslagers Hanns Kerrl in Jüterbog vom 27. November 1937.

Offensichtlich ging Morgens Unwilligkeit, sich an Gruppenaktivitäten zu beteiligen, über die allgemeine Zurückhaltung und Vorsicht seiner Kameraden hinaus. Um ihre zukünftige Berufslaufbahn nicht zu gefährden, vermieden es die meisten Referendare tunlichst, sich zu heiklen Themen zu äußern.[36] Morgens Haltung mag wohl als Zeichen seiner Auflehnung gegen den ideologischen Drill gelesen werden.

Gegen seine negative Beurteilung in Jüterbog legte Morgen Protest ein. In einem Schreiben an den Reichjustizminister verteidigte er seine Leistungen: »Lediglich an der 3,000 [Meter] Strecke bin ich gescheitert«.[37] Seine kaum vorhandene Teilnahme an Diskussionen begründete er mit einer Erkrankung. Und zu seinem angeblichen Mangel an Kameraderie und Gemeinschaftssinn bemerkte er:

> Noch nie sind in einer Gemeinschaft die Empfindsamen geschont worden! Stets werden die weichen Naturen, die leicht Gekränkten, die Zielscheibe des allgemeinen Spotts und Gegenstand von Hänseleien aller Art. Noch nie sind derartige Charaktere von ihren Kameraden vorsicht [sic!] behandelt worden. Auch in Jüterborg ist dies nicht anders. Mein Beurteiler hätte das Richtige getroffen, wenn er von einer gewissen Zurückhaltung meinerseits gesprochen hätte.[38]

Im Jahre 1938 beendete Morgen seine Referendarausbildung und absolvierte die Richterprüfung. Noch bevor er seine erste Stellung im Justizdienst antrat, strengte er ein SS-internes »Ehrenverfahren nach der Schieds- und Gerichtsordnung der SS« an, weil er sich in seiner Ehre als SS-Mitglied verletzt fühlte.[39]

Anlass war folgender Vorfall: In der Wohnung eines Freundes in Frankfurt am Main begegnete Morgen einem gewissen Karl Julius

36 Schmerbach zitiert die Erinnerungen eines Teilnehmers aus dem Jahr 1937: »Wir hörten uns die Vorträge und Übungen gelassen und geduldig an, in der Diskussion waren wir vorsichtig: kein offener Widerspruch, in besonders kritischen Fällen eisiges Schweigen.« (Schmerbach 2008, S. 140).

37 HAW(3), Bl. 136, Morgens Reaktion auf sein Dienstzeugnis in Jüterbog, Brief an den Reichsminister der Justiz, 8. April 1938.

38 Ebd., Unterstreichung im Original.

39 PKM, Brief vom 8. März 1938 und die dazugehörenden Dokumente.

Speck, der sich als Steuerberater und Wirtschaftsfachmann ausgab. Speck war nicht Mitglied der SS und hatte seine Mitgliedschaft in der NSDAP wegen unterlassener Zahlung der Mitgliedsbeiträge verloren. Vielleicht aus einem Minderwertigkeitsgefühl, möglicherweise auch aus Verachtung für die SS heraus fühlte sich Speck durch eine harmlose Bemerkung Morgens hinsichtlich seiner Berufstätigkeit angegriffen und meinte ironisch zu Morgen: »Wenn ich so wenig Grütze im Kopfe hätte wie Sie, würde ich mir leid tun.«[40]

Morgen reagierte mit der Beantragung eines SS-Ehrenverfahrens. Speck entging nur deshalb einem Duell, weil er beide Male, als Morgens Sekundanten zu seiner Wohnung kamen, nicht zu Hause war. Das beim SS-Ehrengericht angestrengte Verfahren gegen Speck scheiterte an dem Problem, dass Speck keinem »Verband mit ehrengerichtlicher Einrichtung« angehörte, der ihn hätte vertreten können. Schlussendlich gab sich Morgen mit einer schriftlichen Entschuldigung Specks zufrieden.

Diese Episode, so trivial sie auch sein mag, zeigt deutlich, dass sich Morgen mit dem für die SS geltenden Ehrenkodex identifizierte. Er hatte zu diesem Zeitpunkt die gemeinschaftlichen Werte der Organisation und wahrscheinlich auch ihre politische Ideologie internalisiert.

Morgens erste Anstellung im Justizdienst war als Assessor am Landgericht in Stettin. Doch schon bald ergaben sich Schwierigkeiten, die um ein Haar seine Entlassung aus dem Reichsjustizdienst zur Folge gehabt hätten.[41] Morgen war Beisitzender Richter in

40 PKM, Antrag Konrad Morgens an den Schiedsmann beim SS-Abschnitt XXX vom 8. März 1938, S. 5; vgl. auch die weiteren Dokumente zu dieser Angelegenheit in PKM.

41 KMI, 30. August 1946, S. 3ff. Morgen erzählt diese Geschichte auch in seiner eidesstattlichen Erklärung vom 28. Januar 1947 (KMI, S. 1f.). Seine Darlegung des Vorfalles am Gericht Stettin wird von Dokumenten in Morgens Personalakte am Oberlandesgericht Frankfurt am Main bestätigt (vgl. HAW[3], Blatt 233-241, Schreiben des Oberlandesgerichtspräsidenten Stettin vom 25. April 1939, in dem Morgen als Dienststrafe ein Verweis erteilt wird). In dem Schreiben wird Morgen mitgeteilt, nur »seine geringe praktische Erfahrung« und sein »wenigstens äußerlich korrektes Verhalten« seien der Grund, dass von einem Antrag auf seine Entlassung aus dem Reichsjustizdienst beim Reichsjustizminister abgesehen wurde. In einem Schreiben an den Reichsjustizminister vom 9. Mai 1939 legte Morgen dagegen Beschwerde ein (HAW[3], Blatt 243-251). Morgen wurde zwar nicht sei-

Abb. 1: Konrad Morgen, 1938.

einem Prozess gegen einen Schulleiter, der beschuldigt war, von seinem Züchtigungsrecht in ungebührlicher Weise Gebrauch gemacht zu haben. Morgen vermutete, dass die Hitlerjugend hinter der Anklage stand, da der Schulleiter nicht Mitglied der NSDAP war. Während des Gerichtsverfahrens gewann Morgen den Eindruck, der den Vorsitz führende Richter unterdrücke sämtliche den Angeklagten entlastenden Indizien. Zwischen dem Vorsitzenden Richter und Morgen entspann sich ein Wortgefecht. Morgen, der sich während der Verhandlung in die Akten des Falls vertieft hatte, wurde vom Vorsitzenden aufgefordert, das Blättern in den Gerichtsunterlagen zu unterlassen – worauf Morgen kurzum die Verhandlung verließ.

ner Stellung beim Landgericht Stettin enthoben, verlor aber seinen Beamtenstatus. Er wurde allerdings nicht gänzlich aus dem Justizdienst entlassen. Um sich wieder im Justizdienst zu etablieren, hätte Morgen zeitbegrenzte Vertretungen von Richtern, die sich im Militäreinsatz befanden, übernehmen müssen. Eine solche Vertretung wurde Morgen im August 1939 am Gericht in Königsberg angeboten; er lehnte dieses Angebot jedoch ab, da er mittlerweile als Rechtsberater bei der Deutschen Arbeitsfront tätig war.

Gegen Morgen wurde ein Disziplinarverfahren angestrengt, als unmittelbare Konsequenz verlor er seinen Beamtenstatus. In Erwartung seiner endgültigen Entlassung aus dem Justizdienst wegen des Vorfalls in Stettin bewarb sich Morgen um eine Stelle bei der Deutschen Arbeitsfront, dem nach Auflösung der freien Gewerkschaften im Jahr 1933 als Organisation der NSDAP errichteten Einheitsverband von Arbeiternehmern und Arbeitgebern. Morgen beriet nun Arbeiter und Angestellte in Verfahren um Gehälter und Urlaubsregelungen.

Am 1. September 1939 begann mit Deutschlands Überfall auf Polen der Zweite Weltkrieg. Morgen wurde in die Waffen-SS eingezogen; er nahm aber nicht direkt am Kampfgeschehen teil, sondern versah seinen Dienst in einem Ersatzbataillon der Waffen-SS, der »Ersatzeinheit Ost«.[42] Von Stolp in Pommern, wo er stationiert war, sandte er seinen Eltern am 30. Oktober 1939 einen gefühlsbetonten Brief, in dem er ihnen für alle ihre Liebe und Anstrengungen dankte:

> Mit wieviel Sorgen hast du mich groß gezogen, liebes Mütterchen! Wie liebevoll über mir gewacht. Wie sorgsam meine Kleider gepflegt und unter welchen Opfern mir meine kleinen und großen Wünsche erfüllt. Und du, lieber Vater. Wie sparsam bist du gewesen. Wie hast du immer und ständig für uns gesorgt! Jetzt in Kriegszeiten, wo alles so knapp wird, da erkennt man erst recht, was es hieß, im letzten Krieg eine Familie zu ernähren und nicht hungern zu lassen. Der hiesige Dienststellenleiter, ein ehemaliger Rechtsanwalt, hat mir erzählt, wie schwer seine Kriegsjugend gewesen ist und wie sie zuhause haben hungern müssen. Er hat das nie nachholen können und ist ein schmächtiges, klappriges Kerlchen geblieben, derart, daß ihn das Militär nach ein paar Tagen gleich nachhause schickte und das will heute etwas heißen. Du, lieber Vater hast uns vor all diesen Nöten bewahrt. Ich bin ein Kerl geworden, den nun, was da kommen mag, so leicht nichts umwerfen wird. Dafür auch an dieser Stelle meinen Dank![43]

42 Vgl. Morgens Lebenslauf und das Protokoll der öffentlichen Sitzung der Spruchkammer der Interniertenlager Ludwigsburg vom 24. Juni 1948 (SKV EL 903/3, Bü 2196).

43 KMN, Brief vom 30. Oktober 1939.

In diesem Brief spricht Morgen auch von Berichten von Frontsoldaten über Gräueltaten an deutschen Soldaten: »Noch täglich werden jetzt, so hört man immer wieder, in Polen von uns Leute abgeschossen, erstochen oder sonstwie heimtückisch massakriert. Das Volk dort ist so verschlagen, haßerfüllt und dumm, daß an eine Befriedung nicht zu denken ist.«[44] Morgen übernimmt hier ungefragt und vollmundig die deutsche Propaganda. Es gibt wenig Grund zu der Annahme, dass er als Angehöriger einer Ersatzeinheit zu diesem Zeitpunkt bereits über die hinter den Frontlinien von den SS-Einsatzkommandos verübten Massenexekutionen voll informiert war.

Nach der Invasion Frankreichs im Mai 1940 wurde demobilisiert und Morgen nach Berlin zurückbeordert. Doch er war kaum in Berlin, da erging eine Gegenorder, und alle Mitglieder der Waffen-SS wurden erneut zum Militärdienst eingezogen. Morgen hatte nun den Wunsch, wieder im Justizdienst tätig zu sein: »Nun sagte ich damals zu dem Mann im Personalamt, dass ich gern in meinem Beruf taetig bleiben moechte. Denn wenn man kaum das Examen gemacht hat und dann schon ueber ein Jahr aus dem Beruf war, dann arbeitet man sich schwer wieder ein. Da sagte der: ›Ja, das Hauptamt SS Gericht sucht Richter. Da werden Sie dort eingeteilt.‹«[45]

Aufgrund der Schwierigkeiten in Stettin hatte Morgen guten Grund zu glauben, dass eine weitere Laufbahn im allgemeinen Reichsjustizdienst wenig aussichtsreich für ihn war. Er unterzog sich im Herbst 1940 einer kurzen Schulung zum SS-Richter und wurde dann als Hilfsrichter dem SS- und Polizeigericht in Krakau zugewiesen.[46]

44 Ebd.

45 KMI, 30. August 1946, S. 6.

46 SKV EL 903/3, Bü 2196 (J/75/5326), Spruchkammer Interniertenlager Ludwigsburg 24. Juni 1948, Blatt 92/1.

3. DIE SS- UND POLIZEIGERICHTSBARKEIT

Die SS- und Polizeigerichtsbarkeit war eine SS-interne Justiz, die strafrechtliche Vergehen von Mitgliedern der Waffen-SS, der Polizeieinheiten im besonderen Einsatz, der SS-Totenkopfverbände und der SS-Verfügungstruppe verfolgte.[1] Himmler führte die SS- und Polizeigerichtsbarkeit, die sich, rein formal gesehen, als Militärgerichtsbarkeit für die SS verstand, im Oktober 1939[2] mit der Begründung ein, allgemeine Gerichte und die Militärgerichte der Wehrmacht seien nicht in der Lage, die spezifische Weltanschauung und politische Mentalität der SS-Leute zu verstehen. Der eigentliche Grund war wahrscheinlich ein anderer: Himmler wollte verhindern, dass Soldaten der Waffen-SS und Mitglieder der Einsatzgruppen wegen der bereits in den ersten Wochen verübten Kriegsverbrechen in Polen vor Wehrmachtsgerichten angeklagt wurden.[3]

1 Im Verlauf des Krieges weitete Himmler den Zuständigkeitsbereich der SS- und Polizeigerichtsbarkeit auf die Sicherheitspolizei (Gestapo und Kriminalpolizei) und auch die Ordnungspolizei aus. Zudem war die SS- und Polizeigerichtsbarkeit dann auch für Straftaten der Einwohner der besetzten Gebiete zuständig (vgl. Vieregge 2002, S. 18-30).

2 Die Errichtung der SS- und Polizeigerichtsbarkeit am 17. Oktober 1939 wurde im *Reichsgesetzblatt* vom 30. Oktober 1939 (RGBL 1939, I, Nr. 214, S. 2107) publik gemacht (vgl. Vieregge 2002, Appendix, S. 247f., »Verordnung über eine Sondergerichtsbarkeit in Strafsachen für Angehörige der SS und für die Angehörigen der Polizeiverbände bei besonderem Einsatz«).

3 Schon bald nach Beginn der Invasion Polens gab es innerhalb der Wehrmacht Beschwerden über die von den SS-Einheiten verübten Gräueltaten. Für diese Beschwerden waren nicht vorrangig moralische Bedenken ausschlaggebend, sondern Befürchtungen, die Taten der SS könnten der feindlichen Propaganda Material liefern und die Disziplin der Truppe untergraben (vgl. Klee, Dreßen & Rieß 1988, S. 14f.; vgl. auch Wette 2002, S. 101). Ob die SS-Gerichtsbarkeit errichtet wurde, um die Verfolgung von Soldaten der Waffen-SS vor Militärgerichten der Wehrmacht zu verhindern, wurde auch beim Prozess des Internationalen Militärgerichtshofs in Nürnberg gegen die Hauptkriegsverbrecher diskutiert, und zwar im Zusammenhang mit der Frage, ob die gesamte SS, wie von der Anklage gefordert, als verbrecherische Organisation zu verurteilen sei (vgl. IMT XX, S. 429, Zeugenaussage von Günther Reinecke; auf Deutsch online verfügbar unter:

In den größeren Städten des Reiches und der eroberten und annektierten Gebiete wurden an den Standorten der Höheren SS- und Polizeiführer (HSSPF) mehrere SS- und Polizeigerichte errichtet, die diesen SS-Führern unterstanden. Die leitende Behörde war das Hauptamt SS-Gericht in München. Oberster Gerichtsherr war Hitler selbst, der diese Funktion aber an Himmler delegierte. Himmler, der in dem SS-Richter Horst Bender seinen eigenen Rechtsberater hatte, konnte nicht direkt in Verfahren eingreifen, er konnte aber Urteile von SS-Richtern aufheben. Formal gesehen, galt in der SS-Gerichtsbarkeit das Prinzip der Unabhängigkeit des Richters.

Die SS- und Polizeigerichtsbarkeit beruhte nicht auf einem gesonderten Strafrecht.[4] Formale Grundlage war das deutsche Militärrecht, das auch das allgemeine Strafrecht einschloss.[5] Hingegen von der Sache her hatte das in der SS kultivierte Wertesystem (»Treue, Anständigkeit, Ehrlichkeit«) erheblichen Einfluss auf die SS- und Polizeigerichtsbarkeit. Der SS-Mann sollte seinen Pflichten und den Rechtsvorschriften aus »freiwilliger Pflichterfüllung« nachkommen. Im Vordergrund stand also die internalistisch motivierte Befolgung von Rechtsvorschriften und nicht eine durch Androhung externer Sanktionen erzwungene Rechtskonformität.[6] Wur-

{http://www.zeno.org/Geschichte/M/Der+Nürnberger+Prozeß/Hauptverhandlungen/Einhundertsechsundneunzigster+Tag.+Dienstag,+6.+August+1946/Nachmittagssitzung} [Stand August 2016], S. 466f.)

4 Die durchaus existierenden Pläne für eine Kodifizierung der Grundsätze und Richtlinien der SS-Gerichtsbarkeit in einem eigenen SS- und Polizeistrafrecht wurden nie realisiert (vgl. Vieregge 2002, S. 81-85).

5 So hält § 2 des »Militär-Strafgesetzbuchs für das Deutsche Reich vom 20. Juni 1872«, das bis 1945 galt (es wurde von den Nationalsozialisten während des Krieges in einigen Punkten verschärft), fest, dass Bestimmungen des Deutschen Strafgesetzbuches mit Bezug auf Verbrechen und Vergehen auch auf militärische Verbrechen und Vergehen Anwendung finden. § 3 besagt, dass nichtmilitärische Verbrechen und Vergehen von Militärpersonen nach den allgemeinen Strafgesetzen beurteilt werden sollen. »Militär-Strafgesetzbuch für das Deutsche Reich vom 20. Juni 1872«; online verfügbar unter: {http://www.documentarchiv.de/ksr/1872/militaerstrafgesetzbuch_deutsches-reich.html} (Stand August 2016).

6 Ein in den *Mitteilungen des Hauptamts SS Gericht* veröffentlichter Artikel über die Erziehung und Ausbildung junger SS-Leute betont, dass dabei »in erster Linie von der ethischen Seite auszugehen« sei. Der Text hält fest: »Die Männer sind nicht, wie zuweilen geäußert wird, im allgemeinen so veranlagt, daß sie nur durch abschreckende Beispiele von harten Kriegsgerichtsurteilen erzogen werden können. […] Der SS-Mann darf nicht dahin erzogen werden, daß er Befehle nur aus Angst vor Strafe ausführt, sondern muß all-

den doch einmal externe Sanktionen notwendig, erwartete man, dass SS-Richter ihre Urteile in Übereinstimmung mit dem SS-Ethos fällten, welches in Form von Regeln und Richtlinien in den regelmäßigen *Mitteilungen des Hauptamts SS-Gericht* propagiert wurde. Das normative Prinzip einer »Recht und Gerechtigkeit« verkörpernden »höheren Rechtsidee« wurde ideologisch instrumentalisiert, um die Gesetze des Militärrechts der SS-Ideologie anzupassen. Entsprechend wurden herkömmliche Straftatbestände neu definiert und interpretiert.[7]

Ein Weg, über den die SS-Ideologie Eingang in das für Mitglieder der Waffen-SS und der SS-Verbände im besonderen Einsatz geltende Strafrecht fand, war § 92 des Militärstrafgesetzbuchs (MStGB), der das Vergehen des militärischen Ungehorsams regelte.[8] In der SS- und Polizeigerichtsbarkeit wurde dieses Vergehen so weit ausgelegt, dass praktisch jede Verletzung von Himmlers Anordnungen und Befehlen als militärischer Ungehorsam klassifiziert werden konnte. Zudem unterwarf Himmler die SS strikteren ideologischen Standards als gewöhnliche Bürger. Während zum Beispiel das erste »Nürnberger Rassengesetz« Bürgern »deutschen oder verwandten Blutes« sexuelle Beziehungen mit Juden untersagte,[9] war es Mitgliedern der SS ganz allgemein verboten, sexuelle Beziehungen mit »andersrassigen Frauen« zu haben – zum Beispiel nichtjüdischen Polinnen. Diese Anordnung war Teil von Himmlers »Befehl über völkische Selbst-

mählich dahin kommen, daß er aus einer auf tiefer Überzeugung beruhenden Freiwilligkeit seinen Pflichten nachkommt.« (Vgl. »Zur Erziehung und Belehrung von SS-Rekruten«, MHG, Band II, Heft 3, 1942, S. 85.)

7 Vgl. Vieregge 2002, S. 92-95.

8 § 92 MStGB lautet:
»(1) Wer einen Befehl in Dienstsachen nicht befolgt und dadurch vorsätzlich oder nachlässig einen erheblichen Nachteil, eine Gefahr für Menschenleben oder in bedeutendem Umfang für fremdes Eigentum oder eine Gefahr für die Sicherheit des Reiches oder für die Schlagfertigkeit oder Ausbildung der Truppe herbeiführt, wird mit geschärftem Arrest nicht unter einer Woche oder Festungshaft bis zu zehn Jahren bestraft.
(2) Wird die Tat im Felde begangen oder liegt ein besonders schwerer Fall vor, so kann auf Todesstrafe oder auf lebenslanges oder zeitiges Zuchthaus erkannt werden« (zitiert nach Vieregge 2002, S. 96).

9 Vgl. § 2, »Gesetz zum Schutz des deutschen Blutes und der deutschen Ehre«; § 5 erläutert die entsprechende Strafe.

achtung« vom 19. April 1939. Jede Verletzung dieses Befehls konnte in der SS-Gerichtsbarkeit als militärischer Ungehorsam gemäß § 92 MStGB geahndet werden.[10] Dies brachte eine erhebliche Strafverschärfung mit sich: Während die Strafe für sexuelle Beziehungen mit Juden Gefängnis war, konnte für Verstöße gegen § 92 die Todesstrafe verhängt werden.

Die SS-Ideologie bestimmte auch die Rolle des SS-Richters. Der Chef des Hauptamts SS-Gericht in München, Franz Breithaupt, selbst kein Richter, sondern General der Waffen-SS, stellte in den *Mitteilungen des Hauptamts SS-Gericht* fest: »SS-Richter sind keine ›Juristen‹, sondern rechtskundige SS-Führer.«[11] Die SS-Gerichtsbarkeit sollte nach seinen Vorstellungen in den Händen »junger, frischer SS-Führer« und nicht »überalterter und seniler Juristen« liegen.[12] Wie der Historiker James Weingartner schreibt, wurde vom SS-Richter erwartet, »sich in einer von einem herkömmlichen Richter fundamental verschiedenen Art und Weise zu benehmen. Der SS-Richter war kein Sklave des Gesetzes, sondern im Idealfall ein politischer Kämpfer und Erzieher, für den das politische Prinzip Vorrang vor dem Gesetzesparagraphen hatte.«[13]

De facto waren die SS-Richter hingegen Juristen, die vor dem Krieg als Rechtsanwälte, Staatsanwälte oder Richter gearbeitet hatten.[14] So gesehen, mussten sie konfligierenden beruflichen Anforde-

10 Himmler wiederholte diese Anordnung in einem Schreiben vom 30. Juni 1942 an Friedrich-Wilhelm Krüger, den HSSPF in Krakau (vgl. Heiber 1970, Dokument 120, S. 156). Himmler sagt hier explizit, entsprechende Verstöße gegen diesen Befehl würden gerichtlich bestraft. Morgen bestätigt das in KMI (15. Oktober 1947, S. 5f.); vgl. zu Himmlers Befehl auch Vieregge 2002, S. 107ff.

11 Breithaupt, »An die Führer der SS und Polizei«, in: MHG, Band II, Heft 3, 1942, S. 73. Franz Breithaupt, ein General der Waffen-SS, war von 1942 bis 1945 Chef des Hauptamts SS-Gericht. Nach einer Richtlinie Himmlers vom 16. August 1942 durfte kein Jurist zum Chef des Hauptamts SS-Gericht ernannt werden, denn Letzterer war ja auch Himmlers Stellvertreter in der SS-Gerichtsbarkeit (vgl. Vieregge 2002, S. 41ff.; Wegner 2010, S. 319).

12 NS 7/13 »Bericht über die Dienstbesprechung der Chefs der SS- und Polizeigerichte am 7. Mai 1943 in München«, Bl. 13-21, Bl. 14.

13 Weingartner 1983, S. 280 (Übersetzung H. P.-St.).

14 Dies wird von Günther Reinecke in seiner Zeugenaussage beim Prozess des Internationalen Militärgerichtshofs gegen die Hauptkriegsverbrecher in Nürnberg bestätigt. Reinecke sagt aus: »Weder ich noch die anderen SS-Richter haben eine besondere Ausbildung an besonderen Schulen genossen. Die SS-Richter kamen aus Stellungen in der allgemeinen

rungen genügen. Auf der einen Seite wurde von ihnen erwartet, das SS-Ethos zu bejahen und diesem zu folgen, was ihnen auch ein großes Maß an Ermessensspielraum gab. Auf der anderen Seite waren sie jedoch auch an rechtsstaatliche Prinzipien gebunden, was eine unparteiliche Anwendung von Gesetzesvorschriften verlangte. Diese Verpflichtung auf das Gesetz zum einen und das SS-Ethos zum anderen führte zu erheblichen Spannungen in der Selbstkonzeption der SS-Richter und ihrem Umgang mit Himmlers Anordnungen.

Auch in diesem Kontext liefert die Regelung sexueller Beziehungen ein anschauliches Beispiel. So berichtete Morgen nach dem Krieg, die SS-Leute hätten Himmlers »Befehl über völkische Selbstachtung« so gut wie nicht befolgt und die SS-Richter seien an der Durchsetzung dieses Befehls nicht besonders interessiert gewesen. Morgen formulierte dazu in einer Vernehmung durch die Amerikaner:

> Also, der Geschlechtsverkehr mit Andersrassigen war durch einen internen Dienstbefehl des Reichsfuehrers [Himmler] fuer den gesamten Bereich der SS verboten und das sollte erzwungen werden ueber den Paragraphen 92, wo es heisst: militaerischer Ungehorsam wird bestraft. [...] Wir hatten im Generalgouvernement viele solche Verfahren beim SS- und Polizeigericht, die Truppe war sehr widerwillig und wir hatten auch keine Freude daran, mir erschien das sowieso wahnsinnig, ich dachte mir ein Rassending anders.[15]

Morgen fühlte sich also alles andere als wohl dabei, Fälle von sexuellen Beziehungen mit »andersrassigen Frauen« nach § 92 aburteilen zu müssen.

Justiz, waren vor dem Krieg hohe Gerichtspersonen, Staatsanwälte oder Rechtsanwälte oder kamen während des Krieges von der Gerichtsbarkeit der Wehrmacht zu der Gerichtsbarkeit der Waffen-SS.« (IMT XX, S. 416; auf Deutsch online verfügbar unter: {http://www.zeno.org/Geschichte/M/Der+Nürnberger+Prozeß/Hauptverhandlungen/Einhundertsechsundneunzigster+Tag.+hkjDienstag,+6.+August+1946/Nachmittagssitzung} [Stand August 2016], S. 453)

15 KMI, 15. Oktober 1947, S. 5f. Morgen präzisiert in dem Verhör nicht, was mit der Aussage »ich dachte mir ein Rassending anders« gemeint ist. Doch ist unschwer zu erraten, dass sich diese zutiefst befremdliche Ausdrucksweise auf die Rassenpolitik des NS-Staates bezieht.

Für geraume Zeit gelang es Morgen, seine beiden Rollen, nämlich die des SS-Richters einerseits und des SS-Offiziers andererseits, miteinander zu vereinbaren, indem er beide in sich normativ überschneidender Weise interpretierte. Doch seine Entdeckung der »Endlösung« stellte diese Übereinstimmung ernsthaft infrage. Wie wir sehen werden, konnte er seinen konfligierenden Rollenerwartungen letztlich nur durch Erweiterung seiner Auffassung von Korruption und eine Überschreitung der Aufgaben eines SS-Richters gerecht werden.

4. KRIMINELLE UND SPIONE

Ende Dezember 1940 wurde Morgen als Hilfsrichter an das SS-Gericht in Krakau versetzt[1] – also in jene Stadt, die Sitz der deutschen Verwaltung des nicht ins Deutsche Reich eingegliederten Teil Polens war. Dieses Gebiet, das sogenannte Generalgouvernement, galt zunächst als Zwangsarbeiterreservoir, später wurde es Ziel deutscher Besiedlungspolitik: Die Polen sollten nach Osten verdrängt oder in die Knechtschaft gezwungen werden. Die Administration unter Hans Frank, dem Generalgouverneur, residierte im besetzten Wawel, der vormaligen Residenz der polnischen Könige.[2]

Als Morgen zu Jahresbeginn 1941 in Krakau eintraf, hatten die deutschen Besatzer bereits zwei Drittel der 60 000 jüdischen Bewohner vertrieben und den Rest in einem Ghetto zusammengepfercht, wo durchschnittlich acht Personen in einem Raum lebten. Die Jagellonische Universität hatte man geschlossen, das Nationalmuseum in ein Kasino und in Restaurants für Nazi-Funktionäre umgewandelt. Die Einwohner wurden regelmäßig zusammengetrieben und in Konzentrationslager verschickt; viele wurden Opfer von Massenerschießungen. Die Sicherheitspolizei unterhielt einen Folterkeller in der Pomorska-Straße.[3]

»Ich war noch nicht lange dort«, so schildert Morgen seine ersten Eindrücke in einer Vernehmung nach dem Krieg, »da kam ich nicht aus dem Staunen heraus ueber das was ich dort sah.«[4] Was ihn er-

1 In einer eidesstattlichen Erklärung nach dem Krieg erklärte der leitende Richter am Krakauer SS-Gericht, Norbert Pohl, dem Morgen unterstand: »Dr. Morgen wurde mir bereits mit der Beurteilung ueberwiesen, er passe anscheinend nicht zur SS Gerichtsbarkeit. Dieses Urteil beruhte mit auf dem Vorwurf, der auch spaeter wiederholt wurde, es ermangle ihm politisches Denken.« (SKV EL 903/3, Bü 2196)

2 Vgl. Schenk 2010, bes. S. 40-74.

3 Ebd., S. 144, 53, 77, 136.

4 KMI, 30. August 1946, S. 6.

staunte, waren aber nicht die Schrecken und die Brutalität der Besatzung. In seiner Aussage präzisiert er:

> Nun, Sie muessen sich vorstellen, ich habe Recht studiert und noch etwas von der deutschen Beamtentradition in meiner 3 bis 4 jaehrigen Ausbildung kennengelernt. Was man dort sah, trieb einem die Haare zu Berg. Es war so, als haette sich da ein Heuschreckenschwarm niedergelassen, um dieses Land auszusaugen. Es waren besonders die Wiener, die da so alte Beziehungen hatten. Und in allen Dienststellen traf man nur die unfaehigsten Beamten an, die man im Reich nicht brauchen konnte. Und dann hatten sich alle die dort niedergelassen, die im Krieg nicht Soldat werden wollten und hier die Gelegenheit gekommen sahen, ihr Schaeflein [sic!] ins Trockene zu bringen. Auf der einen Seite die Not der Bevoelkerung, die offensichtlich war, auf der anderen Seite ein Schwelgen und Prassen und – die Korruption.[5]

Korruptionsverbrechen (also Unterschlagung, Veruntreuung, Schwarzhandel) standen von nun an im Mittelpunkt von Morgens richterlicher Tätigkeit – bis er die größeren Verbrechen des NS-Regimes schließlich nicht länger übersehen konnte. In seinen Augen waren der Korruption schuldige SS-Leute ein Makel, ja Schandfleck auf dem Wappenschild einer ehrenwerten Bruderschaft. Seine gleichsam obsessive Beschäftigung mit Korruption führte ihn in die Konzentrationslager Buchenwald, Dachau und Auschwitz, wo er letztendlich in den grauenhaftesten Abgrund blickte.

Morgens erster größerer Fall im Generalgouvernement betraf Georg von Sauberzweig, den Sohn eines berühmten Generals aus dem Ersten Weltkrieg.[6] 1941 war Sauberzweig Chef des Truppenwirtschaftslagers der Waffen-SS in Warschau. Sauberzweig plünderte und konfiszierte polnisches Eigentum und verkaufte die beschlagnahmten Güter auf dem Schwarzmarkt. Morgen nahm Sauberzweig in Haft und machte ihm den Prozess. Sauberzweig wurde zum Tode verurteilt und schließlich im März 1942 erschossen. Sein Gna-

5 Ebd., S. 6f.
6 Ebd., S. 7; vgl. auch KMI, erste eidesstattliche Erklärung vom 28. Januar 1947, S. 3f.

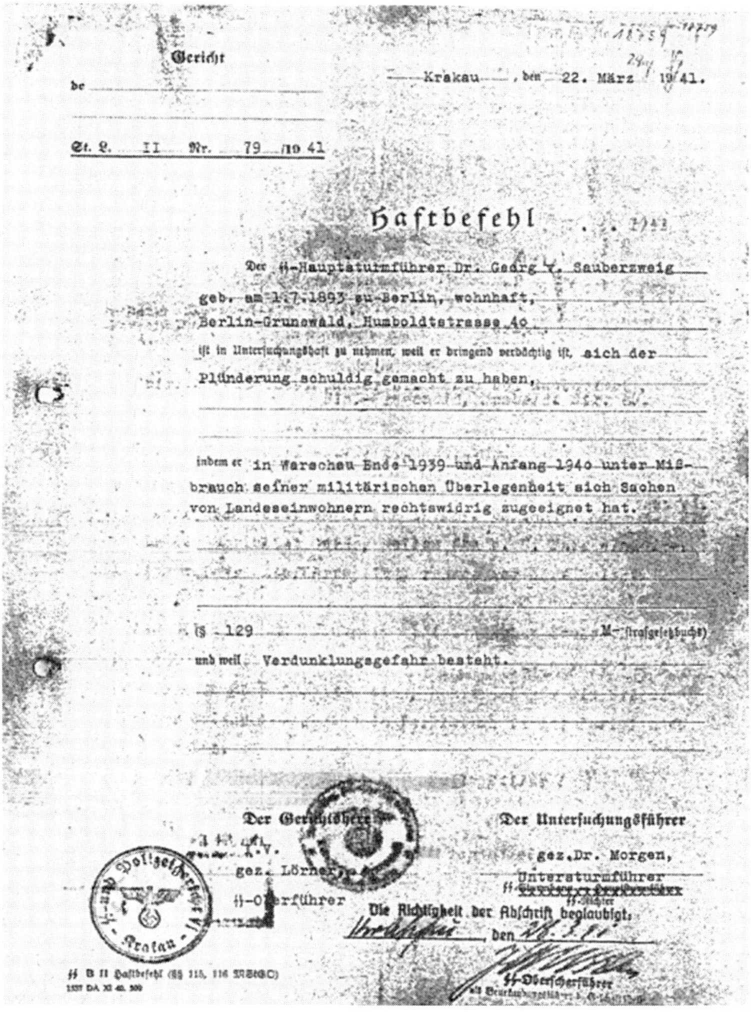

Gericht

de

Krakau, den 22. März 1941.

St. L. II Nr. 79 /1941

Haftbefehl

Der ss-Hauptsturmführer Dr. Georg v. Sauberzweig

geb. am 1.7.1893 zu Berlin, wohnhaft,

Berlin-Grunewald, Humboldtstrasse 40

ist in Untersuchungshaft zu nehmen, weil er dringend verdächtig ist, sich der

Plünderung schuldig gemacht zu haben,

indem er in Warschau Ende 1939 und Anfang 1940 unter Mißbrauch seiner militärischen Überlegenheit sich Sachen von Landeseinwohnern rechtswidrig zugeeignet hat.

(§ 129 M-Strafgesetzbuchs)

und weil Verdunklungsgefahr besteht.

Der Gerichtsherr

i.V.

gez. Lörner

ss-Oberführer

Der Untersuchungsführer

gez. Dr. Morgen,

Unterstürmführer

ss-Richter

Die Richtigkeit der Abschrift beglaubigt.

den 28.3.41

ss-Oberscharführer

ss B II Haftbefehl (§§ 115, 116 MStGO)

Abb. 2.1: Haftbefehl gegen Georg von Sauberzweig, unterzeichnet von Konrad Morgen.

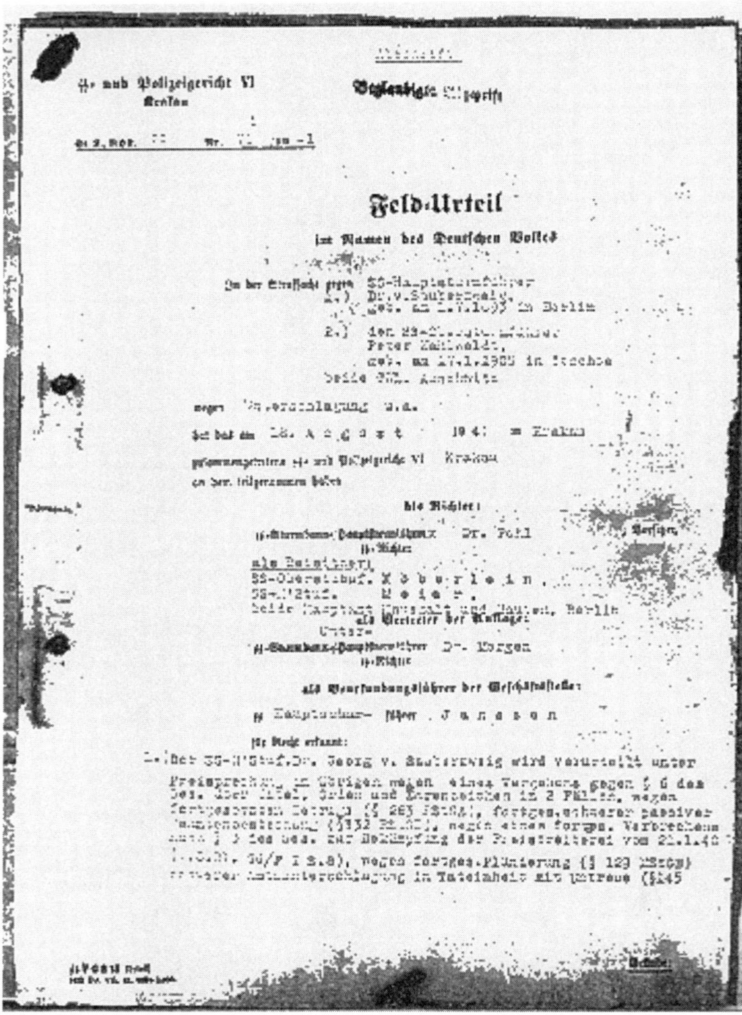

SS- und Polizeigericht VI
Krakau

Beglaubigte Abschrift

Feld-Urteil

im Namen des Deutschen Volkes

In der Strafsache gegen
1.) SS-Hauptsturmführer Dr. v. Sauberzweig, [illegible] in Berlin
2.) den SS-[illegible] Peter [illegible], geb. am [illegible] in [illegible]
beide [illegible] Auschwitz

wegen [illegible]unterschlagung u.a.

hat das am [illegible] August 194[illegible] in Krakau

zusammengetretene SS- und Polizeigericht VI Krakau
an der Sitzung teilgenommen haben

als Richter:

SS-[illegible] Dr. Pohl — Vorsitzer,
SS-Richter

als Beisitzer:
SS-Obersturmbannf. [illegible]
SS-[illegible] Meier,
beide [illegible] Berlin

als Vertreter der Anklage:
Unters.-
SS-[illegible] Dr. Morgen
SS-Richter

als Urkundsbeamter der Geschäftsstelle:

SS-Hauptsturmführer Jansson

für Recht erkannt:

1.) Der SS-H'Stuf. Dr. Georg v. Sauberzweig wird verurteilt unter Freisprechung im Übrigen wegen eines Vergehens gegen § 6 des Ges. über Titel, Orden und Ehrenzeichen in 2 Fällen, wegen fortgesetzten Betrugs (§ 263 RStGB), fortges. schwerer passiver [illegible] (§ 332 RStGB), wegen eines fortges. Verbrechens [illegible] des Ges. zur Bekämpfung der Preistreiberei vom 21.1.40 [illegible], wegen fortges. Plünderung (§ 129 MStGB) [illegible] Amtsunterschlagung in Tateinheit mit Untreue (§ 245

Abb. 2.2: Urteil gegen Georg von Sauberzweig.

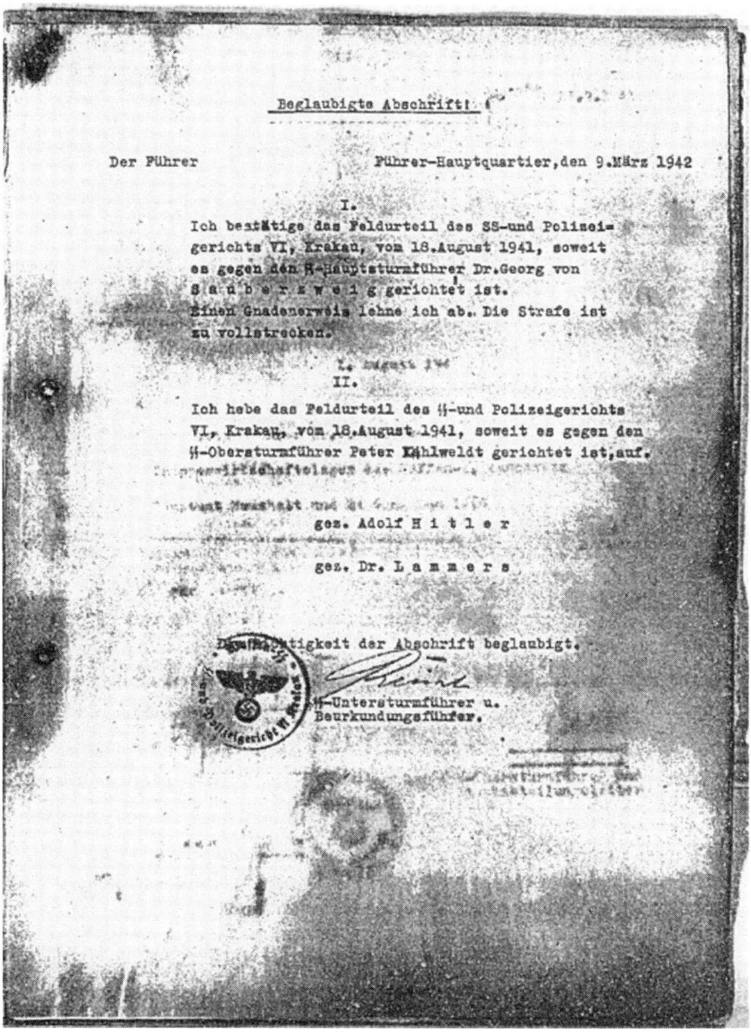

Beglaubigte Abschrift!

Der Führer — Führer-Hauptquartier, den 9.März 1942

I.

Ich bestätige das Feldurteil des SS-und Polizeigerichts VI, Krakau, vom 18.August 1941, soweit es gegen den SS-Hauptsturmführer Dr.Georg von S a u b e r z w e i g gerichtet ist.
Einen Gnadenerweis lehne ich ab. Die Strafe ist zu vollstrecken.

II.

Ich hebe das Feldurteil des SS-und Polizeigerichts VI, Krakau, vom 18.August 1941, soweit es gegen den SS-Obersturmführer Peter Kählweldt gerichtet ist, auf.

gez. Adolf H i t l e r

gez. Dr. L a m m e r s

Die Richtigkeit der Abschrift beglaubigt.

SS-Untersturmführer u.
Beurkundungsführer.

Abb. 2.3: Hitlers Ablehnung von Sauberzweigs Gnadengesuch.

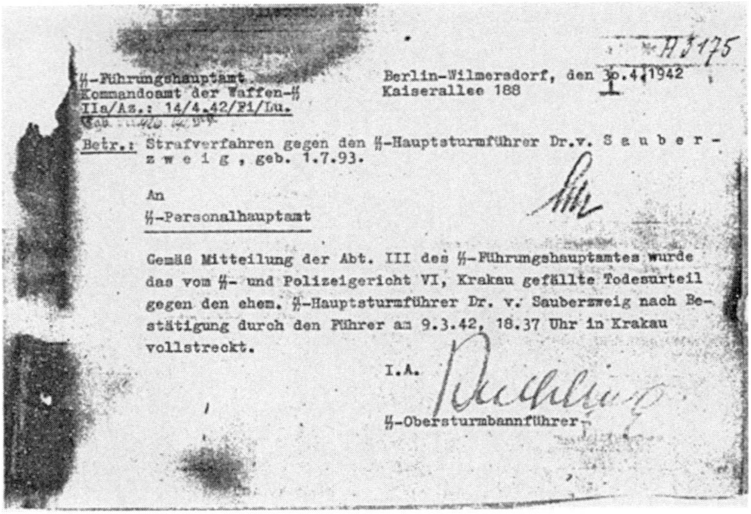

SS-Führungshauptamt.
Kommandoamt der Waffen-SS
IIa/Az.: 14/4.42/Fi/Lu.

Berlin-Wilmersdorf, den 30.4.1942
Kaiserallee 188

A 3175

Betr.: Strafverfahren gegen den SS-Hauptsturmführer Dr.v. S a u b e r - z w e i g , geb. 1.7.93.

An
SS-Personalhauptamt

Gemäß Mitteilung der Abt. III des SS-Führungshauptamtes wurde das vom SS- und Polizeigericht VI, Krakau gefällte Todesurteil gegen den ehem. SS-Hauptsturmführer Dr. v. Sauberzweig nach Bestätigung durch den Führer am 9.3.42, 18.37 Uhr in Krakau vollstreckt.

I.A.

SS-Obersturmbannführer

Abb. 2.4: Bestätigung von Sauberzweigs Hinrichtung.

dengesuch ging alle Ebenen hinauf bis zu Hitler, der es in seiner Funktion als oberster Gerichtsherr ablehnte. Hitlers Ablehnung des Gnadengesuchs ist zusammen mit Morgens Haftbefehl, dem von Morgen unterschriebenen Gerichtsurteil und einer Bestätigung von Sauberzweigs Erschießung in Sauberzweigs Offiziersunterlagen erhalten.[7] Sauberzweigs Komplizen wurden zunächst nur zu mehrjährigen Haftstrafen verurteilt, doch Himmler hob diese Urteile als zu milde auf, woraufhin mehrere dieser Mittäter gleichfalls hingerichtet wurden.[8]

Die Härte dieser Urteile spricht für sich. Sauberzweig hatte weder einen Mord noch Hochverrat begangen; seine Vergehen be-

7 PGS.
8 Vgl. KMI, 30. August 1946, S. 8. Wie Oswald Pohls Verteidiger beim Nachkriegsprozess gegen Pohl aussagt, weigerte sich dieser, bei Hitler ein Gnadengesuch für Sauberzweig einzureichen. Oswald Pohl erließ in der Folge auch einen Befehl an alle »administrativen Führer [...] absolut sauber zu sein«; das Hauptamt SS-Gericht sah in diesem Befehl einen »exemplarischen Beweis für die Unterstützung der Gerechtigkeit in der SS durch das Hauptamt SS Gericht« (KMP, S. 6703f.; im Original englisch, Übersetzung H. P.-St.).

schränkten sich auf Diebstahl und Betrug. Die Todesstrafe stellte eine drastische Sanktion für Delikte dieser Art dar, aber Todesurteile waren in der SS- und Polizeigerichtsbarkeit keine Seltenheit.

Morgen konnte als Richter von schockierender Härte sein. In einer Phase hektischer Betriebsamkeit in den Wochen vor Weihnachten 1941/42 fällte er innerhalb von zehn Tagen fünf Todesurteile.[9] Morgen konnte allerdings auch unerwartet nachsichtig und milde sein – eine Widersprüchlichkeit, die, wie wir noch zeigen werden, unter anderem auf die vorherrschende Theorie der Rechtsprechung zurückzuführen ist.

Als Sauberzweig im März 1941 festgenommen wurde, wandte er sich laut dem SS-Richter Norbert Pohl als Erstes an seine Frau: »Rufe bitte sofort den Standartenführer Fegelein an und unterrichte ihn, dass ich verhaftet bin.«[10] Hermann Fegelein wurde Morgens nächster Hauptverdächtiger.[11]

Der SS-Offizier Fegelein, dessen Vater eine private Reitschule in München besaß, hatte Himmler mit seinen Reitkünsten beeindruckt.[12] 1937 wurde die Reitschule des Vaters in die Hauptreitschule der SS in München umfunktioniert und Fegelein zu deren Leiter ernannt. Im Herbst 1939 befahl ihm Himmler, ein SS-Reiterregiment aufzustellen; die SS-Hauptreitschule sollte dabei das Versorgungsdepot bilden.

Er war ein Protegé Himmlers und wurde später dessen Verbindungsoffizier zu Hitler, was ihm Zugang zum engsten Kreis um den »Führer« verschaffte. Fegelein nutzte diese privilegierte Position, um

9 NO-2366, Brief von Morgen an Eberhard Hinderfeld, den Personalchef im Hauptamt SS-Gericht, datiert 27. März 1942, S. 3; NS 7/318, Brief von SS-Richter Norbert Pohl an den Leiter des Hauptamts SS-Gericht, Paul Scharfe, vom 22. Januar 1942, S. 12.

10 NS 19/3878, »Aktenvermerk von Norbert Pohl an Martin Tondock«, Krakau 21. April 1941, S. 1. Morgen schreibt in seiner späteren Zusammenfassung des Falles, dass er im Zuge seiner Ermittlungen gegen Sauberzweig bemerkt habe, dass sich Sauberzweig und Fegelein geduzt hätten (NO-2366, »Aktenvermerk von Konrad Morgen an Martin Tondock« vom 6. September 1941, S. 3).

11 Die Aussage, die Morgen nach dem Krieg zu diesem Fall machte (KMI, 30. August 1946, S. 13ff.), wird durch Aktenvermerke und Briefe in NO-2366 bestätigt.

12 Riess 2003, S. 160-172; vgl. zur Geschichte der Hauptreitschule München Bahro 2007, S. 78-91.

Abb. 3: Hermann Fegelein.

Eva Brauns Schwester den Hof zu machen. Die beiden heirateten Anfang Juni 1944. Albert Speer bezeichnete Fegelein als einen der widerwärtigsten und abscheulichsten Charaktere in Hitlers persönlichem Umfeld.[13] Hans Baur, Hitlers persönlicher Pilot, nannte ihn »Flegelein«.[14]

Fegelein verbrachte die letzten Tage des »Dritten Reiches« im Berliner Führerbunker, wo er schließlich in Ungnade fiel. Ian Kershaw beschreibt die Ereignisse folgendermaßen:

> Nicht jeder war bereit, sich dem Bündnis der Selbstmörder anzuschließen. Hermann Fegelein, Schwadroneur, Frauenheld, zynischer Opportunist, der durch Himmlers Gunst einen hohen Rang in der SS erreicht, und seine Verbindungen zu Hitlers »Hof« durch Heirat mit Eva Brauns Schwester befestigt hatte, war aus dem Bunker verschwunden. Seine Abwesenheit wurde am 27. April bemerkt. Am Abend jenes Tags wurde er in Zivilkleidung in seiner Wohnung in Charlottenburg

13 Fest 2005, S. 143.
14 O'Donnell 1978, S. 186.

entdeckt, angeblich mit einer Freundin, betrunken und mit viel Geld, das er für die Abreise in Tüten verpackt hatte.[15]

Fegelein wurde zurück in den Bunker gebracht, vor ein improvisiertes Kriegsgericht gestellt und erschossen.

Schon bevor sich Morgens und Fegeleins Wege 1941 im Generalgouvernement kreuzten, war gegen Fegelein eine Untersuchung wegen Korruption eingeleitet worden. Im März 1940 stand er im Verdacht, ohne Genehmigung in Polen beschlagnahmte Güter in der von ihm geleiteten Hauptreitschule in München gehortet zu haben.[16] Eine Durchsuchung der Schule bestätigte diesen Verdacht. In der Folge schrieb Fegelein einen persönlichen Brief an Himmler, in dem er die Unterschlagungsvorwürfe zurückwies. Die Güter, so behauptete er, seien rechtmäßigen Ursprungs, und die Verdächtigungen das Ergebnis bösartiger Missgunst. Himmler schrieb an Heydrich, er schenke Fegeleins Version der Geschichte Glauben. Damit hatten diese ersten Ermittlungen gegen Fegelein ein rasches Ende gefunden.

Morgen wurde seinerseits durch den Fall Sauberzweig auf Fegelein aufmerksam. Sauberzweig, der Stadtrat in Warschau war, hatte in dieser Funktion die jüdische Pelzfirma Nathan & Apfelbaum »arisiert«. Als Treuhänder der Firma setzte er einen SS-Reiteroffizier namens Albert Faßbender ein,[17] der mit Fegeleins Kavallerieregiment nach Warschau gekommen war. Fegelein und Faßbender hatten Verhältnisse mit zwei Angestellten der Firma Apfelbaum be-

15 Kershaw 2000, S. 1049. O'Donnell (1978, S. 180ff.) versucht, die Umstände von Fegeleins Tod zu rekonstruieren.

16 Diese Vorkommnisse sind in Aktenvermerken, Berichten und Briefen in NS 19/3878 dokumentiert; die Unterlagen enthalten u. a. einen Bericht (vom 7. März 1940) der Gestapo an die Sicherheitspolizei in München, in dem die in der Hauptreitschule sichergestellten, aus dem Generalgouvernement stammenden Güter detailliert aufgelistet werden, einen Brief Fegeleins an Himmler vom 14. März 1940, einen Brief von Himmler an Heydrich vom März 1940 (der genaue Tag ist nicht leserlich) und einen Schlussbericht des Sicherheitsdienstes (SD) vom 9. April 1940.

17 NS 19/3878, Morgens Bericht an das Hauptamt SS-Gericht vom März 1941 (der genaue Tag ist nicht leserlich), S. 3ff.; vgl. auch NO-2366, Brief Konrad Morgens an Martin Tondock vom 6. September 1941, S. 3.

gonnen, die ihnen nun halfen, die Firma auszuplündern und die restlichen Güter für einen Bruchteil ihres Werts zu verkaufen.[18] Faßbenders Geliebte, Jaroslawa Mirowska, hatte ihrerseits zuvor eine Liaison mit dem vormaligen Besitzer der Firma Apfelbaum gehabt, der dann vor den deutschen Invasoren geflohen war und ihr die Leitung der Firma überlassen hatte.

Aufgrund seines Verdachts, das Firmenvermögen und die Gewinne der Firma würden verschleudert (zum Teil in Form von Geschenken an einflussreiche und mächtige Mitglieder der SS), ermittelte Morgen gegen Faßbender; später ordnete er eine Durchsuchung von dessen Wohnung in Warschau an.[19] Wie Morgen nach dem Krieg aussagte, betrieb er diese Untersuchung eigenmächtig: »Ich habe das auf eigene Kappe gemacht.«[20] Als Morgen mit einem Assistenten zu Faßbenders Wohnung kam, war dieser als Chef einer Aufklärungsabteilung an der Front, Fegelein hielt sich mit seinem Kavallerieregiment in Ostpreußen auf. Morgen traf in der Wohnung auf Jaroslawa Mirowska, die sofort das Regimentskommando der beiden in Warschau anrief, das Faßbender und Fegelein per Funk benachrichtigte. In seiner CIC-Vernehmung schildert Morgen nach dem Krieg die Ereignisse:

> Der Fegelein hat sofort seine Truppe im Stich gelassen und ist mit einem Kurierflugzeug ins Hauptquartier zu Himmler geflogen und der Faßbender hat sich auf das schnellste Motorrad gesetzt und war von der Front in 5 Stunden in Warschau. Sie koennen sich vorstellen, was das fuer einen Auftritt gegeben hat. »Diesmal brechen wir Ihnen das Genick!« Das war das mindeste was gesagt wurde.[21]

18 Martin Tondock berichtete Himmler, Fegelein und andere SS-Offiziere würden verdächtigt, sexuelle Beziehungen zu Polinnen zu haben. Tondock zitiert die von mehreren Zeugen bestätigten Angaben von Fegeleins polnischer Geliebter, Genoveva Raczkowska, sie sei schwanger geworden und Fegelein habe sie zum Schwangerschaftsabbruch gezwungen (vgl. PHF, Brief von Tondock an Himmler vom 21. Mai 1941, S. 15; auch enthalten in NS 19/3878; vgl. auch KMI, 30. August 1946, S. 14f.).

19 NO-2366, Schreiben von Morgen an SS-Oberführer Tondock, 6. September 1941, S. 3f.

20 KMI, 30. August 1946, S. 15.

21 Ebd.

Himmler kam Fegelein erneut zu Hilfe. Als Reaktion auf die Anschuldigungen schrieb Himmler an den die Untersuchungen leitenden SS-Oberführer Tondock, er habe von den Plänen zur Auflösung der Firma Apfelbaum gewusst und diese gebilligt.[22] Angeblich sollte die Firma, wie Morgen in einem Aktenvermerk zu den Vorgängen rund um das Truppenwirtschaftslager Warschau festhält, mit ihren internationalen Kontakten zu einer Anlaufstelle für Agenten gemacht werden.[23] Himmler behauptete in seinem Schreiben an Tondock, es sei Fegelein, Faßbender und Mirowska zu verdanken, dass der Wert der Firma gerettet werden konnte. Vermutlich bezog er sich darauf, dass die Firma in eine Geheimdienststelle umfunktioniert werden konnte.

Fegelein und Faßbender hatten es außerdem geschafft, Jaroslawa Mirowska dem Reichsführer-SS persönlich vorzustellen. Himmler war, so Morgen nach dem Krieg, »ganz begeistert von dieser Frau und die wurde nun als die erste SS-Lady behandelt«.[24] In seinem Schreiben an Tondock vom 19. Mai 1941, in dem er alle Vorwürfe gegen Fegelein zurückweist, nimmt Himmler auch Mirowska in Schutz:

> Diese Frau hat zum Teil deutsche Ahnen, und ich habe, nachdem ich sie persönlich einmal sah, mein Einverständnis dazu gegeben [Himmler bezieht sich hier auf Faßbenders geplante Heirat mit Jaroslawa Mirowska] und veranlaßt, daß sie als Volksdeutsche anerkannt wurde. Sie hat uns – wie mir der vormalige Kommandant der Sicherheitspolizei, SS-Standartenführer Meisinger, meldete – unerhört gute und treue Dienste geleistet.[25]

22 NS 19/3878, Brief Himmlers an Martin Tondock vom 19. Mai 1941, S. 1.

23 NO-2366, Aktenvermerk Konrad Morgens zum Truppenwirtschaftslager Warschau, datiert Krakau, 21. April 1941, S. 2.

24 KMI, 30. August 1946, S. 14; vgl. auch NO-2366, Norbert Pohls Brief an Paul Scharfe, den damaligen Chef des Hauptamts SS-Gericht vom 8. September 1941.

25 NS 19/3878, Brief von Himmler an Tondock, 19. Mai 1941, S. 1; vgl. auch Tondocks Telegramm an Himmler vom 5. August 1941, in dem er Himmler um Klarstellung in dieser Sache ersucht.

Himmler ordnete zudem an, dass er in Zukunft zu konsultieren sei, bevor SS-Offiziere verhaftet oder Gerichtsprozesse gegen sie angestrengt würden.[26]

Jaroslawa Mirowska war freilich bei Weitem nicht so liebenswürdig, wie der erste Eindruck vermittelte. Ihr Verhalten gegenüber ihrem Ehemann, einem Offizier des polnischen Generalstabs, war skrupellos. Faßbender und Mirowska planten, diesen aus dem Weg zu räumen, da sie heiraten wollten. Als der Ehemann einmal nicht zu Hause war, versteckte Sauberzweig eine Pistole im Herd von dessen Küche. Die Gestapo nahm anschließend eine Hausdurchsuchung vor und verhaftete den Mann wegen unerlaubten Waffenbesitzes, eines Delikts, das in den Aufgabenbereich der Standgerichtsbarkeit der Gestapo fiel, wenn es von einem Polen begangen wurde.[27] Nach der Verurteilung ihres Ehemanns wurde Mirowska ein Besuch bei ihm gestattet, bei dem sie nach Morgens Aussage verlangte, er solle ihr Blankovollmachten über seine Bankkonten erteilen. »Eine Stunde spaeter«, so Morgen nach dem Krieg, »wurde er erschossen.«[28]

Im September 1941 verfasste Morgen für den Oberführer Martin Tondock, dem auf Anordnung des Hauptamts SS-Gericht in München die weiteren diesbezüglichen Nachforschungen übertragen worden waren, ein abschließendes Resümee der Untersuchungen im Fall Fegelein. Zudem fertigte er eine Aktennotiz über eine Unterredung zwischen ihm und Tondock an.[29] In dieser Notiz legt Morgen dar, dass Mirowska eine Betrügerin sei. Anders als von ihr angegeben, sei sie nicht die Tochter eines russischen Vaters und einer deut-

26 Ebd., S. 2.

27 Der Fall ist ein Beispiel für schwerwiegende Konsequenzen der oben erläuterten »Strafrechtsverordnung für Polen und Juden«.

28 KMI, 30. August 1946, S. 14.

29 NO-2366, Schreiben von Morgen an Tondock vom 6. September 1941; Aktenvermerk von Konrad Morgen vom 8. September 1941 über eine Unterredung zwischen ihm und Tondock am 7. September 1941. Laut Morgens Nachkriegsaussage ordnete Himmler an, das Verfahren gegen Fegelein und Faßbender einzustellen. Morgen zufolge protestierte daraufhin jedoch das Hauptamt SS-Gericht: »So geht das natuerlich nicht, wie Herr Himmler sich das denkt.« Gegenüber Himmler hätten die Richter im Hauptamt die Auffassung vertreten: »Die Sache muss selbstverstaendlich untersucht werden.« (KMI, 30. August 1946, S. 16) Die Untersuchungen im Fall Fegelein / Faßbender wurden nun aber dem diensthöheren Beamten, SS-Oberführer Martin Tondock, überantwortet.

schen Mutter; vielmehr sei sie, wie Morgen bemerkt, »rein polnischer Abstammung und in Warschau geboren«.[30] Ihre Behauptung, für den SS-Sicherheitsdienst zu arbeiten, werde von diesem bestritten.[31] Zu dem vorgeblichen Grund der Übernahme der Firma Nathan & Apfelbaum, also dem Plan, deren internationale Kontakte für die Errichtung einer Schaltstelle des Geheimdienstes zu nutzen, schrieb Morgen in seinem an Tondock übermittelten Aktenvermerk: »Dieser Gedanke hat derart viel für sich, daß ich mir unmöglich vorstellen kann, die polnische Regierung hätte nicht schon vorher von dieser Möglichkeit für sich Gebrauch gemacht.«[32] Morgen vermutete daher, Mirowska arbeite als Agentin für den polnischen Untergrund. Er untermauerte diesen Verdacht mit mehreren Seiten an Belegen und Indizien und bemerkte abschließend: »Hinzu kommt, daß Frau Mirowska, die als ebenso schöne, charmante, wie auch intelligente und skrupellose Frau gelten kann, die außerdem sprachenkundig, international bekannt und eine führende Rolle in Gesellschaft und Mode spielte, ein geradezu hervorragendes Werkzeug für Spionage wäre.«[33]

Neun Tage später richtete Tondock per Funk ein mit den Vermerken »Dringend«, »Geheim!« und »An den Reichsführer persönlich« versehenes Schreiben an Himmler, in dem er diesen informierte, die »angebliche Halbrussin« habe über ihre Vergangenheit falsche Angaben gemacht und verfüge zudem über »gefährliche Verbindungen«.[34] Morgens Misstrauen gegenüber Jaroslawa Mirowska bestätigte sich in der Folge: »Ein Jahr spaeter wurde die gesamte polnische Untergrundbewegung ausgehoben und Frau Mirowskaja, die erste SS-Frau, war die Hauptagentin.«[35]

Mirowska hatte Himmler mit der Idee, die Firma Nathan & Ap-

30 NO-2366, Aktenvermerk vom 8. September 1941 über Rücksprache von SS-Oberführer Tondock und SS-Untersturmführer Dr. Morgen vom 7. September 1941, S. 1f.
31 Ebd., S. 3.
32 Ebd., S. 4.
33 NO-2366, Aktenvermerk vom 8. September 1941 über Rücksprache von SS-Oberführer Tondock und SS-Untersturmführer Dr. Morgen vom 7. September 1941, S. 5.
34 NS 19/3878, Schreiben von Tondock an Himmler, datiert Warschau 16. September 1941.
35 KMI, 30. August 1946, S. 17.

Abb. 4: Jaroslawa Mirowska, Warschau 1942.

felbaum in eine Geheimdienstzentrale zu verwandeln, getäuscht; in Wirklichkeit war sie Doppelagentin und arbeitete auch für die Polen. Letztendlich ließ Himmler sie davonkommen. Morgen sagte dazu in seinem CIC-Verhör aus: »Nun wurde vom Reichsfuehrer angerufen. Ja, die Mirowskaja ist eine Spionin, sagte man, es dreht sich nur um die Frage, welche Gerichtsbarkeit zustaendig ist. Volksgerichtshof, oder Sondergericht, oder Gerichtsbarkeit des Generalgouvernements. Der [Himmler] sagte aber: ›Nein, nein, das geht nicht!‹ und hat der Gestapo die Frau aus dem Rachen gezogen.«[36]

Die Affäre Mirowska hilft, Morgens Rolle in der SS und der SS-Gerichtsbarkeit genauer zu verstehen. Morgen war gewillt, gegen höhere SS-Offiziere vorzugehen. Und er verstand sein Amt als SS-Richter (er war damals lediglich Assistenzrichter am Krakauer SS-Gericht) als gleichsam »moralischen« Auftrag, der in der SS grassierenden Korruption Einhalt zu gebieten und die Organisation an ihrem programmatisch gepflegten »Ethos« zu messen.

36 Ebd.

Zu den in den Akten zum Fall Fegelein-Faßbender-Mirowska erhalten gebliebenen Dokumenten zählt ein Schreiben, das Morgens Vorgesetzter in Krakau, der SS-Richter Norbert Pohl, an das Hauptamt SS-Gericht in München sandte. In diesem beschwert sich Pohl über »die Unzahl der Widerstände«, die es »von den höchsten Stellen der SS herab« gegen Morgens Untersuchungen gebe, obwohl diese »einen erschütternden Blick in einen abgrundtiefen moralischen Sumpf des damaligen Warschaus« böten.[37] Pohl erwähnt den Umstand, dass Mirowska Himmler vorgestellt worden sei. Er kritisiert auch Fegeleins Drohungen gegen Konrad Morgen.[38] Und er spricht an, dass Fegelein »immer wieder durch persönlichen Vortrag beim Reichsführer die Ermittlungen in seiner eigenen Angelegenheit zum Erliegen brachte«.[39] Eineinhalb Jahre später beschwerte sich Pohls Nachfolger in Krakau, SS-Richter Kurt Sachs, erneut beim Hauptamt SS-Gericht darüber, Fegelein und andere Personen seines Regiments könnten »ungestraft Dinge tun [...], die manchem kleinen SS-Mann oder Polizisten das Genick gebrochen haben«.[40] Die SS-Richter waren offenkundig der Ansicht, in ihrer Position vor Einmischung und politischer Intervention sicher zu sein.

37 NO-2366, Brief von Norbert Pohl an den Leiter des Hauptamts SS- und Polizeigericht Scharfe, 8. September 1941, S. 1.

38 Ebd., S. 2. Diese Drohung wird auch von Morgen in einer Nachkriegsvernehmung erwähnt (vgl. KMI, 30. August 1946, S. 15).

39 NO-2366, Brief von Norbert Pohl an den Leiter des Hauptamts SS- und Polizeigericht Paul Scharfe, 8. September 1941, S. 4; vgl. auch den Brief von Martin Tondock an Paul Scharfe vom 17. Oktober 1941, in dem sich Tondock beschwert, Horst Bender, Himmlers Verbindungsmann zum Hauptamt SS-Gericht, versuche, die Ermittlungen im Fall Fegelein mit Zustimmung des Reichsführers selbst zu führen – offensichtlich mit der Absicht einer privilegierten Behandlung Fegeleins (vgl. NS 19/3878, Brief von Tondock an Scharfe, datiert 17. Oktober 1941).

40 KS, S. 4. Das wesentliche Anliegen dieses Briefs von Kurt Sachs an den Chef des Hauptamts SS-Gericht vom 26. Februar 1943 ist, seiner Sorge um die Unabhängigkeit des SS-Richters Ausdruck zu geben. Sachs sieht diese Unabhängigkeit durch die Art der Behandlung Morgens (Degradierung zum einfachen Soldaten; wiederholter Aufschub seiner Entsendung an die Front) bedroht: »Diese Tatsache [Morgens Degradierung] aber zeigt mir, dass die Stellung des SS-Richters als aktiver, bzw. Reserveführer d. Waffen-SS keineswegs unumstritten ist und vor allem nicht so gefestigt ist wie es nach Gesetz und Dienstvorschrift sein soll.« (Ebd., S. 2)

Diese Erwartung, wenngleich letztlich illusorisch, wurde von den SS-Richtern ernsthaft und aus Prinzip gehegt.

Der Fall Fegelein brachte Morgen mit einem Typus von Verbrecher in Kontakt, den er in der SS vermutlich nicht erwartet hatte. Albert Speer beschrieb Fegelein, wie bereits erwähnt, als eine der widerwärtigsten Figuren in Hitlers näherem persönlichem Umfeld. In Eugen Kogons Buch *Der SS-Staat. Das System der deutschen Konzentrationslager* findet sich ein ähnliches Charakterbild von Fegeleins Kumpan Faßbender. Kogon selbst hatte sechs Jahre als Häftling in Buchenwald verbracht, wo er zuletzt als Gehilfe eines Lagerarztes tätig gewesen war. Nach der Befreiung des Lagers half er den Amerikanern, Zeugenaussagen von den noch lebenden Gefangenen zu sammeln. Kogon wurde gebeten, seine eigenen Eindrücke und Erlebnisse in Buchform wiederzugeben. Im Kapitel über die Psychologie der SS beschreibt Kogon einige exemplarische Fälle von SS-Tätern, unter anderem auch diesen:

> SS Sturmbannführer *Faßbender*: Unbekannte Herkunft, Adoptivkind des Inhabers der berühmten Berliner Schokoladenfirma *Faßbender*, Taugenichts, Säufer, Verschwender. Verheiratet angeblich mit einer Gräfin *Stolberg*. Lernt den Führer der sogenannten Reiter-SS, SS-Gruppenführer *Fegelein*, kennen, finanziert ihn, wird Bataillonsführer des 1. Reiter-Regiments und mit *Fegelein* zusammen einer der schlimmsten SS-Verbrecher in Warschau. Unter anderem »arisiert« er die Pelz-Weltfirma Apfelbaum zusammen mit der Sekretärin des geflüchteten Vorbesitzers, Slawa *Mirowska*, von rund 40 Millionen Mark auf 50 000 Mark herunter, schwängert die Geliebte, läßt deren Mann, einen polnischen Offizier, durch *Fegelein* und die Gestapo verhaften, um ihn wenige Tage später im Einvernehmen mit dem polnischen Weibsteufel, der sich Stunden vorher noch eine Vermögens-Generalvollmacht holt, in der Zelle niederzuknallen.[41]

Kogon konnte von dieser Geschichte nur durch Morgen selbst erfahren haben, dem er in Buchenwald begegnet war. Diese Charak-

41 Kogon 1991 [1946], S. 425 (Kursivierungen im Original).

terbeschreibung Faßbenders stimmt mit Morgens Wahrnehmung überein.

Der Fall Mirowska ist ob seiner Reichweite und seines Gewichts überaus aufschlussreich. Morgen begnügte sich als SS-Richter nicht damit, Hinz und Kunz wegen Trunkenheit oder nicht genehmigter Dienstabwesenheiten zu verfolgen und zu verurteilen. Er war an der Aufdeckung einer großangelegten Korruptionsverschwörung interessiert, in die persönliche Günstlinge Himmlers involviert waren. Sein selbstgewähltes Ziel war die Bekämpfung von Korruption; doch anders als Trunkenheit oder Pflichtverletzung ist Korruption ein Verbrechen, das besonders für jene verlockend ist, die über Macht verfügen. Noch Ende 1944 wird Morgen in einem Brief an seine Verlobte über eine von ihm geleitete Gerichtsverhandlung in Krakau schreiben: »[U]nd wieder geht es in höchste Regionen! Mein Geschick.«[42] Indem seine Untersuchungen die obersten Führungszirkel der SS betrafen, bewies Morgen einen gewissen moralisch motivierten Mut. Vielleicht war Morgen im Fall Fegelein aber auch einfach nur politisch naiv.

42 KMN, Brief an Maria Wachter, 13. Dezember 1944.

5. DIE CHARAKTERTYPOLOGIE DES KRIMINELLEN

Die Erfahrungen mit Fegelein, Faßbender und Sauberzweig machten Morgen zu einem Spezialisten im Kampf gegen Korruption – ein Begriff, der sich sowohl auf den Straftatbestand der Unterschlagung beziehen kann als auch auf den moralisch verwerflichen Charakter einer Person.[1] Kriminelle wie Fegelein und seine Komplizen standen für Korruption in beiden Bedeutungen des Wortes. Indem Morgen Korruption als Ausdruck eines schlechten Charakters verstand, war es ihm zunächst möglich, seine zwei Rollen, die des Richters auf der einen und jene des Wächters über die SS-Tugenden auf der anderen Seite, miteinander zu vereinbaren. Erleichtert wurde dies durch eine Anpassung des Rechtsverständnisses an den Nationalsozialismus. Die maßgeblichen Verschiebungen betrafen dabei die Verschärfung des Strafrechts zu einem Instrument der politischen Kontrolle und Abschreckung, die Aufhebung des Analogieverbots, die Ersetzung eines tatbezogenen Strafrechts durch ein Willensstrafrecht und die Aufhebung des Unterschieds zwischen ethisch-moralischen Geboten und rechtlichen Normen.

Diese ideologisch bedingten Entwicklungen in der Rechtstheorie beeinflussten auch die SS-Gerichtsbarkeit. Ein illustratives Beispiel ist ein langes Schreiben Norbert Pohls an das Hauptamt SS-Gericht in München, in dem er gegen die Aufhebung von Urteilen durch das Hauptamt SS-Gericht protestiert.[2] Pohl kritisiert, das Hauptamt verlasse sich bei der Urteilsrevision auf die schriftliche

1 Die hier diskutierten Fragen der Rechtstheorie werden auch im Nachwort aufgegriffen.

2 NS 7/318, Brief von Norbert Pohl an Paul Scharfe, 22. Januar 1942, S. 4. Pohls Befürwortung des Willens- und des Täterstrafrechts klingt geradezu enthusiastisch: »Ein Umbruch von gewaltigen Ausmassen vollzieht sich unter unseren Augen im Strafrecht in dem Sinne, dass die Person des Täters heute und in aller Zukunft nicht nur den Angelpunkt des Prozesses, sondern nun auch der Rechtsfindung bildet.« (Ebd.)

Expertise von Sachverständigen, die lediglich die in den schriftlichen Unterlagen dargelegten Fakten studiert hätten. Es sei jedoch gut möglich, dass einem Experten, der nur die Akten kenne, ein Urteil als zu milde erscheine, das aus der Perspektive des Richters, der sich vom positiven Charakter des Angeklagten und dessen tadelloser Haltung unmittelbar überzeugen konnte, durchaus gerechtfertigt sei. Laut Pohl sei in manchen Fällen Nachsicht geboten, etwa wenn der Angeklagte infolge mangelnder Bildung keine Einsicht in sein Unrecht haben konnte. Wenngleich solche Faktoren auch im liberalen Strafrecht als strafmildernde Gründe gelten, geht Pohl so weit, diesen Gründen Vorrang vor dem Gesetz und der gesetzlichen Norm einzuräumen. So schreibt er: »[D]ie Persönlichkeit des Angeklagten befiehlt mir die Rechtsfindung, nicht aber in erster Linie das Gesetz.«[3] Zu seiner eigenen Rechtsprechungspraxis führt er aus: »Ich gehe deshalb in der Urteilsberatung zunächst von der Frage aus: Was muss der Täter für die in der Hauptverhandlung geklärte Tat an Strafe bekommen. Erst wenn hierüber Klarheit geschaffen ist, wird das Gesetz zu Rate gezogen, das dann unter die gefundene Entscheidung subsumiert wird.«[4]

Pohl stellt hier das liberale Prinzip der Rechtsprechung auf den Kopf, wenn er die Gesetzesnorm unter das Urteil subsumiert und nicht den besonderen Fall unter die allgemeine Norm. Konsequenterweise kritisiert er die Gutachter im Hauptamt SS-Gericht für ihr mangelndes Vertrauen in den Richter:

> Hier greift er [der Gutachter] nun zur Stützung seines Misstrauens auf den im Aktenstück niedergelegten Sachverhalt zurück, subsumiert ihn säuberlich unter das Gesetz und kommt dann zu dem Ergebnis, dass ein Mensch, der soviel »verbrochen« hat, nur mit den härtesten Strafen belegt werden kann. Das Ergebnis ist die Aufhebung des Urteils solange, bis das gewünschte Urteil gesprochen wird. Diese Tätigkeit ist aber nichts anderes als ein Rückfall in die allein gesetzgebundene, liberalistische Rechtsfindung.[5]

3 Ebd.
4 Ebd., S. 6.
5 Ebd., S. 5.

Pohl wiederholt sogar Karl Schäfers Bemerkung, die liberale Rechtsprechung reduziere den Richter auf eine »Subsumtionsmaschine«:

> Das Gesetz ist zwar eine sehr wesentliche Erkenntnisquelle des Rechts, sie muss aber blutleer bleiben und den Richter zu einem mechanischen Werkzeug herabwürdigen, wenn nicht auch die Persönlichkeit des Angeklagten und seine Gemeinschaftsbezogenheit, also die Erfordernisse der Truppe, als Erkenntnisquellen vor dem Gesetz herangezogen werden.[6]

Pohls Ausführungen belegen, dass die Debatten um ein täterbezogenes Willensstrafrecht keine reine Theorie blieben. Sie zeigen auch, dass sich SS-Richter als Juristen verstanden – als Richter, die sich an den professionell unverzichtbaren Standard einer Urteilsbegründung hielten, diesen allerdings im Sinne nationalsozialistischer Rechtsvorstellungen auslegten. Konrad Morgens Berufsverständnis entsprach genau diesen Kriterien.

Morgens Ausbildung zum Juristen war zeitlich mit diesen Rechtsverschiebungen zusammengefallen, hatte er sein Studium doch in der Phase beendet, als sich die von Hitler eingerichtete und von Gürtner geleitete Strafrechtskommission für ein Willensstrafrecht ausgesprochen und dann 1935 § 2 des bislang geltenden Strafrechts revidiert hatte. Dem neuen Strafrechtsverständnis gab Morgen in seinem im Dezember 1943 publizierten Artikel »Der Korruptionsverbrecher« explizit Ausdruck.[7] Der Begriff des Korruptionsverbrechers ist Teil einer Tätertypologie, die Kriminelle gemäß der im NS-Strafrecht nun üblichen Betonung des Charakters klassifiziert. Die gängige Tätertypologie umfasste auch Kategorien wie den »Gewohnheitsverbrecher«, den »Sittlichkeitsverbrecher«, den »Betrüger«, den »Verräter« und den »Mörder«. Charakteristisch für den Korruptionsverbrecher sei, so Morgen,

6 Ebd., S. 6.
7 KMK; Morgens Aufsatz »Der Korruptionsverbrecher« ist wiederabgedruckt in Pauer-Studer & Fink 2014, S. 497-506.

> ein gebrochener Lebensablauf, gekennzeichnet durch Milieuuntreue, Geltungsstreben, soziales Versagen. Seiner inneren Struktur nach ist er selbstüberheblich, im höchsten Grade eigensüchtig, hemmungslos, kalt berechnend, ohne Bindung an Umwelt oder sittliche Ideale. Ihm mangelt es an Tiefe, inneren Konflikten und einer grundsätzlichen Haltung.[8]

Morgen beschreibt hier den Korruptionsverbrecher als jemanden, dessen Anlagen der Volksgemeinschaft abträglich sind: illoyal gegenüber seinem Milieu, sozial dysfunktional und bindungslos. Er setzt die notwendigen Strafmaßnahmen in Beziehung zu Eugenik und Medizin:

> Kein anderes Regime in der Welt hat jemals einen so totalen und radikalen Kampf gegen die Korruption in all ihren Erscheinungen aufgenommen wie das *nationalsozialistische.* Angefangen von den biologisch-eugenischen vorbeugenden über die aktuellen politischen Maßnahmen erziehender auslesender, überwachender Art bis zu den Strafsanktionen drakonischer Härte. Beteiligt an diesem Kampf ist der Arzt wie der Erzieher, der Schriftleiter wie die berufsständigen und wirtschaftlichen Organisationen, von der Partei und dem Behördenapparat als einer Selbstverständlichkeit ganz zu schweigen.[9]

Kriminelle Korruption ist also eine von vielen Formen der Korruption, welche die Volksgemeinschaft schwächen, und das Strafrecht entspricht gleichsam einer sanitären Maßnahme, als ob der Korruptionsverbrecher in der Tat ein Parasit oder die Pest sei. Umgekehrt argumentierte Norbert Pohl, ein Täter, dessen Charakter nicht völlig verderbt sei, verdiene eine nachsichtigere Behandlung als jemand, der von seinen inneren Dispositionen her nicht anders könne, als die Volksgemeinschaft zu schädigen und zu untergraben.

Dieser ideologisch geprägte Zugang zur Rechtsprechung wird dann auch in einem Bericht deutlich, den Morgen im Februar 1942 an Horst Bender schickte. Die Mitteilung an den Rechtsberater Himmlers betraf den Fall Paul Kleesattel, der vor das SS-Gericht

8 Ebd., S. 119; Wiederabdruck in Pauer-Studer & Fink 2014, S. 504.

9 Ebd., S. 117; Wiederabdruck in Pauer-Studer & Fink 2014, S. 499.

in Krakau kam, weil Kleesattel im besetzten Galizien Zivilisten misshandelt hatte. Doch Morgen empfiehlt, Kleesattel dafür nur milde zu bestrafen, und zwar aus genau den Gründen, die Pohl in seinem Schreiben an das Hauptamt SS-Gericht angeführt hatte. Morgen schreibt:

> Der Hauptmann der Sch[utzpolizei] Paul Kleesattel hat während des Einsatzes in Galizien sich der fortgesetzten Körperverletzung i. A. an Polen, Juden und Ukrainer [sic!] beiderlei Geschlechtes schuldig gemacht. Er hat dazu die Reitpeitsche verwandt, auch mit der Hand geschlagen und seinen Untergebenen den Auftrag gegeben, zu schlagen. Der Anlass zu diesen Körperverletzungen ist zumeist geringfügiger Art gewesen, gelegentlich auch durch die Alkoholexzesse des Beschuldigten zu erklären.
>
> Dennoch halte ich es nicht für tunlich, dem Gerichtsherrn die Anklageverfügung zur Unterzeichnung vorzulegen. Ich darf zunächst darauf hinweisen, dass in den gesamten Ostgebieten die Notwendigkeit besteht, mit starker und rauher Hand zu regieren. Dabei wird – wenn es der Zweck erfordert – das geltende Strafrecht nicht beachtet.
>
> Achtungsverletzungen und Verkehrsverstöße werden meistens auf der Stelle von Uniformträgern durch körperliche Züchtigungen geahndet. Staatsanwaltschaft, Polizei und SD kommen vielfach gegenüber der einheimischen fremdrassischen Bevölkerung ohne Anwendung strengsten Zwanges – auch als Mittel zur Geständniserzwingung – nicht aus.
>
> So bedauerlich dies auch sein mag, so sind dies doch Verfahren, an welche die einheimische Bevölkerung seit Jahrhunderten gewöhnt ist und ohne deren Anwendung die deutsche Herrschaft z. Zt. wahrscheinlich gefährdet sein würde. Soweit die rein tatsächliche Lage.
>
> Hinzu kommt bei unseren Männern die dahin zu charakterisierende, weit verbreitete geistige Einstellung, dass der Ostraum als künftiges deutsches Siedlungsgebiet durch Ausrottung und Vernichtung der einheimischen Bevölkerung für das Deutschtum frei zu machen und demzufolge die Bevölkerung als ein zurzeit noch notwendiges Übel zu dulden und zu behandeln ist.
>
> Bei dieser Sachlage und bei dieser geistigen Einstellung sind Überschreitungen und Ausschreitungen bei der Vornahme körperlichen Zwangs sehr verständlich. Doch herrscht allgemein die Auffassung, dass besser zu viel als zu wenig geprügelt werden soll. Mit Strafbestimmungen

hiergegen anzukämpfen ist zwecklos und würde auch von der Truppe in keinem Fall verstanden werden.

Das SS- und Polizeigericht hat sich deshalb bei seiner Rechtssprechung [sic!] in Fällen dieser Art von der Auffassung leiten lassen, nur dann gegen solche Vergehen und Verbrechen im Sinne des Gesetzes einzuschreiten, wenn der Beschuldigte durch seine Tat schwere Charaktermängel offenbart, die ihn als für die deutsche Volksgemeinschaft nicht mehr tragbar erscheinen lassen. So z. B., wenn Körperverletzungen in sadistisches Quälen ausarten oder sexuelle Beweggründe dabei eine Rolle spielen oder – und zwar dann in rücksichtsloser Anwendung des Gesetzes – wenn der Geschädigte Reichs- oder Volksdeutscher ist, oder die Nationalität eines befreundeten Staates besitzt.

Die SS- und Polizeigerichtsbarkeit ist zur Reinerhaltung der eigenen Reihen da, nicht aber zum Schutze der Rechtsgüter eines feindlichen Volkes. Doch ist die Durchführung dieses Grundsatzes in Fällen der ersten Art dem hiesigen Gericht gelegentlich erschwert worden, so z. B. erst letztlich, als SS-Angehörige in Debica einen Juden ohne eigentlich stichhaltigen Grund buchstäblich tot trampelten. Die betreffenden Beschuldigten wurden nach diesem Vorfall nach Berlin versetzt, sodaß sie nicht mehr der hiesigen Gerichtsbarkeit unterstanden und das Führungshauptamt teilte in einem Schreiben nach hier mit, dass die Angelegenheit nicht mehr weiter verfolgt werden solle.

In Anbetracht dieser Lage halte ich es nicht für vertretbar, eine Ausnahme im Falle des ehem[aligen] Hauptmanns Paul Kleesattel zu machen. Mag Kleesattel auch schwer gefehlt haben, so darf nicht verkannt werden, dass zurzeit der Tat (September 1941) die Zustände in Galizien äußerst mißliche waren. Nach dem Fehlschlag der Errichtung eines ukrainischen Nationalstaates ist bekanntlich dort die Bevölkerung weit widerspenstiger als in Polen selbst. Schießereien, Sabotageakten [sic!] und Widerstand waren an der Tagesordnung. Diese Lage muß natürlich eine Truppe unsicher machen und begünstigt Exzesse, wie die des vorliegenden Falles. Politisch gesehen erscheint es mir jedoch fraglich, ob in einer solchen Übergangszeit Terrormaßnahmen, mögen sie auch im Einzelfall offene Willkürakten [sic!] sein, vorübergehend politisch im Endergebnis doch richtig sind. Gerichtliche Untersuchungen darüber anzustellen, erscheinen [sic!] mir jedoch nicht ratsam. Die Gefahr ist zu groß, dass die Truppe hierdurch verwirrt wird.

Nach dem Lebenslauf des Beschuldigten [...] zu urteilen, handelt es

> sich bei diesem schließlich um einen Offizier, der im [Ersten] Weltkrieg mit Auszeichnung seinen Mann gestanden und sich bisher charakterlich einwandfrei geführt hat. Unter Berücksichtigung der besonderen Kriegsverhältnisse und der Lage im Osten bin ich deshalb der Auffassung, dass Hauptmann Kleesattel mit seiner Entlassung aus der Polizei genügend bestraft ist.
>
> Ich bitte um die Zustimmung zur Aussetzung des Verfahrens bis Kriegsende und schlage vor, diesem Haudegen Gelegenheit zur Bewährung an der Front zu geben.[10]

Kleesattel verdiene, wie Morgen in seiner Stellungnahme schreibt, eine mildere Behandlung, da seine »Lebensführung«, um Mezgers Begrifflichkeit zu verwenden, »charakterlich einwandfrei« gewesen sei. Kleesattels Motive seien, so argumentiert Morgen, nicht sadistischer oder sexueller Art, sondern völlig verständliche Reaktionen auf die Gegebenheiten – die vorherrschende Gesetzlosigkeit in Galizien; die Notwendigkeit, die deutsche Herrschaft durchzusetzen; die Unterscheidung zwischen Deutschen und anderen Rassen und Nationalitäten sowie die »verbreitete geistige Haltung« der Truppe, dass nämlich solche Völker zu eliminieren seien, um der deutschen Einwanderung und Besiedlung Platz zu machen. Da solche Motive nach Morgen kein eindeutiger Beleg für persönliche charakterliche Mängel seien, sollten Kleesattels Handlungen nicht als Verbrechen verurteilt werden, sondern als ein Fehler, der mit seiner Entfernung aus der Polizei angemessen geahndet werde.

Nach dem Krieg argumentierte eine Reihe von Rechtstheoretikern, die Erfahrung mit der Perversion des Rechts im »Dritten Reich« lehre, dass eine enge Verbindung zwischen Moral und Recht unabdingbar sei. Ein Beispiel für diese Auffassung ist Ronald Dworkins Theorie des Rechts und der Rechtsprechung. Laut Dworkin basiert eine angemessene Rechtsprechung nicht nur auf Gesetzen, sondern auch auf allgemeinen Prinzipien, die von moralischen Einsichten

10 KMKB; bis auf wenige Zeilen wird hier Morgens gesamte Stellungnahme zum Fall Kleesattel abgedruckt. Zu beachten ist, dass Morgens Rechtschreibung uneinheitlich ist.

und Überlegungen abgeleitet und gestützt werden.[11] Wenn Gesetzesnormen einen Fall nicht klar und eindeutig regeln, sollte der Richter sein Urteil gemäß jenen Prinzipien fällen, die eine bestmögliche moralische Begründung der relevanten Präjudizien, Gesetze und Regulierungen leisten. Im Fall von Unrechtsregimen – und damit auch im Fall des NS-Systems – sollte diese Methode den Richter laut Dworkin veranlassen, die positiv vorgegebenen Gesetze gänzlich zu ignorieren, da keine moralischen Prinzipien diese rechtfertigen können. Der Richter sollte sich in einer solchen Situation ausschließlich an der Moral orientieren.

Wie wir gesehen haben, spaltete Morgen jedoch in seiner konkreten Urteilsfindung und -begründung das Recht nicht von der Moral ab. Im Gegenteil: Vielfach berief er sich direkt auf moralische Prinzipien und Tugenden wie charakterliche Anständigkeit und Rechtschaffenheit. Morgens Praxis illustriert, wie die NS-Rechtstheorie die Trennung von Recht und Moral aufzuheben suchte. Es war ja niemand Geringerer als der Staatssekretär für Justiz, der verkündet hatte: »Eine Kluft kann sich zwischen Rechtsgebot und Sittengebot nicht auftun.«[12]

Selbstredend haben jene Theoretiker, die sich nach dem Krieg unter dem Eindruck der Rechtspervertierung im Nationalsozialismus für die Engführung von Recht und Moral aussprachen, ihre Forderung nur auf die objektiv richtige Moral bezogen. Auch Dworkins Theorie der Rechtsprechung liegt die implizite Annahme zugrunde, dass der gute Richter die objektiv wahre Moral kenne. In einem System wie dem »Dritten Reich« galt jedoch die ideologische Prämisse, die wahre Moral entstamme der »gesunden Volksanschauung« und dem »gesunden Volksempfinden« – und es war genau diese »völkische Moral«, die Eingang in das Recht fand.

11 Dworkin 1998, Kap. 1 und Kap. 7.
12 Freisler 1938, S. 56.

6. »RASSE« UND »RASSENFRAGE«

Morgens Stellungnahme zum Fall Kleesattel berührt auch die sogenannte »Rassenfrage«. So spricht Morgen einen Vorfall an, bei dem SS-Leute in Dębica, einer östlich von Krakau gelegenen Stadt mit einem SS-Truppenübungsplatz, »einen Juden ohne eigentlich stichhaltigen Grund buchstäblich tot trampelten«. Morgen argumentiert, diese SS-Angehörigen sollten verurteilt werden, allerdings nur »zur Reinerhaltung der eigenen Reihen [...], nicht aber zum Schutze der Rechtsgüter eines feindlichen Volkes«. Mit anderen Worten: Die Mörder eines Juden sollten bestraft werden – nicht aber wegen der Verletzung des Rechts auf Leben des Opfers; sie sollten bestraft werden, um die Ehre und Reinheit der SS zu bewahren.

Solche Überlegungen tauchen immer wieder in Morgens Eingaben an seine Vorgesetzten auf, allerdings nie in einer solch brutalen Form und Sprache wie in diesem Bericht. Die Bekämpfung von Verbrechen zum Schutz der SS-Tugenden ist eine von Morgen konsequent verfolgte Linie; die offene Zurückweisung der Rechte eines »feindlichen Volkes« ist für ihn jedoch untypisch. An dieser Stelle lohnt daher ein sorgfältiger Blick auf die rassisch konnotierte Sprache in Morgens Beurteilung Kleesattels.

Warum, so können wir fragen, schreibt Morgen, »unsere Männer« kennzeichne die »weit verbreitete geistige Einstellung«, die einheimische Bevölkerung solle ausgelöscht und vernichtet werden? Die Formulierung lässt eine gewisse Distanz erkennen. Wenn Morgen den Plan, die einheimische Bevölkerung zu vernichten, um Platz für deutsche Siedlungsprojekte zu machen, als Maßnahme voll bejaht hätte, dann hätte er in seiner Stellungnahme einfach schreiben können, Kleesattels Handlungen seien genau deshalb verständlich, weil dieser beauftragt war, an solchen Aktionen teilzunehmen. Falls Morgen dachte, ein solches Unterfangen dürfe in seiner Stellungnahme nicht explizit erwähnt werden, hätte er eine indirekte Anspielung auf die »historische Mission« im Osten machen oder das Thema überhaupt beiseitelassen können. Offensichtlich war Morgen der Meinung, die Sache sei relevant, allerdings nicht, weil er selbst glaubte, die Truppen würden durchwegs eine bewusste Strategie der systematischen ethnischen Säuberung verfolgen, oder weil er dies gar selbst gutgeheißen hätte. Vielmehr dachte er, die Sache sei erwähnenswert, weil so spontane Gewaltausbrüche wie jene Kleesattels erklärbar waren.

Morgens Argument, im Fall Kleesattel spielten sexuelle oder sadistische Beweggründe keine Rolle, liegt hingegen voll auf der Linie der nationalsozialistischen Rassenpolitik. Im Herbst 1942 verfasste Horst Bender eine an das Hauptamt SS-Gericht adressierte Richtlinie, in der er Himmlers Anweisungen für den Umgang mit »Judenerschießungen ohne Befehl und Befugnis« erläuterte. Bender teilt diese Fälle in zwei Kategorien ein:

> 1. Bei rein politischen Motiven erfolgt keine Bestrafung, es sei denn, daß die Aufrechterhaltung der Ordnung eine solche erfordert. Ist letzteres der Fall, dann kann je nach Lage des Falles gerichtliche Verurteilung aus § 92 oder § 149 MStGB[1] oder aber disziplinare Ahndung stattfinden.
> 2. Bei eigensüchtigen oder sadistischen bezw. sexuellen Motiven erfolgt gerichtliche Ahndung, und zwar gegebenenfalls auch wegen Mordes bezw. Totschlages.[2]

Die von der nationalsozialistischen Rassenideologie geprägte Haltung kommt dabei bereits darin zum Ausdruck, dass »Judenerschießungen« für Bender eine gesonderte Kategorie des Tötens darstellten. Und da innerhalb dieser Kategorie nur die aus selbstsüchtigen, sadistischen oder sexuellen Motiven begangenen Tötungen zu bestrafen sind, werden Erschießungen aus rassistischen Gründen im-

1 § 92 MStGB regelt das Delikt des militärischen Ungehorsams; § 149 betrifft den rechtswidrigen Waffengebrauch.

2 Heiber 1970, Dokument 165, S. 207, Brief des SS-Richters Horst Bender an das Hauptamt SS-Gericht in München, 26. Oktober 1942.

plizit als »politisch« entschuldigt und von Bestrafung ausgenommen. Morgens Thematisierung sexueller und sadistischer Motive stimmt also genau mit der NS-Rassenideologie überein, wenngleich er im Kleesattel-Bericht die rassisch motivierte Tötung von Juden nicht mit dem beschönigenden Terminus »politisch« belegt.

Wie alle Deutschen war Morgen mit Hitlers öffentlichen Angriffen auf Juden und seinen drastischen Drohungen vertraut, die von führenden Nationalsozialisten übernommen wurden. In seiner berüchtigten Reichstagsrede vom 30. Januar 1939 erklärte Hitler: »Wenn es dem internationalen Finanzjudentum in und außerhalb Europas gelingen sollte, die Völker noch einmal in einen Weltkrieg zu stürzen, dann wird das Ergebnis nicht die Bolschewisierung der Erde und damit der Sieg des Judentums sein, sondern die Vernichtung der jüdischen Rasse in Europa.«[3]

Hitler wiederholte diese »Prophezeiung« in den folgenden Jahren mindestens vier Mal.[4] Am 30. September 1942 adressierte er die Zuhörer im Berliner Sportpalast mit den Worten:

> Ich habe am 1. September 1939 in der damaligen Reichstagssitzung zwei Dinge ausgesprochen: Erstens, daß, nachdem man uns diesen Krieg schon aufgezwungen hat, keine Macht der Waffen und auch nicht die Zeit uns jemals niederzwingen werden, und zweitens, daß, wenn das Judentum einen internationalen Weltkrieg zur Ausrottung etwa der arischen Völker Europas anzettelt, dann nicht die arischen Völker ausgerottet werden, sondern das Judentum.[5]

Hitlers Rede löste, wie der Historiker Jeffrey Herf bemerkt, anhaltenden Beifall aus, den Herf so interpretiert: »Die Reaktion der Zuhörerschaft im Sportpalast legt nahe, dass die Nazis genau verstanden, dass Hitler ihnen in einer zu dem Zeitpunkt bereits vertrauten Sprache mitteilte, dass das Nazi-Regime zu dem Zeitpunkt die Juden ermordete.«[6] Aber selbst wenn sich aus dem Applaus im Sport-

3 Domarus 1962, S. 1058.
4 Herf 2006, S. 52.
5 Domarus 1962, S. 1920; vgl. auch Herf 2006, S. 166f.
6 Herf 2006, S. 167 (Übersetzung H. P.-St.).

palast schließen lässt, dass die Anwesenden genau verstanden, was Hitlers Worte de facto bedeuteten, war Morgen, wie die Dokumente belegen, auf seine Entdeckung des industriellen Massenmords im Herbst 1943 in Auschwitz-Birkenau nicht vorbereitet.

Im Februar 1942, als Morgen seinen Bericht zum Fall Kleesattel verfasste, standen die Gaskammern in Belzec kurz vor der Fertigstellung; die ersten Transporte galizischer Juden kamen im März 1942 dort an.[7] Es gab zudem Pläne, die Region zu entvölkern, um Raum für eine modernisierte deutsche Ökonomie zu schaffen.[8] In den Archivunterlagen finden sich jedoch keine Hinweise darauf, dass Morgen im Frühjahr 1942 über die im Generalgouvernement einsetzende Massenvernichtung der Juden durch Gas informiert war.

Tatsache ist aber, dass Morgen bereits 1942 von Gräueltaten und Massenmorden an der Ostfront gewusst haben muss. Als er im Januar 1941 nach Krakau kam, hatten im Generalgouvernement bereits Massenerschießungen stattgefunden. Und im Sommer desselben Jahres, als sich Morgens Aufmerksamkeit voll auf Fegelein richtete, hatte dieser im Krieg gegen die Sowjetunion die berüchtigte »Säuberung« der Pripjet-Sümpfe von angeblichen Partisanen angeordnet. Bei dieser Aktion trieb Fegeleins Reiterregiment 14000 Juden in den Tod.[9] Wie Historiker berichten, erwähnte Walther Funk in der Spandauer Haft gegenüber Albert Speer, hinsichtlich Fegeleins Aktionen habe das geflügelte Wort existiert, wo Fegelein hinkomme, gebe »es keine Dörfer, keine Menschen, kein Leben mehr«.[10]

Wir können nicht sagen, dass Morgen dies willentlich übersah, immerhin verfolgte er ja mit Fegelein einen der schlimmsten Täter in seiner Reichweite. Er ermittelte gegen Fegelein aber lediglich wegen Korruption, und es gibt keine Belege dafür, dass Morgens Untersuchungen von dessen Reputation motiviert waren, »keine Dörfer, keine Menschen, kein Leben mehr« zu hinterlassen. Somit stellt sich die Frage, ob Morgens offenkundige Indifferenz gegenüber

7 Arad 1987, S. 384ff.
8 Vgl. Aly 2000, S. 92-105; vgl. Aly & Heim 2004.
9 Riess 2003, S. 160-172.
10 Fest 2005, S. 143.

den in dieser Frühphase verübten Akten antisemitischer Gewalt auf rassistischer Feindseligkeit beruhte.

Wie komplex Morgens Haltung in Rassenfragen war, zeigt sich an seinem Umgang mit einem anderen Täter, der sich im Generalgouvernement grausamster Misshandlungen an der Zivilbevölkerung schuldig gemacht hatte – Oskar Dirlewanger.[11] Dirlewanger kommandierte eine Einheit, die mit der Beaufsichtigung von Straßenarbeiten in der Gegend von Lublin beauftragt war. Im November 1941 berichtete Morgen telegrafisch an seinen Vorgesetzten Norbert Pohl, Dirlewanger und seine Männer übten in der Region eine »Willkürherrschaft« aus, sie trieben während nächtlicher Überfälle Juden zusammen und raubten diese aus.[12] In dem Telegramm verurteilt Morgen die »Verhaftungen, Gelderpressungen und Ausplünderungen von Juden im Schutze der Nacht« – was sich nicht unbedingt als Ausdruck der Verachtung für eine bedrohte und verfolgte Bevölkerungsgruppe und der Missachtung von deren Rechten interpretieren lässt.

Wie Morgen nach dem Krieg gegenüber dem amerikanischen CIC aussagt, inhaftierte Dirlewanger die Juden, weil sie koscher geschlachtet hätten, was damals als Verbrechen galt; Personen, die ihm eine große Summe an Lösegeld zahlen konnten, ließ er frei, die restlichen Gefangenen erschoss er.[13] Laut Morgen führte Dirlewanger auch »Experimente« an jüdischen Männern und Frauen durch; so habe er diese durch Injektionen töten lassen und ihre sterblichen Überreste mit Pferdefleisch gemischt, um daraus Seife zu gewinnen. Morgen teilt den verhörenden Offizieren mit, er habe Friedrich-Wilhelm Krüger, dem für das SS-Gericht Krakau zuständigen Höheren SS- und Polizeiführer, damals sogar ein Stück dieser Seife vorgelegt.[14]

11 Vgl. Ingrao 2006.

12 NO-2366, Fernschreiben von Konrad Morgen an Norbert Pohl (»z. Zeit Hauptamt SS-Gericht München«) vom 2. November 1941.

13 KMI, 30. August 1946, S. 20ff.; 6. Dezember 1946, S. 18ff.; 10. Dezember 1947, S. 2ff.; vgl. auch KMI, zweite eidesstattliche Erklärung vom 28. Januar 1947; KMM, S. 4071-4078 (englisch) und S. 4198-4205 (deutsch).

14 KMI, 30. August 1946, S. 23. Das SS-Gericht in Krakau unterstand, wie bereits erwähnt, dem HSSPF Friedrich-Wilhelm Krüger.

Als Morgen Dirlewanger 1941 verhaften wollte, sagte ihm Krüger jedoch, Dirlewanger stehe unter dem Schutz Gottlob Bergers, des Chefs des SS-Hauptamtes. Das Dirlewanger-Kommando wurde lediglich aus dem Generalgouvernement ausgewiesen und der gesamte Fall schließlich auf Befehl Himmlers ad acta gelegt.[15] Morgen war über diese Entscheidung empört.

In einem Verhör durch die Amerikaner berichtete Morgen nach dem Krieg von einer vielsagenden Begebenheit:

> Auffallend war, obwohl er [Dirlewanger] sich auf der einen Seite gegen die Juden betaetigte, hatte er doch selbst eine juedische Bedienstete. Ein taufrisches 16 jaehriges Kind, die neben seinem Schlafzimmer auch schlief und mit der er den ganzen Tag zusammen war. Kurz darauf kam ein SS-Offizier zu mir und sagte, er habe den Dirlewanger besucht und da wurde er einem jungen Maedchen vorgestellt. Sie haben zusammen Schnaps oder Likoer getrunken und dabei wurde er im Scherz gezwungen, aus dem Glas des Maedchens zu trinken. Er fand das ungehoerig, aus dem Glas einer Dame zu trinken, die er kaum kennengelernt hatte, tat es aber schliesslich doch und erfuhr nachher, dass das Maedchen Juedin ist. Er war in seinem Rassestolz furchtbar verletzt und sagte: »Was ist das fuer eine Sache, mich in so eine Situation zu bringen!« Er sah das als eine Beleidigung an. Also das nur nebenbei zur eigenartigen Persoenlichkeit Dirlewangers.[16]

15 Im Bundesarchiv Berlin-Lichterfelde ist umfangreiches Aktenmaterial zu dem Fall erhalten (vgl. ODD). Dieses enthält vorwiegend Dokumente zur Verteidigung Dirlewangers, u. a. die Empfehlung zur Einstellung der Untersuchungen. Darin wird auch bestätigt, dass Morgen Anschuldigungen gegen Dirlewanger vorgebracht hatte (vgl. ODD, Aktenvermerk unterzeichnet von Fritz Schmidt, 17. Oktober 1942, S. 4). Bemerkenswert ist, dass Dirlewanger seine Taten, auch die schwerwiegendsten, nicht leugnete (vgl. ODD, S. 41-54; Aussage Oskar Dirlewangers vor dem SS-Hauptamt Berlin, 1. September 1942). Allerdings versuchte er, seine Handlungen zu erklären und zu rechtfertigen. So behauptete er z. B., er habe den Befehl gehabt, Juden zu töten. Zunächst habe er diesen Befehl durch Erschießungen ausgeführt, dann aber durch von einem SS-Arzt verabreichte Injektionen mit Strychnin, weil, wie er angibt, »es mir leid [tat], daß dadurch [die Erschießungen der Juden] ihre Kleider ruiniert wurden und ich sie nicht zur Bekleidung der in einem Lager befindlichen Kriegsgefangenen verwenden konnte« (ebd., S. 53). Die Aussage Dirlewangers vom 1. September 1942 vor dem SS-Hauptamt enthält mehrere solcher Passagen von schockierendster Brutalität.

16 KMI, 30. August 1946, S. 22. Im Original der Vernehmung steht zunächst »eigentlichen Persoenlichkeit«, was dann zur »eigenartigen Persoenlichkeit Dirlewangers« verbessert

Morgen selbst bezeichnet Dirlewangers Handlung nicht als Beleidigung; er sagt nur, der betroffene Offizier habe diese so wahrgenommen. Der »Rassestolz«, von dem er spricht, ist jener des Offiziers, nicht sein eigener. Was Morgen höchst »eigenartig« findet, ist nicht die Tatsache, dass sich der Offizier beleidigt fühlte, weil er aufgefordert worden war, aus dem Glas einer Jüdin zu trinken, sondern der Umstand, dass Dirlewanger rassisch konnotierte Scherze machte. Die Einstellungen hinter diesem Scherz kommentiert Morgen nicht kritisch. Gleichfalls findet er es nicht weiter »auffallend«, dass sich Dirlewanger »gegen die Juden betaetigte«, sondern dass er zur Zeit dieser Aktionen mit einem jüdischen Mädchen verkehrte.

Morgen nimmt den Antisemitismus des Offiziers also stillschweigend hin, beteiligt sich aber nicht aktiv daran. Als ein amerikanischer Offizier Morgen in einer Nachkriegsvernehmung damit konfrontiert, er habe in einer CIC-Aussage den Begriff »minderrassige Völker« benutzt, wendet Morgen ein: »Ich habe nicht von Minderrassigen gesprochen, sondern nur von Juden und Polen im deutschen Reichsgebiet.«[17]

Wenngleich diese Bemerkung Morgens nicht mehr als eine Anpassung an die geänderten politischen Gegebenheiten nach dem Krieg sein mag, so findet sich in Morgens 1936, also ein Jahr nach der Verabschiedung der Nürnberger Gesetze publizierten Abhandlung *Kriegspropaganda und Kriegsverhütung*[18] keinerlei Hinweis da-

wurde. Eine davon abweichende Darlegung dieses Vorfalls findet sich in ODD, S. 81f. (Aktenvermerk des Dr. Fritz Schmidt, SS-Hauptamt Berlin, datiert 17. Oktober 1942). Dort werden die Dirlewanger zur Last gelegten Taten relativiert und festgestellt, »daß ein Beweis für eine strafbare Handlung des SS-Sturmbannführers Dr. Dirlewanger kaum geführt werden dürfte« (ebd., S. 83; Aktenvermerk, S. 5). In dem Aktenvermerk erwähnt Dr. Schmidt auch die von »dem SS-Hilfsrichter Dr. Konrad Morgen« in einem Untersuchungsbericht als »höchst merkwürdig« beurteilte Erschießung des jüdischen Zeugen Rosenberg nach einer Vernehmung durch das SS-Gericht. Morgen vermutete offenbar, dass Rosenberg durch einen Angehörigen des Kommandos Dirlewanger erschossen worden war. Schmidt weist dies jedoch zurück und schreibt, die Sicherheitspolizei habe Rosenberg getötet (ebd. S. 82; Aktenvermerk, S. 4). Jedenfalls belegt der Aktenvermerk Morgens Aussage, dass er gegen Dirlewanger wegen der Tötung von Juden ermittelte.

17 KMI, 12. Oktober 1946, S. 10; Gegenstand dieser Passage des Verhörs war das sogenannte »Polen- und Judenstrafrecht«.

18 KMB.

rauf, dass er die Rassenideologie des Regimes bejaht hätte. Morgen schreibt: »Wenn die Kriegspropaganda Haß, Angst, Wut, Habgier, Neid, Ruhmsucht und ähnliches erweckt, so ruft sie damit die zerstörerischen Kräfte des Krieges gegen den Frieden auf.«[19] Morgen spricht hier als Student des internationalen Rechts, nicht als Advokat und Anhänger des Nationalsozialismus. In einem bemerkenswerten, geradezu grotesken Fehlurteil meint Morgen: »Deutschland will den Frieden, einen ehrlichen Frieden, der allen Völkern zugute kommt.«[20] Zwar legt er hier eine Art Lippenbekenntnis zu Hitlers friedvollen Absichten ab,[21] er beklagt jedoch gleichzeitig die entzweienden Wirkungen des Rassedenkens und des Nationalismus. »Nach dem Kriege [Erster Weltkrieg]«, schreibt er, habe »Deutschland sein Herz der Welt weit geöffnet« und Sympathie erwartet, es sei aber lediglich auf Ablehnung gestoßen und habe angesichts der Wirtschaftskrise von 1931/32 »einen wilden Freudentaumel« seiner westlichen Nachbarländer erlebt. Er zieht ein bitteres Resümee:

> Es scheint in der Welt ein Gesetz zu liegen, das die natürliche Scheidung der Völker nach Rasse, Sprache, Kultur unverwischbar aufrechterhalten will, weder Annäherung noch Angleichung gestattet und mit harter Faust das Volk trifft, das versöhnungsbereit sich andern nähert, während es mit verschwenderischer Huld jenen lächelt, die in ihren Grenzen blieben und ihr Wesen von den andern distanzieren.[22]

So gesehen, ist die Einteilung der Völker in Rassen für Morgen Teil des Problems, nicht Teil der Lösung.

In dieser Hinsicht unterscheidet sich Morgen von maßgeblichen NS-Rechtstheoretikern, deren Arbeiten durch und durch von der Rassenideologie geprägt waren. Diese Juristen, beinahe alle Universitätsprofessoren, legten ihrer rassisch konnotierten Rechtstheorie

19 KMB, S. 15.

20 KMB, S. 4. Morgen äußert sich in einer Vernehmung nach dem Krieg zu seiner damaligen Fehleinschätzung (vgl. KMI, 30. August 1946, S. 2f.).

21 Vgl. zum Beispiel Morgens Bezugnahme auf die von Hitler am 21. Mai 1935 gehaltene Reichstagsrede in KMB, S. 106f.

22 KMB, S. 74.

eine Definition des Begriffs »Rasse« zugrunde, die Hans F.K. Günther, Deutschlands führender Rassenanthropologe, so formulierte: »[Unter ›Rasse‹ versteht man] eine Menschengruppe, die sich durch die ihr eigene Vereinigung körperlicher Merkmale und seelischer Eigenschaften von jeder anderen Menschengruppe unterscheidet und immer wieder nur ihresgleichen zeugt.«[23] Dieses Konzept von Rasse spielt zum Beispiel in den Schriften Ernst Rudolf Hubers eine Rolle. Huber, der bedeutendste Verfassungstheoretiker des »Dritten Reiches«, argumentierte, die Verfassung des NS-Staates müsse eine *völkische* Verfassung sein: »Das politische Volk wird durch die Einheitlichkeit der Art gebildet. Die Rasse ist die naturhafte Grundlage des Volkes. Die Rasse ist eine durch bestimmte leib-seelische Merkmale ausgezeichnete Abstammungsgemeinschaft.«[24]

Dasselbe Verständnis von Rasse wurde von dem Rechtstheoretiker Ernst Forsthoff mit vulgärstem Antisemitismus verknüpft:

> Volk ist eine Gemeinschaft, die auf einer seinsmäßigen, artmäßigen Gleichartigkeit beruht. Die Gleichartigkeit geht hervor aus der Gleichheit der Rasse und des volklichen Schicksals. [...] Das Bewußtsein der Artgleichheit und volklichen Zusammengehörigkeit aktualisiert sich vor allem in der Fähigkeit, die Artverschiedenheit zu erkennen und den Freund vom Feind zu unterscheiden. Und zwar kommt es darauf an, die Artverschiedenheit dort zu erkennen, wo sie nicht durch die Zugehörigkeit zu einer fremden Nation ohne weiteres sichtbar ist, etwa in dem Juden, der durch eine aktive Beteiligung an dem kulturellen und wirtschaftlichen Leben die Illusion einer Artgleichheit und einer Zugehörigkeit zum Volke zu erwecken suchte und zu erwecken verstand. Die Wiedergeburt eines politischen deutschen Volkes mußte dieser Täuschung ein Ende machen und dem Juden die letzte Hoffnung nehmen, in Deutschland anders denn im Bewußtsein der Artverschiedenheit, also in dem Bewußtsein, Jude zu sein, leben zu können.[25]

23 Günther 1933, S. 14. U.a. Wilhelm Stuckart und Hans Globke stützen sich in den einleitenden Bemerkungen zu ihrem Kommentar zu den »Nürnberger Gesetzen« auf Günthers Definition von »Rasse« (vgl. Stuckart & Globke 1936, S. 1).

24 Huber 1939, S. 153.

25 Forsthoff 1933, S. 38f. Diese Passage wird in der 1934 erschienenen zweiten Auflage von Forsthoffs Buch unverändert übernommen.

Die vollen Konsequenzen eines solchen Denkens werden in dem von Wilhelm Stuckart und Hans Globke verfassten Kommentar zu den »Nürnberger Rassegesetzen« deutlich:

> Den Lehren von der Gleichheit aller Menschen und von der grundsätzlich unbeschränkten Freiheit des einzelnen gegenüber dem Staate setzt der Nationalsozialismus hier die harten, aber notwendigen Erkenntnisse von der naturgesetzlichen Ungleichheit und der Verschiedenartigkeit der Menschen entgegen.[26]

Morgen hat sich in seiner Berufsausübung nicht vom Prinzip der »rassischen Ungleichheit« leiten lassen. Die Analyse der erhalten gebliebenen Dokumente zu Morgens Tätigkeit als SS-Richter zeigt vielmehr, dass er anders als die NS-Juristen seiner Zeit niemals herabsetzende Bemerkungen über Juden machte. Tatsächlich verurteilte er die Misshandlung von Juden und er verfolgte die Tötung eines Juden im Lager Buchenwald mit dem Argument, dessen Recht auf Leben sei verletzt worden. Augenscheinlich war seine Indifferenz gegenüber der kollektiven staatlichen Gewalt gegen Juden nicht in Rassenhass begründet.

26 Stuckart & Globke 1936, S. 25.

7. VON KRAKAU NACH BUCHENWALD

Im März 1942 durchlebte Morgen eine Krise. Als man ihm anbot, ein neu zu errichtendes SS-Gericht in Lemberg zu leiten, schrieb er an den Chef des Personalamts beim Hauptamt SS- und Polizeigericht in München, Eberhard Hinderfeld, und bat darum, dieses neue Amt nicht antreten zu müssen. Morgen ersuchte um Versetzung aus dem Generalgouvernement zu einem Gericht »ausserhalb des Ostens«, vorzugsweise nach Norwegen oder auf den Balkan.[1] Zur Unterstützung seines Ansuchens führte er die gesamte Liste seiner Anstrengungen und Verdienste während seiner Zeit in Krakau an: die Zahl der Verfahren, die er leitete; die Zahl der Angeklagten, die er verurteilte; die Reisen, die er im Fall Sauberzweig unternommen hatte, um – wie er in Analogie zu einem »Krankheitsherd« formulierte – diesen »Korruptionsherd« zu bekämpfen. Gegen Ende seines Schreibens brachte er überdies das folgende Argument vor:

> Die Korruption im Generalgouvernement ist derartig gross und die Zahl von Kapitalverbrechen und widerliche [sic!] Delikte derartig hoch, dass ich zutiefst davon überzeugt bin, dass jeder Richter mit der Länge der Zeit irgendwie abgestumpft werden muss und deshalb Gefahr läuft, in seinem natürlichen Rechtsempfinden Schaden zu leiden. Sie werden es deshalb verstehen, Obersturmbannführer, wenn ich den dringenden Wunsch habe, nunmehr wieder einmal in einer anderen gesünderen Atmosphäre als der des Generalgouvernements zu leben.[2]

1 NO-2366, Brief Konrad Morgens an Eberhard Hinderfeld, datiert 27. März 1942, S. 1.

2 Ebd., S. 3. Anders als in dem von deutscher Kriegspropaganda durchsetzten Brief, den er im Herbst 1939 aus Stolp in Pommern an seine Eltern richtete, dürfte Morgen im Herbst 1940, als er zur SS- und Polizeigerichtsbarkeit kam, bereits über den Krieg im Osten ernüchtert gewesen sein. Die Entsendung zum SS-Gericht Krakau Anfang Januar 1941 war nicht seine erste Präferenz gewesen. In dem Brief an Hinderfeld vom März 1942 merkt Morgen nämlich an: »Unter dem Eindruck meiner seit Kriegsbeginn im Osten verbrach-

Morgen hatte sich redlich bemüht, das Generalgouvernement mit den Mitteln des Gesetzes von SS-Korruption zu säubern – mit dem Ergebnis, nichts oder beinahe nichts erreicht zu haben. Fegelein, Faßbender, Dirlewanger: Sie alle waren unter dem Schutz der höheren SS-Instanzen seinem Zugriff entkommen. Morgens Möglichkeiten als Jurist hatten sich als zahnlos erwiesen, wo es darum ging, die Korruption in den Rängen der SS zu bekämpfen. Seine Rolle als SS-Richter war nun unhaltbar geworden: Er konnte sich nicht länger als ein Richter verstehen, der sowohl die Standards der Gerechtigkeit als auch die »Ehre« der SS, wie er sie interpretierte, aufrechterhielt. Also sann er auf einen Ausweg, vorzugsweise die Versetzung in die »gesündere Atmosphäre« Norwegens.

Morgens Wunsch sollte sich im Mai 1942 erfüllen – allerdings auf gänzlich andere Weise als von ihm erhofft. Wie sich bald herausstellen sollte, war die Versetzung dabei das kleinere von zwei Übeln; die Alternative wären drei Jahre Haft in einem Konzentrationslager gewesen. Morgen berichtete den Amerikanern nach dem Krieg:

> Das war Pfingsten 1942. Ich war grade die Feiertage nach Dresden gefahren, um einmal etwas anderes zu sehen. Am ersten Abend rief man mich sofort nach Krakau zurueck. Ich komme hin, da war ein Schreiben da vom Chef des Hauptamtes SS Gericht. »Der Reichsfuehrer hat angeordnet, Sie sind mit sofortiger Wirkung ihres Dienstes enthoben und haben sich jeglicher Diensthandlungen zu enthalten und sich umgehend beim Hauptamt SS Gericht in Muenchen zu melden.« Nun war folgendes noch gewesen: Ich habe neben meiner Ermittlungstaetigkeit in diesen grossen Sachen [...] auch immer noch mein anderes Dezernat weitergemacht. Bei dieser Gelegenheit habe ich einen Mann wegen eines Rassen-Deliktes, obwohl er ein Gestaendnis ablegte, freigesprochen. Habe mich also glatt ueber die bestehenden Bestimmungen hinweggesetzt. Habe aber geglaubt, nicht nur dass es gerecht waere in diesem Fall, sondern auch, dass es nichts weiter auf sich habe, denn die Freispruch-Urteile wurden kaum ueberprueft. Aber da soviele Leute aufmerksam jeden meiner Schritte beobachteten, hatten die dieses Ur-

ten Truppenzeit bat ich damals [Herbst 1940] darum, lieber nach Kirkenes [Norwegen] und nicht wieder in den Osten geschickt zu werden.« (NO-2366, Brief Morgens an Hinderfeld, S. 1)

teil rausgefischt. Der Obergruppenfuehrer Koppe, anscheinend aufgehetzt durch den [Oswald] Pohl, hatte nichts eiligeres zu tun, als sich ins Flugzeug zu setzen und ins SS-Hauptamt zu fliegen und denen das Urteil zu bringen und zu sagen: »Da, endlich kommt seine wahre Gesinnung heraus: Er sabotiert die Befehle!« – In Muenchen hoerte ich nun von dem Richter, der mich abgeloest hat, Sturmbannfuehrer Sachs, ein sehr ordentlicher Mann, dass ein Geheimbefehl des Reichsfuehrers vorliege mit dem Ziel, mich auf zwei oder drei Jahre in ein Konzentrationslager einzuweisen. Im Hauptamt SS Gericht sassen aber sehr ordentliche Leute, sie sagten: »So geht das nicht. Wo soll die richterliche Unabhaengigkeit hin? Es dreht sich hier nicht um den Fall Morgen, sondern ueberhaupt. Hier wird ein Fundament angetastet. Gegen ein Urteil kann Berufung eingelegt werden, aber nicht der Richter dafuer bestraft werden.« Das ist auch dem Reichsfuehrer SS vorgetragen worden, dass es so nicht ginge und er hat dann gesagt: »Gut, der Mann verschwindet aus der Richterei und wird zum Fronteinsatz geschickt.«[3]

Morgen wurde zum Gefreiten degradiert und in ein militärisches Ausbildungslager nach Stralsund abkommandiert. Nach einer harten Schulung wurde er im Dezember 1942 als einfacher Frontsoldat der Panzerdivision »Wiking« zugeteilt, die in der Sowjetunion operierte.[4]

Wir wissen wenig über Morgens Tätigkeit bei der Division »Wi-

3 KMI, 30. August 1946, S. 18f.; vgl. auch KMP, S. 6673. Das »Rassendelikt«, das der von Morgen freigesprochene SS-Soldat namens Breitling (vgl. KS, S. 1) begangen hatte, bestand in sexuellen Beziehungen zu einer polnischen Frau. Morgen sagte nach dem Krieg aus, solche Vergehen hätten meistens nur als verschärfender Umstand gegolten, wenn bereits ein anderes Verbrechen vorlag (KMI, 15. Oktober 1947, S. 6). Es gab aber genügend Leute, die ihm wegen seiner aggressiven Nachforschungen feindlich gesinnt waren und deshalb diesen Fall als Vorwand benutzten, um Morgen aus dem Weg zu räumen.
Der Vorfall bewegte Himmler, dem HSSPF von Krakau, Friedrich-Wilhelm Krüger, in einem Schreiben nochmals die strikten Richtlinien für sexuelle Beziehungen zu erklären: »Der Geschlechtsverkehr eines Angehörigen der SS oder Polizei mit einer Polin wird grundsätzlich als militärischer Ungehorsam gerichtlich bestraft. [...] Die Truppe in Ihrem Befehlsbereich ist nochmals eindrücklichst über das Verbot des Geschlechtsverkehrs mit Frauen einer andersrassigen Bevölkerung zu belehren.« (Heiber 1970, Dokument 120, S. 156f., Brief von Himmler an Krüger vom 30. Juni 1942)

4 KMN, »Besitzzeugnis«. Dieses belegt, dass Morgen im April 1943 als Sturmmann im Panzerregiment »Germania« diente, das Teil der Division »Wiking« war. Wie Morgen in seiner Zeugenaussage beim Frankfurter Auschwitzprozess erklärt, setzte sich das Regiment hauptsächlich aus Freiwilligen aus nordeuropäischen Ländern zusammen.

king«. Die Division hatte zu Beginn des Feldzugs gegen die Sowjetunion Verbrechen verübt und Massenerschießungen durchgeführt.[5] Als Morgen dort Dienst tat, fanden aber keine solchen Exekutionen mehr statt; die Division stand zu diesem Zeitpunkt unter dem Druck sowjetischer Verbände, welche die deutschen Truppen nach der Kapitulation in Stalingrad zum Rückzug zwangen. Morgen erinnerte sich in einer Vernehmung nach dem Krieg vor allem an die schweren Verluste der Division und das laut seinen Angaben barbarische Verhalten der russischen Soldaten – Erlebnisse, die auch Eingang in sein juridisches Denken fanden.[6]

Im Mai 1943 wurde Morgen auf Befehl Himmlers plötzlich von der Ostfront nach München zurückbeordert. Himmler befahl dann, Morgen zum Reichskriminalpolizeiamt in Berlin zu versetzen. Morgens Aufgabe war es nun, die Korruption in den Konzentrationslagern zu untersuchen, die zu diesem Zeitpunkt extreme Ausmaße angenommen hatte, was Himmler zum Handeln zwang. Wie wichtig Himmler der Kampf gegen die Korruption war, wird in einer Passage der berüchtigten Posener Rede deutlich, die er am 4. Oktober 1943 vor SS-Gruppenführern hielt. Darin warnte er die SS-Leute unter anderem davor, sich die Wertgegenstände der in den Gaskammern Ermordeten anzueignen:

> Die Reichtümer, die sie hatten, haben wir ihnen abgenommen. Ich habe einen strikten Befehl gegeben, den SS-Obergruppenführer [Oswald] Pohl durchgeführt hat, dass diese Reichtümer selbstverständlich restlos an das Reich abgeführt wurden. Wir haben uns nichts davon genommen. Einzelne, die sich verfehlt haben, werden gemäß einem von mir zu Anfang gegebenen Befehl bestraft, der androhte: Wer sich auch nur eine Mark davon nimmt, der ist des Todes. Eine Anzahl SS-Männer – es sind nicht sehr viele – haben sich dagegen verfehlt und sie werden des Todes sein, gnade[n]los. Wir hatten das moralische Recht, wir hatten die Pflicht gegenüber unserem Volk, dieses Volk, das uns umbrin-

5 Vgl. Rhodes 2002, S. 63. Rhodes bezieht sich auf die Zeugenaussage von Günther Otto bei einem der Nürnberger Prozesse (vgl. NO-434).

6 In KMI, (30. August 1946, S. 19f.) sagt Morgen, während seines Fronteinsatzes habe seine Kompanie 570 Männer verloren, und nur 17 Männer hätten überlebt (vgl. auch KMW, S. 2793-2795, wo Morgen über Gräueltaten russischer Soldaten spricht).

gen wollte, umzubringen. Wir haben aber nicht das Recht, uns auch nur mit einem Pelz, mit einer Uhr, mit einer Mark oder mit einer Zigarette oder mit sonst etwas zu bereichern.[7]

Die inhaltliche Gegenüberstellung der beiden letzten Sätze ist selbstredend absurd: Sie legt nahe, die Verpflichtung, nicht zu stehlen, könne mit einem gegenüber den Juden geltenden Recht, ja einer Verpflichtung, zu töten, moralisch gleichgesetzt werden. In der Tat ging es hier um keinerlei Verpflichtung gegenüber den Juden. Die Pflicht, die Himmler meinte, bestand gegenüber dem Reich, dem das den Juden geraubte Vermögen zu übergeben war.

Genau diese Pflicht hatten Faßbender und Fegelein aus Sicht Morgens verletzt, als sie sich an der Zerschlagung der »arisierten« Firma Nathan & Apfelbaum bereichert hatten. Mittlerweile hatte Morgen seinen Artikel über den Korruptionsverbrecher verfasst, weshalb er ein logischer Kandidat für den Einsatz in Himmlers Antikorruptionskampagne war.

Morgen war immer noch SS-Richter, wurde nun aber zusätzlich Beamter der Reichskriminalpolizei. Eine seiner ersten Aufgaben in der neuen Funktion bestand im Juni oder Anfang Juli 1943 darin, die Geschäfte des Hauptlieferanten von Lebensmitteln an das Konzentrationslager Buchenwald zu überprüfen.[8] Der Weimarer Kaufmann Bornschein wurde verdächtigt, einen Teil der für das Lager bestimmten Lebensmittel zu unterschlagen und auf dem Schwarzmarkt zu verkaufen.[9]

7 PS-1919, Himmlers Posener Rede vom 4. Oktober 1943, S. 66; die Rede ist online verfügbar unter: {http://www.nizkor.org/hweb/people/h/himmler-heinrich/posen/oct-04-43/index.html} (Stand August 2016).

8 KMI, 4. September 1946, S. 3ff. Morgens Bericht über seinen Einsatz in Weimar und Buchenwald beginnt in seiner Vernehmung vom 30. August 1946 (vgl. KMI, 30. August 1946, S. 20); vgl. auch Paulmanns eidesstattliche Erklärung in WPA, S. 544. In seiner eidesstattlichen Erklärung vom 28. Dezember 1945 in Oberursel (KMO) sagt Morgen, seine Untersuchungen in Buchenwald hätten Ende Juni 1943 begonnen; in KM5 (S. 556) und KMI (4. September 1946, S. 11) spricht er von Juli 1943.

9 Morgen erklärt, das Gericht in Kassel habe einen Beamten gewünscht, der zugleich SS-Richter war, da sich die Untersuchungen auch auf das Konzentrationslager Buchenwald erstreckten; einfache Kriminal- oder Polizeibeamte seien nicht befugt gewesen, Nachforschungen innerhalb des Lagers anzustellen (vgl. KMI, 4. September 1946, S. 4).

Der Verdacht gegen Bornschein stellte sich als haltlos heraus.[10] Da Morgen nun aber schon einmal in Buchenwald war, entschloss er sich, das Lager genauer zu inspizieren. Es war das erste Mal, dass er ein Konzentrationslager von innen sah. Im Jahre 1946 beschreibt er seine Wahrnehmung gegenüber amerikanischen Offizieren:

> Der erste Eindruck war bestechend gut. Die Haeftlinge waren anstaendig untergebracht, waren gut ernaehrt. Ich habe selbst das Essen oefter geprueft. Die Arbeitsverhaeltnisse gut. Und dann war derartig viel fuer die Haeftlinge getan worden in allgemeiner Hinsicht, um ihnen ihr Los zu erleichtern, dass ich wirklich gestaunt habe. Ich habe damals den Eindruck gehabt, dass Konzentrationslager im Vergleich zu den Anstalten der allgemeinen Justiz ein grosser Fortschritt sind. Die Leute sind draussen in der Natur, fast in der Freiheit. Zudem machte mir der Kommandant, Standartenfuehrer Pister, einen ausgezeichneten Eindruck.[11]

Das Lager Buchenwald war 1937 auf dem Ettersberg, einem bewaldeten Hügel acht Kilometer außerhalb von Weimar, errichtet worden. Ursprünglich sollten dort politische Dissidenten, »Gewohnheitsverbrecher« und »Schmarotzer« (also arbeitsunwillige Personen) untergebracht werden. Auf dem Tor, durch das die Gefangenen das Lager betraten, standen die zynischen Worte »Jedem das Seine«.[12] Buchenwald war eines der ersten Konzentrationslager, die die westlichen Alliierten im April 1945 befreiten.[13]

10 KMI, 4. September 1946, S. 5. Bornschein hatte in Buchenwald keinerlei Verbrechen oder Unterschlagungen begangen; er wurde aber für Unterschlagungen außerhalb des Lagers von der allgemeinen Justiz angeklagt und verurteilt (vgl. auch KMP, S. 6677, und KMW, S. 2871).

11 KMI, 4. September 1946, S. 5f.; vgl. auch Morgens Bericht IZ, 7. Januar 1946, S. 4; seine eidesstattliche Erklärung KM5 in Nürnberg, S. 552ff.; seine Zeugenaussage in Nürnberg, IMT XX, S. 489f.; online verfügbar unter: {http://www.zeno.org/Geschichte/M/Der+Nürnberger+Prozeß/Hauptverhandlungen/Einhundertsiebenundneunzigster+Tag.+Mittwoch,+7.+August+1946/Nachmittagssitzung} (Stand Juli 2016), S. 530ff.; und {http://www.zeno.org/Geschichte/M/Der+Nürnberger+Prozeß/Hauptverhandlungen/Einhundertachtundneunzigster+Tag+Donnerstag,+8.+August+1946/Vormittagssitzung (Stand Juli 2016), S. 542ff.; und seine Aussage beim Prozess gegen Oswald Pohl, KMP, S. 6681.

12 Stein & Gedenkstätte Buchenwald 2014, S. 34.

13 Die sowjetische Armee hatte Majdanek bereits im Juli 1944 und Auschwitz im Januar 1945 befreit.

Hermann Pister, der Kommandant, den Morgen bei seinem ersten Besuch kennenlernte, wurde 1947 in einem von den Amerikanern initiierten Prozess in Dachau zum Tode verurteilt. Morgen wurde von der Verteidigung als Zeuge benannt, und er wiederholte in seiner Aussage den positiven Eindruck, den Buchenwald unter Pisters Kommando auf ihn gemacht hatte.[14] Pister selbst argumentierte, die bei Kriegsende von den Amerikanern vorgefundenen Bedingungen seien eine Folge der Überbelegung des Lagers und der Lebensmittelknappheit infolge des Zusammenbruchs Deutschlands gewesen.[15] Morgen äußerte sich an anderer Stelle ähnlich über Konzentrationslager.[16]

Morgens Beschreibung der Zustände, die 1943 in Buchenwald geherrscht haben sollen, ist ganz offensichtlich falsch. Um nur ein vielsagendes Beispiel zu nennen: An keiner Stelle seiner Aussage erwähnt er das »Kleine Lager«, das Anfang jenes Jahres errichtet worden war.[17] Die Baracken in diesem »Kleinen Lager« bestanden aus fensterlosen Pferdeställen, und die Gefangenen mussten auf vierstöckigen Holzgestellen schlafen, wie sie auf den berühmten Fotografien Margaret Bourke-Whites zu sehen sind.[18] Ein Gefangener, der im Januar 1944 dorthin gebracht wurde, berichtete später von der Überbelegung und den primitiven sanitären Bedingungen.[19]

Im März 1944 ergab eine Untersuchung aller 20 000 Häftlinge in Buchenwald, dass achtzig Prozent von ihnen unterernährt waren.[20] Zu diesem Zeitpunkt hatte sich Morgen im Lager komfortabel eingerichtet:

14 KMW S. 2797ff., S. 2870, S. 2880ff. Ein Assistent Morgens bestätigt dies in einer Aussage (vgl. KMW, S. 2926).

15 Vgl. die Exzerpte von Pisters Zeugenaussage in Greene 2003, S. 281ff.

16 IZ, 7. Januar 1946, S. 5; KMF, S. 5609f.

17 Stein & Gedenkstätte Buchenwald 2014, S. 149ff. Ein anderes Beispiel für Morgens verfälschende Schilderung der Lagerbedingungen ist seine Behauptung, er habe niemals erlebt, dass ein jüdischer Häftling schlechter als ein nichtjüdischer Gefangener behandelt wurde.

18 Die Fotos sind online verfügbar unter: {http://life.time.com/history/behind-the-picture-bourke-white-and-the-liberation-of-buchenwald/#5} (Stand August 2016).

19 Stein & Gedenkstätte Buchenwald 2014, S. 150f.

20 Ebd., S. 145f.

> Ja, waehrend der ganzen Zeit sass ich in Buchenwald. Da habe ich mir ein Zimmer geben lassen mit Fernschreiber. Es war alles sehr bequem. Die Konzentrationslager hatten eigene Nachrichtenuebermittlung. Die hatten auch sowieso ihren Kurierdienst, da ging das also mit. Ich sass also wie eine Spinne im Netz. Fuhr auch mal da und dorthin. Sah was die Leute machten. Oder liess die Leute zu mir kommen.[21]

Ein überlebender Häftling berichtete den Amerikanern, er habe Morgen jeden Tag in der Früh massieren müssen.[22]

Morgen gibt an, Buchenwald sehr sorgfältig inspiziert zu haben:

> Ich habe vor Beginn von Untersuchungen das betreffende Konzentrationslager in allen seinen Einzelheiten und die für mich besonders wichtigen Einrichtungen desselben eingehendst untersucht, wiederholt besucht, überraschend besucht. Ich war in Buchenwald selbst acht Monate hauptsächlich tätig und habe dort gewohnt.[23]

Er fügt hinzu: »Während einer solchen langen Zeit ist es wohl unmöglich, getäuscht zu werden.«[24]

Obwohl Morgen ein verfälschtes Bild des Lagers gibt, war er gegenüber den Gräueln und dem Horror nicht gänzlich blind und unempfindlich. In einem im Januar 1946 für die Amerikaner verfassten Bericht schreibt er:

> Die teuflische Seite des KL Systems [...] lag in den Krebsschäden dieses Systems selbst, gegen welches keine Verbesserungsmaßnahmen halfen. Das Funktionieren dieses Systems in einem menschlichem [sic!] Sinne wäre nur durch ideale Menschen zu gewährleisten gewesen. Gerade diese fehlten im KZ. Zum Teil – etwa 40% im Durchschnitt – waren die Häftlinge schwere Kriminelle. Durch ihre egozentrische Ein-

21 KMI, 4. September 1946, S. 14.

22 Hackett 1996, S. 159, Aussage von Jan Robert.

23 IMT XX, S. 48; eine deutsche Fassung ist online verfügbar unter: {http://www.zeno.org/Geschichte/M/Der+Nürnberger+Prozeß/Hauptverhandlungen/Einhundertsiebenundneunzigster+Tag.+Mittwoch,+7.+August+1946/Nachmittagssitzung} (Stand Juli 2016), S. 533.

24 Ebd.

stellung, ihre Brutalität und Rücksichtslosigkeit, ihre verbrecherische Schläue und Praxis vergifteten [sie] das Milieu in unvorstellbarer Weise. Da sie durch die Selbstverwaltung Macht in den Händen hielten gegen ihre übrigen Mitgefangenen, missbrauchten sie diese rücksichtslos. Dadurch zwangen sie die »Politischen« sich mit gleichen Mitteln zu wehren. Schon dadurch trat ein Zustand ein, der durch das wahre Wort gekennzeichnet ist, daß man für eine Zigarette im KZ jedes Menschenleben haben konnte.

So sehr die Macht des Kommandanten de jure beschnitten war, praktisch konnte er machen, was er wollte.

Schon durch die Gestaltung des Dienstbetriebes. Er konnte die Häftlinge nach der Arbeit noch stundenlang auf dem Appellplatz stehen lassen. Etwa noch bei klirrendem Frost ohne Handschuhe. Er konnte sie in jeder Weise schikanieren. Wie man schon vom Militär her weiss, gibt es unzählige Mittel, um Menschen bis aufs Blut zu peinigen.

Unter normalen Verhältnissen erhebt man gegen ein derartiges Willkürregiment Beschwerde. Doch, wie wollte der Häftling dies machen? Er kann ja nicht aus dem Lager heraus. Er konnte nur seine Peiniger bei diesen selbst anzeigen. Gerade deren Wohlwollen musste er aber zu erhalten trachten, um nicht jede Aussicht zu verlieren, einmal wieder in Freiheit zu kommen. War er in Freiheit, so konnte er den Mund erst recht nicht aufmachen, wenn er nicht wieder riskieren wollte, sofort wieder eingesperrt zu werden. So taten die Häftlinge selbst alles, um mitzuhelfen, ihr Leben zu einer Hölle zu gestalten. Das merkten die SS-Lagerangehörigen. Die Kommandanten sperrten die Häftlinge ein, folterten sie, die Ärzte behandelten sie schlecht und brachten sie um, die Wachposten misshandelten und machten »Erschiessungen auf der Flucht«, die Capos liessen die Knittel nie ruhen und machten sich oft einen Spott daraus, zur Hebung ihrer Autorität Mithäftlinge in den Selbstmord zu treiben. [...]

Alles hing in diesem System von den Menschen ab, die führten. War der Kommandant schlecht, so war das Lager eine Hölle. War der Kommandant menschlich und unausgesetzt hinter seinen Leuten her, so war es erträglich. Deshalb sind die Berichte über und aus Konzentrationslagern so verschieden. Meistens war das Personal der Lager schlecht. Schlecht schon von Hause aus, weil man nicht die fähigsten Menschen und die einwandfreiesten Charaktere dorthin abgab – und auch bei dem Mangel an Führungskräften nicht abgeben konnte, – sondern der Schrott, der nirgendwo taugte, wanderte dorthin und solche Kreaturen meldeten sich – von geringen guten Ausnahmen abgesehen – freiwillig dorthin. Himmler hatte das zersetzende und charakterverderbende Milieu der Konzentrationslager klar erkannt. Er hatte einen Befehl erlassen, daß kein SS Angehöriger länger als 2 Jahre im KZ Dienst verbleiben dürfe. Dieser Befehl ist nie ausgeführt worden. Jedenfalls nicht durchweg.

Rechtlosigkeit der Häftlinge, schlechtes Menschenmaterial, Allmacht der Polizei, Fehlen wirksamer Kontrollinstanzen, das sind die Hauptursachen für die Zustände in den Konzentrationslagern.[25]

Morgen analysiert hier scharfsichtig, aber auch einfühlsam, die verderbliche Dynamik in einem Konzentrationslager – in offenkundigem Widerspruch zu seinen ansonsten so sonnigen Beschreibungen. Die Amerikaner, in deren Gewahrsam er sich nach dem Kriege befand, waren allerdings nicht die Einzigen, gegenüber denen er die Lager als wahre Hölle schildert, wenn die Kommandanten schlecht waren. Wie wir sehen werden, verfasste er während des Krieges ganz ähnliche Berichte für die SS-Gerichtsbarkeit.

Um diese Diskrepanzen in Morgens Darstellung zu verstehen, sind drei Faktoren zu beachten. Erstens unterscheidet Morgen zwischen der Zeit seiner Untersuchungen in Buchenwald, der vorangehenden Periode, als Pister dort noch nicht Kommandant war, sowie der späteren Phase, als sich Deutschland in einem Zustand des Zusammenbruchs befand.[26] Es gibt einigen Grund zu der Annahme, dass die Bedingungen in Buchenwald während Morgens Aufenthalt tatsächlich etwas besser waren als davor und danach, wenngleich die Situation niemals auch nur annähernd so gut war, wie Morgen sie später beschrieb. Morgen arbeitete vom Sommer 1943 bis zum Frühjahr 1944 in Buchenwald, Pister hatte die Leitung

25 IZ, 7. Januar 1946, S. 5; vgl. auch Morgens eidesstattliche Erklärung in Nürnberg KM5, S. 555f.

26 Z. B. IZ, 7. Januar 1946, S. 4: »Zur Zeit meiner Untersuchungen in den KZ Mitte 43 bis Frühjahr 44 boten die deutschen Lager einen sehr ansprechenden äusseren Anblick.«

im Januar 1942 übernommen. Wie Eugen Kogon bestätigt, verbesserten die Zustände sich nach 1941 – also unter Pisters Kommando – erheblich.[27]

Zweitens ist zu bedenken, dass Morgen zwar stets dazu tendierte, die SS insgesamt zu verteidigen, dass er sich gegenüber einzelnen Mitgliedern aber durchaus kritisch äußerte. Ein Beispiel für diese Haltung ist seine Zeugenaussage beim Nachkriegsprozess gegen Oswald Pohl. Morgen führt darin Todesursachen an, die der Lagerleitung seiner Ansicht nach nicht angelastet werden könnten.[28] Diese umfassen: Hinrichtungen von Gefangenen, die ausschließlich zur Exekution in das Konzentrationslager gebracht wurden (die Lagerleitung konnte diese Tötungen laut Morgen nicht verhindern); die Vernichtung der Juden (diese hatte nach Morgen nichts mit den Konzentrationslagern zu tun); die gewöhnliche Sterberate unter der Bevölkerung; Epidemien (die Administration in den Konzentrationslagern tat laut Morgen das Menschenmögliche, um den Ausbruch von Epidemien zu verhindern); Auseinandersetzungen unter den Häftlingen und das Faktum, dass unter den Gefangenen auch Intellektuelle waren (die laut Morgen möglicherweise schneller sterben als andere Menschen).

Diese Art der Verteidigung ist geradezu absurd. Doch Morgen ist in dem Prozess gegen Oswald Pohl nun einmal als Zeuge der Verteidigung aufgerufen und erklärt, er versuche lediglich eine ange-

27 »Ein erheblicher Teil der geschilderten ›Normalgreuel‹ ist, seit etwa 1941, in den Stammlagern nach und nach abgestellt worden. Es wurde – abgesehen von der ›offiziellen‹ Prügelstrafe – bei weitem nicht mehr so viel geschlagen, die Einlieferung der Neuzugänge geschah auf eine immerhin erträgliche Weise, das Bad, die Desinfektion, die Kammern funktionierten leidlich; sie blieben zwar Stationen der menschlichen Entwürdigung, aber ohne jene besonderen Quälereien und Schamlosigkeiten, die lange Zeit für sie bezeichnend gewesen waren [...]. Die Wahrheit verlangt, daß diese Veränderungen hervorgehoben werden. Man soll aber deshalb nicht glauben, daß sich die KL dadurch etwa in Erholungsheime verwandelt hätten! Alles andere als das; die geschilderten Gruppenschicksale beweisen es zur Genüge. Nur das Übermaß des tagtäglich hereinbrechenden Furchtbaren, das in den ersten Jahren kaum zu bewältigen war, verschwand in manchen Lagern mehr und mehr. Zurück blieb die ›normale‹ Härte des Daseins von 12 000 bis 35 000 Menschen auf einen Quadratkilometer [sic!] unter Bedingungen, die unmenschlich blieben, auch wenn sie nicht mehr durch Teufelshirne weiter verschlimmert wurden.« (Kogon 1991 [1946], S. 337f.)

28 KMP, S. 6685-6695.

messene Schuldzuschreibung vorzunehmen, also jene Personen zu belasten, die das System der Konzentrationslager erfunden und eingeführt hatten. »Um auf die tatsächlichen Ursachen zurückzukommen«, sagt Morgen, »so waren jene, die die Konzentrationslager errichtet haben, dafür [für die Auswüchse und Verbrechen] verantwortlich.«[29] Und er fügt hinzu: »Ich werde es immer und immer wieder sagen, dass jene Autoritäten verantwortlich sind, die diese verrückte Politik ausführten.«[30] Selbstredend ist diese Aussage implizit eine Entschuldigung der SS.

Drittens ist zu beachten, dass Morgen gegenüber einzelnen Fällen von Grausamkeit empfindsam war, dem allgemeinen Leiden aber gleichgültig gegenüberstand. Es war der Schmerz, der unschuldigen Opfern von schlechten Männern mutwillig zugefügt wurde, der bei ihm moralische Empfindungen auslöste. Das System der Konzentrationslager war in seinen Augen böse, weil es bösen Charakteren freie Bahn für böse Taten gab. Dass solche Täter das Leben der Häftlinge zur Hölle machen konnten, empörte ihn. Dass die Rahmenbedingungen in den Lagern bereits für sich genommen die Hölle waren, berührte ihn nicht besonders, waren diese Bedingungen doch nicht auf die Handlungen individueller Übeltäter zurückzuführen.

Noch als das »Dritte Reich« 1945 um ihn herum zusammenbrach und Flüchtlinge zu Abertausenden von allen Fronten flohen, widmete sich Morgen erneut seinem Kampf gegen kriminelle Umtriebe in den Reihen der SS. Das Elend des Krieges um ihn herum

29 Ebd., S. 6692.

30 Ebd., S. 6695. In KMO findet sich dazu folgende Aussage von Morgen: »Darüber hinaus habe ich in meiner Berichterstattung an die Obersten SS-Stellen immer klar zu machen versucht, dass die Grundübel des Kz.-Systems selbst ursächlich für die Massenerscheinungen von Verbrechen und Verbrechern waren.« (S. 3) Vgl. hierzu auch Morgens Aussage in KMW: »Meine Meinung ist, dass Konzentrationslager im allgemeinen als Institution schlecht waren« (S. 2881). Und beim Hauptkriegsverbrecherprozess in Nürnberg sagte Morgen: »Bei den Konzentrationslagern handelte es sich um Einrichtungen, die, gelinde gesagt, aus einem falschen Prinzip heraus Verbrechen gebären mußten.« (IMT XX, S. 497; online verfügbar unter: {http://www.zeno.org/Geschichte/M/Der+Nürnberger+Prozeß/Hauptverhandlungen/Einhundertachtundneunzigster+Tag+Donnerstag,+8.+August+1946/Vormittagssitzung} [Stand August 2016], S. 542)

scheint er gar nicht richtig wahrgenommen zu haben. Seine fanatische Verfolgung verbrecherischer Einzelfälle stand in krassem Gegensatz zu seinem fehlenden Sinn für den größeren politisch-verbrecherischen Zusammenhang, in dem diese standen.

8. KARL OTTO KOCH

Konrad Morgens Untersuchungen konzentrierten sich im Juli 1943 schon bald auf den früheren Lagerkommandanten Karl Otto Koch, unter dem die Bedingungen laut Pister »ganz anders« gewesen waren.[1] Koch war bereits vor Morgens Ankunft nach Lublin-Majdanek versetzt, allerdings auch dort als Kommandant bald wieder abgelöst worden, als Häftlingen die Flucht aus dem Lager gelang. Die meisten Angehörigen seines Stabes waren auf verschiedene andere Posten verteilt worden.[2]

Schon in seiner Zeit als Kommandant von Buchenwald war Koch der Unterschlagung verdächtigt worden. Der Höhere SS- und Polizeiführer in Kassel, der Erbprinz zu Waldeck und Pyrmont,[3] dem auch das dortige SS-Gericht unterstand, hatte Koch deswegen verhaften lassen. Himmler ordnete jedoch Kochs Freilassung an und erließ in der Folge einen Befehl, die sogenannte »Lex Waldeck«, laut dem KZ-Kommandanten nicht ohne seine vorherige Erlaubnis

1 Die folgende Darstellung stützt sich auf KMI, 4. September 1946, S. 6ff. Details dieses Falles werden auch in KMW (S. 2809ff.) beschrieben; vgl. auch KMO und WPA (Werner Paulmanns eidesstattliche Erklärung, Affidavit SS-64, IMT XLII), S. 544ff. (Anmerkung der Autoren: Diese eidesstattliche Erklärung ist nicht in der digitalisierten, auf zeno.org verfügbaren deutschen Fassung der Protokolle des Nürnberger Prozesses gegen die Hauptkriegsverbrecher enthalten.) Paulmanns und Morgens Aussagen weichen nur in unwesentlichen Details voneinander ab.

2 Koch wurde als Kommandant von Majdanek im August 1942 abgesetzt. Zur Zeit von Morgens Ermittlungen in Buchenwald beaufsichtigte Koch den SS-Postschutz in Eger (vgl. KMO).

3 Josias Erbprinz zu Waldeck und Pyrmont trat 1929 der NSDAP bei und 1930 der SS. Wie andere Mitglieder des Adels wurde sein Beitritt als Gelegenheit betrachtet, der nationalsozialistischen Sache soziales Ansehen zu verschaffen. 1939 wurde Waldeck HSSPF in Weimar und war somit für die Aufsicht über das KZ Buchenwald zuständig. Die Amerikaner verurteilten ihn 1947 zu lebenslanger Haft, er kam jedoch 1950 im Zuge einer Amnestie frei; vgl. für weitere Details seiner Biografie Petropoulos 2006, S. 261-266.

und Zustimmung inhaftiert werden durften.[4] Schlussendlich wurde das Verfahren gegen Koch aus Mangel an Beweisen eingestellt. Koch hatte höchstpersönlich die Zeugen beseitigen lassen.[5]

Morgen entschloss sich, gegen Koch »auf eigene Faust, trotz des Verbotes [Himmlers]« zu ermitteln – weil »ich nun einmal ein Gerechtigkeitsfanatiker bin«, wie er nach dem Krieg erklärte.[6] Er ließ die Wohnungen von Kochs früherer Mannschaft durchsuchen, Personen, die inzwischen an andere Orte versetzt worden waren, aber noch Wohnungen in Weimar hatten. Dabei stieß er auf große Mengen an Gold und einen Lebensstil, der mit dem Einkommen dieser SS-Leute nicht zu finanzieren war. Morgen ließ daraufhin deren Bankkonten überprüfen. Es stellte sich heraus, dass sich die Kontostände nach der »Judenaktion 1938« (mit diesem verharmlosenden Begriff bezieht Morgen sich auf das Novemberpogrom) plötzlich erhöht hatten. All diese Beweise legte Morgen im Sommer 1943 in Berlin Himmlers Rechtsberater Horst Bender vor. Bender meinte, Morgen sei im richtigen Moment gekommen, denn Himmler habe eben die Einstellung des vom Prinzen Waldeck angestrengten Verfahrens gegen Koch unterschrieben.[7]

4 Orth 2000, S. 189f. Morgen beschreibt diesen Befehl in KMI, 4. September 1946, S. 8.

5 KMO.

6 KMI, 4. September 1946, S. 8. Der Ausdruck »Fanatiker«‹ findet sich auch in Klemperer 1982, S. 62-66. Klemperer erklärt: »Ursprünglich – die Wurzel liegt in fanum, dem Heiligtum, dem Tempel – ist ein Fanatiker ein in religiöser Verzückung, in ekstatischen Krampfzuständen befindlicher Mensch.« (Ebd., S. 62) Und zu »fanatisch« bemerkt er: »[I]mmer ist es als wertender Ausdruck mit starker Negation geladen, es bezeichnet eine bedrohliche und abstoßende Eigenschaft. Selbst wenn man gelegentlich im Nachruf auf einen Forscher oder Künstler die Floskel zu lesen bekommt, er sei ein Fanatiker seiner Wissenschaft oder Kunst gewesen, so schwingt doch in diesem Lobe immer die Feststellung eines stacheligen Fürsichseins, einer peinlichen Unnahbarkeit mit.« (Ebd., S. 64) Der Ausdruck »fanatisch« sei aber, so fügt Klemperer an, »während der gesamten Ära des ›Dritten Reiches‹ ein superlativisch anerkennendes Beiwort gewesen. Es bedeutet die Übersteigerung der Begriffe tapfer, hingebungsvoll, beharrlich, genauer: eine glorios verschmelzende Gesamtaussage aller dieser Tugenden, und selbst der leiseste pejorative Nebensinn fiel im üblichen LTI-Gebrauch des Wortes fort.« (Ebd., S. 65) Mit »LTI« bezog sich Klemperer auf die »Lingua Tertii Imperii«, also die Sprache des »Dritten Reichs«. Klemperer überlebte als Jude den Krieg, weil er mit einer Deutschen verheiratet war. Seine während des Kriegs geführten Tagebücher (*Ich will Zeugnis ablegen bis zum letzten. Tagebücher 1933-1945*) sind eines der wertvollsten Zeugnisse jener Zeit.

7 KMI, 18. Januar 1947, S. 2.

Abb. 5: Karl Otto Koch, vermutlich 1941.

Morgens Untersuchungen gegen Koch und dessen Kommandostab in Buchenwald führten auch zu deren späterem Einsatzort Lublin, wo sich die Hinweise auf umfangreichere Gesetzesübertretungen und Vergehen verdichteten. Morgen vermutete nun ein weit größeres, sich über mehrere Lager erstreckendes Netzwerk der Korruption, und so ersuchte er um die Erlaubnis, Delikte und Verbrechen im gesamten Lagersystem untersuchen zu dürfen. Als Bender den Reichsführer-SS mit den von Morgen vorgelegten Indizien für kriminelle Machenschaften konfrontierte, konnte Himmler, der ja immer auf die Reinhaltung der SS pochte, die Genehmigung weiterer Untersuchungen nicht verweigern. Morgen sagte dazu später aus:

Ich konnte nur so vorgehen, dass ich diese Verbrechen in ihrer ganzen Breite aufdeckte, so dass HIMMLER durch die Fuelle des Materials selber darauf kam, die Burschen haben mindestens vollkommen versagt, und ausserdem liegt es in dem System, dass solche Verbrechen entstehen muessen und unerkannt bleiben. Die Widerstaende, die von den zentralen Dienststellen an mich herkamen, habe ich mit der SS-Ideologie beantwortet »Sie wollen doch absolute Sauberkeit in der SS«, usw. Da waren sie natuerlich immer geschlagen und mussten sagen »Ja«.

> Diesen Weg hielt ich fuer den wirksamsten, denn es kam mir doch hier darauf an, dass den Menschen geholfen wird und dass nicht nur eine Geste gemacht wird.[8]

Himmler gab Morgen also freie Hand und erließ an alle einschlägigen Dienststellen die Order, diesen zu unterstützen. Morgen hatte nun *carte blanche*, um alle Konzentrationslager zu inspizieren. Er erhielt auch personelle Verstärkung, die er zur Verfolgung der Spuren in Lublin einsetzte. Morgen war bestrebt, Koch zu verhaften und mit einem Marschbefehl dessen Rückkehr nach Buchenwald zu erzwingen. Als Koch nicht zum vereinbarten Zeitpunkt mit dem Zug in Weimar ankam, vermutete Morgen: »Der Kerl ist getürmt.« Da erreichte ihn ein Anruf aus Weimar: »[D]er Wagen von Koch ist gesichtet worden und faehrt mit hoechster Geschwindigkeit in Richtung Buchenwald. Die Verfolgung ist aufgenommen worden.«[9] Morgen eilte daraufhin mit dem Leiter des SS-Gerichts in Kassel, Richter Werner Paulmann, den er für die Verhaftung Kochs hinzugezogen hatte, zu Kochs Villa in Buchenwald:

> Wir also hin zu seiner Villa. Inzwischen war es Mitternacht geworden. Stockdunkle Nacht. Kein Geraeusch. Nichts. – Wagen war nicht zu sehen. Ich habe geschellt. Alles blieb still. Nichts ruehrte sich. Da hab ich die Stiefelabsaetze genommen und wider die Tuere gehauen. Nichts! Auf einmal hoerte man etwas schluerfen [sic!]. Draussen war inzwischen ein Unwetter heraufgezogen. Blitze zuckten. Sehr dramatisch. Paulmann sagte: »Machen Sie Ihre Pistole locker, jetzt schiesst's gleich.« Und dann kam er an. In Hausjoppe, seelenruhig und fragte: »Was wollen Sie?« Paulmann sagte: »Wir muessen Sie vernehmen. Am besten ziehen Sie sich gleich an.« »Ja«, sagte er, »ich bin grade nach Hause gekommen und wollte mich grade etwas frisch machen.« Er war also hierher gefahren und wollte erst hoeren bei seiner Frau, was da los ist in Buchenwald. [...] Und dann habe ich ihn die ganze Nacht vernommen. Der schlaueste Fuchs, den ich je gesehen habe und eiskalt! Und ohne jedes menschliche Gefuehl. Man hatte den Eindruck, der Mann ist nur noch Verstand. Er antwortete sehr sehr vorsichtig und hatte fuer alles

8 KMI, 21. Oktober 1946, S. 8.
9 KMI, 4. September 1946, S. 12.

eine Ausrede. Ich habe ihm nicht soviel geglaubt. Habe ihn also verhaftet.[10]

Noch am selben Tag, am 24. August 1943, wurde auch Kochs Frau Ilse in Haft genommen.[11]

Morgens Ermittlungen gegen Koch und dessen Mitarbeiter dauerten bis ins Jahr 1944 an. Die Häftlinge in Buchenwald bemerkten Morgens Aktivitäten bald. Sie wussten, dass die SS-Aufseher wegen der Nachforschungen besorgt waren:

> Zur Vorbereitung des Prozesses wurden unzählige Zeugen aus den Reihen der SS und der Häftlinge vernommen. Der vernehmende SS-Richter, Dr. Morgen, war bei allen SS-Führern Buchenwalds außerordentlich gefürchtet und verhaßt. Sie atmeten erleichtert auf, als Morgen seinen Wohnsitz wieder nach Berlin verlegte, denn jeder fürchtete, daß die Untersuchung auch gegen ihn belastendes Material an den Tag bringen konnte.[12]

Im April 1944 fasste Morgen die Ergebnisse seiner Ermittlungen gegen Koch in einem 87 Seiten langen Bericht zusammen, den er 1945 in Mannheim-Seckenheim dem amerikanischen CIC übergab. Ebenfalls in seinem Besitz war die Anklageschrift gegen Koch, die diesem Unterschlagung, Veruntreuung, militärischen Ungehorsam und die vorsätzlich geplante Ermordung von Häftlingen vorwarf. Frau Koch wurde der Hehlerei mit gestohlenen Gütern beschuldigt.

Diese Anklagepunkte überschritten eindeutig Morgens Auftrag, Korruptionsverbrechen zu untersuchen. Sein Ermittlungsergebnis enthält darüber hinaus eine psychologische Analyse der Täter und eine Darstellung des Lagerlebens insgesamt. Dieser für die SS-Gerichtsbarkeit verfasste Bericht verdient eine genauere Betrachtung.

10 Ebd., S. 13.

11 KMO.

12 Hackett 1996, S. 384 f., Aussage von Stefan Heymann; Hackett zitiert einen weiteren ehemaligen Häftling (Jan Robert), der bestätigt, Morgen sei »bei allen SS-Führern, die vor ihm Angst hatten, sehr unbeliebt« gewesen (ebd., S. 159).

Abb. 6: Ilse und Karl Otto Koch mit ihrem Sohn in Buchenwald, vermutlich 1940.

Nach der Schilderung der ersten Schritte von Kochs Laufbahn widmet sich Morgen einer minutiösen Auflistung von Kochs finanziellen Einnahmen und Ausgaben. Wie Morgen zeigt, ergab sich eine durch Rechnungen nicht belegbare Summe von 94000 Reichsmark; hinzu kamen 105000 Reichsmark aus dem Erlös unterschlagener Güter und Dienstleistungen – umgerechnet in heutige Kaufkraft sind das mehr als 5,4 Millionen Euro. Anschließend folgt eine Aufzählung der Mittel und Wege, mit denen Koch diese Reichtümer ansammelte.

Als Erstes wird die Veruntreuung von Wertgegenständen erwähnt, die Juden bei der Einlieferung ins Lager abliefern mussten:

> Nach der Ermordung des Botschaftssekretärs von [sic!] Rath wurden fast alle Juden in Deutschland festgenommen und in die Konzentrationslager überstellt. Die Festnahme setzte schlagartig ein. Die davon betroffenen Juden kamen in der Hauptsache ohne Reisegepäck und

> Nahrungsmittel, dafür aber mit all den Vermögenswerten an, die sie bei sich trugen oder die sie in der Eile noch mitnehmen konnten. Schon bei der Einlieferung begannen die Unregelmäßigkeiten. [...] Nach den strengen Lagervorschriften sind dem Häftling sämtliche Effekten abzunehmen. Die Wertsachen sind in Gegenwart von Zeugen abzugeben und in Behältern aufzubewahren. Der Häftling hat auf einer Kartei über die von ihm abgegebenen Sachen Quittung zu leisten. Diese Regelung wurde nicht beachtet.[13]

Die Wertgegenstände stapelten sich; Listen wurden nicht geführt. Wenn in der Folgezeit Kriegsveteranen und jüdische Ehemänner von deutschen Frauen aus dem Lager entlassen wurden, mussten diese eine Erklärung unterschreiben, dass ihnen keine Wertsachen abgenommen worden waren und sie keine Ansprüche gegen die Lagerleitung hatten. Morgen bemerkt in seinem Bericht lakonisch: »Bei der damaligen politischen Lage [i. e., 1938], ist es verständlich, daß von den entlassenen Juden hiergegen keinerlei Einwendungen erhoben wurden.«[14]

Offensichtlich konnte Morgen in einem Bericht an die SS-Gerichtsbarkeit nicht offen gegen »die politische Lage« protestieren. Doch selbst in seinen Aussagen nach dem Krieg enthielt sich Morgen jeglichen Kommentars über die politische Situation jüdischer Bürger im »Dritten Reich« – den gesellschaftlichen Ausschluss, die zunehmende Entrechtung, die brutale Unterdrückung. Wenn Morgen über Gerechtigkeit sprach, hatte er stets nur die strafrechtliche Form von Gerechtigkeit vor Augen, nicht die politische und soziale Gerechtigkeit. Und deshalb hatte er über die »Judenaktion«, die eine Flut an neuen Häftlingen in die Konzentrationslager brachte, an sich auch nichts zu sagen.

Morgen schreibt in dem Bericht, einer Reihe von Juden sei es gelungen, Wertsachen ins Lager zu schmuggeln. Diese wurden ihnen allerdings bald von anderen Lagerinsassen gestohlen. Es gab zudem das Gerücht, SS-Wachen hielten gezielt nach wohlhabenden Juden

13 KE, S. 20f.
14 Ebd., S. 21.

Ausschau und würden diese erschießen, um sich an ihnen zu bereichern. Geld zog Diebe und Räuber an:

> Viele Juden warfen deshalb Geld und Wertsachen einfach im Lager fort. [...] Die Juden sollen zum Teil so gleichgültig ihren Geldern gegenübergestanden haben, daß sie sich mit 50- und 100-RM-Scheinen [den Hintern] wischten. Dies ist von Augenzeugen bestätigt worden. Auf Grund dieser Vorgänge bildeten sich Spezialisten, die mittels einer Stange oder eines Brettes, durch dessen Ende ein Nagel geschlagen war, aus den Latrinen die Scheine wieder herausfischten, diese wuschen, trockneten, glätteten und bügelten.[15]

Morgen musste wissen, dass die Zustände in den Lagerlatrinen nicht in seine Kompetenz fielen und, mehr noch, dass dies keine Sache war, die nach Augenzeugen verlangte. Der einzige hier relevante kriminelle Aspekt ist die Verletzung von Lagervorschriften.

Morgens Ermittlungsergebnis beschreibt anschließend sämtliche Formen der Ausbeutung und Erpressung aller Häftlinge, also nicht nur der jüdischen: die Bereicherung an den im Lager verkauften Gütern; die für bestimmte Erleichterungen von Häftlingen zu leistenden »Beiträge«; das Zahlen von »Strafen«, um körperlichen Züchtigungen zu entkommen; Schmiergeldzahlungen, um früher entlassen zu werden; das Sammeln des Zahngolds verstorbener Häftlinge, das eigentlich an die Behörden abzuliefern war. Das gesamte Vorgehen stellte nach Morgen »ein skrupellos durchgeführtes System der Häftlingsauspowerung dar«.[16]

Das Lager Buchenwald verfügte außerdem über eine Reihe unterschiedlicher wirtschaftlicher Unternehmen, von denen auch die Administration profitierte. Dazu zählte ein kompliziertes System des Lebensmitteleinkaufs, das unter der Kontrolle eines in der Gunst Kochs stehenden Häftlings namens Meiners stand. Meiners, der wegen wiederholten Diebstahls zu KZ-Haft verurteilt worden war, verwaltete das »Führerheim«, die nur SS-Offizieren und Wachen

15 Ebd., S. 21f.
16 Ebd., S. 33.

offenstehende Kantine. Obwohl er keinerlei Belege für kriminelle Vorgänge im »Führerheim« hatte, beschrieb Morgen diese Einrichtung detailliert:

> Das Führerheim war ein großzügiger Restaurationsbetrieb, in dem es täglich opulente Essen, an Zwischenmahlzeiten Fleischbrühe mit Einlage, gebratene Hähnchen gab. An Getränken waren stets Bohnenkaffee, gute Weine und beste ausländische Markenliköre in größten Mengen vorrätig und gelangten zu mäßigsten Preisen zum Ausschank. [...] Bei Dienstantritt des SS-Standartenf. Pister besaßen die Ehefrauen der SS-Siedlung noch nicht einmal Kochtöpfe. Dies lag daran, weil die mehr als vorkriegsmäßigen üppigen Mahlzeiten zu RM 0, 60-0, 75 (Suppe, Braten, Gemüse, Salat, Nachtisch) geliefert wurden. [...] Zur besonderen Note dieses Führerheims des SS-Standartenführers gehörte es, daß nur aktive Führer dieser Vorzüge teilhaftig wurden. Die Reservisten insbesondere waren auf ihre Truppenverpflegung beschränkt. So war es alltäglicher Anblick im Führerheim, daß ein aktiver Führer zum Beispiel sein Schnitzel in Großformat verzehrte, während der ihm benachbarte Reservist seinen Eintopf löffeln mußte.[17]

Bemerkenswert ist, wie Morgens Ermittlungsergebnis hier von der kriminellen Korruption zur Korruption des Charakters übergeht. In seinem Denken hängen beide Formen der Korruption schließlich eng zusammen.

Besonders auffällig ist diese Vermischung von krimineller und moralischer Korruption in Morgens Beschreibung von Kochs Frau Ilse, der er vorwarf, von unterschlagenen und gestohlenen Gütern profitiert zu haben. Seine Ausführungen beginnen damit, Ilse Koch habe angeblich ihre Mutter schlecht behandelt,[18] um sich dann ihren Liebesabenteuern zuzuwenden.

Morgen schildert in seinem Bericht folgendes Szenario: Zwei von

17 Ebd., S. 28.

18 Einige dieser Anschuldigungen gegen Ilse Koch kommen auch in Morgens Zeugenaussage im Prozess gegen den Prinzen zu Waldeck und Pyrmont zur Sprache: »Es gab auch Berichte, dass Frau Koch ihre eigene Mutter aus dem Haus geworfen hatte und dass die alte Frau auf einem Stein vor dem Haus saß und geweint habe.« (KMW, S. 2902ff., im Original englisch, Übersetzung H. P.-St.)

Kochs Untergebenen, der SS-Offizier Hermann Florstedt und der Lagerarzt Waldemar Hoven, waren nach Morgens Angaben beide in Ilse Koch verliebt und berichteten ihr über die Beziehung ihres Ehemannes mit einer Tänzerin in Weimar.[19] Als Reaktion erhob Ilse Koch dann Anschuldigungen gegen ihren Ehemann – und zwar in Bezug auf Verbrechen, die dieser tatsächlich begangen hatte. Sie drohte, Himmler davon zu berichten. Da ihre Liebhaber Florstedt und Hoven nun fürchteten, ihre Rolle in dieser Angelegenheit könne ruchbar werden und sie würden bei Koch in Ungnade fallen, ließen sie Ilse Koch ein anonymes Schreiben über die Affäre ihres Mannes zukommen. So konnten die beiden die Rolle der Friedensstifter zwischen den Eheleuten Koch übernehmen. Nach der Versöhnung Ilse Kochs mit ihrem Mann verleitete Waldemar Hoven sie dazu, die Loyalität seines Rivalen Florstedt zu prüfen, indem sie ihn bat, mit ihr durchzubrennen – ein Ansinnen, vor dem Florstedt, wie Hoven wusste, zurückschrecken würde. Da nun das Verhältnis zwischen Ilse Koch und Florstedt abkühlte, war der Weg für Hoven frei. Frau Koch hatte, wie Morgen schreibt, nun die jeweils beste Seite zweier Welten: den Status und den Wohlstand der Frau eines SS-Standartenführers und außerdem den »weltmännisch routinierten Lebemann Hoven als Liebhaber«.[20] Morgen berichtete den Amerikanern nach dem Krieg, er habe bei der Durchsuchung von Hovens Wohnung und Büro zwanzig bis dreißig potenzsteigernde Mittel gefunden, und kommentiert dies trocken: »Er hatte auch einen riesigen Frauenverkehr.«[21]

Dieses Melodrama nimmt ganze drei Seiten von Morgens Ermittlungsergebnis in Anspruch. Mit den Verbrechen, wegen der Morgen Ilse Koch anklagte, hatte es unmittelbar gar nichts zu tun; mit ihrem Charakter, der aus Morgens Sicht für ihre Verbrechen verantwortlich war, hingegen sehr wohl.

19 Der Häftling Kurt Dietz [Titz], der im Haushalt der Kochs arbeitete, erinnert sich: »Am Tag kam häufig der ›schöne Waldemar‹ [Hoven] zu ihr, in der Nacht dagegen der Lagerführer Florstedt.« (Hackett 1996, S. 379)

20 KE, S. 45.

21 KMI, 11. Oktober 1946, S. 13.

9. VON KORRUPTION ZU MORD

In der Folge wendet sich Morgens Bericht vom April 1944 den von Karl Otto Koch und Waldemar Hoven begangenen Morden zu. Seine Darstellung des »Mordsystems« unter Koch beginnt mit einer Erörterung der »Rechtslage«.[1] Konzentrationslager wie Buchenwald waren, formal gesehen, Gefangenenlager und keine auf das reine Morden zielenden Vernichtungslager. Die Macht über Leben oder Tod eines Insassen lag in den Händen Himmlers. Für »Ostvölker« – Polen und auch Juden – hatte er diese Autorität an das Reichssicherheitshauptamt delegiert, das zur Zeit von Morgens Ermittlungen in Buchenwald von Ernst Kaltenbrunner geleitet wurde. Kommandanten eines Konzentrationslagers waren nur dann befugt, einen Häftling zu töten, wenn Himmler oder Kaltenbrunner dessen Exekution angeordnet hatten; die Durchführung eines solchen Befehls musste dokumentiert und ans RSHA berichtet werden.

Bei Todesfällen, die keine natürliche Ursache hatten, fand eine obligatorische Autopsie durch den Lagerarzt statt. Das örtliche SS-Gericht hatte dann zu entscheiden, ob eine weitere Untersuchung durchgeführt oder ob der Leichnam zur Einäscherung freigegeben werden sollte. Jeder Todesfall im Lager, ob nun natürlich oder nicht, musste unverzüglich dem Sicherheitsdienst und dem Stab des Reichsführers gemeldet werden. »Daraus ergibt sich«, so schreibt Morgen in seinem Untersuchungsbericht, »daß das Leben der Häftlinge im KL. durch besondere Kontrollmaßnahmen weitgehendst geschützt ist.«[2]

1 KE, S. 46f.
2 Ebd., S. 47; vgl. auch Morgens eidesstattliche Erklärung in Nürnberg, KM5, S. 554.

Der nächste Abschnitt von Morgens Bericht lautet: »Die tatsächliche Lage«.[3] Und darin schildert Morgen eingehend den Terror in Buchenwald. Zunächst erklärt er, dass einige Tötungen »[s]trafrechtlich ohne Bedeutung sind«[4] – mit anderen Worten, erlaubt waren. Diese umfassten Fälle, in denen Ärzte unheilbar kranken Häftlingen den Gnadentod gaben, und auch Fälle, in denen die Ausbreitung einer Epidemie durch das schmerzlose Töten von Personen, die sich angesteckt hatten, verhindert werden sollte. Wir werden noch genauer auf Morgens Haltung zu diesen Praktiken eingehen. Jedenfalls war er der Meinung, diese Todesfälle könnten die hohe Zahl an Sterbefällen im Lager nicht erklären.

Morgen erlangte durch sorgfältigste detektivische Arbeit Gewissheit über die Morde in Buchenwald.[5] Während seiner Untersuchung der Korruptionsverbrechen fiel ihm auf, dass alle infrage kommenden Zeugen tot waren. Die Durchsicht der Personalakten dieser Gefangenen ergab, dass sie kurz vor ihrem Tod entweder im Krankenbau oder im besonderen Arrest gewesen waren. Nach Wochen der genauen Prüfung bemerkte Morgen Ungereimtheiten: Gefangene waren in den Aufzeichnungen des Krankenbaus als eines natürlichen Todes gestorben aufgelistet; doch das Sterbedatum lag, wie ein Vergleich mit den Unterlagen des Arrestbaus belegte, zeitlich vor dem Datum ihrer Entlassung aus dem besonderen Arrest. In seiner Zeugenaussage beim Nürnberger Hauptkriegsverbrecherprozess erläutert Morgen: »Ich sagte mir: Der Häftling kann nicht gleichzeitig im Kommandanturarrest sein und Patient im Krankenbau.«[6]

3 KE, S. 47f.

4 Ebd., S. 47.

5 Vgl. IMT XX, S. 490f.; in deutscher Sprache online verfügbar unter: {http://www.zeno.org/Geschichte/M/Der+Nürnberger+Prozeß/Hauptverhandlungen/Einhundertsiebenundneunzigster+Tag.+Mittwoch,+7.+August+1946/Nachmittagssitzung} (Stand Juli 2016), S. 534f.; vgl. auch KE, S. 51, wo Morgen den Vergleich der Sterbelisten erwähnt.

6 IMT XX, S. 491; in deutscher Sprache online verfügbar unter: {http://www.zeno.org/Geschichte/M/Der+Nürnberger+Prozeß/Hauptverhandlungen/Einhundertsiebenundneunzigster+Tag.+Mittwoch,+7.+August+1946/Nachmittagssitzung} (Stand Juli 2016), S. 535.

Karl Otto Koch hatte ein ausgeklügeltes System zur Beseitigung lästiger Zeugen entwickelt:

> Man hatte die Häftlinge an einem geheimen Ort, nämlich meistens in [...] einer Zelle des Kommandanturarrestes getötet, und es waren für die Akten Krankenberichte und Todesbescheinigungen angefertigt worden. Diese waren derart raffiniert gemacht, daß jeder unbefangene Leser dieser Akten den Eindruck erhalten mußte, daß der betreffende Häftling tatsächlich behandelt worden und an der angegebenen schweren Krankheit verstorben war.[7]

Es gab auch zahlreiche »rechtswidrige Häftlingstötungen« anderer Art.[8] Lagerinsassen wurden in der Krankenabteilung mit Phenolinjektionen getötet.[9] Häftlinge wurden »auf der Flucht erschossen«, was für gewöhnlich bedeutete, dass sie von SS-Wärtern mit vorgehaltener Waffe gezwungen wurden davonzulaufen, woraufhin man sie hinterrücks erschoss.[10] All diese Todesfälle wurden mit erfundenen medizinischen Bescheinigungen verschleiert.

Diese Art der Nachforschung ging an die Grenzen von Morgens Befugnissen, denn Himmlers Auftrag beschränkte sich auf die Verfolgung von Korruptionsverbrechen. Aber das Ausreizen von Grenzen war nun einmal – wie er sich nach dem Krieg oft rühmte – Morgens Weg. Erinnern wir uns an seine Aussage, er habe seine Untersuchungen »auf eigene Kappe« und »auf eigene Faust« durchgeführt.[11] In seinen CIC-Vernehmungen behauptete Morgen sogar, er habe etwas getan, »was selbst das Reichssicherheitshauptamt nicht tun konnte: Ich habe geheime Postzensur ueber den Koch [und]

7 Ebd.

8 KE, S. 47f., S. 52-57.

9 Ein Helfer des Lagerarztes Waldemar Hoven bestätigte später, Hoven habe auf Befehl des Kommandanten Koch Häftlinge getötet (vgl. eidesstattliche Erklärung Ferdinand Römhilds [Roemhild], NO-434, S. 5).

10 »Was die Erschießungen auf der Flucht betrifft, so fand ich bei meinen Untersuchungen heraus, dass zahlreiche Fälle nichts anderes als kaltblütiger Mord waren, und diese wurden den Angeklagten auch als Mord angelastet.« (KMP, S. 6740, Original in englischer Sprache, Übersetzung H. P.-St.)

11 KMI, 30. August 1946, S. 15; KMI, 4. September 1946, S. 8; KMI, 11. Juni 1947, S. 2.

seine Frau ausgeuebt«.[12] Auf die Frage, wie er sich dies erlauben konnte, erwiderte er: »Ich habe es einfach getan. Ich bin zum Chef der UEHA (Postueberwachung) gegangen und habe dem die Anweisung gegeben.«[13]

Wenn es um die Verhaftung von Zeugen ging, war Morgen gleichermaßen bestimmt und autoritär:

> Ich habe nun an die Gerichtsherren Fernschreiben gegeben. Der und der ist sofort zu verhaften und nach Buchenwald abzustellen, damit er in meine Zustaendigkeit kommt. [...] Ich hatte nun schon einen derartigen Ruf, dass die das ohne zu pruefen ausgefuehrt haben. Denn sie sagten sich, da steckt eine grosse Sache dahinter, wenn der Morgen das macht.[14]

Trotz seines gebieterischen Tons wusste Morgen, dass er immer Himmlers Autorität unterstand. Aus diesem Grund hatte er auch seine Beweise über Kochs Korruptheit Himmlers Rechtsberater Bender vorgelegt, um eine für das gesamte Konzentrationslagersystem geltende Untersuchungserlaubnis zu erhalten. Morgen begann jedoch, selbst die Grenzen dieser weitgehenden Autorisierung auszuloten, indem er nun wegen Mordverdachts ermittelte.

In seinem Bericht an die SS-Gerichtsbarkeit schildert Morgen Kochs Verwicklung in Mordfälle detailliert, allerdings verliert sich der Text zunächst in einer Schilderung der »allgemeine[n] Atmosphäre unter der Ära Koch«.[15] Morgen erklärt: »Die Anklage ist der Auffassung, daß der Umfang der vorgekommenen rechtswidrigen Häftlingstötungen durch eine in nichts zu rechtfertigende, unentschuldbare Willkür des SS-Standartenf. Koch verursacht wurde.«[16] Koch selbst gab eine ähnliche Erklärung ab, als er, wie Morgen in seinem Ermittlungsergebnis schreibt, schlussendlich gestand:

12 KMI, 4. September 1946, S. 8.
13 Ebd., S. 8.
14 Ebd., S. 9.
15 KE, S. 48.
16 Ebd., S. 48.

> Eine Erklärung für meine Handlungsweise finde ich nicht. Es sei denn, daß ich von meinen Vorgesetzten verwöhnt wurde. Alles, was ich vorschlug und tat, wurde gutgeheißen. Ich erntete immer nur Lob und Lorbeeren. Kritisch geprüft hat mich niemand. Das stieg mir in den Kopf. Ich wurde damals grössenwahnsinnig.[17]

Morgen erläutert an mehreren Beispielen Kochs unberechenbares, manchmal schlicht groteskes Verhalten. So verweigerte Koch einmal einem Untergebenen die Nutzung des »Führerheims« für die Hochzeitsfeier seiner Tochter – und dies zwei Stunden vor Beginn der Zeremonie. Anderen SS-Leuten sandte er »verhöhnende Scherzbriefe«.[18] Im »Führerheim« pflegte er zu »vorgerückter Stunde« seine Mannschaft mit Teelöffeln zu bewerfen. Schließlich verwendete er zu diesem Zweck »hölzerne Tomahawks«.[19]

Kochs Frau Ilse hingegen versuchte laut Morgen, die sexuell ausgehungerten Gefangenen mit aufreizender Kleidung zu provozieren. Wenn dann ein Gefangener ihr nachschaute, schrieb sie dessen Nummer auf und ließ ihn von ihrem Mann zu Peitschenhieben verurteilen. Sie sei so arrogant gewesen, dass sie den Gruß der Frauen anderer Lageroffiziere nicht erwidert habe.

Plötzlich wendet sich Morgens Bericht wieder ernsthafteren Dingen zu:

> Dieses Gefühl des dünkelhaften Hochmutes, der Maßlosigkeit und brutalen Willkür, von der Koch beherrscht wurde, wirkte sich auch in der traurigsten Weise in der Behandlung der Häftlinge aus. Auf den Lagerstraßen durften diese sich grundsätzlich nur im Laufschritt bewegen. Sie mußten Stunden, oft auch Tage und Nächte lang bei allen Unbilden der Witterung auf dem Appellplatz stehen. Es machte dabei nichts aus, daß viele aus Erschöpfung tod [sic!] zu Boden stürzten, in Massen krank ins Häftlingsrevier getragen wurden. Schläge, Fußtritte, Hetzen der Hunde waren an der Tagesordnung. Bei strengem Frost mußten die Häftlinge gelegentlich ihre Handschuhe ablegen, sodaß zahllose Erfrierungen vorkamen. [...]

17 Ebd., S. 48.
18 Ebd., S. 49.
19 Ebd., S. 49f.

> Eine der größten Folterhallen des KL. war der Steinbruch. Beim Ausrücken der Häftlinge war jedesmal schon bekannt, »wer heute dran sei«. Diese von der Lagerführung bezeichneten Häftlinge mußten die Steine im Laufschritt tragen. Mit Knüppeln wurden sie von den Kapos unentwegt angetrieben. Man schlug ihnen ständig die Mütze vom Kopf und traktierte diesen mit Schlägen. Es ist von Zeugen beobachtet worden, wie Häftlinge blutig geschlagen und dann vor einen glühenden Ofen gestellt wurden, damit das aufgeschlagene Fleisch anschwoll und sich besonders stark entzündete. Es wurde weiter von SS-Angehörigen beobachtet, wie eimerweise Wasser Häftlingen durch einen Trichter in den Mund gegossen wurde und man dann mit den Füßen auf dem Bauch herumtrat. Die so gequälten Häftlinge liefen dann durch die Postenkette und wurden erschossen. Die Erschießungen fanden durchweg zwischen den Posten 59 und 61 statt, der deshalb von den Häftlingen bevorzugt wurde, weil hier freies Schußfeld war und sie so auf einen schnellen Tod hoffen konnten.[20]

Frau Koch verlieh, so Morgen, der Hoffnung Ausdruck, ihr Mann würde im Ausland solch traurige Berühmtheit erlangen, dass es niemand im »Dritten Reich« wagen würde, ihn strafrechtlich zu verfolgen, da dies der Feindpropaganda Auftrieb geben könnte.

All diese Missbrauchsfälle und Fakten wird Morgen nicht zur Grundlage seiner Anklage gegen Koch machen – seine Augen waren auf gravierendere Verbrechen gerichtet. Aber Morgen zeigte ehrliches Mitgefühl für die Opfer, unter denen viele jüdische Gefangene waren. Zusammen mit seiner früheren Darlegung der Misshandlung der Juden bei der Einlieferung ins Lager Buchenwald belegen diese Passagen, dass Morgen gegenüber den Rechten anderer »Rassen« durchaus wahrnehmungsfähig war – weit entfernt von der Haltung in seiner Stellungnahme zum Fall Paul Kleesattel, wo er sich für eine nachsichtige Bestrafung starkmachte, da es ihm nur um die »Reinerhaltung der eigenen Reihen« und nicht um den »Schutz der Rechtsgüter eines feindlichen Volkes« ging.[21] Zu beach-

20 Ebd., S. 50f.
21 KMKB, S. 2.

ten ist, dass diese Äußerungen von Empathie nicht aus einer Zeugenaussage oder Vernehmung nach dem Krieg stammen, sondern aus einem Ermittlungsbericht an die SS-Gerichtsbarkeit aus dem Jahr 1944.

Wie der ehemalige Kommandant Koch Morgen später gestand, wählte er bereits bei deren Ankunft im Lager einige Gefangene aus, die getötet werden sollten. Ansonsten entschied er schon bei der Durchsicht der Unterlagen der Gefangenen, ob diese es »wert« waren, am Leben zu bleiben. Das von Morgen hier verwendete Wort ist »lebenswert«, ein Begriff, der im »Dritten Reich« eine ominöse Bedeutung hatte, da sein Gegenteil »lebensunwert« im Rahmen des 1939 von Hitler angeordneten »Euthanasieprogramms« als Rechtfertigung für die Tötung kranker und behinderter Patienten diente. Leben, die es nicht wert waren, gelebt zu werden – so beurteilte Koch offensichtlich das Leben der Gefangenen. Bisweilen wählte Koch seine Opfer rein nach Laune aus:

> Bezeichnend für die Willkür Kochs ist es, daß er einmal einen Häftling töten ließ, nur weil dieser das Unglück hatte, Koch in nicht weniger als drei verschiedenen Lagern zu begegnen. Nachdem ihm die Tötung gemeldet worden war, äußerte sich Koch befriedigt: »Der Vogel läuft mir nicht mehr nach.«[22]

Im Allgemeinen konzentrierte sich Koch aber auf Schlägertypen und unverbesserliche Kriminelle. Einige von ihnen kamen direkt bei der Einlieferung in Einzelhaft, anderen widerfuhr dieses Schicksal später. Koch schrieb für gewöhnlich einen Namen oder eine Nummer auf ein Stück Papier und gab dieses seinem Untergebenen Martin Sommer, der den Gefangenen in Gewahrsam nahm. Nach einigen Tagen wurde der Gefangene dann getötet. Der Lagerarzt erfand anschließend eine Krankengeschichte, welche die Einlieferung ins Krankenlager und den Tod dokumentierte, so dass alles den Vorschriften entsprechend »legal« korrekt schien. Einige

22 KE, S. 53.

Opfer wurden sogar seziert, um die Feststellung ihrer wahren Todesursache zu verunmöglichen.

Obwohl Morgen in seinem Bericht das ganze Ausmaß von Kochs Mordsystem schildert, beschränkt sich seine Anklage auf drei konkrete Fälle. In einem Prozess erklärt er dazu 1947: »Ich beschränkte mich darauf, gerade so viel an Beweisen gegen Koch und Hoven vorzulegen, so dass ein Todesurteil gegen beide mit Sicherheit gefällt würde.«[23]

Zu den Morden, wegen deren Morgen Koch anklagte, zählten die Erschießungen zweier Gefangener namens Krämer und Peix. Krämer war als ehemaliger sozialdemokratischer Abgeordneter im Reichstag eine in Deutschland bekannte Persönlichkeit.[24] Er galt in Buchenwald als politischer Häftling. Krämer wurde Krankenwärter und machte sich als autodidaktisch angelernter Arzt unentbehrlich. Unter anderem behandelte er einmal den Prinzen zu Waldeck und Pyrmont, als dieser das Lager in seiner Funktion als Höherer SS- und Polizeiführer von Kassel besuchte.[25]

Waldeck befahl, Krämer und dessen Mitarbeiter Peix zu entlassen.[26] Doch noch bevor diese Anordnung befolgt werden konnte, wurde ruchbar, Krämer und Peix seien »auf der Flucht« erschossen worden. Waldeck wusste, dass diese Erklärung falsch war, denn Krämer war gehbehindert und hätte, selbst wenn er gewollt hätte, gar nicht fliehen können. Aus diesem Grund veranlasste Waldeck eine Untersuchung der Geschehnisse.

23 KMW, S. 2848; das Original ist in englischer Sprache, Übersetzung H. P.-St.; vgl. auch die Zeugenaussage des stellvertretenden Chefs des Hauptamts SS-Gericht, Günther Reinecke, beim Prozess gegen die Hauptkriegsverbrecher in Nürnberg; IMT XX, S. 442; online verfügbar unter: {http://www.zeno.org/Geschichte/M/Der+Nürnberger+Prozeß/Hauptverhandlungen/Einhundertsiebenundneunzigster+Tag.+Mittwoch,+7.+August+1946/Vormittagssitzung} (Stand Juli 2016), S. 481; vgl. auch die Zeugenaussage von Werner Paulmann, WPA, S. 550.

24 KE, S. 55. In KMF, S. 5651 erklärt Morgen, Krämer sei SPD-Abgeordneter gewesen. Der Fall wird auch von Werner Paulmann diskutiert (vgl. WPA, S. 547).

25 Morgen sagt nur, dass Waldeck Krämer kannte (vgl. KE, S. 56). Dass Krämer den Erbprinzen zu Waldeck und Pyrmont behandelt hatte, wird von einem Überlebenden des Lagers berichtet (vgl. Hackett 1996, S. 384, Aussage Stefan Heymann).

26 KMF, S. 5651.

Morgen begann gleich nach seiner Ankunft mit seinen Ermittlungen und fand heraus, dass Koch die beiden Häftlinge Krämer und Peix zu einem Arbeitskommando außerhalb des Lagers abkommandiert und dann deren Erschießung befohlen hatte.[27] Diese Aufgabe war dem Hauptscharführer Blank übertragen worden, der unter den Häftlingen berüchtigt dafür war, angeblich fliehende Gefangene zu erschießen.[28] Kochs eigentliches Motiv für diese Taten fand Morgen nie heraus, sein Bericht legt jedoch nahe, dass Krämer und Peix Zeugen von Kochs Veruntreuung von »Stiftungen« waren, die wohlhabende Gefangene an den Häftlingskrankenbau gemacht hatten.[29] Ein Überlebender des Lagers Buchenwald sagte nach dem Krieg etwas anderes aus. Laut seiner Erinnerung sei es bei Krämers belastendem Wissen nicht um Kochs Unterschlagungen gegangen, sondern um eine Syphilis, die sich Koch bei einer Reise nach Norwegen zugezogen hatte.[30]

Morgens Liste der Opfer Kochs umfasst auch eine Gruppe von Juden. Der Kontext ist bedeutsam:

> Bei dem Münchener Attentat [im November 1939] auf den Führer hatte nämlich Koch 18-20 prominente Juden als Sühnemaßnahme aus eigener Entschließung erschießen lassen. Mit den an der Erschießung beteiligten Führern und Unterführern war vorher abgesprochen worden, daß diese Erschießung den örtlichen Behörden gegenüber, insbesondere der Polizei, als durch eine Massenflucht verursacht hingestellt werden sollte. [...] Nachträglich bekamen aber einige Unterführer Bedenken und stellten sich nicht zur Aussage. Wegen dieser neuen Lage mußten dafür andere Unterführer angeben, sie hätten mehrere Flüchtende erschossen und dadurch wurde die Zahl der Erschießungen viel größer, als tatsächlich Leichen vorhanden waren. Wohl auf Grund dieser Vorfälle hat SS-Gruppen[führer] [Theodor] Eicke dem SS-Standarten-

27 KE, S. 55.

28 Hackett 1996, S. 220, anonyme Zeugenaussage. Rudolf Gottschalk, ein vormaliges Mitglied der kommunistischen Untergrundbewegung im Lager, identifiziert gleichfalls Blank als den Mörder (vgl. HGA, Hoven Dokument 2, S. 4 des Originals).

29 KE, S. 56.

30 Hackett 1996, S. 157, Aussage von Franz Eichhorn.

f[ührer] Koch gesagt, man dürfe den Volkszorn wohl in sich tragen, ihn aber nicht zeigen.[31]

Morgen erwähnt diese Ermordung von Juden in seiner Darlegung der »Tötungsdelikte Kochs«,[32] der Vorfall bildet aber keinen formalen Anklagepunkt. Sein wesentliches Argument in diesem Kontext lautet, Koch habe die von ihm behauptete Befugnis zur Tötung von Häftlingen auf seine eigene Initiative hin gar nicht gehabt – auch die nicht, Juden zu töten.

Einen der Beschuldigten, die Morgen in seinem Bericht anklagte, den SS-Aufseher Martin Sommer, bezichtigte er jedoch auch der Tötung eines Juden:

> Der Jude Goldstein hatte sich mehrere Messerstiche in selbstmörderischer Absicht beigebracht und lag hoffnungslos darnieder. Er wurde daraufhin, nachdem er mehrmals um eine Spritze gejammert hatte, die ihn von seinem Leiden erlösen sollte, in der Wasch[küche] des Judenreviers auf einer Bahre abgestellt. Der herbeigeeilte Hauptschar[führer] Sommer stürzte sich über den Verletzten und erwürgte ihn mit eigenen Händen. [...] Sommer bestreitet, ist aber eindeutig überführt, sich im Sinne des § 216 RStGB. der Tötung auf Verlangen schuldig gemacht zu haben.[33]

Mit anderen Worten: Sommer war der Beihilfe zum Selbstmord schuldig, was nach dem deutschen Strafrecht verboten war. Morgen erklärt den relevanten Paragraphen des Strafrechts folgendermaßen:

> Es wird ferner nicht darauf ankommen, welchen Wert der Lebensmüde für die Gemeinschaft darstellt. Wer ausdrücklich und ernstlich das Ver-

31 KE, S. 53f. Nach dem Krieg wurde Johannes Jaenisch wegen seiner Teilnahme an diesen Exekutionen angeklagt (vgl. JJ, Dokument vom 8. September 1952). Morgen gab bei diesem Prozess eine eidesstattliche Erklärung (datiert mit 22. September 1952) ab, in welcher er behauptet, diese Tötungen vollständig untersucht zu haben. Morgen nennt allerdings irrtümlich den 11. November 1938 als Zeitpunkt dieser Verbrechen – ein verständlicher Irrtum, fand am 8. und 9. November 1938 doch die sogenannte »Reichskristallnacht« statt.

32 KE, S. 52f.

33 Ebd., S. 60.

> langen stellt, getötet zu werden ohne aber den Mut aufzubringen, dies allein auszuführen, wird in der Regel nicht als wertvolles und nützliches Glied der Gemeinschaft anzusehen sein. Das durch § 216 geschützte Rechtsgut ist die Achtung vor der Unantastbarkeit des fremden Menschenlebens an sich. Der Gesetzgeber erlaubt es nicht, daß jemand ohne staatlichen Auftrag einen anderen Menschen tötet, gleichgültig welche Gründe hierfür maßgeblich sein könnten.[34]

Morgen weist hier explizit eines der Prinzipien der nationalsozialistischen Ideologie zurück – dass nämlich das Leben einer Person nach ihrem Wert für die Volksgemeinschaft beurteilt werden soll. Morgen argumentiert, nach diesem Grundsatz würde Goldsteins Leben an Wert verlieren, da er Selbstmord verüben wollte. Laut der herrschenden Ideologie hätte Goldsteins Leben aber schon deswegen an Wert verloren, weil er Jude war. Indem Morgen es explizit ablehnt, das menschliche Leben nach seinem gesellschaftlichen Beitrag zu bewerten, lehnt er damit implizit zugleich eine Bewertung anhand rassischer Kriterien ab.

34 Ebd., S. 61f.

10. KOMPLIZEN DES VERBRECHENS

Die Erinnerungen überlebender Gefangener belegen, dass Kochs Untergebener Martin Sommer nicht nur ein Mörder, sondern ein Sadist war.[1] Abgesehen von Tötungen durch Schläge, Injektionen oder Erwürgen erfand er brutale Foltermethoden: unter anderem das »Hängen vom Baum«, bei dem das Opfer mit hinter dem Rücken zusammengebundenen Armen hochgezogen wurde, bis die Füße nicht mehr den Boden berührten. Die Gefangenen kugelten sich die Schultern aus und verblieben oft für Stunden, manchmal sogar für Tage in dieser Position.[2] Sommer wurde der »Henker von Buchenwald« genannt.[3] Morgen zitiert einen der Gefangenen mit den Worten: »Sollte es eine Hölle nach dem Tode geben als Vergeltung, so kann diese nicht schlimmer sein als der Zellenbau unter Sommer.«[4]

Sommer behauptete, Kommandant Koch hätte sich auf spezielle Befugnisse berufen, die ihm von Himmler für die geheime Exekution gewisser Häftlinge übertragen worden seien. In seinem Untersuchungsbericht an die SS-Gerichtsbarkeit schreibt Morgen: »Hieran will er [Sommer] geglaubt haben und diese Befehle [Kochs] gutgläubig und ohne als Soldat nach den Gründen zu fragen durchgeführt haben.«[5]

Morgen sieht diese Behauptung Sommers durch die geheimniskrämerische Weise untergraben, in der er die Exekutionen durchführte – oft geschahen diese mittels Giftinjektionen in der Nacht.[6]

1 Hackett 1996, S. 239f., Aussagen von Kurt Leeser und Fritz Männchen.

2 Ebd., S. 187f., Aussage von Willy Apel, S. 236, Aussage von Kurt Leeser.

3 Ebd., S. 61, Bericht über das Lager.

4 KE, S. 59.

5 Ebd., S. 58.

6 In einer Aussage nach dem Krieg scheint Morgen die Meinung zu vertreten, Martin Sommer sei tatsächlich auf Kochs Berufung auf höhere Befehle hereingefallen. Siehe hierzu auch Morgens Aussage in KMW: »[Koch] las Sommer einen Brief des Reichsfuehrer[s]

Allerdings behaupteten laut Morgen auch eine Reihe der an diesen Exekutionen beteiligten Ärzte, sie hätten sich in dem Glauben gewähnt, zu diesen Tötungen befugt zu sein. Daher könnten, so Morgen in seinem Bericht, »an die Kritikfähigkeit des sehr primitiv und stur gearteten SS-Hauptscharf. Sommer keine anderen Maßstäbe angelegt werden«.[7] Morgen sieht einen weiteren mildernden Umstand gegeben:

> Zugunsten des Sommer ist auch nicht zu verkennen, daß ihn erst die jahrelange Tätigkeit im Zellenbau und bei den barbarischen Züchtigungen und Geständniserpressungen der Häftlinge (nach Angaben des Sommer gelegentlich bis über 2000 Schläge pro Tag) zu einem Unmenschen gemacht hat. Nach der Auffassung des Untersuchungsführers [d. h. Morgens] ist bei allen Vorbehalten gegenüber der Persönlichkeit des Sommer doch anzunehmen, daß er sich außerhalb des KL-Betriebes aus freien Stücken nicht mehr in dieser Weise betätigt.[8]

Der Lagerarzt Waldemar Hoven war ein komplizierterer Fall. Nach der Aussage eines Häftlings, der als Wärter im Krankenbau gearbeitet hatte, tötete Hoven wöchentlich neunzig bis hundert Gefangene mit einer Injektion.[9] Hoven wurde in Nürnberg im Rahmen des Ärzteprozesses (*United States vs. Karl Brandt et al.*) angeklagt. Er wurde wegen Kriegsverbrechen und Verbrechen gegen die Menschlichkeit zum Tode verurteilt und 1948 gehängt. Die erste Mordanklage gegen Hoven wurde jedoch bereits während des Krieges von Morgen erhoben.[10]

SS vor, in welchem der Reichsfuehrer den SS Lagerkommandanten Koch autorisierte, im Arrestbunker Exekutionen und Sonderbehandlungen aus politischen Gründen durchzuführen. Einen solchen Brief gab es überhaupt nicht, und Koch hatte vor diesem primitiven Sommer nur ein Schauspiel aufgeführt.« (KMW, S. 2811; Original in englischer Sprache, Übersetzung H. P.-St.)

7 KE, S. 59.

8 Ebd., S. 59f.

9 Hackett 1996, S. 266, Aussage Artur Gadzinski; vgl. auch NO-434, eidesstattliche Erklärung des sozialistischen Häftlings Ferdinand Römhild, Hovens früherem Arztschreiber im Häftlingskrankenbau.

10 Nach der Aussage eines überlebenden Gefangenen wurden Ende 1944 keine tödlichen Injektionen mehr verabreicht: »[I]nfolge des Prozesses Hoven, der unter Mordanklage stand, wobei das Abspritzen von Häftlingen Gegenstand der Verhandlung war, [waren] von der

Hoven war ein schillernder Charakter.[11] Zu Beginn der zwanziger Jahre ging er nach Amerika und schaffte es bis nach Hollywood, wo er als Filmkomparse für 500 Dollar in der Woche arbeitete. In den frühen dreißiger Jahren hielt er sich in Paris auf, wo er (ein Umstand, den Morgen in seinem Bericht erwähnenswert findet) eine Affäre mit einer Amerikanerin hatte, die ihm ein goldenes Zigarettenetui im Wert von 25 000 Reichsmark schenkte. Hoven kehrte dann nach Freiburg zurück, wo seine Eltern ein Privatsanatorium besaßen. Nach dem Tod seines Bruders, der medizinischer Direktor des Sanatoriums gewesen war, begann Hoven, an der Universität Freiburg Medizin zu studieren, obwohl (auch dies findet Morgen der Erwähnung wert) es ihn schon zwei Anläufe kostete, um sein Vorphysikum zu bestehen.

Hoven war alles andere als ein kompetenter Arzt. Laut Morgens Ermittlungsergebnis fiel das »Urteil der ihm vorgesetzten Ärzte über sein fachliches Können und Wissen [...] vernichtend« aus.[12] Hoven war deshalb darauf angewiesen, sich die Gunst seiner Vorgesetzten zu sichern, insbesondere des Lagerkommandanten Koch. Wie Morgen bemerkt: »Bei seinen weltmännischen Umgangsformen, seiner weichen anpassungsfähigen Art und seiner grundsatzlosen Haltung machte ihm dies nicht die geringsten Schwierigkeiten.«[13]

Hoven gelang es, die ärztliche Versorgung in Buchenwald zu verbessern, indem er den fähigsten Ärzten und Krankenwärtern unter den Gefangenen freie Hand gab. Offenbar schrieben die Häftlinge auch einen Großteil seiner Dissertation.[14] Morgen stellt fest, dieses Arrangement habe Hoven zu sehr viel Freizeit verholfen, die er ge-

SS keine Abspritzungen mehr vorgenommen worden. Da der Gang der Verhandlung für Hoven einen günstigen Ausgang nahm und eine Verurteilung nicht erfolgte, begann die SS im Januar 1945 wieder mit Abspritzen der Häftlinge im Block 61.« (Hackett 1996, S. 359, Aussage von Otto Kipp)

11 KE, S. 66.

12 Ebd., S. 67.

13 Ebd.

14 Dies wird auch in Morgens Ermittlungsbericht erwähnt; vgl. Hackett 1996, S. 248, Aussage von Otto Kipp, wo die Häftlinge Gustav Wegerer und Kurt Sitte als die Autoren von Hovens Doktorarbeit genannt werden.

Abb. 7: Waldemar Hoven zur Zeit des Nürnberger Ärzteprozesses 1946/47.

nutzt habe, um sich an den »dunklen Affären« des Lagers zu beteiligen. Gegenüber dem CIC beschreibt Morgen seine ersten Eindrücke von Hoven folgendermaßen:

> Er fiel mir nur auf im guten Sinne, indem er sich sehr freundschaftlich zu mir stellte, mich zu sich einlud und da hab ich ihn dann mal in Anspruch genommen wegen koerperlicher Beschwerden. Ich war damals ueberarbeitet und nervoes. Und da war er von einer bestrickenden Liebenswuerdigkeit und Hilfsbereitschaft, wie ich das sonst bei einem Menschen noch nicht erlebt habe. Er setzte alles in Bewegung, liess grosse Mengen Traubenzucker fuer mich kommen. Ein Artikel, der damals schon sehr schwer zu beschaffen war, usw. Das hat mich zunaechst im Innern etwas stutzig gemacht und ich fragte mich: »Will der etwas von Dir?« Aber zunaechst war nur erkenntlich, dass er sich gut mit mir stellen wollte, oder dass er vielleicht ein sehr tuechtiger und hilfsbereiter Arzt und Mensch war. Und dann fiel mir so eine gewisse Verfilzung bei dem Fuehrerkorps auf. Eine enge Kameradschaft untereinander. Man hatte das Gefuehl, dass die alle unter einer Decke stecken. Ich hatte von mir aus das Bestreben mich zu orientieren und sagte, er moege mir doch mal seinen Krankenbau und seinen Operationssaal zeigen. Das hat er sofort gemacht und ich muss sagen, das war alles mustergueltig in Ordnung. Dabei fuehrte er mich auch in die Kueche und reichte mir eine Erfrischung und zwar ein Glas Milch und Weissbrot und da

stellte er ein Pfund Butter daneben. Das ist fuer deutsche Kriegsverhaeltnisse etwas ausserordentliches gewesen. Da hatte ich so das unangenehme Gefuehl: Der Kerl will dich irgendwie bestechen. Und so zog ich mich dann etwas zurueck von ihm und beobachtete umso schaerfer. Umso mehr verdoppelte er seine Anstrengungen und eines Abends kam er an und ploetzlich, ganz unmotiviert, erzaehlte er mir da, er legte Leute um mit Phenol. [...]

Ich hab ihn zunaechst sprachlos angeguckt und traute meinen Ohren nicht und hielt mich zunaechst also ganz neutral und da sagte er mir, wie der das macht. Durch Injektionen, die Leute sind vollkommen ahnungslos, ohne grosse Schmerzen.

Nun fragte ich mich natuerlich innerlich: »Warum erzaehlt er dir das?« Ausgerechnet mir. Kein Verbrecher ist doch so dumm, dass er sich selbst dem Richter preisgibt. Ich sagte deshalb also zunaechst nichts dazu und ueberlegte mir sehr genau, was die Motive gewesen sein koennten. Einmal koennte er mir einen Baeren aufgebunden haben, in der Annahme, ich wuerde einen grossen Wirbel machen und dann stellte sich heraus, dass gar nichts dahinter war. Oder aber, dass die Sache amtlich befohlen war und deshalb man an ihn nicht ran konnte. Ich sah total unklar. Da ich schon ein gewisses Misstrauen hatte, war ich geneigt anzunehmen, dass irgendwie eine gefaehrliche Nebenabsicht dahinterstecken koennte. Nur konnte ich noch nicht ergruenden, was fuer eine. Dass das Konzentrationslager ein gefaehrliches Pflaster war fuer Richter, hatte ich inzwischen ja schon gemerkt.[15]

Einige Tage später kam der Prinz von Waldeck nach Buchenwald, wo Morgen ihn über seinen Verdacht informierte, möglicherweise würden Gefangene mit Injektionen getötet. Als die beiden Hoven dazu befragten, verneinte er, etwas darüber zu wissen. Morgen erinnert sich nach dem Krieg: »Ich guckte den HOVEN gross an. Der Kerl wurde nicht einmal rot, obwohl er ein paar Tage vorher mir bruehwarm davon erzaehlt hatte.«[16]

Unter Hovens Opfern befand sich, wie Morgen in seinem Untersuchungsbericht schreibt, auch ein weißrussischer General na-

15 KMI, 11. Oktober 1946, S. 8f.
16 Ebd., S. 10.

Abb. 8: Konrad Morgen, 1943.

mens Kuschnir-Kuschnareff, dessen Fall ein interessantes Licht auf die interne Politik im Lager wirft.[17] Als Weißrusse hasste Kuschnir-Kuschnareff die Bolschewiken, Morgen beschreibt ihn gar als »Kommunistenfresser«. Aus diesem Grund diente er als Kochs Agent, der die kommunistische Fraktion der Häftlinge, die sogenannten »Politischen«, beobachten und ausspionieren sollte.

Doch ebendiese Dienste wurden Kuschnir-Kuschnareff zum Verhängnis. Denn Hoven stellte Kuschnir-Kuschnareff im Lagerkrankenbau unter Quarantäne, tötete ihn und ließ seinen Körper in einem Sack ins Krematorium überstellen. Als er dazu von Morgen verhört wurde, behauptete Hoven zunächst, er habe Kuschnir-Kuschnareff auf Befehl Kochs getötet, weil dieser zu viel über die Massenerschießungen »russischer Kommissare« im Lager gewusst habe. Hovens Aussage wurde von SS-Sturmbannführer Florstedt bestätigt, der als Zeuge angab, gehört zu haben, wie Koch mit Bezug auf Kuschnir-Kuschnareff bemerkte: »Der Vogel muß weg.«[18]

17 KE, S. 70ff.
18 Ebd., S. 71.

Morgen nahm Hoven diese Geschichte nicht ab. Er argumentierte in seinem Ermittlungsbericht, Kuschnir-Kuschnareff sei für Koch ein viel zu wertvoller Spion gewesen; zudem habe sich Koch darauf verlassen können, dass Kuschnir-Kuschnareff nichts über die Erschießung russischer Kommissare preisgeben würde, da er ja Antikommunist gewesen sei und daher wohl keine Einwände gegen diese Maßnahmen gehabt hätte. Selbst wenn Koch die Tötung Kuschnir-Kuschnareffs gewollt hätte, hätte er dies nach Morgen so arrangieren können, dass dieser nicht unbedingt im Krankenbau unter Quarantäne gestellt und dann in einem Sack ins Krematorium befördert worden wäre. Morgen schließt deshalb, dass Hoven allein und aus anderen Motiven gehandelt haben musste.

Nach Morgens Ansicht war der weißrussische General Kuschnir-Kuschnareff dem Lagerarzt Hoven, der seinerseits als Verbündeter der »Politischen« galt, »ein Dorn im Auge«.[19] Hovens rechte Hand im Krankenbau war schließlich einer der Führer der Politischen, nämlich der bereits erwähnte frühere sozialistische Abgeordnete Krämer, und Hovens Inkompetenz als Arzt machte ihn völlig abhängig von Gefangenen wie Krämer, die im Wesentlichen dafür sorgten, dass das Lager von Epidemien verschont blieb.[20]

Als Hoven nach dem Krieg angeklagt wurde, versuchte er, seine Tötungen – zumindest jene, die er zugab – damit zu rechtfertigen, dass die Opfer »Verräter« gewesen seien, deren Verrat, wäre er erfolgreich gewesen, noch viel mehr Todesopfer zur Folge gehabt hätte.[21] Die Feinde der Politischen waren nach Hovens Schutzbehauptung deswegen Verräter, weil die Politischen den im Untergrund operierenden Widerstand im Lager organisierten und sich als die Vertretung der Interessen aller Häftlinge verstanden. Als Feind der Politischen war Kuschnir-Kuschnareff somit in Hovens Augen selbst ein Verräter. Hoven vermutete, Kuschnir-Kuschnareff habe auch eine Rolle bei der Tötung von Krämer und Peix gespielt. Das ist der ei-

19 Ebd., S. 70.
20 Ebd., S. 67.
21 NO-429, S. 5f.; WHI, Vernehmung vom 22. Oktober 1946, S. 20ff., S. 26ff.

gentliche Grund, weshalb Kuschnir-Kuschnareff schließlich auf Morgens Liste von Hovens Opfern genannt wurde.

Der komplexeste Fall in Morgens Bericht über Hoven ist die Tötung der Häftlinge Freudemann und May.[22] Ein genauerer Blick lohnt sich, da hier Morgens Haltung zu einem berüchtigten Teilaspekt des Lagerterrors deutlich wird – dem Missbrauch Gefangener für medizinische Experimente.

Morgen schildert die Vorkommnisse folgendermaßen: Freudemann und May gehörten einem externen Häftlingskommando an, das unter der Leitung des Hauptscharführers Blank zum Arbeitseinsatz in Quedlinburg versetzt war.[23] In der Nähe des Einsatzortes befand sich eine Hühneraufzucht. Als immer mehr Hühner verschwanden, informierte der Besitzer des Betriebs die Kriminalpolizei. Im Zuge ihrer Nachforschungen entdeckte die Kriminalpolizei Freudemanns Motorrad vor dem Wohnhaus einer »Frauensperson«. In einer Befragung gab diese zu, Freudemann sei oft über Nacht bei ihr gewesen und habe ihr Hühner als Geschenk mitgebracht. Das Arbeitskommando wurde dann allerdings nach Buchenwald zurückbeordert, bevor die Untersuchungen gegen Freudemann abgeschlossen werden konnten.

Hauptscharführer Blank fürchtete, die Ermittlungen gegen Freudemann würden schließlich auch zu ihm führen. Inzwischen war nämlich bekannt geworden, dass er seinen bevorzugt behandelten Gefangenen in Quedlinburg Ausgang gewährt und diese eingeladen hatte, mit ihm an Trinkgelagen und Orgien teilzunehmen. Mit anderen Worten: Blank hatte erheblichen Grund, sich vor einer polizeilichen Aussage Freudemanns und Mays zu fürchten. Aus diesem Grund versuchte er, Hoven dazu zu bringen, die beiden Häftlinge zu beseitigen. Hoven verlegte Freudemann und May dann auch tatsächlich in Block 46, den Isolationsblock für Typhuspatienten, in dem auch medizinische Experimente durchgeführt wurden.[24]

22 KE, S. 73-79. Morgen beschreibt den Fall Freudemann und May auch in KMW, S. 2758ff.

23 In Quedlinburg (heute Sachsen-Anhalt) gab es während des Krieges drei Außenstellen von Konzentrationslagern.

24 Vgl. Hackett 1996, S. 266f., Aussagen von Jan Schalker und Jan A. van Leeuwarden.

An diesem Punkt seines Berichts schweift Morgen ab und ergeht sich in einer Betrachtung über die Methodologie medizinischer Experimente:

> Diese Versuche haben den Zweck der Erprobung neuer Impfstoffe. Sie werden in der Form durchgeführt, daß nach einer gewissen Beobachtungszeit die Häftlinge mit dem zu erprobenden Impfstoff eine Schutzimpfung erhalten. Dann werden sie mit dem wirklichen Fleckfiebererreger angesteckt und die Wirksamkeit der Schutzimpfung beobachtet. Die gefährliche Bakterienkultur, sogenannte Stämme, sind zu verschiedenen Zeiten von verschiedener Wirksamkeit, sogenannte Virulenz. Um Anhaltspunkte für die jeweils vorliegende Virulenz zu erhalten, läuft neben den beschriebenen Versuchen noch eine sogen. Kontrollversuchsreihe. Eine Gruppe von Häftlingen erhält die Schutzimpfung nicht und wird mit den anderen Häftlingen sofort mit dem Krankheitserreger angesteckt. Nach der Erkrankung werden die Fleckfieberkranken auf das sorgsamste gepflegt. Sie erhalten alle in einem Heereslazarett in Anwendung zu bringenden Medikamente, insbesondere Herzmittel, Pflege und auch besondere Nahrung. Die Versuche über die Wirksamkeit der gefundenen Schutzmittel sind nämlich nur dann beweiskräftig, wenn die Behandlung sich in ähnlicher Weise abspielt, wie es auch in einem Heeres- bzw. SS-Lazarett der Fall ist. Da das in Buchenwald bestehende Institut für Fleckfieber- und Virusforschung, Leiter SS-Sturmbann[führer] Dr. med. Ding [Ding-Schuler], selbst neue Impfstoffe herstellt bzw. die Ausarbeitung solcher maßgebend beeinflußt, besteht ein verständliches, schon rein fachliches Interesse daran, die Todesquote der Versuchsreihen möglichst niedrig zu halten, denn von dieser hängt die Anerkennung des praktischen Wertes des Serums ab.[25]

In einer eidesstattlichen Erklärung, die er als Zeuge im sogenannten Ärzteprozess nach dem Krieg unterzeichnete, ergeht sich Morgen über das Mitleid, das Dr. Ding-Schuler gegenüber seinen Testpersonen zeigte:

> Dr. Ding [Ding-Schuler], – ungeachtet seiner Überzeugung, dass die Experimente wichtig und notwendig waren und seiner üblichen zy-

25 KE, S. 74f.

nisch-sarkastischen Art, – drückte immer wieder eine tiefe, menschliche Anteilnahme für die damit verbundenen menschlichen Opfer aus.

Sogar jetzt noch kann ich Dr. Ding [Ding-Schuler] sehen, wie er vor mir sitzt, und mit offensichtlich echter Sorge von dem hohen Prozentsatz an Todesfällen spricht, die besonders in der Kontrollgruppe seiner Serie an Experimenten auftraten.[26]

In seiner Vernehmung vor dem CIC verteidigt Morgen diese Experimente als Standardverfahren der medizinischen Forschung:

> Das ist ja nichts besonderes. Das macht die Wissenschaft schon seit Jahrhunderten. [Der das Verhör führende Offizier fragt: »An lebenden Versuchsobjekten?«] Ja selbstverständlich. Denn wie will man denn ein neues Arzneimittel, einen neuen Impfstoff ausprobieren, wenn nicht an lebenden Menschen? Man probierte natuerlich an allerlei Tieren zuerst, aber schliesslich muss es dann doch auch an Menschen erprobt werden. [...] Sie duerfen auch da nicht von der vorgefassten Meinung ausgehen, dass diese Versuche ausgedacht und gemacht worden sind, um Menschen zu quaelen und schliesslich zu toeten. Sondern die Leute, die das machten, das waren Fachkraefte, die bestrebt waren, zum Wohl der Menschen Seuchen zu erforschen. Und alle diese Versuche waren ja im Interesse der Menschheit und letzten Endes auch im Interesse der Haeftlinge selbst.[27]

Wenngleich Morgen solche Experimente als wertvoll betrachtete, war er doch angesichts der Tatsache alarmiert, dass sie in Buchenwald zu einem Instrument in Konflikten zwischen unterschiedlichen Häftlingsgruppen geworden waren:

> In den Kämpfen zwischen den sogenannten »Grünen« und »Roten«, zwischen den kriminellen und den politischen Häftlingen, ergab sich der starke Verdacht, dass beide Seiten häufig intervenierten und erreichten, dass verhasste Gegner auf eine Liste von für Typhus-Experimente

26 KMR, eidesstattliche Erklärung, datiert 23. Mai 1947, HLSL Item Nr. 794 (= Joachim Mrugowsky Dokument Nr. 114), S. 50 (Übersetzung des englischsprachigen Originals H. P.-St.).

27 KMI, 11. Oktober 1946, S. 17; die Verfahren für die Auswahl der Versuchspersonen in dem Experiment beschreibt Morgen auch in KMW (S. 2761ff.)

ausgewählten Personen gesetzt wurden, um diese unter dem Deckmantel der Experimente zu vernichten.[28]

Morgen sorgte für »formale Korrektheit«, indem er sicherstellte, dass die Selektion der Teilnehmer durch das Kriminalpolizeiamt erfolgte, das für die Experimente nur die Schwerverbrecher im Lager heranzog. Morgens »formale Verbesserungsmaßnahmen« verhinderten also nicht, dass der Selektionsprozess als Mittel zur Eliminierung bestimmter Opfer diente; seine formalen Korrekturen zielten nur darauf, die Versuchspersonen so zu wählen, dass der mit diesen Experimenten verbundene Schaden jene traf, die dies in Morgens Augen auch verdienten.

So gesehen, folgte Dr. Hoven einer üblichen und auch Morgen bekannten Praxis, als er Freudemann und May für ein Typhus-Experiment heranzog. Doch Hovens Plan scheiterte. Freudemann wurde zwar mit einem Krankheitserreger infiziert, allerdings stellte sich heraus, dass dieser nicht aktiv war, weshalb er nicht erkrankte. In der Zwischenzeit war gegen Blank eine Untersuchung wegen Verletzung seiner Dienstpflichten eingeleitet worden, und Freudemanns Zeugenaussage wurde in diesem Zusammenhang als notwendig erachtet. Als Lagerkommandant Pister über die Sachlage informiert wurde, ordnete er an, Freudemann solle nicht an dem Typhus-Experiment teilnehmen. Doch Hoven log und teilte Pister mit, Freudemann könne nicht aussagen, da er bereits schwer, ja möglicherweise tödlich erkrankt sei. Anschließend verlegte Hoven Freudemann und May von Block 46 in den Lagerkrankenbau, wo er beide mit Phenolinjektionen tötete. Als Blank von den Morden erfuhr, belohnte er Hoven mit einer Flasche Schnaps.

Schließlich fand Morgen einen Zeugen, der bereit war, gegen Hoven auszusagen. Hauptscharführer Koehler, den Morgen im Sommer 1943 in Lublin hatte verhaften und nach Buchenwald überstellen lassen, lieferte belastende Indizien gegen Hoven.[29] Morgen wandte

28 KMR, eidesstattliche Erklärung, datiert 26. Februar 1947, HLSL Item Nr. 736 (= Dokument Joachim Mrugowsky Nr. 23), S. 161 (Übersetzung des englischsprachigen Originals H. P.-St.).

29 KMI, 11. Oktober 1946, S. 10ff. Dieser Vorfall wird auch in KMR beschrieben, vgl. die ei-

sich daraufhin an das SS-Gericht Kassel, um einen Haftbefehl gegen Hoven zu erwirken. Während Morgen gerade im Büro des leitenden SS-Richters Werner Paulmann saß, läutete das Telefon: Aus Buchenwald wurde berichtet, Koehler habe einen Selbstmordversuch unternommen. Kurz darauf kam ein zweiter Anruf mit der Berichtigung, Koehler sei vergiftet worden. Morgen kontaktierte die Universitäten Jena und Leipzig und forderte telefonisch Spezialisten an, um Koehlers Leben zu retten. Dann eilte er an Koehlers Krankenbett in Weimar. Der Hauptscharführer lag laut Morgen bereits »wie ein Schatten da«. Auf Morgens Frage »Haben Sie Selbstmordversuch gemacht?« konnte Koehler nur noch flüstern: »Nein, liegt mir vollkommen fern.«[30]

Unglücklicherweise litt Koehler an einem völligen Gedächtnisschwund; er hatte keinerlei Erinnerung an das, was sich zwischen Freitagmittag und Samstagabend ereignet hatte. Er konnte sich nur daran erinnern, dass er beim Erwachen gefesselt auf einer Bahre lag. Morgen versuchte vergeblich, noch etwas von Koehler zu erfahren. Nachdem Koehler gestorben war, rief Morgen die Gestapo und ließ Hoven verhaften.

Wie Eugen Kogon berichtet, war Morgen anschließend Mitglied einer Kommission, die ein potenziell tödliches Experiment durchführte, um herauszufinden, mit welchem Gift Koehler umgebracht worden war:

> Da man das spezifische Mittel, das angewandt worden war, nicht feststellen konnte, machte SS-Sturmbannführer *Dr. Morgen*, Untersuchungsführer in dieser Sache und gleichfalls Mitglied des SS-Gerichtes, im Beisein der Lagerführer »einen kleinen Versuch« in Block 46: er ließ verschiedene Mittel der Alkaloid-Reihe vier ahnungslosen russischen Kriegsgefangenen in einer Nudelsuppe verabreichen. Als die Leute daran nicht starben, wurden sie anschließend im Krematorium erwürgt.[31]

desstattliche Erklärung Konrad Morgens vom 26. Februar 1947, HLSL Item Nr. 741 (= Dokument Joachim Mrugowsky Nr. 29), S. 177-181.

30 KMI, 11. Oktober 1946, S. 12. Der Verdacht, dass Koehler getötet wurde, wird auch von Morgens Untersuchungsassistenten Bernhard Wehner in einer Zeugenaussage vom 12. Juni 1950 bestätigt; vgl. JJ, Exzerpte von Wehners Aussage, 12. Juni 1950.

31 Kogon 1991 [1946], S. 371.

Kogon bezeugte dieses Experiment in seiner Aussage im Nürnberger Ärzteprozess. Morgen reichte bei dem Prozess eine eidesstattliche Erklärung ein, in der er Kogons Zeugenaussage entschieden bestritt. Die Versuchspersonen in diesem Experiment waren laut Morgens Version keine russischen Kriegsgefangenen, sondern Russen, die sich als Freiwillige den deutschen Streitkräften angeschlossen und dann schwere Verbrechen begangen hatten. Diese Gefangenen waren laut Morgen bereits zum Tode verurteilt worden und warteten im Arrestbunker auf ihre bevorstehende Exekution.[32] Morgen gibt zudem an: »Der Zweck des Experiments war nicht, den Versuchspersonen zu schaden und diese zu verletzen, sondern zu zeigen, dass diese Kombination von Substanzen *nicht* in schädlichen Folgen oder Verletzungen resultierte.«[33] Kogon zog die belastendsten Aspekte seiner Anschuldigung im August 1950 in einer Aussage vor einem Gericht in Bad Homburg zurück.[34]

32 KMR, eidesstattliche Erklärung Konrad Morgens vom 26. Februar 1947, HLSL Item Nr. 741 (= Dokument Joachim Mrugowsky Nr. 29), S. 180; vgl. auch eidesstattliche Erklärung, datiert 23. Mai 1947, HLSL Item Nr. 794 (= Dokument Joachim Mrugowsky Nr. 114), S. 55.

33 KMR, eidesstattliche Erklärung Konrad Morgens vom 23. Mai 1947, HLSL Item Nr. 794 (= Dokument Joachim Mrugowsky Nr. 114), S. 55 (Übersetzung des englischen Originals H. P.-St.). Das Experiment sollte die (nach Morgen ohnehin als unwahrscheinlich eingestufte) Hypothese eines der beigezogenen Ärzte ausschließen, dass eine bestimmte Kombination von Medikamenten (ein Barbiturat in Kombination mit Pervitin) den Tod Koehlers verursacht haben könnte.

34 Die Spruchkammer in Ludwigsburg, die zum zweiten Mal über Morgens Entnazifizierung zu befinden hatte, nachdem der erste, 1948 gefällte Spruch, Morgen sei als »Entlaster« zu betrachten, aufgehoben worden war, ersuchte das Gericht in Bad Homburg, Kogon vorzuladen. Kogon hatte zuvor mehrere Schreiben der Spruchkammer Ludwigsburg mit dem Ersuchen, seine Anschuldigungen gegen Morgen zu präzisieren, nicht beantwortet (vgl. SKV EL 905/4, Bü 1933). Die Spruchkammer in Ludwigsburg erachtete Kogons Anschuldigungen klar als mögliches Hindernis in Morgens Entnazifizierung. In seiner Aussage in Bad Homburg vom 22. August 1950 gibt Kogon an, er habe von Morgens Präsenz bei diesem Experiment lediglich von Dr. Ding-Schuler gehört. Und Kogon fügt an, die Mitglieder der SS-Gerichtsbarkeit hätten aufgrund der Lagerordnung keine Autorität gehabt, ein solches Experiment oder gar die Exekution von Kriegsgefangenen anzuordnen. Kogon meint aber, die Anregung zur Durchführung des Experiments könne sehr wohl vom SS-Gericht ausgegangen sein. Er gibt zudem an, er könne nicht mit Sicherheit sagen, ob die Gefangenen, die an dem Experiment teilnahmen, mit den Gefangenen identisch seien, die dann im Krematorium erwürgt wurden.
Kogon ist hingegen sicher, dass es zwischen Dr. Ding-Schuler und Konrad Morgen ernsthafte Spannungen gab. Der Grund war, das Morgen begonnen hatte, auch Ding-Schuler

Dennoch wirft die Angelegenheit ein alles andere als gutes Licht auf Konrad Morgen. Morgen hatte zweifellos größtes Interesse an der Durchführung des Experiments. In der eidesstattlichen Erklärung vom 23. Mai 1947 argumentiert Morgen, das Reichssicherheitshauptamt, konkret der Chef der Gestapo, Müller, habe das Experiment an fünf Personen angeordnet, und er, Morgen, sei nur auf Bitte von Dr. Ding-Schuler als Zeuge anwesend gewesen.[35] In seiner eidesstattlichen Erklärung vom 26. Februar 1947 gibt Morgen jedoch an, mit Dr. Ding-Schuler einen dem eigentlichen Experiment vorangehenden Versuch an drei zum Tode verurteilten russischen Gefangenen vereinbart zu haben, in dem aber lediglich die Wirkung als nicht tödlich eingestufter Substanzen auf den Organismus getestet werden sollte.[36] Selbst wenn die Verabreichung der Substanzen keine letalen Folgen hatte (aufgrund der sich widersprechenden Expertenmeinungen war der Tod der Häftlinge nicht gänzlich auszuschließen), so zeigt der Vorfall deutlich, dass Morgen die Instrumentalisierung von Gefangenen für Experimente ohne weitere Bedenken akzeptierte.[37] Der Fall belegt zudem, in welch akute Gefahr Morgens Zeugen gerieten.

Hoven gab gegenüber Morgen zu, Freudemann und May getötet

zu vernehmen – vermutlich im Zuge seiner Untersuchungen gegen Hoven. Laut Kogon sagte Dr. Ding-Schuler: »Jetzt wird der Morgen frech, der wagt sich sogar an mich heran.« (SKV EL/905/4, Bü 1933, Aussage Eugen Kogons vor dem Amtsgericht Bad Homburg, 22. August 1950, S. 5)

35 KMR, eidesstattliche Erklärung Konrad Morgens vom 23. Mai 1947, HLSL Item Nr. 794 (= Dokument Joachim Mrugowsky Nr. 114), S. 56. Morgen fügt an, es sei ihm nicht möglich gewesen, in Bezug auf das Experiment zu intervenieren, da er sich selbst in einer exponierten und nicht ungefährlichen Lage befand – schließlich ging es um die Frage der Vergiftung eines Zeugen durch einen der Lagerärzte.

36 KMR, eidesstattliche Erklärung Konrad Morgens vom 26. Feburar 1947, HLSL Item Nr. 741 (= Dokument Joachim Mrugowsky Nr. 29), S. 180.

37 So bemerkt Morgen: »Sie [die Gefangenen] wurden unterrichtet, dass diese Experimente weder gefährlich noch schmerzhaft seien und dass ihre Teilnahme zumindest ihre Exekution aufschieben würde. Daraufhin nahmen alle freiwillig teil.« (KMR, eidesstattliche Erklärung Konrad Morgens vom 26. Februar 1947, HLSL Item Nr. 741 [= Dokument Joachim Mrugowsky Nr. 29], S. 180) Der Versuch verlief für die drei Häftlinge nicht tödlich, aber auch nicht ohne Auswirkungen: Ein Gefangener schlief über zwanzig Stunden lang, ein anderer zeigte vorübergehend ähnliche Symptome wie Koehler. Nach drei Tagen hatten sich die Gefangenen erholt, allerdings wurde dann offensichtlich die unabhängig vom Experiment vorgesehene Todesstrafe vollstreckt.

zu haben. Allerdings brachte er eine lange und komplizierte Entschuldigung vor. Er behauptete, er habe Freudemann in dem Glauben, dieser sei ein gefährlicher Verbrecher, auf die Liste der Versuchspersonen gesetzt – ohne zu wissen, dass dieser in den Untersuchungsfall Blank involviert war. Erst später habe er von den unglaublichen Vorgängen in Quedlinburg erfahren. Hoven begründete sein Vorgehen auch mit dem Argument, die Offenlegung der Vorfälle in Quedlinburg hätte einen im vierten Kriegsjahr in Deutschland nicht akzeptablen Skandal provoziert. Hoven fügte an, er habe sich verpflichtet gefühlt, einen solchen öffentlichen Skandal zu vermeiden, und das einzige Mittel habe darin bestanden, Freudemann und May zu töten.

In seinem Ermittlungsbericht an die SS-Gerichtsbarkeit schreibt Morgen, die objektiven Fakten reichten für eine Verurteilung Hovens aus – unabhängig davon, ob dessen Darlegungen und Begründungen nun wahr oder falsch seien. An diesem Punkt des Berichts verfällt Morgen in einen Ton höchster Aufgebrachtheit und Empörung:

> Um es zu wiederholen: Dr. Hoven hielt sich für berechtigt und verpflichtet, im Interesse der Staatssicherheit die Kenntnis staatspolitisch bedeutsamer Vorgänge den berufenen Dienststellen vorzuenthalten. Zu diesem Zweck handelte er einem ausdrücklich gegebenen Befehl seines Kommandanten zuwider und tötete Zeugen unter Schonung des Haupttäters Blank. Diese Handlung ist eine militärische Unbotmäßigkeit schwerster Form, ein Angriff gegen die militärische Zucht und Ordnung und die gebotene Unterordnung. Sie ist weiter ein Angriff gegen die politische Führung des Reiches durch Gefährdung des staatsnotwendigen Nachrichtendienstes in Gestalt des Reichssicherheitshauptamtes. Sie ist endlich ein Anschlag gegen die Strafrechtspflege, die [sic!] Aufklärung u. Verfolgung einer bedeutsamen Straftat unmöglich machen.
>
> Das Verbrechen wider das Leben spielt dabei objektiv und auch subjektiv in der Vorstellung des Täters die geringste Rolle. Dieser dreiteilige Angriff gegen militärische Organisation, Sicherheitspolizei und Rechtspflege ist Auflehnung des Täters gegen staatliche Institutionen und Organe, die lebenswichtig für den Bestand der organisierten Volksgemeinschaft sind.[38]

38 KE, S. 80.

Morgen fährt fort:

> Kein Staat kann es jemals einem Angehörigen gestatten, sich unberufen zum Herrn über Leben und Tod zu machen und aus eigener angemaßter Machtvollkommenheit und selbständige[r] Entschließung zu bestimmen, was aus Gründen vermeintlicher Staatsraison getan und unterlassen werden muß. Erstrecht nicht kann das der nationalsozialistische Führerstaat und am allerwenigsten diese[r] in Bezug auf eine untergeordnete Militärperson. Die in irgendwelcher Form gewährte Anerkennung eines solchen Tätermotivs müßte zur Selbstaufgabe führen.[39]

Morgen endet damit, dass Hoven bestraft werden müsse, allerdings nicht wegen der Tötung kranker Patienten, sondern weil er den Staat untergraben habe.

Morgen berief sich selten auf die NS-Ideologie. Wendungen wie »der nationalsozialistische Führerstaat« tauchen in den erhalten gebliebenen Aussagen, Berichten und Unterlagen beinahe nie auf. Zwei weitere Fälle solcher ideologiekonformer Formulierungen sind Passagen in seinem Buch *Kriegspropaganda und Kriegsverhütung* und seinem Artikel »Der Korruptionsverbrecher«, die beide für eine breitere Leserschaft geschrieben wurden und die deshalb, unabhängig von Morgens tatsächlicher Einstellung, diese »Ehrenbezeugungen« gegenüber dem nationalsozialistischen Staat verlangten.[40]

In seiner Zeugenaussage beim Auschwitzprozess in Frankfurt gab Morgen an, er habe Einmischungen von oben gekontert, indem er seine Vorgesetzten darauf hinwies, ihre Autorität werde untergraben.[41] Morgens Berufung auf Hitlers Autorität, die in dem Ausdruck »Führerstaat« zum Ausdruck kommt, findet sich auf der vorletzten Seite seines Berichts über Hovens Verbrechen und gleicht einem Schlusswort. Möglicherweise war auch diese Passage auf die Meinungen, Empfindlichkeiten und Ängste seiner Vorgesetzten zugeschnitten.

39 Ebd., S. 81.
40 KMB, S. 107f.; KMK, S. 117.
41 KMF, S. 5585.

Morgens Ermittlungsergebnis endet mit einer fünfseitigen Bewertung von Hovens Persönlichkeit und deren Rolle bei seinen Verbrechen. Er zitiert einen anderen Untersuchungsbeamten mit den Worten: »Der Ermittlungsbeamte Kriminalrat Dr. Wehner stellt bei Dr. Hoven die Frage: Dumm oder verbrecherisch. Er entscheidet sich für ersteres.«[42] Morgen ist jedoch anderer Meinung. Er glaubt, Hoven habe bewusst mentale Beschränktheit vorgetäuscht, um seine Verantwortung zu schmälern. Selbst angesichts der niedrigeren Standards der akademischen Ausbildung während des Krieges verlangten ein Abschluss in Medizin und die Ausübung des Arztberufs, so Morgen, ein Mindestmaß an Intelligenz. Hovens Taten könnten deshalb nicht aus Gründen mentaler Inkompetenz entschuldigt werden. Und so klagte Morgen zusammen mit Martin Sommer sowie Karl Otto und Ilse Koch auch Waldemar Hoven an.

Morgens Anklageschrift vom 17. August 1944 verdeutlicht seine zweifache beruflich-normative Bindung: an Gesetz und Recht auf der einen und an SS-typische Werte wie Aufrichtigkeit, Ehrlichkeit und Anständigkeit auf der anderen Seite. Zum einen klagte er die Kochs, Sommer und Hoven auf der Grundlage der entsprechenden Paragraphen des deutschen Strafgesetzbuches (von 1871) wegen Mord an. Zum anderen verurteilte er Koch wegen militärischen Ungehorsams nach § 92 MStGB, der, wie erwähnt, in der SS sehr weit ausgelegt wurde. Morgen untermauerte diesen Anklagepunkt mit der Aussage, Koch habe »den Dienstbetrieb der betreffenden Konzentrationslager [Buchenwald und Lublin] in einer sowohl befehlswidrigen wie auch mit allen Sittengesetzen unvereinbaren Weise« geführt.[43] Morgen benutzte also § 92 MStGB, um SS-Standards ins Recht zu übertragen. Doch für Morgen waren, das zeigt das obige Zitat, die Standards, nach denen er die SS beurteilte, nicht die rassisch-ideologischen Prinzipien Himmlers, sondern allgemeine moralische Maßstäbe.

42 KE, S. 82. WHI, Vernehmung vom 23. Oktober 1946, S. 7.

43 KA, S. 1.

II. »LEGALE« TÖTUNGEN

Morgen war in Himmlers Auftrag als Spezialist für Korruptionsverbrechen nach Buchenwald gekommen, um die in der SS grassierenden Betrügereien und die persönlichen Bereicherungen der SS-Offiziere in den Konzentrationslagern zu bekämpfen. Morgens Ermittlungen gegen den früheren Kommandanten von Buchenwald, Karl Otto Koch, wurden wiederholt dadurch erschwert, dass sich kaum noch lebende Zeugen finden ließen. Gefangene, die über die Verbrechen des Kommandanten hätten aussagen können, waren tot. Die weiteren Nachforschungen ergaben, dass diese Zeugen ermordet worden waren. Und so fand sich Morgen nun plötzlich in einer Mordermittlung wieder. Als er mit der genauen Untersuchung der Beseitigung von Zeugen begann, führten die Spuren zu weiteren Morden, die aus unterschiedlichen Gründen mit unterschiedlichen Methoden begangen worden waren.

Bei der Verfolgung dieser Spuren stieß Morgen auf ein Tötungsverfahren, welches von Hitler autorisiert war. Über dieses Prozedere wurde Morgen im Frühjahr 1944 vom Reichsarzt der SS, Ernst-Robert Grawitz, informiert, der Morgen über den Chef des Hauptamts SS- und Polizeigericht, Franz Breithaupt, nahegelegt hatte, ihn zu kontaktieren. Was die von Waldemar Hoven begangenen Tötungen betraf, erklärte Grawitz, so Morgen nach dem Krieg, aufgrund eines Befehles von Hitler gelte es »zu unterscheiden [...] zwischen den ›legalen‹ Toetungen – legal im Sinne des NS-Systems – und den kriminellen Morden«:

> Und er [Grawitz] glaubte nun, der HOVEN haette Toetungen vorgenommen, innerhalb seiner »Zustaendigkeit«, wenn man so sagen kann, also Euthanasie oder Exekutionen. Und bei dieser Gelegenheit sagte er mir, dass hier ein Befehl HITLERS (Himmlers?) ueber Judenvernich-

tung vorlaege und dass er [Grawitz] die Vorschlaege im Auftrag und auf Wunsch des Reichsführers [Himmler] unterbreitet habe.

Ich [Morgen] habe nun andererseits klargestellt, dass ich HOVEN nicht wegen dieser Toetungen, die er, GRAWITZ, angeordnet habe, verhaftet habe, sondern wegen solcher, die er ohne Befehl und Berechtigung vorgenommen habe. Und in dieser Hinsicht hab ich ihm nun die Auswirkungen gezeigt, die diese Massentoetungen haben und zwar: die Seuche der Korruption, Verrohung der Menschen, und drittens, dass das jeglicher Kontrolle vollkommen entglitten sei.[1]

Es ist unklar, ob sich Morgens Verwendung des Begriffs »Massentötungen« auf die Vernichtung der Juden bezieht oder auf Hovens unautorisierte hundertfache Mordtaten: Beide waren Gegenstand seiner Unterredung mit Grawitz. Wie wir noch sehen werden, wusste Morgen zu diesem Zeitpunkt schon über die von Grawitz als »legal« bezeichnete »Endlösung« Bescheid.[2] Und Morgen hatte bereits entschieden, dass die Verfolgung »illegaler Tötungen«, wie eben im Fall Hoven, sein einziges Mittel war, etwas gegen dieses Programm zu tun.

Bevor wir uns ausführlicher mit Morgens Reaktion auf die »Endlösung« beschäftigen, müssen wir uns aber seiner Haltung zu jenen anderen, von Grawitz gleichfalls als »legal« eingestuften Tötungen zuwenden. Wie beurteilte Morgen deren vermeintliche Legalität?

Die erste von Grawitz erwähnte Kategorie »legaler« Tötungen bezog sich auf das »Euthanasieprogramm«, das zu diesem Zeitpunkt in Deutschland schon beinahe fünf Jahre lang durchgeführt worden war. Am 1. September 1939 hatte Hitler in einem geheimen Brief seinen Leibarzt Karl Brandt und den Leiter der Kanzlei des »Führers«, Philipp Bouhler, beauftragt, Ärzte zu bestimmen, um unheilbar kranken Patienten den »Gnadentod« zu gewähren.[3] Was

1 KMI, 11. Oktober 1946, S. 15f. Morgen hat sich möglicherweise hier korrigiert oder nicht klar genug artikuliert, denn in der Transkription dieser Vernehmung ist in der vorangehenden Wendung »dass dieser Befehl vorliegt von HITLER« nach »Hitler« in Klammern »(Himmler?)« eingefügt.

2 Morgen datiert die Unterredung mit Grawitz auf das Frühjahr 1944.

3 Hitlers Brief (»Gnadentoderlass«) vom 1. September 1939 ist im Archiv mit Dokumenten

sich nun entwickelte, war ein System des Tötens von nicht nur unheilbar kranken und sterbenden Menschen, sondern auch von Menschen, die an chronischen Krankheiten oder mentalen oder physischen Behinderungen litten. Das Leben dieser Opfer galt als »lebensunwert«. Sie wurden in Gaskammern getötet.

Dieselbe Methode wurde später vom selben Personal in den Vernichtungszentren in Polen genutzt. Zwar stellte Hitler das »Euthanasieprogramm« 1941 offiziell ein, da es zu öffentlicher Unruhe geführt hatte; in den Konzentrationslagern wurden die entsprechenden Tötungen jedoch fortgesetzt.

In einem Interview, das er 1971 dem Journalisten John Toland gab, meint Morgen, junge Ärzte und Juristen, so auch er, hätten der medizinisch indizierten Euthanasie im Falle todkranker Menschen zunächst positiv gegenübergestanden.[4] Es sei, so Morgen, eine Praxis, die seit Tausenden von Jahren angewandt werde und deren Anfänge bei den Griechen lägen. Er spricht in diesem Zusammenhang auch einfühlsam von seinem Vater, der auf seinem Sterbebett wie »ein Tier gelitten habe« und dem jede Form der Sterbehilfe verweigert worden sei. Morgen behauptet fälschlicherweise, Hitlers Anordnung habe eine strenge Kontrolle der gewährten »Gnadentode« verlangt. Dennoch führten ihn, so betont Morgen, seine Untersuchungen zu dem Ergebnis, dass Euthanasie nicht praktiziert werden sollte, da es hier sehr leicht zu Missbrauch kommen könne: »Und dann gibt es keine Grenzen.«[5]

In einer CIC-Vernehmung kommt es zwischen dem Fragesteller und Morgen zu einer langen Debatte über die Legalität des »Eutha-

zum Nationalsozialismus online verfügbar unter: {http://www.ns-archiv.de/medizin/euthanasie/faksimile/} (Stand September 2016).

4 KMT, Track 5, 6. Material aus diesem Interview findet sich auch in Toland 1977, S. 942f., S. 947 und S. 953ff. Tolands Behauptung (S. 954), Morgen habe »die von Wirth [Christian Wirth war Inspekteur der Vernichtungslager] errichteten Lager Maidanek, Treblinka, Sobibor und Belzec« inspiziert, ist nicht richtig. Morgen hatte Zugang zum Lager Maidanek (Majdanek), aber nicht zu den Vernichtungslagern Treblinka, Sobibor und Belzec. Das einzige Lager, in dem er die Einrichtungen der Massenvernichtung sah, war Auschwitz-Birkenau.

5 Ebd.

nasieprogramms«.[6] Morgen behauptet, Hitlers Brief an Brandt und Bouhler vom 1. September 1939, der den Beginn der von den Nationalsozialisten praktizierten Euthanasietötungen markierte, entspreche klar einem »Führerbefehl« und habe damit im »Dritten Reich« Gesetzeskraft gehabt:

> Recht im nationalsozialistischen Staate war mehrerlei; war einmal wie bisher, wie frueher, der Inbegriff der geltenden Rechtsnormen einschliesslich Gewohnheitsrecht, dann aber auch neu der Fuehrerbefehl. Der Fuehrer im nationalsozialistischen Staate vereinigte alle Macht in seiner Person. Er war nicht nur Staatsoberhaupt, sondern auch oberster Gesetzgeber und oberster Richter.[7]

Ungeachtet der traditionell notwendigen Veröffentlichung von Gesetzen tangiert der Umstand, dass der »Euthanasiebefehl« geheim und zunächst lediglich zwei oder drei Personen bekannt war, Morgens Ansicht nach nicht dessen normativen Status als Gesetz. Er argumentiert, Hitlers Macht als oberster Gesetzgeber habe sich nicht nur auf das Erlassen von Gesetzen erstreckt, sondern zusätzlich auf die Festlegung der Kriterien der Rechtsgültigkeit und somit die Befugnis, das Erfordernis der Veröffentlichung aufzuheben oder in bestimmten Fällen für nichtig zu erklären.

Als der vernehmende Offizier erklärt, Hitlers »Euthanasiebefehl« sei einer Revision des Tötungsverbots im bestehenden Strafrecht gleichgekommen, erwidert Morgen, der Befehl habe lediglich eine Ausnahme zum entsprechenden Paragraphen eingeführt, ohne das Strafrecht zu verändern. Auf die Frage, ob der Begriff »Euthanasie« die Vernichtung »lebensunwerten Lebens« bedeute, antwortet Morgen, »Euthanasie« sei kein rechtlicher, sondern ein medizinischer Begriff. Mit dieser Eingrenzung versucht Morgen zu erläutern, die Zulässigkeit von Euthanasie bedeute nur, den Tod eines bereits sterbenden Menschen zu beschleunigen. Morgen fügt aber noch an, Hitlers Befehl habe nicht nur Euthanasie in diesem medizinischen Sinn autorisiert, sondern auch das Töten unheilbar Kranker,

6 KMI, 19. September 1946, S. 5ff.
7 Ebd., S. 7f.

wenn »eine Wiederherstellung der Gesundheit nach menschlichem Ermessen ausgeschlossen« sei.[8] Er insistiert, Hitlers Befehl habe nun einmal so gelautet – und damit kommt die Diskussion an ihr Ende.

Das sogenannte erste »Euthanasieprogramm« berührte Morgens Arbeit kaum; relevanter für ihn war das Schattenprogramm, das in den Konzentrationslagern trotz der offiziellen Einstellung fortgesetzt wurde. Dieses unter dem Decknamen »14f13« geführte Programm wurde von Hitler mit dem Ziel initiiert, für den Arbeitseinsatz ungeeignete Gefangene zu eliminieren. Anfang Frühjahr 1941 begannen Ärzteteams, die Konzentrationslager zu besuchen, um in oberflächlichen medizinischen Untersuchungen Opfer zu selektieren; im Fall von Juden gab es nicht einmal flüchtige medizinische Untersuchungen.[9]

Im Herbst 1941 kam ein Team von »14f13«-Ärzten nach Buchenwald und selektierte mehrere hundert jüdische Häftlinge. Hoven assistierte bei der Selektion und war dann für den Transport dieser Opfer in die psychiatrische Anstalt Bernburg, eine NS-Tötungseinrichtung, verantwortlich. Dort wurden diese jüdischen Häftlinge in ursprünglich für die Umsetzung des »Euthanasieprogramms« gebauten Gaskammern ermordet.[10] In dem gegen ihn nach dem Krieg angestrengten Prozess verneinte Hoven, an dem Bernburg-Transport beteiligt gewesen zu sein.[11] In Wirklichkeit, so behauptet er, habe er Hunderte Juden gerettet, indem er diese in verschiedenen Baracken versteckt oder in andere Lager verschickt habe.[12] Morgen sieht die Sache anders:

8 KMI, 19. September 1946, S. 13.

9 Vgl. Friedlander 1997.

10 NO-434, S. 3f.; vgl. auch Hackett 1996, S. 266f., Aussagen Jan Schalker und Jan A. van Leeuwarden, S. 199, Aussage Emil Carlebach, S. 249, Aussage Otto Kipp, S. 279f. In einem Schreiben vom 2. Februar 1942 übermittelt Hoven der Anstalt Bernburg eine Liste von »im K. L. Buchenwald einsitzenden nichtarbeitsfähigen und kranken Juden zur weiteren Veranlassung« – Letzteres ist ein Euphemismus, der für »Vergasung« steht. Das Schreiben ist abgedruckt ebd. (S. 280) und in Kopie in Stein 1999, S. 127.

11 NO-429, S. 4f.; WHI, 22. Oktober 1946, S. 16f., S. 31f. Hoven behauptet, seine Rolle habe nur darin bestanden, nach den erfolgten Tötungen die falschen Bestätigungen der Todesursache zu unterschreiben.

12 WHI, 22. Oktober 1946, S. 17; 23. Oktober 1946, S. 8.

> Ich hoerte auch mal, dass er [Hoven] an einer Euthanasie Aktion dabei gewesen sein soll, und zwar dass er da irgendwelche Unregelmaessigkeiten begangen haette. Was ich darueber erfahren konnte, war folgendes: Es ist eine Kommission, ich glaube von drei Aerzten erschienen in dem Konzentrationslager, und dass Hoven die Akten vorbereitete fuer diese Kommission, das heisst also Leute, die auf Vorschlag euthanasiert werden sollen. Dann hat die Kommission entschieden, nachdem die Haeftlinge vorgestellt worden sind und die Akten zur Einsicht uebergeben wurden, welche Haeftlinge getoetet werden sollten. Nachher hat Dr. Hoven verschiedene Leute herausgenommen und dafuer dann welche eingesetzt, die die Kommission gar nicht gesehen haben, also andere Haeftlinge auf die Liste gesetzt.[13]

Morgen zögert nicht, in diesem Kontext den Begriff »Euthanasie« zu verwenden – und dies trotz des Umstands, dass solche Selektionen zum einen darauf zielten, schwache und für den Arbeitseinsatz ungeeignete Häftlinge zu eliminieren, und zum anderen, jüdische Häftlinge einzig aus dem Grunde zu beseitigen, weil diese Juden waren. Morgen betrachtet die »Aktion 14f13« für sich genommen nicht als irregulär; die Unregelmäßigkeit bestand seiner Ansicht nach darin, dass Hoven die von der Kommission selektierten Gefangenen durch andere ersetzt hatte.

Die zweite Kategorie »legaler« Tötungen, die Grawitz in seinem Gespräch mit Morgen erwähnte, bezog sich auf Exekutionen. In Buchenwald wurden ungefähr 8000 sowjetische Kriegsgefangene hingerichtet. Ein ungenützter Pferdestall wurde in eine vorgetäuschte medizinische Einrichtung umfunktioniert, in der sich russische Gefangene zur angeblichen Messung ihrer Körpergröße an der Wand aufstellen mussten, um dann durch einen Spalt in der Meßlatte von hinten erschossen zu werden.[14] Der Pferdestall befand sich in einiger Entfernung vom Hauptbereich des Lagers, und die ihm zugeordnete Telefonnummer 99 wurde der Name des Exekutionskommandos (»Kommando 99«).[15]

13 KMI, 6. Dezember 1946, S. 17.

14 Stein & Gedenkstätte Buchenwald 2014, S. 121-124.

15 Ebd., S. 123.

Bei dem von den Amerikanern nach dem Krieg angestrengten Buchenwaldprozess wird Morgen zur Legalität dieser Exekutionen befragt:

F. Dr. Morgen, wenn ein Zeuge in diesem Gerichtssaal bestätigen würde, dass es einen Befehl vom Reichssicherheitshauptamt gab, der diese Exekutionen anordnet, würden Sie dann diese Exekutionen als legal ansehen?
A. [...] Wenn [...] wie behauptet, diese Exekutionen Personen betrafen, die Kriegsverbrecher waren oder Kriminelle, die internationales Recht verletzt hatten, oder es sich um Vergeltungsmaßnahmen handelte, die in der Form nach internationalem Recht erlaubt waren, dann wäre ich geneigt, diese Exekutionen als legal zu bezeichnen.
F. Sie sprachen von »Vergeltungsmaßnahmen«? Waren Sie selbst im Kampfeinsatz in Russland?
A. Ja.
F. Sind Sie der Meinung oder haben Sie Grund zu glauben, dass es für die Reichsführung Grund gab zu solchen Vergeltungsmaßnahmen?
A. Ich weiß aus persönlicher Erfahrung, dass von Beginn an der Krieg von Seiten des sowjetischen Regimes mit großer Härte und maximaler Brutalität geführt wurde. Schon während der ersten Tage. Als Offiziere und Kuriere, die Augenzeugen gewesen waren, von der Front zurückkamen, erhielt ich Bericht über die Bedingungen in Limburg. Die Verhältnisse im GPU [Gefängnis der Sowjetischen Staatssicherheit] waren einfach schrecklich. Es gab eine ziemlich große Gruppe von SS-Angehörigen, die dort im Schlachthaus auf Fleischerhaken aufgehängt und so getötet wurden. [...] Die Fakten über diesen in Verletzung des internationalen Rechts geführten Krieg wurden dem deutschen Volk aus Propagandagründen häufig nicht mitgeteilt, um nicht die im Osten kämpfenden Soldaten und deren Angehörige moralisch zu belasten, aber ich bin sicher, dass jeder deutsche Soldat, der jemals an der Ostfront gekämpft hat, aus eigener Beobachtung von diesen Schrecken wissen muss. Ich selbst konnte Soldaten sehen, die auf brutalste Weise abgeschlachtet worden waren. Dies war allgemeines Wissen in der Truppe und besonders auch in der SS, und es war auch bekannt, dass Versuche gemacht wurden, jene Leute zu finden, die diese Verbrechen begangen hatten, die unter den politischen Kommissaren in den verschiedenen Gefangenenlagern waren, um sie zur Rechenschaft zu zie-

hen. Ich kann mir deshalb sehr wohl vorstellen, dass die Mitglieder solch eines Exekutionskommandos überzeugt sein konnten, dass sie das Richtige taten, wenn ihnen gesagt wurde, dass sie eine Exekution von Häftlingen ausführten, die sich schwerer Kriegsverbrechen schuldig gemacht hatten.[16]

Morgen erklärt, solche Tötungen seien legal gewesen, sofern sie auf Kriegsverbrecher zielten oder wenn es sich um »in der Form nach internationalem Recht« erlaubte Vergeltung gehandelt habe. Aber selbstredend erlaubt das internationale Recht keine solchen Vergeltungsmaßnahmen, und die russischen Kriegsgefangenen in Buchenwald waren nicht wegen Kriegsverbrechen verurteilt worden. Als ob er die Schwäche seiner Berufung auf internationales Recht erkannt hätte, konstruiert Morgen ein auf die subjektive mentale Verfassung der Exekutoren zielendes Argument. Und in seiner Antwort auf eine direkte Frage zu Vergeltungsmaßnahmen befürwortet Morgen diese implizit, da sie eben eine Reaktion auf begangene Grausamkeiten dargestellt hätten. Morgen erklärt in seiner Aussage, Vergeltungsmaßnahmen könnten mit einem guten Charakter vereinbar sein; und in diesem Fall seien sie gemäß der willensbasierten Konzeption des Strafrechts, die er hier übernimmt, legal.

Im Zuge desselben Verfahrens beschreibt Morgen, wie er einer öffentlichen Exekution in Buchenwald unter Pisters Kommando beiwohnte.[17] Nachdem er Befürchtungen geäußert hatte, Pister würde mit verbrecherischen und brutalen Hinrichtungen im Stile Kochs fortfahren, wurde Morgen eingeladen, an einer Exekution teilzunehmen und deren Legalität zu prüfen. Die Verurteilten, so sagt Morgen aus, waren Arbeiter aus dem Osten, die schwere Verbrechen begangen hatten und deshalb von Heinrich Müller, dem Chef der Gestapo, zum Tode verurteilt worden waren.

Der Staatsanwalt fragt Morgen, ob solche Todesurteile legal gewesen seien. Morgen erwidert, diese Urteile seien durch das »Strafgesetz für Juden und Polen« gedeckt gewesen. Dieses Gesetz, das

16 KMW, S. 2793ff.; Aussage im Original englisch, Übersetzung H. P.-St.
17 KMW, S. 2777ff.

im Dezember 1941 erlassen wurde, ermöglichte das Verhängen der Todesstrafe für geringfügige, von Juden und Polen in den Ostgebieten begangene Gesetzesverstöße.[18] Morgen verwechselt dann diese Rechtsverordnung mit einer anderen rechtlichen Regelung, die Anklagen und Verfahren gegen Juden, Roma, Sinti, Polen und Russen aus der staatlichen Gerichtsbarkeit herauslöste und der Gestapo übertrug. Morgen erklärt, die Umsiedlung von Arbeitern aus dem Osten in das Generalgouvernement habe einen steilen Anstieg an schweren Verbrechen verursacht, die dann mit der Todesstrafe geahndet worden seien. Die auftretenden Fälle hätten die Kapazität der Gerichte überschritten, sagt Morgen, und die einschlägige Jurisdiktion sei deshalb dem Chef der Gestapo übertragen worden.

Doch anders als Morgen aussagt, kam diese Übertragung gerichtlicher Autorität auf die Gestapo nicht durch das »Strafrecht für Juden und Polen« zustande, sondern durch eine persönliche Vereinbarung zwischen Himmler und dem Justizminister Otto Georg Thierack im September 1942. Thierack rechtfertigte diese Übertragung in Fällen von Angeklagten »nicht erwünschter« Rassen folgendermaßen: »Ich gehe hierbei [bei der Befreiung des deutschen Volkskörpers von Polen, Russen, Juden und Zigeunern] davon aus, dass die Justiz nur in kleinem Umfange dazu beitragen kann, Angehörige dieses Volkstums auszurotten.«[19] Wenn Morgen also bezeugt, die Exekutionen in Buchenwald seien gemäß einer öffentlichen Verordnung legal gewesen, so hatte er nur zur Hälfte recht.[20] Zwar waren diese Urteile von einer Verordnung gedeckt, das gesamte Verfahren beruhte jedoch auf einer von rassistischer Menschenverachtung motivierten privaten Übereinkunft zwischen Himmler und Thierack.

Pisters Anwalt ergreift dann die Gelegenheit und versucht festzu-

18 Der Text dieses Gesetzes ist online verfügbar unter: {https://de.wikisource.org/wiki/Polenstrafrechtsverordnung} (Stand August 2016).

19 PHB, S. 237, Brief von Reichsjustizminister Thierack an Reichsleiter Bormann vom 13. Oktober 1942.

20 In einer seiner CIC-Vernehmungen macht Morgen denselben Fehler (vgl. KMI, 12. Oktober 1946, S. 7, 10). Es scheint sich also um ein generelles Missverständnis auf Morgens Seite zu handeln.

halten, dass die von Morgen beobachteten Exekutionen in beiden Bedeutungen (deutsches Recht und spezielle gesetzliche Regelungen für Juden und Polen) legal gewesen seien. Der Austausch endet folgendermaßen:

> F. Wie kam dann schließlich der Exekutionsbefehl nach Buchenwald?
> A. Durch ein Schreiben.
> F. War nach Ihrer Meinung solch ein geschriebener Exekutionsbefehl, der auf deutschem Recht basierte, legal?
> A. Technisch, ja.
> F. Was meinen Sie damit – technisch, ja?
> A. Dass die Sache technisch richtig war, bedeutet, dass sie nicht wirklich richtig sein muss. [...]. In der gleichen Weise, in der ein Gericht einen Fehler bei einem Urteil machen kann, kann die Polizei einen Fehler bei ihrer Entscheidung machen, aber Urteile, die auf einem Fehler beruhen, sind immer noch rechtliche Urteile und unabhängig davon, ob die Urteile immer noch richtig oder nicht richtig waren, so waren sie immer noch rechtliche Urteile.[21]

Morgen versucht im Folgenden, diese Aussage zu präzisieren. »Nichts liegt mir ferner als dieses Gesetz [die Übertragung der Gerichtsbarkeit auf die Gestapo] zu verteidigen«, erklärt er. »Alles, was ich in meiner Zeugenaussage sagen wollte, war, dass es eine rechtliche Basis für diese Verordnungen gab und dass jene, die diese Anordnungen der Staatsordnungen ausführten, überzeugt sein konnten, dass sie einen legalen Akt ausführten.«[22]

Morgen wurde in seinen Nachkriegsvernehmungen und Zeugenaussagen oft aufgefordert zu erklären, was im NS-Staat als legal und was als illegal gegolten habe. Die vernehmenden Offiziere und Richter reagierten häufig entsetzt auf Morgens Antworten, weil er behauptete, von oben angeordnete Tötungen seien legal gewesen. Doch Morgen verstand sich eben als ein Richter, der darauf vereidigt war, das gegebene Gesetz anzuwenden. Er bestand darauf, im

21 KMW, S. 2782f.

22 Ebd., S. 2874f. Morgen vermischt hier das »Juden- und Polenstrafrecht« und die Vereinbarung zwischen Himmler und Thierack, der Gestapo die Jurisdiktion zu übertragen.

»Dritten Reich« seien Tötungen – sogar Massenmord, sofern es für diesen eine Anordnung gab – auf der Grundlage höherer Befehle legal gewesen, und zwar legal »im Sinne des nationalsozialistischen Rechtes«.[23] Und dies war nach Morgen die einzige zu jener Zeit rechtswirksame Form von Legalität.

In seiner Berufung auf das Recht, wie er es vorfand, bediente sich Morgen jener kruden Auslegung des Rechtspositivismus, welche die NS-Juristen selbst zurückgewiesen und durch eine Rechtstheorie ersetzt hatten, die es Richtern erlaubte, über die geschriebenen Gesetze hinauszugehen, um die Volksgemeinschaft zu schützen und deren moralischen Anschauungen Raum zu geben. Diese Konzeption des Strafrechts, speziell wenn sie durch den Gebrauch der Analogie erweitert wurde, konnte im Prinzip alle moralisch verwerflichen Tötungen unter Morgens Jurisdiktion und Anklage bringen – unabhängig davon, ob diese nun technisch legal oder nicht legal waren. Wenn Morgen also seine diesbezügliche richterliche Untätigkeit in positivistischen Kategorien erklärt, scheint er sich nicht an jene Rechtskonzeption zu halten, die er selbst befürwortete.

23 KMI, 11. Oktober 1946, S. 3.

12. DIE »ENDLÖSUNG«: WIDERSPRÜCHLICHE NARRATIVE

Die größte moralische Herausforderung in Morgens Laufbahn war die Entdeckung der Massenvernichtung der Juden durch Gas. Die Beurteilung seiner Person und seiner Tätigkeit als SS-Richter hängt maßgeblich davon ab, ob und wie weit wir seiner Beteuerung Glauben schenken können, dass er angesichts dieser Entdeckung nicht nur zutiefst schockiert und betroffen war, sondern in der Folge auch etwas gegen die »Endlösung« unternehmen wollte. Aus Morgens Berichten ergibt sich kein völlig stimmiges Bild, *wann* genau er von *wem* genau *was* genau über diese horrenden Ereignisse erfahren hat. Seine ausführlichste Schilderung darüber, wie er erstmals von den Massentötungen in speziellen Vernichtungslagern erfuhr, findet sich in seiner Aussage beim Nürnberger Hauptkriegsverbrecherprozess im August 1946. Teile dieser Zeugenaussage sind jedoch vor dem Hintergrund zu sehen, dass Morgen in Nürnberg als Zeuge der Verteidigung der SS auftrat. Zudem weicht Morgen in späteren Vernehmungen von seiner Nürnberger Aussage ab. Im Folgenden versuchen wir anhand einer vergleichenden Rekonstruktion von Morgens verschiedenen Darlegungen und unter Heranziehung unabhängiger Archivmaterialien möglichst präzise nachzuzeichnen, wann und wie Morgen sein Wissen über die Massenmorde in den Vernichtungslagern erlangte. Diese penible Aufarbeitung ist auch deshalb wichtig, weil die meisten Historiker, die Konrad Morgen Glaubwürdigkeit absprechen, sich vor allem auf seine 1946 gemachte Zeugenaussage in Nürnberg beziehen.

Beginnen wir mit Morgens Aussage beim Frankfurter Auschwitzprozess im August 1964, in der er erläutert, was ihn 1943 nach Auschwitz führte. Zollinspektoren hatten in einer an eine private Adresse gerichteten Postsendung Goldklumpen entdeckt und vermuteten einen kriminellen Hintergrund.[1] Morgen erhielt den Auftrag, den Fall zu untersuchen. Es war kein Geheimnis, dass die Konzentrationslager Zahngold von Leichen horteten und an die Reichsbank schickten. Soweit Morgen wusste, waren dies Leichen von Häftlingen, die an natürlichen Ursachen oder infolge »legaler« Exekutionen gestorben waren. Anhand der Größe der konfiszierten Goldklumpen schloss er jedoch, so seine Schilderung, dass die Füllungen von 50000 bis 100000 Leichen stammen mussten und somit nur das Produkt von Massenmord sein konnten. Deshalb fuhr er nach Auschwitz – »dieses damals kaum bekannte Auschwitz, dessen geographische Lage ich mit einigen Schwierigkeiten auf der Karte suchen mußte«[2] –, wo er die Gaskammern und Krematorien sah.

Diese Geschichte klingt, als habe Morgen nichts über Auschwitz gewusst, bevor er dort ankam. Im Zuge einer Vernehmung hatte er allerdings schon 1946 berichtet, er habe zunächst eine Untersuchungskommission nach Auschwitz geschickt und sei dann später selbst dorthin gereist.[3] Der Eindruck, den er in seiner Aussage von 1964 vermitteln will, nämlich dass er Auschwitz überhaupt erst auf der Karte suchen musste und dass er dort in einem Zustand der Ahnungslosigkeit auf dem Bahnhof stand, kann also nicht der Wahrheit entsprechen. Morgen wusste über Auschwitz Bescheid, bevor er in Polen aus dem Zug stieg.[4]

Dies vermag Ungereimtheiten in Morgens Frankfurter Zeugenaussage 1964 zu erklären. Zum einen sagt Morgen, er habe, als er seine Inspektion mit der Selektionsrampe im Lager begann, seinen

1 Gerhard Wiebeck sagte beim Frankfurter Auschwitzprozess aus, Morgen habe ihm die Goldklumpen, die in einem Safe in Buchenwald aufbewahrt wurden, gezeigt (vgl. GWT, S. 19590f.).

2 KMF, S. 5560.

3 KMI, 4. September 1946, S. 29.

4 Tatsächlich war Morgen bereits früher einmal in Auschwitz gewesen, und zwar im Zuge seiner Nachforschungen im Fall Georg von Sauberzweig (vgl. NO-2366, Brief an Hinderfeld, datiert vom 27. März 1942, S. 2). Dieser Besuch muss jedoch vor der Verurteilung Sauberzweigs im August 1941 stattgefunden haben, möglicherweise sogar vor Sauberzweigs Verhaftung im März 1941. Das bedeutet, dass Morgen in Auschwitz war, bevor die ersten »experimentellen« Vergasungen von Juden stattfanden und lange bevor die Gaskammern in Auschwitz-Birkenau gebaut wurden.

Begleiter gefragt, »wie das nun vor sich ginge«.[5] Wie konnte Morgen wissen, was »das« bedeutete – nämlich dass es »der Anfang vom Ende war« –, bevor er die Gaskammern gesehen hatte? Die Erklärung dafür ist wohl, dass Morgen bereits Hinweise auf die Existenz von Gaskammern hatte, als er in Auschwitz ankam. Zumindest ahnte er, dass dort Zehntausende Menschen getötet wurden.

In seiner Aussage berichtet Morgen weiter, nach den Gaskammern und Krematorien habe er auch die Wachstube des Lagers inspiziert. »Und hier«, so Morgen, »habe ich dann zum ersten Mal einen wirklichen Schock erlitten«. Die Ursache seines »ersten wirklichen Schocks« war, wie sich herausstellt, der Anblick betrunkener SS-Leute, die von jungen jüdischen Frauen, die sie duzten, mit Kartoffelpuffern gefüttert wurden. Wenn wir diese Zeugenaussage heute lesen, sind wir entsetzt, dass Morgen seinen »ersten wirklichen Schock« nicht bereits erlitt, als er die Gaskammern sah. Die Erklärung mag wiederum sein, dass er bereits wusste, was ihn erwartete – und dass er deshalb nicht wirklich schockiert war, bis er die Wachstube erblickte.

Dennoch bleibt eine Inkongruenz. Zum Zeitpunkt seiner Einvernahme beim Auschwitzprozess hatte Morgen zwanzig Jahre lang Zeit gehabt, über seinen Besuch in Auschwitz nachzudenken, jenem Lager, das mittlerweile zum Inbegriff der Inhumanität geworden war. Morgen teilte dem Gericht in Frankfurt mit, Auschwitz sei ihm vorher nicht bekannt gewesen und er habe Schwierigkeiten gehabt, den Ort zu lokalisieren. Die im Gerichtssaal anwesende Zuhörerschaft muss in diesem Moment erwartet haben, er würde nun seine erste Reaktion auf die Maschinerie des Massenmords schildern. Doch Morgens sorgfältig vorbereitete Aussage beschreibt

5 Der Kontext von Morgens Aussage beim Auschwitzprozess macht eindeutig klar, dass sich die Wendung »wie das nun vor sich ginge« auf die unmittelbare Tötung der auf der Rampe selektierten Juden bezog. Die maßgeblichen Sätze, die den Referenzzusammenhang herstellen, lauten: »Ich fing mit dem Anfang vom Ende an, nämlich der Rampe in Birkenau. [...] Die Rampe sah aus wie jede andere Rampe auf einem Güterbahnhof auch. Es war nichts besonderes daran festzustellen, und es waren auch gar keine besonderen Vorkehrungen irgendwie getroffen. Ich fragte deshalb meinen Führer, wie das nun vor sich ginge.« Morgen würde nicht von der Rampe als dem »Anfang vom Ende« sprechen, wenn er sich nicht auf die Tötungen beziehen würde.

die Gaskammern sachlich und nüchtern – der emotionale Höhepunkt ist eindeutig die Wachstube. Wie ist dies zu verstehen? Möglicherweise spricht diese Entgleisung für Morgens Aufrichtigkeit. Ein politisch klügerer und vorsichtigerer Sprecher hätte auf jeden Fall den ersten »wirklichen Schock« der Konfrontation mit den Gaskammern zugeschrieben.

Laut seiner Aussage verbrachte Morgen infolge der Inspektion der Gaskammern sowie der Erläuterungen zu ihrer Funktionsweise eine schlaflose Nacht und überlegte sich, »was nun dagegen unternommen werden könnte«. Er war an einem Wendepunkt angelangt und erlebte erneut eine persönliche Krise.

Bevor wir uns genauer damit befassen, wie er mit dieser Krise umging, müssen wir uns jedoch fragen, warum er diese nicht schon früher erlitt. Laut seiner schon viele Jahre zuvor beim Nürnberger Prozess gegen die Hauptkriegsverbrecher gemachten Aussage war ihm die Vernichtungsmaschinerie nämlich bereits bekannt, noch ehe er im November 1943 seine Kommission nach Auschwitz schickte. Morgens Darlegung in Nürnberg beginnt mit einem relativ unbedeutenden Vorfall in Lublin, von dem Morgen im Spätsommer 1943 erfuhr:

> Es kam eines Tages zu mir ein Bericht des Kommandeurs der Sicherheitspolizei Lublin. Der Kommandeur berichtete darin: Es habe in seinem Bezirk in einem jüdischen Arbeitslager eine Judenhochzeit stattgefunden. An dieser Judenhochzeit hätten sich 1100 geladene Gäste [...] beteiligt. Der weitere Verlauf wurde als ganz außerordentlich hinsichtlich des Konsums von Schlemmereien und des Verbrauches von Alkoholika geschildert. [...] Mitten unter diesen Juden hätten Angehörige der Lagertruppe, also irgendwelche SS-Angehörige gesessen und hätten an diesem Treiben teilgenommen.
>
> Dieser Bericht kam erst auf vielen Umwegen nach Monaten zu mir, und zwar deshalb, weil der Kommandeur der Sicherheitspolizei hier Zustände vermutete, die den Verdacht strafbarer Handlungen aufkommen ließen. Dies war auch mein Eindruck, und ich nahm an, durch diesen Hinweis Anhaltspunkte für ein weiteres größeres Korruptionsverbrechen zu erhalten. In dieser Absicht fuhr ich nach Lublin. Ich sprach bei der Sicherheitspolizei vor, konnte aber dort nur den Hinweis erhal-

> ten, daß es sich um Vorgänge in einem Lager der »Deutschen Ausrüstungswerke« handle. Dort war nichts davon bekannt. Ich erhielt aber den Hinweis, daß die Möglichkeit bestände, es handle sich hier um – man drückte sich so aus – ein undurchsichtiges oder eigenartiges Lager in der Nähe von Lublin. Ich machte dieses Lager ausfindig und seinen Kommandanten. Dieser Kommandant war der Kriminalkommissar Wirth. Ich fragte Wirth, ob dieser Bericht zuträfe oder was es damit auf sich habe. Daraufhin gab Wirth zu meinem grenzenlosen Erstaunen diesen Vorfall zu. Ich fragte ihn, wie er dazukomme, insbesondere Angehörige seines Kommandos dazukämen. Daraufhin enthüllte mir Wirth, er habe im Auftrag des Führers die Judenvernichtung durchzuführen.[6]

Christian Wirth, ein Kriminalkommissar aus Stuttgart, war vor seinem Einsatz in Lublin als technischer Planer in Hitlers »Euthanasieprogramm« tätig gewesen, wo er Erfahrungen sammelte, die ihn für das Projekt der Judenvernichtung unentbehrlich machten.[7] Als sich die unmittelbar nach dem Überfall auf die Sowjetunion im Juni 1941 einsetzenden Massenerschießungen als zu mühsam und belastend für die Soldaten der Exekutionskommandos herausstellten, wurde, wie bereits ausgeführt, nach einer für alle Beteiligten »humaneren« Methode gesucht.

Der engste Mitarbeiterstab des »Euthanasieprogramms« wurde deshalb nach Polen verlegt, wo Wirth mit Versuchen begann, Juden mit Kohlenmonoxid in Lastwagen zu töten. Himmler befahl dann dem Höheren SS- und Polizeiführer von Lublin, dem Österreicher Odilo Globocnik, eine Vernichtungseinrichtung im Arbeitslager Belzec zu bauen. Globocnik beauftragte daraufhin Wirth mit dieser Aufgabe. Wirth wurde schließlich Inspekteur von drei Vernichtungslagern – Belzec, Treblinka und Sobibor –, die unter dem Decknamen »Aktion Reinhard« operierten.

6 IMT XX, S. 492f.; online verfügbar unter: {http://www.zeno.org/Geschichte/M/Der+Nürnberger+Prozeß/Hauptverhandlungen/Einhundertsiebenundneunzigster+Tag.+Mittwoch,+7.+August+1946/Nachmittagssitzung} (Stand August 2016), S. 536f.

7 Vgl. zu Wirth Rieß (= Riess) 2011, S. 239-251; vgl. zum »Euthanasieprogramm« Friedlander 1997, Kap. 1-11.

Abb. 9: Christian Wirth.

Wirth, brutal in Aussehen und Benehmen, war sogar unter seinen Kollegen berüchtigt, die ihn den »wilden Christian« oder »Christian den Schrecklichen« nannten.[8] Er hatte einen runden, kahlen Kopf und trug einen Oberlippenbart in Hitler-Manier. Franz Stangl, der selbst bekanntlich gnadenlose Kommandant von Treblinka, beschrieb sein erstes Treffen mit Wirth mit folgenden Worten:

> Wirth war ein ordinär aussehender Mensch mit einem rot unterlaufenen Gesicht [...]. Mein Mut sank, als ich ihn zum erstenmal sah. [...] Wenn er über die Notwendigkeit der Euthanasie sprach, dann war das nie im menschlichen Sinn. [...] Er lachte und sagte: »Weg mit den unnützen Fressern« und daß »Gefühlsduselei wegen solcher Leute« ihn »zum Kotzen« bringe.[9]

8 Arad 1987, S. 182ff.
9 Sereny 1995, S. 59.

Der Rüstungsbetrieb, den Morgen bei seinen Nachforschungen über die erwähnte Hochzeitsfeier zuerst aufsuchte, war eine der vielen Fabriken, welche die »Deutschen Ausrüstungswerke« in der Nähe von Konzentrationslagern unterhielten, um deren Insassen als Zwangsarbeiter ausbeuten zu können. Diese Anlage lag innerhalb der Stadtgrenze im Nordwesten von Lublin. Auf der anderen Seite der Stadt befand sich ungefähr 3 Kilometer vom Stadtzentrum entfernt an einer Ausfallstraße das Konzentrationslager Majdanek, das in erster Linie für die Unterbringung jüdischer Arbeiter gebaut worden war. Entlang dieser Ausfallstraße gab es zudem ein nicht genutztes Flugfeld, das sogenannte »Alte Flughafenlager«, wo die sogenannten »Bekleidungswerke« ihren Sitz hatten. Dort wurden die Wertgegenstände und desinfizierten Kleidungsstücke der in den Gaskammern getöteten Juden gesammelt. Morgen fand heraus, dass die »Judenhochzeit«, die er untersuchen sollte, in den »Bekleidungswerken« auf dem Areal des Alten Flughafenlagers stattgefunden hatte. Wirth wohnte dort und unterhielt dort auch sein Hauptquartier.

Die Hochzeitsfeier fand im Juni 1943 statt.[10] Morgen sagt aus, ein Bericht über die Hochzeit habe ihn erst »nach Monaten« erreicht.[11] Diesen Bericht muss Morgen vor Mitte September 1943 er-

10 Vgl. »Die Zwangsarbeitslager am ›Alten Flughafen‹ Lublin«, S. 48f., in: GM, S. 19498f. Nach dieser richterlichen Sachverhaltsdarstellung, die auf den Zeugenaussagen ehemaliger Gefangener basiert, fand die jüdische Hochzeit an dem Tag statt, an dem der im Lager aufgrund seiner Gesangskunst bekannte Häftling Jimmy (Samuel Jacob) Kleerekoper erhängt wurde. Das Jüdische Historische Museum in Amsterdam datiert seinen Tod auf den 27. Juni 1943, vgl. dazu die Informationen, die online verfügbar sind unter: {http://www.joodsmonument.nl/person/529432?lang=en} (Stand Juli 2016); vgl. auch Kuwalek 2004, S. 112-134, hier bes. S. 129, Fußnote 47. (Anmerkung der Autoren dieses Buchs: Die Lokalisierung der Begegnung mit Christian Wirth in Lublin bedurfte intensivster Archivrecherchen. Es war schließlich die Sachverhaltsdarstellung des Untersuchungsrichters in GM, die Aufklärung über das Lager brachte, in dem Morgen auf Wirth traf. Dieses unabhängige Dokument bestätigt Morgens Nürnberger Aussagen zum Ort seines Zusammentreffens mit Wirth. Denn zunächst schien uns völlig unklar, in welchem Lager Morgen Wirth begegnet war. Majdanek [das vormalige KZ Lublin] schied angesichts von Morgens Beschreibungen als möglicher Ort aus. Bei einem Besuch in Lublin im Jahr 2013 waren das Alte Flughafenlager und die Gebäude am Rand des Geländes noch erhalten. Allerdings war das Gelände bereits erkenntlich für den Bau einer neuen Wohnhausanlage vorgesehen und entsprechend eingezäunt.)

11 IMT XX, S. 492; online verfügbar unter: {http://www.zeno.org/Geschichte/M/Der

halten haben, denn ungefähr zu diesem Zeitpunkt verließ Wirth Lublin. Die »Aktion Reinhard« wurde langsam beendet, und Globocniks Kommando ins adriatische Küstenland beordert. Franz Stangl erzählte der Journalistin Gitta Sereny 1971, er sei aus Lublin gemeinsam mit Globocnik, Wirth und 120 anderen in der »Aktion Reinhard« eingesetzten Männern in einem »Konvoi« mit dem Ziel Triest aufgebrochen und sie seien noch im September an der Adriaküste angekommen.[12]

Globocniks Versetzung nach Istrien ist mit 13. September 1943 datiert.[13] Dies bedeutet, dass Morgens Treffen mit Wirth wohl im Spätsommer stattfand.

Morgens Zeugenaussage in Nürnberg geht folgendermaßen weiter:

> Ich fragte den Wirth, was dieser Auftrag [die Vernichtung der Juden] mit der jüdischen Hochzeit zu tun habe. Darauf schilderte mir Wirth die Methode, mit der er die Judenvernichtung durchführte. Er sagte mir ungefähr folgendes:
>
> Man muß die Juden mit ihren eigenen Waffen schlagen, das heißt, ich bitte um Verzeihung, daß ich diesen Ausdruck gebrauche, man muß sie bescheißen, das heißt, Wirth baute ein riesiges Täuschungsmanöver auf. Er hat zunächst Juden sich gesucht, die ihm als Kolonnenführer dienlich erschienen. Diese Leute, diese Juden, haben dann wieder andere mitgebracht, die unter ihnen arbeiteten. Und mit diesem zunächst kleinen bis mittleren Kommando von Juden hat er begonnen, die Vernichtungslager aufzubauen. Diesen Stab von Juden hat er erweitert, und mit diesen Juden hat Wirth die Vernichtung der Juden selbst durchgeführt. Wirth sprach mir davon, daß er vier Vernichtungslager habe und daß etwa 5000 Juden an der Judenvernichtung und der Erfassung der jüdischen Effekten tätig seien. Um nun diese Juden für dieses Geschäft der Tötung und Ausplünderung ihrer Glaubens- und Rassegenossen zu gewinnen, hat Wirth ihnen jegliche Freiheiten gegeben und sie sozusagen an der Ausbeutung der toten Opfer finanziell beteiligt. Als Folge dieses Verhaltens war es dann auch zu dieser fürstlichen Judenhochzeit gekommen.

+Nürnberger+Prozeß/Hauptverhandlungen/Einhundertsiebenundneunzigster+Tag.+Mittwoch,+7.+August+1946/Nachmittagssitzung} (Stand Juli 2016), S. 537.

12 Sereny 1995, S. 308f.

13 POG, S. 1ff.

Ich fragte nun Wirth weiter, wie er mit diesen seinen Juden die Juden selbst umbringe. Wirth schilderte mir daraufhin das ganze Verfahren, das jedesmal wie ein Film ablief. Die Vernichtungslager befanden sich im Osten des Generalgouvernements in großen Wäldern oder unbewohnten Ödländern. Sie waren aufgebaut wie ein Potemkinsches Dorf, das heißt, die Ankömmlinge hatten den Eindruck von einer größeren … in eine größere Stadt oder menschliche Siedlung zu kommen. Der Zug fuhr in einen Scheinbahnhof hinein. Nachdem Begleitpersonal und Zugpersonal das Gelände verlassen hatten, wurden die Waggons geöffnet und die Juden stiegen aus. Sie sahen sich sofort von diesen jüdischen Arbeitskommandos umgeben, und als erstes hielt der Kriminalkommissar Wirth beziehungsweise einer seiner Vertreter eine Ansprache. Er sagte dies: »Juden, Ihr seid hierhergebracht worden, um umgesiedelt zu werden. Ehe wir Euch aber diesen zukünftigen Judenstaat organisieren, müßt Ihr selbstverständlich arbeiten lernen. Ihr müßt einen neuen Beruf ergreifen. Das kriegt Ihr hier gelernt. Zunächst fängt das hier so an, daß sich jeder, wie es vorgeschrieben ist, auszieht, damit Eure Kleider desinfiziert und Ihr gebadet werden könnt und keine Seuchen in das Lager geschleppt werden.« Nachdem er also so beruhigende Worte an seine Opfer gefunden hatte, traten diese den Weg in den Tod an. In der ersten Station – Frauen und Männer getrennt – hatte er seinen Hut abzugeben, in der nächsten seinen Rock, seinen Kragen, sein Hemd, bis auf die Schuhe und Strümpfe. Dafür bekam er bei einer … bei diesen als Garderobe eingerichteten Stellen jedesmal eine Kontrollmarke in die Hand, so daß die Leute glaubten, sie bekämen nachher auch ihre Sachen zurück.

Dabei hatten die Juden, die anderen Juden, die Aufgabe, die Sachen in Empfang zu nehmen und im übrigen die Ankömmlinge anzutreiben, damit sie überhaupt nicht zur Besinnung kamen. Das Ganze ging wie an einem laufenden Band, und so gelangten sie nach der letzten Station in einen großen Raum, von dem gesagt wurde, es wäre das Bad. Wenn der letzte drinnen war, wurden die Türen geschlossen, und dann hat man Gas in den Raum einströmen lassen. Sofort nach Eintritt des Todes liefen die Exhaustoren an; wenn die Luft wieder atembar war, öffneten sich die Tore und die jüdischen Hilfsarbeiter schafften die Leichen heraus. Diese wurden nach einem besonderen Verfahren, das Wirth sich ausgedacht hatte, in der freien Luft verbrannt ohne Zuhilfenahme von Brennmaterial.[14]

14 IMT, XX, S. 492; online verfügbar unter: {http://www.zeno.org/Geschichte/M/Der

Hier stellt sich folgende Frage: Warum sagt Morgen 1964 in Frankfurt nicht, dass er – wie er ja selbst 1946 in Nürnberg ausgesagt hatte – bereits im Spätsommer 1943 von der Existenz von Gaskammern erfahren hatte? Warum stellt er es während des Auschwitzprozesses so dar, als habe er um die Jahreswende 1943/44 zum ersten Mal davon gehört? Morgens Aussage in Nürnberg über sein Treffen mit Wirth war erheblich konstruiert und entspricht in gewissen Teilen nicht der Wahrheit.

Zu beachten ist in diesem Kontext, wie Morgen seine Entdeckung der »Aktion Reinhard« nach dem Krieg in einer CIC-Vernehmung (datiert 11. Oktober 1946) beschreibt:

> Die »Aktion Reinhardt [sic!]« umfasst meines Wissens die Verwertung der Vermoegenswerte der Juden in den Ostgebieten. Ich weiss nicht, ob sich die »Aktion Reinhardt« nur auf die Vermoegenswerte der toten Juden bezieht, also die ausgesprochene »Leichenfledderei«, oder ob sie die Juden generell umfasst. Ich moechte fast das letztere annehmen. Offiziell bin ich mit dieser Aktion nicht befasst worden. Ich habe auch keine Befehle darueber gesehen, sondern nur der Name »Aktion Reinhardt« ist mir verschiedentlich bei meinen Untersuchungen aufgestossen. Sie erinnern sich, meine Untersuchungen gingen von Korruptionsverbrechen in Zusammenhang mit Konzentrationslagern aus und ich kam bei dieser Gelegenheit auf die Toetungsdelikte. Und da flossen nun Korruption und Toetung zusammen und einer dieser praegnantesten Auslaeufe [sic!] schien die »Aktion Reinhardt« zu sein.[15]

Bemerkenswert an dieser Passage ist Folgendes: Hätte Wirth, auf den er ja im Zuge der Suche nach den für die jüdische Hochzeit Verantwortlichen stieß, Morgen tatsächlich in Lublin in die monströsen Geheimnisse der »Aktion Reinhard« eingeweiht, hätte Morgen in den CIC-Vernehmungen wohl nicht behauptet, der Name dieser Aktion sei ihm bei seinen Untersuchungen »verschiedentlich [...] aufgestossen«. Vor allem hätte Morgen diese Aktion nicht auf der-

+Nürnberger+Prozeß/Hauptverhandlungen/Einhundertsiebenundneunzigster+Tag.+Mittwoch,+7.+August+1946/Nachmittagssitzung} (Stand Juli 2016), S. 537f.

15 KMI, 11. Oktober 1946, S. 1.

selben Ebene wie die von ihm untersuchten »illegalen« Tötungen (Beseitigung von Zeugen) ansiedeln können. Vielmehr hätte er realisieren müssen, dass die »Aktion Reinhard« ein völlig neues, bisher nicht bekanntes System des Massenmords darstellte, das in seiner Dimension weit über die Verbrechen in Buchenwald hinausging.

In der Tat ist die Aussage, die Morgen 1946 in Nürnberg zu seiner Unterredung mit Wirth machte, inkohärent. Morgen sagt zu Wirths Eingeständnis, er habe die jüdische Hochzeit erlaubt: »Ich fragte ihn, wie er dazukomme, insbesondere Angehörige seines Kommandos dazukämen. Daraufhin enthüllte mir Wirth, er habe im Auftrag des Führers die Judenvernichtung durchzuführen.« Diese Darlegung ist streng genommen ein *non sequitur*. Wirth hatte die jüdische Hochzeit genehmigt, um die Moral der Häftlinge im Alten Flughafenlager zu heben. Das Alte Flughafenlager war ein Arbeitslager, kein Vernichtungslager. Wirth hätte die Gründe für diese Hochzeitsfeier ohne detaillierte Schritt-für-Schritt-Beschreibung des Vernichtungsverfahrens in den geheimen Lagern erklären können.

Morgens Nürnberger Aussage ist jedoch nicht nur in sich rätselhaft, sondern sie konfligiert auch mit seinen späteren Einlassungen. Als Zeuge im Nachkriegsprozess gegen Oswald Pohl sagt Morgen aus, er habe vier bis fünf Monate gebraucht, um die »ersten Spuren« der Judenvernichtung zu finden – also vier bis fünf Monate ab dem Moment, als er Ende Juni oder Anfang Juli mit der Korruptionsuntersuchung in Buchenwald beauftragt worden war.[16] Und als er von einem CIC-Offizier gefragt wird, ab wann denn der Begriff »Umsiedlung« zum Decknamen für die Vernichtung geworden sei, meint Morgen: »Mir ist erst an der Wende 1943/44 etwas davon bekannt geworden.«[17] Und eben um diese Zeit – November 1943 – begann er mit seinen Ermittlungen in Auschwitz.[18]

16 KMP, S. 6683.

17 KMI, 11. Oktober 1946, S. 5; vgl. auch KMI, 21. Oktober 1946, S. 10, wo Morgen sagt, er habe bis zur Jahreswende 1943/44 gebraucht, um »hinter die Toetungen« zu kommen; der Kontext legt nahe, dass er sich auf die Massenvernichtung bezieht.

18 In einer eidesstattlichen Erklärung sagt Morgen, seine erste Visite in Auschwitz habe in der ersten Novemberhälfte stattgefunden (vgl. KMN, eidesstattliche Erklärung, datiert November 1945). An anderer Stelle sagt er, seine Untersuchungen in Auschwitz hätten in der Zeit begonnen, in der Arthur Liebehenschel Rudolf Höß als Lagerkommandanten

Das bedeutet: Im Unterschied zu seiner Zeugenaussage in Nürnberg legen die Indizien nahe, dass Morgen die volle Wahrheit über die Massenvernichtung in den Gaskammern nicht schon im Spätsommer 1943 von Wirth, sondern erst im November 1943 erfuhr – und zwar durch die von ihm nach Auschwitz entsandte Untersuchungskommission und seine anschließende Inspektion des dortigen Lagers. Zu beachten ist auch, dass die eben zitierte Passage (»Mir ist erst an der Wende 1943/44 etwas davon bekannt geworden«) aus einer CIC-Vernehmung stammt, die nach Morgens Auftritt beim Hauptkriegsverbrecherprozess in Nürnberg stattfand, konkret nur zehn Tage nach der Exekution der zum Tode verurteilten Hauptkriegsverbrecher. Möglicherweise waren seine Aussagen und seine Darlegung der Ereignisse gegenüber dem CIC unter dem Eindruck dieser Urteile sorgfältiger. Die Aussagen, die er in Nürnberg zu der Frage machte, wie und wann er von der »Endlösung« erfahren hatte, müssen also mit Vorbehalt betrachtet werden.

Was genau Morgen bei seiner ersten Begegnung mit Wirth im dortigen Lager in Erfahrung brachte, entzieht sich jedoch unserer Kenntnis. Wir wissen allerdings, dass Morgen seinen ersten Informationen über die »Endlösung« anfänglich nicht traute. Wie Morgen in Nürnberg berichtet:

> Zunächst erschien mir die Darstellung von Wirth völlig phantastisch; aber ich habe in Lublin selbst ein Lager von ihm gesehen. Es war ein Lager, das die Effekten oder einen Teil der Effekten seiner Opfer aufnahm. Schon aus diesem Umfange – es waren unerhört viele Uhren, die da nun gestapelt waren – mußte ich erkennen, daß hier Ungeheuerliches vor sich ging. Ich bekam auch die Wertsachen gezeigt. Ich kann sagen, ich habe noch nie soviel Geld, insbesondere ausländisches Geld, sämtliche Münzsorten der ganzen Welt, zusammen gesehen; außerdem eine Goldschmelze und geradezu gewaltige Barren Gold. Ich habe auch gesehen, daß das Hauptquartier, von dem Wirth seine Aktionen lenkte, vollkommen klein und unauffällig war. Er hatte tatsächlich nur drei, vier Leute um sich. Ich sprach auch mit ihnen.

ersetzte. Liebehenschels Tätigkeit in Auschwitz begann am 11. November 1943 (vgl. KMI, 4. September 1946, S. 29; PAL).

> Ich sah, ich beobachtete auch seinen Kurierverkehr. Die Kuriere kamen tatsächlich von Berlin, Tiergartenstraße, Kanzlei des Führers, und gingen dorthin. Ich habe in den Schriftverkehr von Wirth Einsicht genommen und fand in ihm alles bestätigt. Ich habe dies natürlich nicht alles bei diesem ersten Besuch übersehen und ermitteln können, sondern ich bin öfters da gewesen, und ich habe Wirth verfolgt bis zu seinem Tode.[19]

In dem Prozess gegen Oswald Pohl behauptet Morgen erneut, dass er seine Ermittlungen nach Wirths Abreise aus Lublin fortsetzte. Der Staatsanwalt fragt Morgen nach den Informationen, die der Mitangeklagte Josef Vogt möglicherweise von Wirths Nachfolger Georg Wippern erhalten habe:

> F. Nun, in Verbindung mit dem Fall in Lublin noch eine Frage, Zeuge. Hat Wippern Ihnen zu irgendeiner Zeit erzählt, wie weit er Vogt über die wirkliche Aktion Reinhardt [sic!] informiert hatte?
> A. Nach meiner Meinung kann dies aus den Zusammenhängen gesehen werden, die existierten. Wenn silbernes Tafelgeschirr, Hochzeitsringe, Zahngold, und Geld und Fremdwährungen – sogar Brillenfassungen – gesammelt und in Listen eingetragen wurden – hunderttausende solcher Gegenstände – dann glaube ich nicht, dass dies normale Dinge sind.
> F. Zeuge, haben Sie diese Gegenstände selbst gesehen?
> A. Ich sah die Überreste dieser Dinge selbst.
> F. Wann war das?
> A. Das war Ende 1943 oder Beginn 1944. Es könnte gegen Ende [des Jahres 1943?] gewesen sein. Ich kann Ihnen das nicht exakt sagen.[20]

Diese Zeugenaussage legt nahe, dass Morgen die erwähnten Wertgegenstände erst Monate nach seinem Treffen mit Wirth zu Gesicht bekam. Das spätere Datum deckt sich auch mit Morgens Behauptung, er habe nur die »Reste« der Wertgegenstände aufgelistet

19 IMT XX, S. 495; online verfügbar unter: {http://www.zeno.org/Geschichte/M/Der+Nürnberger+Prozeß/Hauptverhandlungen/Einhundertsiebenundneunzigster+Tag.+Mittwoch,+7.+August+1946/Nachmittagssitzung} (Stand Juli 2016), S. 539f.
20 KMP, S. 6752.

gesehen. Globocnik übermittelte Himmler zu Beginn des Jahres 1944, als er bereits seit Monaten in Istrien war, eine endgültige Abrechnung der »Aktion Reinhard«, in welcher der genaue Wert der Banknoten und Münzen in verschiedenen Währungen (Dollar, Yen usw.) exakt vermerkt war; zudem waren die Anzahl von Uhren, Ohrringen, Manschettenknöpfen und verschiedenen anderen Schmuckstücken aufgeführt; weiters die Zahl von Brillenfassungen, Aktentaschen, Rasiermessern und anderen persönlichen Gegenständen; und natürlich die Menge der offensichtlich aus unterschiedlichen Objekten zusammengeschmolzenen Barren an Gold, Silber und Platin.[21] Vermutlich war es so, dass Morgen im Zuge seiner Untersuchungen Einblick in diese Listen hatte. Wie Morgen nach dem Krieg sagte, musste angesichts dieser angesammelten Reichtümer jeder wissen, dass es sich nicht um »normale Dinge« handeln konnte.[22]

Beim Nürnberger Prozess gegen die Hauptkriegsverbrecher schildert Morgen sein um die Jahreswende 1943/44 erlangtes Wissen über die »Endlösung«; doch gleichzeitig erweckt er in seiner Zeugenaussage den Eindruck, als ob Christian Wirth ihn darüber einige Monate vorher informiert hätte. Aber warum?

Wie bereits erwähnt, äußerte sich Morgen häufig defensiv zur Rolle und zum Charakter der SS. Dies war besonders beim Hauptkriegsverbrecherprozess in Nürnberg der Fall. Die SS als Ganzes war angeklagt, eine verbrecherische Organisation zu sein, und die Verteidiger hatten Morgen als Zeugen aufgerufen. Als Zeuge der Verteidigung stellte Morgen geradezu die ideale Wahl dar, denn er konnte belegen, dass die SS dem deutschen Recht in ihren Reihen durch die SS-Gerichtsbarkeit Geltung verschafft hatte und somit weit davon entfernt gewesen war, eine kriminelle Organisation zu sein.

In seiner Nürnberger Aussage bemüht sich Morgen zudem sichtlich, das Gericht zu überzeugen, die SS habe nichts mit dem Massenmord an den Juden zu tun gehabt.[23] Er argumentiert, die Gas-

21 Vgl. Berichte von Globocnik an Himmler; Nuremberg documents PS-4024, IMT XXXIV, S. 81ff.

22 KMP, S. 6752.

23 Vgl. auch IMT XX (S. 496; online verfügbar unter: {http://www.zeno.org/Geschichte/M/Der+Nürnberger+Prozeß/Hauptverhandlungen/Einhundertachtundneunzigster+Tag

kammern in Auschwitz-Birkenau seien von Juden und von Freiwilligen oder Wehrpflichtigen aus dem Baltikum gewartet worden. Morgen geht sogar so weit zu behaupten, die Aufseher der Vernichtungsaktionen hätten zwar SS-Uniformen getragen, dies allerdings nur zur Tarnung. Und er fügt an, er habe diese Vorgehensweise unverständlich gefunden, da sie die Reputation der SS ohne Not beschädigt habe.

Vor allem aber betont Morgen, die Vernichtungszentren hätten der Kanzlei des »Führers« unterstanden und deren Architekt und Inspekteur, Christian Wirth, sei kein Mitglied der SS gewesen. Morgen hatte diese Befehlsstruktur bereits vor dem Prozess in einer eidesstattlichen Erklärung detailliert beschrieben:

> Wirth war kein SS Angehoeriger. Bekannt als Mordkommissar fuer skrupellose Untersuchungsmethoden wurde er von der Kripo Stuttgart fuer einen Sonderauftrag des Fuehrers dauernd abkommandiert. Sein Auftrag war zuerst Massenvernichtung der Geisteskranken. Dann erfolgte der fuer die Juden. [...] Das Unternehmen lief ausserhalb einer SS-Organisation oder Dienststelle. Es hatte seinen staendigen Sitz in der Kanzlei des Fuehrers, Berlin, Tiergartenstrasse. Von dort erhielt Wirth seine Weisungen und dorthin berichtete er.
>
> Bei der Judenvernichtung aenderte sich grundsaetzlich nichts am Unterstellungsverhaeltnis. Die Zentrale blieb weiter Kanzlei des Führers. Nur um sich im Rueckwaertigen Heeresgebiet bewegen zu koennen erhielt das Kommando Uniform und Dienstausweis der Sicherheitspolizei. [...] Der Stab war weiterhin ganz unwahrscheinlich klein. [...] Ich habe Anlass zu glauben, dass selbst der oertliche KDS [Kom-

+Donnerstag,+8.+August+1946/Vormittagssitzung} [Stand September 2016], S. 541f.), wo Morgen insistiert, die auf der Fotografie gezeigten Männer hätten keine SS-Uniformen getragen; vgl. auch KMP (S. 6686-6695), wo Morgen alle Arten von Todesfällen auflistet, die seiner Meinung nach nicht der SS-Administration der Lager angelastet werden können; dazu zählen auch die Tötungen in den Gaskammern. Er besteht darauf, dass für diese Todesfälle jene verantwortlich seien, die das Konzentrationslagersystem erfunden und eingeführt haben. Auch in seiner Nürnberger Zeugenaussage zählt Morgen Ursachen von Todesfällen auf, die nicht der SS zugeschrieben werden können (vgl. IMT XX, S. 499ff.; online verfügbar unter: {http://www.zeno.org/Geschichte/M/Der+Nürnberger+Prozeß/Hauptverhandlungen/Einhundertachtundneunzigster+Tag+Donnerstag,+8.+August+1946/Vormittagssitzung} [Stand September 2016], S. 543f.)

mandeur der Sicherheitspolizei] von der Taetigkeit dieser Organisation nicht unterrichtet war.[24]

Der die SS verteidigende Anwalt Pelckmann findet diese eidesstattliche Erklärung Morgens so hilfreich, dass er vom Richter ermahnt werden muss, sich nicht schon vorzeitig bei der Vernehmung eines anderen Zeugen darauf zu beziehen.[25] Nachdem Pelckmann Morgen dann auch noch die Aussage entlockt hat, Wirth habe nicht zur SS gehört, hakt der Verteidiger in der weiteren Einvernahme konsequent nach: »Sie sprachen von dem Kriminalkommissar Wirth, der nicht Mitglied der SS war, und dessen Stab sich ebenfalls auch nicht aus SS-Leuten zusammensetzte.«[26] Der Verteidiger verdreht hier Morgens Aussage. Morgen hatte lediglich behauptet, dass Wirth kein Mitglied der SS war. Die an der »Aktion Reinhard« beteiligten Männer waren zum größten Teil SS-Mitglieder.

Die Chance, die Verantwortung von der SS auf Wirth zu schieben, war also ein vorrangiges Motiv dafür, dass die Verteidigung Morgen in Nürnberg in den Zeugenstand rief. Morgens Narrativ, sein Wissen über die »Endlösung« stamme ausschließlich von Wirth, stimmt viel zu genau mit dieser Strategie überein, um glaubwürdig zu sein. Zudem widerspricht sie Morgens späterer Aussage, er habe die Massenvernichtung erst um die Jahreswende 1943/44 entdeckt.

Viel glaubwürdiger ist, wie die Zusammenschau aller Aussagen, Vernehmungen und Dokumente zeigt, dass Morgen Monate brauchte, um Gewissheit über die »Endlösung« zu erlangen.

24 KM7, S. 563 f.; vgl. auch IMT XX, S. 494; online verfügbar unter: {http://www.zeno.org/Geschichte/M/Der+Nürnberger+Prozeß/Hauptverhandlungen/Einhundertsiebenundneunzigster+Tag.+Mittwoch,+7.+August+1946/Nachmittagssitzung} (Stand September 2016), S. 539. Wirths Status in der SS war zumindest kompliziert, vgl. dazu PCW.

25 Vernehmung von Günther Reinecke, IMT XX, S. 444 f.; online verfügbar unter: {http://www.zeno.org/Geschichte/M/Der+Nürnberger+Prozeß/Hauptverhandlungen/Einhundertsiebenundneunzigster+Tag.+Mittwoch,+7.+August+1946/Vormittagssitzung} (Stand September 2016), S. 481, S. 484.

26 IMT XX, S. 502; online verfügbar unter: {http://www.zeno.org/Geschichte/M/Der+Nürnberger+Prozeß/Hauptverhandlungen/Einhundertsiebenundneunzigster+Tag.+Donnerstag,+8.+August+1946/Vormittagssitzung} (Stand September 2016), S. 547.

13. »AKTION ERNTEFEST«

In Lublin verfolgte Morgen zwei unterschiedliche Ermittlungslinien. Seine Untersuchung der jüdischen Hochzeit führte ihn zu Christian Wirth; durch Wirth wiederum stieß er auf den Berg von Wertgegenständen, der bei ihm den Verdacht weckte, dass etwas »Ungeheuerliches« vor sich ging. Gleichzeitig gab es jedoch einen Zusammenhang zwischen den Verbrechen in Buchenwald und den Vorgängen in Lublin, konkret im Konzentrationslager Majdanek. Karl Otto Koch war ja nach seiner Abberufung aus Buchenwald für kurze Zeit Kommandant von Majdanek gewesen. Und im Spätsommer 1943 leitete nun Kochs früherer Untergebener Hermann Florstedt das Lager.

Für die Nachforschungen in Majdanek wurde Morgen eine kleine Untersuchungskommission zur Verfügung gestellt. Deren Arbeit führte Mitte Oktober 1943 zur Absetzung und Verhaftung des Lagerkommandanten Florstedt.[1] Morgen selbst reiste Anfang November zu Konsultationen mit seiner Kommission nach Lublin. In einer Vernehmung im Jahr 1973 erinnert er sich, der Leiter der Kommission, Kriminalkommissar Dennerlein, habe ihn am Bahnhof mit der Mitteilung begrüßt, weitere Ermittlungen seien nicht länger möglich: Alle Gefangenen im Distrikt Lublin seien am Vortag exekutiert worden, weshalb der Kommission keine Zeugen mehr zur Verfügung stünden.[2]

Bei dem Massaker am 3. und 4. November 1943 wurden in den Lagern Majdanek, Poniatowa und Trawniki über 40 000 Juden einer nach dem anderen erschossen. Die von den Organisatoren

1 PFL, Aktenvermerk, datiert 25. Oktober 1943.
2 KMD(1), S. 4, S. 10; vgl. auch KMD(2), S. 8.

zynischerweise als »Erntefest« bezeichnete Aktion war die größte Massenerschießung während des Zweiten Weltkriegs.[3]

Von 1975 bis 1981 fand in Düsseldorf der Majdanek-Prozess gegen Angehörige des Lagerpersonals, ehemalige SS-Leute, statt. Konrad Morgen wurde im Vorfeld dieses Verfahrens als Zeuge befragt. Wie er in seiner Aussage aus dem Jahr 1973 berichtet, suchte er nach seiner Ankunft in Lublin gemeinsam mit Dennerlein den damaligen Kommandanten von Majdanek, Martin Gottfried Weiss, auf und befragte diesen zu dem Massaker: »Er war bleich und fassungslos. Für ihn war die Aktion auch überraschend gekommen.«[4] Morgen sprach anschließend mit einem an den Erschießungen beteiligten SS-Mann: »Mich interessierte, wie ein Mensch eine solche Tätigkeit seelisch verkraften konnte. Der Mann war vollkommen ungerührt, er sagte, einer muß es ja tun.«[5] Morgen richtete seine Aufmerksamkeit von nun an auf die Untersuchung des Massakers: »Ich hielt mich als Mensch für verpflichtet, dieser Ungeheuerlichkeit nachzugehen.«[6]

Seinen Bericht über das Massaker schickte Morgen schließlich an Ernst Kaltenbrunner, den Leiter des Reichssicherheitshauptamts. In seiner Vorvernehmung zum Hauptkriegsverbrecherprozess in Nürnberg wird Kaltenbrunner mit einigen Passagen aus Morgens Ermittlungsergebnis konfrontiert. Der vernehmende Offizier liest aus Morgens Bericht vor und fragt Kaltenbrunner, ob er sich erinnern könne, diesen Bericht erhalten zu haben:

> A. Um wieder auf die Morde in Lublin zu kommen, die Auswirkungen dieser Massenexekution konnten Ihrer Aufmerksamkeit nicht entgangen sein, denn wie Morgan [sic!] nach seiner Inspektion berichtet, re-

3 Es gibt auch Historiker, die das Massaker, das sich im September 1941 im ukrainischen Babi Yar ereignete, als die größte Massenerschießung während des Zweiten Weltkriegs bezeichnen.

4 KMD(I), S. 5.

5 KMD(I), S. 5, S. 7.

6 KMD(I), S. 8. Das Massaker wurde nicht allein von Morgen untersucht, sondern von einer ganzen Kommission; vgl. dazu den Bericht von Walter Többens (WTR, S. 30), die Aussage von Hans Lauffs (LA, S. 2f.) und eine eidesstattliche Erklärung von Erich Muhsfeldt (EM, 16. August 1947, S. 5f.).

sultierte diese [Exekution] im Verlust von fast allen Arbeitskräften. Es gab keine Leute mehr, um die Maschinen zu bedienen und in den Handwerksbetrieben zu arbeiten. Den Fabriken blieben große Mengen an Rohstoffmaterial und die für die Produktion Verantwortlichen sagten, dass der Exekutionsbefehl völlig überraschend kam.

A. Ich habe nie einen solchen Bericht gesehen, und ich habe nie davon gehoert. [...]

F. Ich werde Ihnen die Beschreibung Morgans [sic!] über das Geschehen vorlesen: »Das Vorgehen war immer das gleiche. Am Abend, bevor die Exekutionen begannen, kam der Befehl, rasch noch Gräben zum Schutz gegen Luftangriffe auszuheben. Am frühen Morgen kamen dann Truppen und die Exekutionen begannen in diesen Gräben. Die Gefangenen mussten ihre Arbeitsstätten verlassen und sich in der Nähe der Gräben aufhalten. Wenn sie an der Reihe waren, mussten sie sich ausziehen und dann nackt einer nach dem anderen in einer unendlich langen Linie durch die Gräben gehen. Wenn sie dann auf die ersten Tode [sic!] stießen, musste sich das Opfer niederlegen und wurde dann durch einen Genickschuss getötet. Dies wurde fortgesetzt, bis die Gräben voll waren und der letzte tot war. Dann wurden die Gräben zugeschüttet. Die Männer hatten ihre eigenen Gräben, die Frauen ihre. Kinder waren bei ihren Müttern. Keines der Opfer war vor der Exekution schlecht behandelt worden. Alles geschah auf systematische ruhige Weise. Die Truppen bildeten nur einen Kordon und hatten sonst nichts damit zu tun. Es gab einige deutsche Polizeimänner,[7] und die meisten [Wachen] waren Ukrainer. An jeder der Stellen waren nur zwei oder drei Schützen, die oberhalb des Grabens platziert waren. Hinter ihnen standen zwei oder drei andere Männer, die damit beschäftigt waren, die leeren Magazine nachzufüllen. So gingen die Exekutionen rasch vonstatten und die Verantwortung war nur in der Hand einiger Männer.« Hier gibt es noch einen weiteren Satz: »Es war das alte bewährte System.« Stimmen Sie damit überein, dass es ein altes bewährtes System war?

A. Ich bin mit der Methode nicht vertraut. [...]

F. Was geschah mit all dem Geld, dem Schmuck und dem Gold der toten Häftlinge dieser Lager?

7 Bei diesen Polizisten handelte es sich wahrscheinlich um Angehörige des Reserve-Polizeibataillons 101. Die Teilnahme dieses Bataillons an dem Massaker beschreibt Christopher Browning (1999, Kapitel 15).

A. Das weiss ich nicht.

F. Haben Sie nicht einen Bericht darüber erhalten, was mit diesen Wertgegenständen geschah?

A. Nein.[8]

Der oben zitierte Auszug aus Morgens Bericht ist entsetzlich, aber auch rätselhaft. Morgen stützt sich hier wahrscheinlich auf eine detaillierte Beschreibung der Exekutionen durch Augenzeugen, da er das Massaker ja nicht persönlich beobachtet hatte. Die Bemerkung »Es war das alte bewährte System« ist wohl Morgens eigener Kommentar zu den Geschehnissen. Es gibt keine Möglichkeit, definitiv zu klären, was Morgen damit genau meinte, da sein Bericht über das Erntefest-Massaker offenbar nicht erhalten ist.[9]

In seiner eidesstattlichen Aussage von 1973 hält Morgen fest: »Die ganzen Produktionsstätten waren leer.«[10] Und weiter: »Ich erinnere mich noch, daß ein österreichischer Unternehmer mir fast weinend berichtete, seine ganze Produktion sei zusammengebrochen.«[11] Abschließend bemerkt Morgen: »Ich habe einen breit angelegten Bericht über die Vorfälle gemacht unter Hinweis auf die wehrwirtschaftlichen Auswirkungen des Produktionsausfalls. Das war ein Argument, das die SS-Führung noch beeindruckte.«[12]

Die Fragen des Kaltenbrunner verhörenden US-Offiziers legen nahe, dass Morgens Bericht auch die Frage möglicher Unterschlagungen der Wertgegenstände der Opfer ansprach.[13] Erich Muhsfeldt (Mußfeldt), den man mit der Einäscherung der Leichen beauf-

8 EKI, Vernehmung vom 12. Oktober 1945, S. 9-13. Teile dieser Textpassage sind auch abgedruckt in *Nazi Conspiracy and Aggression* (»Red Series«), Supplement B, Office of United States Chief of Counsel for Prosecution of Axis Criminality, S. 1309-1311.

9 Vgl. Lenarczyk & Libionka 2009. (Anmerkung der Autoren: Unsere intensive Suche nach diesem Bericht in diversen Archiven blieb leider erfolglos.)

10 KMD (1), S. 5; vgl. zu den Auswirkungen des Massakers auf die verfügbaren Arbeitskräfte den Bericht des Direktors der Ostindustrie G. m. b. H., Max Horn, in NO-1270.

11 KMD (1), S. 9.

12 Ebd., S. 8.

13 In seiner Aussage im Jahre 1973 beschreibt Morgen die »Berge von Kleidern«, die er an der Stelle gesehen habe, wo die Opfer gezwungen worden waren, sich auszuziehen (vgl. KMD [1], S. 6). Unabhängige Zeugenaussagen belegen, dass den Opfern auch Gold, Schmuck und Geld abgenommen wurden (vgl. WTR, S. 28).

tragt hatte, bezeugte bei dem nach 1945 in Polen gegen ihn geführten Prozess, er habe in einem Notizbuch genaue Aufzeichnungen über die Wertgegenstände und das Zahngold geführt. Dieses Notizbuch habe er Morgen als Beweis dafür übergeben, dass er selbst sich nichts angeeignet habe.[14]

Der mit der Organisation und Durchführung des Massakers betraute Höhere SS- und Polizeiführer von Lublin, Jakob Sporrenberg, wurde 1945 in Norwegen verhaftet. In seiner Gefängniszelle verfasste Sporrenberg einen Bericht, in dem er behauptete, Himmler habe in einem Schreiben den HSSPF Friedrich-Wilhelm Krüger in Krakau informiert, dass er Sporrenbergs Amtsvorgänger Globocnik beauftragt habe, der »riesengroßen Gefahr« durch das »Judenproblem« im Distrikt Lublin ein Ende zu setzen.[15] In einem anderen, nach dem Krieg verfassten Bericht, er stammt von dem ehemaligen SS-Richter Hans Lauffs, wird diese Rechtfertigung folgendermaßen erklärt:

> Der Adjudant [sic!] des SS- und Polizeiführers [...] teilte mir [...] vertraulich mit, dass der Sicherheitspolizei Lublin umfangreiches Material zugänglich geworden sei, nach dem ein gross angelegter Ausbruchsversuch der Häftlinge des KLs bevorstehe. Grosse unterirdische Waffenlager seien für diesen Zweck von langer Hand vorbereitet worden. Es sei geplant, mit Hilfe starker Bandengruppen die gesamten Wachmannschaften sowie sämtliche Deutsche im Distrikt Lublin niederzumachen. [...] Von höchster Stelle sei damals Exekutionsbefehl gegeben worden, da unter Würdigung des Belastungsmaterials eine »Blutnacht«, der sämtliche Deutsche zum Opfer gefallen wären, unvermeidlich sei.[16]

14 EM, eidesstattliche Erklärung vom 16. August 1947, S. 6.

15 SR, S. 266. Am 14. Oktober 1943 war es zu einem Aufstand von Häftlingen im Vernichtungslager Sobibor gekommen, bei dem 12 SS-Männer getötet wurden. An dem Aufstand hatten sich 600 Juden beteiligt. Nur wenige Häftlinge überlebten den Ausbruchsversuch; die meisten wurden noch im Lager oder dann auf der Flucht erschossen. Am 2. August 1943 gab es in Treblinka einen Aufstand, der ähnlich unglücklich für die Häftlinge verlief. Gemessen an diesen wenig erfolgreichen Aktionen und dem extrem ungleichen Machtverhältnis zwischen SS und Inhaftierten ist die Begründung der Massaker (Gefahr eines Massenaufstands) reine Rationalisierung einer in der SS-Führung von langer Hand geplanten endgültigen Vernichtung aller Juden.

16 LA, Blatt 25, S. 2.

Diese Rationalisierung belegt die paranoide Überzeugung der nationalsozialistischen Führung, die arische Rasse müsse auch noch den letzten Juden töten, um ihrer eigenen Vernichtung zu entgehen.[17] Mit ebendiesem Argument wurden Massenhinrichtungen von Angehörigen der Zivilbevölkerung bereits seit dem Überfall auf die Sowjetunion im Juni 1941 gerechtfertigt.[18]

In seiner eidesstattlichen Erklärung von 1973 zum Erntefest-Massaker sagt Morgen, »der Ausgangspunkt dieser Befürchtungen [sei] ein geradezu läppischer Vorfall« gewesen, eine Auseinandersetzung unter den Häftlingen, die schlussendlich zu einem Angriff auf einen SS-Angehörigen geführt habe.[19] Der Vorfall sei dann jedoch vom Leiter des Sicherheitsdienstes aufgebauscht und übertrieben dargestellt worden. Morgen fügt hinzu, er habe diesen SD-Offizier beschuldigt, die vorgesetzten Dienststellen falsch unterrichtet zu haben.

Das Erntefest-Massaker war der einzige Massenmord, den Morgen direkt bezeugen konnte. Während er – wie er im Auschwitzprozess einräumt – die Opfer der Gaskammern von Auschwitz nicht mit eigenen Augen sah, stand er in Majdanek an den mit Leichen gefüllten Gräben.[20] Dennoch erwähnt Morgen das Erntefest-Massaker nach dem Krieg zunächst nicht, bis er 1973 im Vorfeld des Majdanek-Prozesses direkt danach befragt wird.

Von einem in seiner Dimension weit weniger drastischen Massa-

17 Hannah Arendt schrieb in ihrem Eichmann-Buch: »Während des Krieges war die wirksamste Lüge das [...] Schlagwort vom ›Schicksalskampf des deutschen Volkes‹«, die Vorstellung, es ginge »um Leben und Tod des deutschen Volkes, das seine Gegner vernichten müßte, wenn es nicht selbst vom Erdboden verschwinden sollte« (Arendt 1986 [1963], S. 129 f.).

18 Als einer der Morgen im Jahr 1980 vernehmenden Beamten meint, die Furcht vor einem Aufstand könne doch nur ein Vorwand für das Massaker gewesen sein, da unter den Opfern auch Frauen und Kinder waren, sagt Morgen, er habe nicht gewusst, dass auch viele Frauen und Kinder ums Leben gekommen seien (vgl. KMD[2], S. 8). Relevant ist in diesem Zusammenhang vielleicht, dass bei dieser Vernehmung (Morgens Gesundheitszustand war bereits relativ schlecht) auch Morgens Frau anwesend war (ebd., S. 1).

19 KMD(1), S. 8.

20 »Es würde bestimmt die Frage kommen: Haben Sie denn selber eine Vergasung gesehen, haben Sie eine Leiche, einen geschlagenen Häftling gesehen? Und ich hätte ehrlicherweise sagen müssen: Nein.« (KMF, S. 5576 f.)

ker hatte Morgen hingegen bereits 1971 am Ende des Interviews mit dem Journalisten John Toland berichtet, das Toland im Zuge von Vorarbeiten für sein 1976 erschienenes Buch über Adolf Hitler führte.[21] In diesem Gespräch macht Toland Morgen Komplimente und bedauert, wie Morgen nach dem Krieg von den Amerikanern behandelt wurde: »Es erstaunt mich, dass die Alliierten Sie nicht dafür ehrten, was Sie in den Lagern taten. Sie riskierten Ihr Leben.«[22] Morgen wirkt angesichts dieser Schmeicheleien einigermaßen verlegen. Das Interview ist beinahe abgeschlossen, als Morgen plötzlich eine lange Geschichte über einen anderen SS-Richter erzählt.

Während seines Einsatzes auf dem Balkan hatte dieser Richter 1944 einen SS-Offizier wegen einer von diesem angeordneten standrechtlichen Erschießung verurteilt. Nachdem örtliche Bauern drei Mitglieder der Einheit dieses SS-Offiziers erschossen hatten, ließ dieser sofort einen Verdächtigen hinrichten, ohne ihn vorher zu vernehmen. Der Richter war der Auffassung, der Offizier habe kein Recht gehabt, so vorzugehen, und klagte ihn wegen Mordes an. Derselbe SS-Richter war dann 1945 unmittelbar vor dem Zusammenbruch des Deutschen Reiches im Ruhrgebiet im Einsatz. Dort erreichte ihn ein Befehl zur Tötung von Zwangsarbeitern, um eine befürchtete Revolte der Häftlinge zu verhindern. Der Richter, der vormals die Exekution einer einzelnen Person rechtlich verfolgt hatte, ordnete nun an, die Arbeiter sollten in den Wald geführt und erschossen werden. Morgen kommentiert dies in dem Interview mit den (zum Teil akustisch kaum hörbaren) Worten, was außergewöhnliche Umstände der menschlichen Seele und dem Verstand eines Menschen doch antun könnten.

Eine Massenerschießung, um einen Aufstand hinter der Front-

21 KMT, Track 6.

22 Tolands wenig objektive Haltung gegenüber Morgen wird in seinem Buch über Hitler deutlich, wo er von dem »unerbittlichen Konrad Morgen« spricht, »dem Mann, der alles tat, um die Gräueltaten im Osten zu verhindern«, und »der einen einsamen Versuch machte, die Endlösung zu beenden« (Toland 1976, S. 820, S. 761, S. 774, Übersetzung H. P.-St.). In der deutschen Ausgabe von Tolands Buch, die von der englischsprachigen Ausgabe in einigen Punkten abweicht, lautet eine einschlägige Passage: »Am wirkungsvollsten aber legte der 34jährige Jurist Konrad Morgen Hitlers Mördern im Osten das Handwerk.« (Toland 1977, S. 942)

linie zu verhindern – dieselbe Begründung war ja für das Massaker in Lublin gegeben worden. Morgen hält eine solche Rechtfertigung offenkundig für absurd; allerdings ist er zugleich der Ansicht, das Handeln des SS-Richters sei zumindest unter diesen Umständen erklärbar. Offenbar fühlte sich Morgen gezwungen, ausgerechnet in dem Moment unaufgefordert über diesen tragischen Vorfall zu berichten, als sich ein voreingenommener und schmeichlerischer Interviewer gerade verabschieden will. Das Erntefest-Massaker muss in Morgens Gedächtnis also sehr deutliche Spuren hinterlassen haben.

Das Massaker von Majdanek bestätigte jedenfalls Morgens Verdacht, im Generalgouvernement werde in einem ungeheuerlichen Ausmaß gemordet. Ein weiteres Indiz für seine Vermutung erreichte ihn dann in Form des aus Auschwitz verschickten Pakets mit Goldklumpen, auf das er in der Folgezeit sein Augenmerk richtete.

14. AUSCHWITZ

Morgen dürfte, wie unsere Aufarbeitung und Analyse der Archivmaterialien zeigt, relativ früh von den Massenerschießungen von Juden an der Ostfront erfahren haben. In der Zeit, in der er in Krakau gegen Hermann Fegelein ermittelte, beteiligten sich dessen Einheiten, wie bereits erwähnt, an Massenexekutionen von Juden.[1] Selbst wenn Morgen an die Version der SS glaubte, wonach es sich bei Fegeleins Opfern um Partisanen handelte, so wusste er doch bereits 1942, dass Soldaten wie Paul Kleesattel glaubten, sie müssten die Zivilbevölkerung eliminieren, um Platz für deutsche Siedler zu machen.

Auch die an der Ostfront eingesetzte Division »Wiking«, zu der Morgen Ende Dezember 1942 strafversetzt wurde, war im Herbst 1941 an Massakern beteiligt gewesen. Während Morgens Zeit an der Front war die Division allerdings vor allem in Rückzugsgefechte mit den vorrückenden sowjetischen Truppen verwickelt.[2] In diesen Monaten kam aber auch der Fall eines SS-Angehörigen vor die SS-Gerichtsbarkeit, der in der Sowjetunion eigenmächtig Exekutionen von Juden angeordnet hatte.[3] Als Morgen im Frühsommer 1943 wieder zur SS-Gerichtsbarkeit zurückkehrte, konnte er vor diesem

1 Riess 2003, S. 160-172, S. 166f.

2 Die Division »Wiking« hatte an Erschießungen zu Beginn des Russlandfeldzugs teilgenommen (vgl. Rhodes 2002, S. 63, der sich auf die Aussage von Günther Otto in Nürnberg in NO-434 bezieht).

3 Im April 1942 wurde der SS-Offizier Max Täubner von der SS- und Polizeigerichtsbarkeit inhaftiert und anschließend angeklagt, Juden grausam getötet zu haben. Täubner wurde auch angeklagt, Fotografien dieser Tötungen angefertigt und diese an Verwandte und Freunde verschickt zu haben (vgl. Büchler 2003, S. 409-429). Zu beachten ist, dass Morgen im Mai oder Juni 1942 aus der SS-Gerichtsbarkeit entlassen wurde. Es ist unklar, ob Morgen überhaupt von dem Fall Täubner wusste, denn der Fall Täubner wurde erst im Mai 1943 verhandelt.

Hintergrund also kaum ahnungslos sein, was die ersten, organisatorisch nicht immer durchgeplanten Phasen der Vernichtung betraf.

Jedenfalls verdichteten sich im Spätsommer und Herbst 1943 die Hinweise auf ein monströses System des Mordens: Zunächst fand Morgen im Zuge seiner Untersuchungen in Buchenwald heraus, dass in der Tötungsanstalt Bernburg Hunderte Juden unter dem Vorwand der »Euthanasie« vergast worden waren; dann stieß er im Spätsommer in Lublin auf Christian Wirth, den Planer und Architekten der industriellen Vernichtungszentren, der ihn womöglich über die »Endlösung« informierte; kurze Zeit später erfuhr er von der Exekution Zehntausender Häftlinge nach dem »alten bewährten System«, und schlussendlich fand er Goldklumpen von erheblichem Gewicht in einem Paket aus Auschwitz. Morgen reagierte und sandte zunächst eine Untersuchungskommission in das dortige Konzentrationslager, um sich dann selbst vor Ort ein Bild zu machen.

Hat Morgen womöglich schon früher von der »Endlösung« erfahren? Hätte er sie schon früher kommen sehen müssen? Hätte er nicht zumindest alle in seiner Macht stehenden Maßnahmen gegen die Gräueltaten an der Ostfront ergreifen müssen, von denen die meisten Deutschen aus Briefen von Soldaten oder aus deren Erzählungen bei Heimatbesuchen wussten?

De facto, wenn auch eher zufällig, tat Morgen gegen diese Gräueltaten, was in seiner Macht stand: Während seiner Zeit in Krakau verfolgte er den für das berüchtigte Massaker in den Pripjet-Sümpfen verantwortlichen Täter. Es gibt zwar keine Belege dafür, dass Morgen speziell wegen dieses Massakers gegen Fegelein vorging, doch gleichermaßen liegen keine Indizien vor, dass Morgen einfach darüber hinwegsah.

Was die Vernichtung in den Gaskammern betrifft, so erfuhr Morgen davon vermutlich erst, als es beinahe zu spät war. Die ersten Gaskammern in Polen wurden im März 1942 errichtet, doch zu genau diesem Zeitpunkt wurde Morgen aus der SS-Gerichtsbarkeit in Krakau entlassen. Zwischen Juli 1942 und Mai 1943 diente er als einfacher Soldat.[4] Als er nach seiner Rückbeorderung von der Ost-

4 Sein Rang im April 1943 war der eines Sturmmannes (vgl. KMN, »Besitzzeugnis«, April 1943).

front im Juli 1943 seine Tätigkeit als SS-Richter wiederaufnahm, waren die letzten Deportationen nach Belzec vorbei und jene nach Treblinka und Sobibor endeten in den folgenden Wochen und Monaten. Morgen hatte also kaum Zugang zu Informationen über die »Aktion Reinhard«, als diese voll im Gange war. Und es hätte Morgen nicht ähnlich gesehen, aufgrund bloßer Gerüchte oder schwacher Hinweise Schlussfolgerungen zu ziehen. Als Untersuchungsrichter hielt er sich schließlich an harte Fakten und Beweise.

Als Morgen im Spätsommer und Herbst 1943 seine Nachforschungen in den Konzentrationslagern vorantrieb, war Auschwitz-Birkenau das letzte noch aktive größere Vernichtungslager. Und nachdem er die Nachwirkungen des Massakers in Lublin gesehen hatte, fuhr Morgen dorthin.

Wir sind nun somit zum Ausgangspunkt unserer Fallgeschichte zurückgekehrt: Morgens Besichtigung von Auschwitz-Birkenau, die er in seiner Frankfurter Zeugenaussage im Jahre 1964 schildert. Die anfangs zitierten Ausführungen gehen folgendermaßen weiter:

> Verständlicherweise konnte ich in dieser Nacht kein Auge schließen, obwohl ich da schon einiges in Konzentrationslagern gesehen hatte, aber so etwas nun doch noch nicht. Und ich überlegte mir, was nun dagegen unternommen werden könnte. Der Laie neigt ja nun angesichts der scheinbaren Machtfülle eines Richters, eines Staatsanwaltes dazu, die Frage zu stellen: Warum hast du denn die Verantwortlichen, und zwar an höchster Stelle befindlichen, nicht sofort verhaftet und denen dieser entsetzlichen Verbrechen [wegen] den Prozeß gemacht? Ich darf die Laienbeisitzer zunächst daran erinnern, daß ja kein Richter außerhalb der Hauptverhandlung einer Strafsache die Macht hat, eine Verhaftung vorzunehmen. Sondern er ist darauf angewiesen, daß der zuständige Staatsanwalt einen Haftantrag stellt. Der Staatsanwalt muß in wichtigen Sachen seinem Vorgesetzten, dem Oberstaatsanwalt, dem Generalstaatsanwalt oder dem Bundesanwalt oder dem Justizminister berichten. Die Staatsanwaltschaft ist eine bürokratische Behörde, die weisungsgebunden ist, und es kann nicht irgendein Hilfsarbeiter einer Staatsanwaltschaft einfach den Antrag stellen, irgendwie eine bedeutende Persönlichkeit zu verhaften.
>
> Bei der SS- und Polizeigerichtsbarkeit lagen nun die Dinge ganz anders. Die SS- und Polizeigerichtsbarkeit war ja Kriegsgerichtsbarkeit,

neben der Kriegsgerichtsbarkeit des Heeres, der Marine, der Luftwaffe, die Kriegsgerichtsbarkeit des vierten Wehrmachtsteiles, nämlich der Waffen-SS und der Polizei in besonderem Einsatz.[5] Die Kriegsgerichtsbarkeit ist ein Ausfluß der militärischen Kommandogewalt, von dieser abgeleitet und abhängig. Alle wichtigen Funktionen, die sonst das Gericht, mit unabhängigen Richtern besetzt, ausübt, liegen in den Händen des sogenannten Gerichtsherrn, das heißt des kommandierenden Generals. Und über ihm der Korps-, der Armeegeneral und als oberster Gerichtsherr der Oberbefehlshaber der Wehrmacht, damals Hitler. Der Gerichtsherr fertigt, unterschreibt einen Haftbefehl. Der Gerichtsherr ordnet die Eröffnung eines Verfahrens an. Der Gerichtsherr besetzt das Kriegsgericht. Er bestätigt oder verwirft Urteile, er ordnet die Vollstreckung an.

Um also nun gegen Himmler oder Hitler, die Urheber dieser Verbrechen, vorgehen zu können, gerichtlich vorgehen zu können, hätte ich also bei Hitler selbst oder bei Himmler selbst einen Haftbefehl gegen sie selber beantragen müssen. Und selbst wenn er gegen sich selbst ein Verfahren eröffnet hätte, wäre es unmöglich gewesen, ein Gericht zusammenzustellen. Denn das Gericht mußte so besetzt sein: mit einem Beisitzer als Laienbeisitzer im Range des Angeklagten und mit einem Diensthöheren. Man hätte also einen Hitler als Beisitzer, einen Über-Hitler als zweiten Beisitzer gebraucht. Also, Sie sehen daraus, das war absolut unmöglich. Man mußte feststellen, daß Hitler sich in einem rechtsfreien Raum bewegte, in dem sämtliche Schranken der Gewaltenteilung aufgehoben waren, und er Reichskanzler, Reichspräsident, Oberbefehlshaber der Wehrmacht, oberster Gesetzgeber, oberstes Vollzugsorgan, oberster Gerichtsherr, alles in einer Person darstellte. [...] Was auf die an letzter Stelle Verantwortlichen, nämlich Hitler und Himmler, zutrifft, trifft selbstverständlich auch auf die von ihnen unmittelbar Beauftragten zu, den Standartenführer Höß und die ihm Untergebenen. Denn sie hätten, wenn sie die Anklage gegen diese Männer verfügt hätten, zugleich sich selbst und ihre eigenen Taten anklagen und verurteilen müssen. Der Staatsanwalt, der Richter kann ja nur das Gesetz anwenden, das er vorfindet, und sich kein eigenes machen. Tritt er außerhalb der Schranken des Rechtes, dann wird er selber zum Verbrecher.[6]

5 »In besonderem Einsatz« ist der Ausdruck für die hinter den Wehrmachtseinheiten operierenden Exekutionskommandos in Polen und der Sowjetunion.

6 KMF, S. 5570-5574.

»Der Richter kann ja nur das Gesetz anwenden, das er vorfindet«, sagt Morgen und definiert sich damit als Jurist, der einfach dem im NS-Staat gegebenen Recht folgt. Und gemäß diesem Rechtsverständnis galten Hitlers Befehle als Gesetz. So gesehen, gab Morgens berufliche Position ihm keinerlei Mittel an die Hand, um gegen die Massenvernichtung vorzugehen. Doch die von Morgen hier beschriebene Rechtsauffassung entspricht jener positivistischen Rechtstheorie, von der Morgen selbst abwich, wenn er Angeklagte nach ihrem Charakter beurteilte und verurteilte. Es waren also nicht die Grenzen juridischer Macht und Rechtsprechung, die Morgen davon abhielten, gegen die obersten Rechtshüter Anklage zu erheben; es war die Angst vor deren unbeschränkter politischer Macht.

Folgerichtig suchte Morgen nach anderen Wegen:

Es lag in dieser Lage nahe, an außergesetzliche Möglichkeiten zu denken, nämlich an ein Attentat. Aber das war undurchführbar, denn ich – als einer der wenigen – war während des Krieges einmal im Führerhauptquartier. Ich wurde zu einem Vortrag vor Himmler befohlen. Man kam dahin nur aufgrund eines schriftlichen Befehls vom Führerhauptquartier selbst. Man mußte dann in einer bestimmten Dienststelle in Berlin die Fahrkarten für den speziellen Sonderzug, der dort hinging, abholen. Es waren sehr strenge Kontrollen am Bahnsteig und im Zug. Und dann, nach einer Nachtfahrt, gegen Mittag des nächsten Tages, hielt der Zug plötzlich irgendwo in Ostpreußen auf einer grünen Wiese zwischen Kühen. Über einen Feldweg kam dann ein Wagen und holte einen ab. Man fuhr in einen dichten Wald, durch viele Sperrkreise hindurch. Und da lagen dann ganz verstreut, auch noch durch Tarnnetze geschützt, schwer bewacht, die Baracken. Wer in diesen einzelnen Baracken hauste, wo etwa Himmler oder Hitler residierten, das war nicht zu ergründen. Übrigens kam ich nicht zum Vortrag, sondern ich wurde nach mehreren Stunden Wartezeit weggeschickt. Es hieß, Himmler sei plötzlich abberufen worden und hätte mit dem Flugzeug an die Front gemußt. Und so fuhr ich wieder zurück. Nach dieser persönlichen Anschauung kann ich also beurteilen, deshalb kam mir der Gedanke gar nicht an eine solche Möglichkeit. [Pause]

Man kann daran denken, öffentlich Zeugnis abzulegen von diesem Geschehen. Aber wenn man das gemacht hätte, das hätte ja niemand geglaubt. Man wäre zu einem Verrückten erklärt und festgenommen worden.[7]

Nachdem er diese »außergesetzlichen Möglichkeiten« verworfen hatte, überlegte Morgen als Nächstes, sich ins Ausland abzusetzen:

Am Ende dieser schlaflosen Nacht mußte ich einsehen, daß dieses System nur von außen zu bekämpfen und zu stürzen war. Und ich glaubte, den Versuch dazu machen zu müssen. [Pause] Es fiel mir ein, daß ich vor einiger Zeit mal mit einem Kriminalkommissar gesprochen hatte, der Jahre im Grenzabschnitt an der Schweiz, Konstanz, Dienst versah und der mir damals gesprächsweise über die vielen Möglichkeiten des Grenzübertrittes berichtete, erzählte und beschrieb – der Straßen mit Häusern, wo der Vordereingang auf deutschem, der Hintereingang schon auf Schweizer Gebiet liegt. Ich glaubte diese Übergangsstellen zu finden. Ich war deshalb entschlossen, nach der Schweiz zu gehen.

Die Möglichkeit dazu war für mich einfach, denn für meine vielen dienstlichen Reisen führte ich ständig Blanko-Marschbefehle und Blanko-Militärfahrscheine mit. Ich brauchte die, je nach den Erfordernissen, die plötzliche Untersuchungen stellten, nur auszufüllen. Ich stellte also einen Fahrschein, einen Marschbefehl »Kriegsgerichtliche Untersuchung Wien« aus und von Wien weiter nach Konstanz und fuhr dann durch.[8]

Doch dann, so berichtet Morgen, kamen ihm Zweifel an der Realisierbarkeit dieses Plans:

36 Stunden später etwa näherte ich mich meinem Ziel. In der Zwischenzeit hatte ich mich soweit wieder beruhigt, daß ich nun die mir bevorstehenden nächsten Ereignisse versuchte ins Auge zu fassen, glaubte, daß mir der Grenzübertritt gelingen würde, und fragte mich, wie sich das nun im einzelnen drüben abspielen würde. Sicherlich sofort dann eine Vernehmung, man würde von einer Dienststelle zu einer höheren weitergereicht werden. Und während ich mir das plastisch vorzustellen versuchte – die Fragen, meine Antworten –, da wurde mir plötzlich

7 Ebd., S. 5574f.
8 Ebd., S. 5575f.

> klar, daß dieser mein Bericht und meine Erzählung ja für einen Außenstehenden, insbesondere für einen Neutralen, so unglaublich und unfaßbar klingen mußte, daß mir nichts geglaubt werden würde. Es würde bestimmt die Frage kommen: Haben Sie denn selber eine Vergasung gesehen, haben Sie eine Leiche, einen geschlagenen Häftling gesehen? Und ich hätte ehrlicherweise sagen müssen: Nein.[9]

Der Plan schien also nicht umsetzbar. Auch wenn der Plan einigermaßen funktioniert hätte, so wären die Konsequenzen, wie Morgen erklärt, katastrophal gewesen:[10]

> Aber ich riß mich aus dem Gedanken, stellte mir das umgekehrt vor, dachte: Wenn das nun gutgeht, dir wird geglaubt, was passiert denn dann? Sicher, die Schweizer Regierung, die würde nichts machen. Aber man würde mich der Presse wahrscheinlich stellen, ich würde da Ausführungen machen. Folge davon wäre, die Kriegspropaganda gegen Deutschland, die würde auf ungeheuren Touren anlaufen. Und ich mußte mir sagen, nach dem, was ich gesehen hatte: Bei einem totalen Zusammenbruch, bei einer völligen Besiegung Deutschlands, da würden die Siegermächte uns, das ganze deutsche Volk, ja aufgrund dieser Vorkommnisse vernichten und jeden einzelnen, so dachte ich mir, vierteilen. [Pause] Und nun so etwas in die Wege zu leiten und verantworten zu müssen, das ging über meine Kraft.
>
> »Deutsches Volk«, das ist ja ein großer Begriff, aber er setzt sich aus vielen einzelnen zusammen. Und ich dachte nun an die Nächsten. Zunächst natürlich an meine Eltern, die mir unter Opfern das Studium ermöglicht hatten und die ich nur als brave, anständige Menschen kannte und die ein solches Los nicht verdienten. Ich dachte weiter an meine Kameraden, die ich vor kaum einem Vierteljahr an der Rußlandfront verlassen hatte.[11] Ich war damals im Regiment SS-Germania, das zum großen Teil aus Dänen, aus Belgiern, Holländern, Norwegern bestand, Freiwilligen, jungen Idealisten, die mir offen erklärten, sie seien keine

9 Ebd., S. 5576f.

10 Ebd., S. 5577f.

11 Morgen beschreibt an anderer Stelle seinen Dienst an der Front folgendermaßen: »Ich machte all die Rückzugsgefechte durch die Steppe mit und ich nahm auch an der Gegenoffensive am Donez teil. Im Anschluss daran war die Division völlig aufgerieben, und eine Kompanie hatte nur noch 17 Männer.« (KMP, S. 6673)

> Nationalsozialisten, aber daß es hier nur mehr darauf ankomme, die europäische Kultur zu verteidigen gegen den anbrandenden Bolschewismus, und die, unzureichend bewaffnet, gegen eine Übermacht kämpfend, unsinnige Haltebefehle ausführend, da auch – die Soldaten kennen das von der Rußlandfront – als Division verheizt wurden und trotzdem den Tod erlitten für ihre Ideale. Auch die hatten das nicht verdient. Und so sah ich dann auch, von welcher Seite ich die Angelegenheit betrachtete, aus einer solchen Handlung nur neues Unheil kommen, und ich fuhr daraufhin nach Berlin zurück.

Nachdem er seinen Plan, in die Schweiz zu flüchten, aufgegeben hatte, richtete Morgen seine Gedanken wieder auf die Täter:

> Unterwegs wurde ich dann noch weiter ruhig. Und während ich an diese Henkersknechte in Auschwitz, aber auch an die Häftlinge, die sich da dienstbar machten, zunächst mit Haß und Verachtung und Abscheu gedacht hatte, da versuchte ich, mich in deren Lage zu versetzen. Es ist ja nun ein hervorstechender Zug des Menschen, des Lebens überhaupt, daß er sich den Gegebenheiten anpaßt und nach jedem Strohhalm und jeder Chance des Überlebens greift. Und insofern, da war es nicht den Häftlingen zu verübeln, man konnte deshalb also nicht der ganzen Menschheit Gram sein, ebensowenig aber wegen dieser SS-Leute dem ganzen deutschen Volk.[12]

Der Gedanke an diese »Henkersknechte« der SS und daran, was diese vom Rest der Menschheit trennte, führte Morgen dazu, sich einen neuen, realistischeren Plan auszudenken:

> Und aus dieser Erkenntnis heraus sah ich plötzlich einen Weg des möglichen Vorgehens. Wo das höchste der Rechtsgüter, das Leben, nichts mehr gilt und in den Schmutz getreten wird, massenweise vernichtet, da müssen ja sämtliche andere Rechtsgüter, ob es nun das Eigentum, die Treue oder sonst etwas ist, auch zerbrechen und ihren Wert verlieren. Und deshalb – und davon hatte ich mich ja schon überzeugt – mußten diese Leute, denen man diese Aufgaben übertragen hatte, zu Verbrechern werden. Und dazu gab mir ja nun mein Auftrag und das Strafgesetz-

12 KMF, S. 5578f.

> buch die Möglichkeit, diese Verbrechen, nämlich die nicht befohlenen, zu verfolgen. Und das tat ich dann auch.[13]

Der abschließende Schritt in Morgens hier geschilderten Überlegungen ergibt sich direkt aus seiner Sicht krimineller Korruption. Morgen folgert, dass die an der Massenvernichtung beteiligten Täter durch diese korrumpiert wurden, und so korrumpiert, auch weitere Verbrechen begehen würden – Verbrechen, die er im Gegensatz zur Massenvernichtung anklagen konnte. Das noch gültige Strafrecht gab Morgen also doch Mittel zur Verfolgung dieser Täter an die Hand, obwohl er sie nicht für ihre schlimmsten Taten verurteilen konnte.

Morgen spricht oft von den sekundären Verbrechen, die sich aus dem korrumpierenden Einfluss des Massenmordes ergaben. In einem für die Amerikaner bald nach Kriegsende verfassten Bericht schreibt er:

> Die Wurzel des Übels in den Konzentrationslagern konnte jedoch die SS Gerichtsbarkeit nicht bekämpfen. Das war die »Geheimsphäre« der Konzentrationslager, die Rechtslosigkeit der Häftlinge und die in letzter Instanz von Hitler persönlich angeordnete Massenvernichtung menschlichen Lebens. Diese furchtbare Atmosphäre musste alle Moral untergraben und gleich einer tausendköpfigen Hydra das Verbrechen immer wieder neu hervorbringen.[14]

In einem weiteren Bericht an die Amerikaner führt Morgen aus:

> Es wurde [von der SS-Gerichtsbarkeit] klar dargelegt, daß das System der Rechtlosigkeit und der fabrikmässige Schlachthausbetrieb in den bekannten Vernichtungsläger [sic!] die Truppe völlig demoralisieren müsse und dies [wurde] an all den erschreckenden Straffällen gezeigt.[15]

Morgen verfasste diese Passagen im Dezember 1945 und Januar 1946. Das Gleiche hatte er aber schon im Frühjahr 1944 zum Chefarzt

13 Ebd., S. 5579.
14 F65, »Die Unrechtsbekämpfung in Konzentrationslagern durch SS-Richter«, Bericht vom 21. Dezember 1945, S. 11.
15 F65, »SS-KZ-SS Gerichtsbarkeit«, 7. Januar 1946, S. 8.

der SS, Ernst-Robert Grawitz, gesagt, als er diesen vor den »Auswirkungen« warnte, »die diese Massentoetungen haben und zwar: die Seuche der Korruption, Verrohung der Menschen«.[16] Morgen behauptet bei seiner zweiten Vorvernehmung zum Frankfurter Auschwitzprozess im Jahr 1962, er habe im Frühjahr 1944 einen Bericht über die Vernichtung durch Gas an seine Vorgesetzten geschrieben, in dem er festhielt:

> Mein eindringlichster und wesentlichster Hinweis, gestützt auf eine Fülle von Strafverfahren war aber, daß die an den Vergasungen beteiligten SS-Angehörigen hierdurch derartig demoralisiert worden sind, daß sie in Zukunft nicht mehr als normale Soldaten und auch nicht mehr als Staatsbürger brauchbar erschienen und darüber hinaus die Staatsführung selbst durch die ungeheuerlichen Verbrechen sich ihre moralische[n] Fundamente zerstörte.[17]

Er sagte seinen Vorgesetzten, dass »man mit diesen Methoden den Staat unmittelbar in den Abgrund führt«.[18]

Anders als im Fall von Morgens erster Krise in Krakau, wo er sich von Einzelfällen krimineller Korruption überwältigt fühlte und um Versetzung in eine »gesündere Atmosphäre« ersuchte, konfrontierte ihn die Massenvernichtung mit Unmenschlichkeit in einer Größenordnung, die nicht nur seine Identität als SS-Richter, der sich den »Tugenden« dieser Organisation verpflichtet fühlte, erschütterte, sondern auch sein Selbstverständnis als Richter, der die Gerechtigkeit als solche durchsetzen wollte. Seine unmittelbare Reaktion bestand darin, ernsthaft in Erwägung zu ziehen, seine berufliche Identität hinter sich zu lassen und zu fliehen. Bei nochmaligem Überlegen entschied er sich für die zweitbeste Lösung.

16 KMI, 11. Oktober 1946, S. 16.

17 KMV(2), S. 11719. In KMF (S. 5641) sagt Morgen, seine Untersuchungen sollten zeigen, dass die an den Tötungen beteiligten SS-Angehörigen »nicht nur verroht und sadistisch und korrupt würden, [sondern] überhaupt unbrauchbar als Soldaten für ein späteres Leben«.

18 IMT XX, S. 506f.; in deutscher Übersetzung online verfügbar unter: {http://www.zeno.org/Geschichte/M/Der+Nürnberger+Prozeß/Hauptverhandlungen/Einhundertachtundneunzigster+Tag+Donnerstag,+8.+August+1946/Vormittagssitzung} (Stand Juli 2016), S. 553.

Morgen sah die Unmenschlichkeit der Vernichtung als eine Form systematischer Korruption, auf einer Linie mit der individuellen Korruption, die er die gesamte Zeit über bekämpft hatte. Genau deshalb dachte er, er könne die »Endlösung« zwar nicht direkt, aber doch indirekt bekämpfen, indem er sich weiter auf die Verfolgung individueller Verbrechen konzentrierte. Aus diesem Grund entschied er sich, in Nazi-Deutschland zu bleiben und seine Arbeit fortzusetzen.

Warum erlaubte das Frankfurter Gericht es Morgen, über Sachverhalte zu sprechen, ja sich breit über Dinge zu ergehen, die bestenfalls nur nebenbei die Verbrechen berührten, die in dem Prozess verhandelt wurden? Morgen konnte antizipieren, dass man die Frage, die man naheliegenderweise an ihn stellen würde – nämlich »Wenn Sie wirklich das sahen, was Sie behaupten, warum haben Sie dann nichts dagegen unternommen?« –, auch umgekehrt formulieren konnte: »Wenn Sie nichts dagegen unternommen haben, warum sollen wir Ihnen dann glauben, dass Sie das, was Sie behaupten gesehen zu haben, wirklich gesehen haben?« Morgens Erklärung, warum er nicht direkt etwas unternommen hatte, ist deshalb maßgeblich, um seinen restlichen Aussagen Glaubwürdigkeit zu verleihen.

Nichtsdestotrotz hätte Morgen sich in seiner Zeugenaussage nicht in dieser Breite und Länge ergehen müssen. Dass es ihm nicht direkt möglich war, die Täter der »Endlösung« anzuklagen, hätte er in weniger Worten aufzeigen können. Morgen glaubte, dass die Befehle zur Vernichtung von Hitler und Himmler kamen, deren Wort im »Dritten Reich« praktisch Gesetzeskraft hatte.[19] Gleichwohl war Morgen überzeugt, jeder, der solche Befehle bekäme, sei moralisch verpflichtet, diese nicht zu befolgen. Doch das gegebene Rechtssystem erlaubte es Morgen nicht, als Richter die Befolgung dieser moralischen Pflicht durchzusetzen. Morgens langer Vortrag über die Stellung der Gerichtsherren, seine Fantasie eines »Über-Hitler« – all das ist unnötig und, noch schlimmer, verschleiert den maßgeblichen Punkt, nämlich dass Morgen guten Grund hatte anzuneh-

19 Vgl. KMI, 19. September 1946, S. 7f.

men, dass rechtliche Maßnahmen und Schritte erfolglos bleiben mussten.

Gleichermaßen irritierend ist Morgens Exkurs über seinen Besuch im Führerhauptquartier in Ostpreußen. Der vordergründige Zweck dieser Abschweifung ist, die mit einer Ermordung Himmlers oder Hitlers verknüpften Schwierigkeiten darzulegen. Allerdings würde wohl kaum jemand auf die Idee kommen, Morgen hätte ein Attentat auf diese zwei schwerbewachten Personen verüben können. Wir können uns dies heute nicht vorstellen, und Morgen kann einen solchen Plan damals nicht ernsthaft ins Auge gefasst haben. Die Einzelheiten der Sicherheitsmaßnahmen und Details wie der Sonderzug und die Wiese voller Kühe – all das ist irrelevant.

Während Morgen das Offensichtliche breittritt, was seine Befugnisse als Jurist oder seine Möglichkeiten als Attentäter betrifft, sind seine Gründe, warum er sich gegen eine Flucht in die Schweiz entschieden hat, vor dem Hintergrund der Massenvernichtung unangemessen. Was zunächst auffällt, ist das Missverhältnis zwischen dem Tod von Millionen Menschen auf der einen Seite und den Opfern, die ein Elternpaar für die Erziehung seines Sohnes gebracht hat, auf der anderen.

Die nächste Inkongruenz ist Morgens Behauptung, eine weltweite Offenlegung der »Endlösung« hätte die Kriegspropaganda gegen Deutschland verstärkt. Kriegspropaganda war in der Tat etwas, dem Morgen Beachtung schenkte: Er hatte ja ein Buch über Propaganda als eine der Ursachen von Kriegen verfasst. Da die »Endlösung« jedoch Realität war und der Horror gar nicht übertrieben werden konnte, hätte es sich nicht um bloße Propaganda gehandelt, wenn er der Weltöffentlichkeit davon berichtet und Alarm geschlagen hätte.

Die Schlüsselpassage in Morgens Frankfurter Zeugenaussage ist der Absatz über »einen Weg des möglichen Vorgehens«. Diesen Ausdruck benützt Morgen bei wiederholten Gelegenheiten, immer in derselben Bedeutung.[20] Infolge seiner Erkenntnis, so behauptet er, dass er als Richter die Vergasung von Millionen nicht anklagen konn-

20 Vgl. KMI, 11. Oktober 1946, S. 3 (»Und mein Bestreben ging dahin, einen andern Ausweg

te, habe er diesen Prozess durch die Verfolgung der »nicht befohlenen« Tötungen oder, wie er es manchmal formuliert, der »illegalen Tötungen« zu behindern versucht.

Morgen hatte diese Taktik bereits beim Hauptkriegsverbrecherprozess in Nürnberg erklärt:

> Ich sah aber außer dieser Notwendigkeit der Einwirkung einen unmittelbaren praktischen Weg für mich auf dem Gebiet der Justiz, nämlich, aus diesem Vernichtungssystem die Spitzen und die wichtigen Glieder einen nach dem anderen herauszubrechen, und zwar mit den Mitteln des Systems selbst. Ich konnte dies nicht tun wegen der von dem Staatsoberhaupt befohlenen Tötungen, aber ich konnte es tun wegen Tötungen, die außerhalb dieses Befehls oder gegen diesen vorgenommen wurden oder wegen anderer schwerer Delikte; und deshalb habe ich ganz bewußt die Strafverfolgung gegen diese Männer aufgenommen und es hätte so zu einer Erschütterung dieses Systems, zu einem Auseinanderbrechen kommen müssen.[21]

Die »nicht befohlenen Tötungen« umfassten die in Buchenwald von Waldemar Hoven und Martin Sommer begangenen Morde, die Morgen bereits im November 1943 untersuchte, als er mit der Maschinerie der Massentötung in Auschwitz persönlich konfrontiert war.

Morgen suchte deshalb nach einer Erweiterung seiner juridischen Befugnisse und nach machtvolleren Instrumenten und Mitteln, um seine Anklagen vorantreiben zu können. Er hatte schon einige Monate früher bei Himmler angeregt, in Kassel ein auf die Verfolgung von Korruptionsfällen in Konzentrationslagern spezialisiertes »Gericht zur besonderen Verwendung« (*Z. b. V.*-Gericht) einzurichten. Am 9. Dezember 1943 bat Morgen um die Errichtung eines allgemeinen, dem Hauptamt SS-Gericht in München zugeordneten

zu finden.«); KMI, 13. Dezember 1946, S. 29 (»Ich musste nur einen anderen Weg finden«). Dieselbe Begründung bringt er in KMP vor (S. 6696).

21 IMT XX, S. 507; online verfügbar unter: {http://www.zeno.org/Geschichte/M/Der+Nürnberger+Prozeß/Hauptverhandlungen/Einhundertachtundneunzigster+Tag+Donnerstag,+8.+August+1946/Vormittagssitzung} (Stand August 2016), S. 553.

Abb. 10: Odilo Globocnik.

»Gerichts zur besonderen Verwendung«, dessen Kompetenzen sich nicht auf Fälle von finanzieller Korruption beschränken sollten, da Morgen in den Konzentrationslagern auch Verbrechen größerer Dimension verfolgen wollte.[22]

Als Nächstes nahm Morgen daraufhin Odilo Globocnik ins Visier, den vormaligen Höheren SS- und Polizeiführer im Distrikt Lublin, an den Himmlers Befehl zur Durchführung der »Endlösung« ergangen war, den Globocnik dann wiederum an Christian Wirth weiterleitete.[23] Nach der Ermordung von 1,7 Millionen Juden wurden die entsprechenden Zentren der Vernichtung im Spätsommer und Herbst 1943 aufgelöst. Globocnik wurde daraufhin mit dem gesamten Stab der »Aktion Reinhard« nach Triest versetzt.

Es ist unklar, was genau Morgen über Globocniks Rolle bei der »Endlösung« bereits in Lublin bekannt war. Möglicherweise hatte Morgen nach seinem Gespräch mit Wirth weitere Gründe für seine Vermutung, nicht nur Wirth, sondern auch Globocnik sei am Massenmord beteiligt gewesen.

22 KMI, 4. September 1946, S. 17.
23 KMI, 11. Oktober 1946, S. 2ff.

Jedenfalls flog Morgen zu Jahresbeginn 1944 nach Triest. Laut seiner Nachkriegsaussage kam es zu einem Gespräch mit Globocnik, »das sich die ganze Nacht über erstreckte«:

> Er schilderte mir sein ganzes Leben und erzaehlte unter anderem auch, was er durch die Aktion Reinhardt [sic!] fuer den Reichsfuehrer zuwege gebracht hatte. [...] Und nun interessierte es mich natuerlich besonders, ob sich noch eine Moeglichkeit ergebe, den GLOBOTSCHNICK [sic!] selber zu fassen. Ich sah ja, dadurch, dass diese Toetungen befohlen waren, war diese Sache im Sinne des nationalsozialistischen Rechtes legal und deswegen waren mir die Haende gebunden, auf diesem Sektor direkt etwas zu machen. Und mein Bestreben ging dahin, einen andern Ausweg zu finden.[24]

Morgen bekam nun bestätigt, was er selbst bereits wusste: Auschwitz-Birkenau war eine Stätte des von Hitler und Himmler angeordneten Massenmordes, und die gesamte Mordaktion hatte zumindest noch drei andere Vernichtungslager umfasst. Die Unterredung mit Globocnik machte Morgen endgültig klar, dass die »Aktion Reinhard« einer Strafverfolgung entzogen war.

Die einzigen Verbrechen, die Morgen noch behindern konnte, waren jene in Auschwitz. Und deshalb konzentrierte er sich nun auf Maximilian Grabner, den Leiter der dortigen Gestapo. Auf Grabners Befehl hin wurden in Auschwitz bei verschiedenen Gelegenheiten insgesamt über 2000 Häftlinge allein aus dem Grund erschossen, um Platz im dortigen Arrestbunker zu schaffen, wenn dieser überfüllt war.[25] Wie üblich wurden diese Tötungen mit medizinischen Bescheinigungen verschleiert, die falsche Angaben enthielten.

Grabner wurde im Herbst 1944 von einem SS-Gericht unter dem Vorsitz des Richters Werner Hansen angeklagt. In seiner Zeugenaussage beim Frankfurter Auschwitzprozess bestätigte Hansen 1964 die von Morgen gemachten Angaben über den Hintergrund der strafrechtlichen Verfolgung Grabners:

24 KMI, 11. Oktober 1946, S. 3.
25 WHM, S. 26053f.

> Bevor dieser Prozeß gegen Grabner eröffnet wurde und stattfand, hatte Herr Dr. Morgen, der die Ermittlungen geführt und die Anklage erhoben hatte, mich dahin unterrichtet, daß Hintergrund dieser Mordanklage Massentötungen in Auschwitz seien. Er hatte mich unterrichtet, daß Transporte von Häftlingen nach Auschwitz [...] gebracht worden seien, lediglich, um dort getötet zu werden. Gleichzeitig sagte mir Herr Dr. Morgen, daß das offensichtlich Anordnungen der höchsten Staatsführung seien, wobei dahin gestellt blieb, ob sie von Hitler selbst angeordnet worden waren oder von wem. Jedenfalls stand fest, daß diese – wenn ich es mal so nennen darf – Aktionen sich vollkommen außerhalb des Machtbereichs der Justiz abspielten. Es wäre völlig unmöglich gewesen, daß etwa ein Gericht, sei es ein Wehrmachtsgericht, sei es ein Gericht der SS und Polizei oder ein Gericht der allgemeinen Justiz, nun ein Ermittlungsverfahren einleitete mit dem Ziel, Anklage zu erheben gegen die oberste Staatsführung. Sie wissen, Gericht und Richter genossen bei Hitler nicht gerade großes Ansehen. Und die Möglichkeiten der Justiz waren natürlich beschränkt. Die Anklage, die gegen Grabner erhoben wurde, war meines Erachtens das äußerste, zu dem die Gerichtsbarkeit überhaupt in der Lage war.[26]

Als einer der Frankfurter Richter Hansen fragte, ob er bestätigen könne, dass Morgen ihn über die Massentötungen informiert habe, und wenn ja, mit welcher mentalen Einstellung, erwiderte Hansen:

> Herr Doktor Morgen – das sehe ich heute noch vor mir, wie wenn es gestern gewesen wäre. Und ich weiß noch, wo ich gesessen habe und weiß, wo Doktor Morgen gestanden hat. [...] Und da hat Doktor Morgen mir erzählt von diesen Massentötungen und war entsetzt und empört über diese Maßnahmen, die da von höchster Stelle durchgeführt wurden. Und er meinte, daß es nun unsere Aufgabe sein müßte, im Rahmen des uns Möglichen das irgendwie einzudämmen wenigstens und das zu verfolgen, was für uns verfolgbar geblieben war.[27]

Bei demselben Gerichtsverfahren in Frankfurt bezeugte Morgens früherer Assistent Gerhard Wiebeck, er sei 1944 erstaunt gewesen,

26 WHT, S. 25991f.
27 WHT, S. 26013f.

dass sich Morgens damalige Anklage gegen mehrere SS-Mitglieder nicht nur auf Korruption bezog, sondern auch die Tötungen durch Vergasung erwähnte.[28]

Die Frage ist, wie die Verfolgung einzelner Verbrechen die Massenvernichtung behindern oder gar das gesamte System kollabieren lassen sollte. Morgen legte dies bei seiner Zeugenaussage beim Prozess gegen die Hauptkriegsverbrecher so dar:

> Es war zu erwarten, daß auch wegen dieser Einzeldelikte die Täter sich auf höhere Befehle berufen würden. Dies ist geschehen. Es mußte daraufhin die SS-Gerichtsbarkeit auf Grund des von mir ermittelten Materials an die höchste Staatsführung herantreten und ihr offiziell die Frage stellen: »Hast Du diese Tötungen befohlen, gilt der gesetzliche Tatbestand des Mordes für sie nicht mehr? Welche Befehle liegen über diese Tötungen generell vor?«[29]

Morgen argumentiert hier, dass die Verfolgung von einzelnen Tötungen die Frage aufwarf, ob diese von oben angeordnet worden waren. Seine Annahme war, dass sich im Zuge der Erörterung solcher Fragen auch jene nach den Befehlen zur massenhaften Tötung stellen würde:

> Dann mußte die oberste Staatsführung entweder von den Tätern abrücken und diese damit endgültig auch wegen der Massenvernichtung unserem Zugriff preisgeben oder aber es mußte zu einem offensichtlichen Bruch kommen durch eine auch äußere Außerkraftsetzung des gesamten Gerichtswesens selbst.[30]

Mit anderen Worten: Untersuchungen der »illegalen Tötungen« würden die höchsten Gremien zwingen, auf die Massenvernichtung zu

28 GWT, S. 19591f.

29 IMT XX, S. 507; online verfügbar unter: {http://www.zeno.org/Geschichte/M/Der+Nürnberger+Prozeß/Hauptverhandlungen/Einhundertachtundneunzigster+Tag+Donnerstag,+8.+August+1946/Vormittagssitzung} (Stand August 2016), S. 553f.

30 Ebd., S. 507f.; online verfügbar unter: {http://www.zeno.org/Geschichte/M/Der+Nürnberger+Prozeß/Hauptverhandlungen/Einhundertachtundneunzigster+Tag+Donnerstag,+8.+August+1946/Vormittagssitzung} (Stand August 2016), S. 554.

reagieren und entweder Leute wie Höß der SS-Gerichtsbarkeit auszuliefern, oder, indem sich die Staatsführung selbst zum Massenmord bekannte, die Rechtsordnung insgesamt zum Einsturz bringen.

Morgen sagt in Nürnberg aus, der Effekt seiner Strategie sei von Beginn an spürbar gewesen, wenn auch weniger dramatisch als eben skizziert:

> Wenn ich zurückgreifen darf, die unmittelbaren Auswirkungen der gerichtlichen Untersuchungen sind aber auch gewesen, daß schlagartig in sämtlichen KZs die Tötungen von Häftlingen im Wege der sogenannten Euthanasie aufhörten, weil kein Arzt mehr sich sicher fühlen konnte, nicht am andern Tag verhaftet zu werden, denn das Beispiel des Standortarztes Buchenwald ist ja allen gegenwärtig. Ich bin also überzeugt, daß durch dieses Eingreifen und Vorgehen mit unmittelbarer Wirkung Tausenden von Häftlingen das Leben gerettet worden ist, daß es zu einer ernsthaften Erschütterung des Tötungssystems selbst gekommen ist.[31]

So weit, so gut. Morgen geht aber weiter und behauptet sogar, dass das anvisierte Vorgehen gegen die »Endlösung« wirklich konsequent verfolgt wurde, bis der Zusammenbruch Deutschlands im Jahr 1945 dem ein Ende setzte:

> Wenn ich vorausgreifen darf, auf Grund der Prozesse in Weimar gegen Koch und Grabner [im Herbst 1944] ist dieses Problem akut geworden, wie von mir vorausgesehen, und nunmehr wurden die Verhandlungen ausgesetzt und von der SS-Gerichtsbarkeit diese Fragen, die ich vorhin anschnitt, offen, offiziell an das Reichssicherheitshauptamt gestellt. Es wurde eigens zu dem Zweck auch noch ein Richter dorthin gesandt, der die Aufgabe hatte, in allen Abteilungen des Reichssicherheitshauptamtes Nachforschungen anzustellen, ob solche Befehle vorliegen. Wie ich hörte, ist das Ergebnis negativ gewesen. Daraufhin wurde nunmehr versucht, gegen Höß selbst zuzugreifen. Aber inzwischen ist die Front vorgerückt. Auschwitz wurde besetzt; der Richter, der dorthin gesandt worden ist, mußte in den Anfängen seiner Untersuchungen, sehr er-

31 Ebd.

> folgreichen Untersuchungen, aufhören und dann trat Januar 1945 eine vollkommene Desorganisation ein, die eine weitere strafgerichtliche Verfolgung nicht mehr möglich machte.[32]

Morgens Darstellung ist insofern richtig, als sich Grabner bei dem Prozess in Weimar zu seiner Verteidigung auf höhere Befehle für seine Tötungen berief. Es wurde deshalb eine Prozessunterbrechung angeordnet, die eine Nachforschung wegen solcher Befehle im Reichssicherheitshauptamt ermöglichen sollte.[33] Es fanden sich keine schriftlichen Unterlagen für solche Anordnungen von oben, und der Prozess wurde nicht wiederaufgenommen. Genau dies wurde beim Auschwitzprozess von Richter Hansen, der 1944 das Weimarer Verfahren gegen Grabner leitete, bestätigt.

Morgen gibt allerdings auch zu verstehen, durch das Fehlen höherer Befehle sei es möglich geworden, die Täter der Massenvernichtung vor Gericht zu bringen und nun auch direkt gegen Rudolf Höß vorzugehen. Schritte gegen Höß wurden in der Tat unternommen, diese zielten jedoch, anders als Morgen hier nahelegt, wiederum nicht direkt auf seine Rolle bei der Massenvernichtung. Morgen war nie in der Lage, die an der »Endlösung« beteiligten Täter für ebendieses monströse Verbrechen anzuklagen.

Morgens Erklärung seiner Taktik beim Hauptkriegsverbrecherprozess in Nürnberg endet mit der Behauptung, er habe die »Aktion Reinhard« durchkreuzt:

> Ich bin also überzeugt, daß durch dieses Eingreifen und Vorgehen mit unmittelbarer Wirkung Tausenden von Häftlingen das Leben gerettet worden ist, daß es zu einer ernsthaften Erschütterung des Tötungssystems selbst gekommen ist. Denn es ist auffällig, daß kurz nach meinem ersten Zutritt zu dem Kriminalkommissar Wirth ich ihn bei meinem zweiten Besuch in Lublin nicht mehr vorfand. Ich stellte fest, daß Wirth in der Zwischenzeit urplötzlich den Befehl erhalten hatte, seine sämtlichen Vernichtungslager bis zum Grunde zu zerstören. Er war mit seinem gesamten Kommando nach Istrien abgezogen worden und machte dort

32 Ebd.
33 WHT, S. 25994; vgl. auch KMI, 4. September 1946, S. 33.

nunmehr die Straßensicherung, und dabei ist er im Mai 1944 auch gefallen. Sofort als ich das hörte, daß Wirth von Lublin weg war mit seinem Kommando, bin ich hingeflogen, um festzustellen, ob er vielleicht nicht nur sein Tätigkeitsfeld verlegte und das dort weiter ausführte; aber dies traf nicht zu.[34]

Dieser Teil von Morgens Aussage scheint vermessen. Wirth verließ Lublin im September 1943 mit dem Ziel Triest, nachdem er die Lager der »Aktion Reinhard« aufgelöst hatte. Morgen verfasste die Anklageschriften gegen Koch und Grabner jedoch erst im Frühjahr und Sommer 1944, also zu einem Zeitpunkt, als Wirth bereits tot war. Morgen wusste also genau, dass die Schließung der Lager der »Aktion Reinhard« nichts mit seiner Anklage zu tun hatte.[35] Er hatte aber in seiner Aussage beim Hauptkriegsverbrecherprozess bereits die Chronologie der Ereignisse verkürzt, seine vollen Informationen über die »Endlösung« dann rückdatiert und seinem ersten Gespräch mit Wirth zugeschrieben. Und so fühlte sich Morgen aus Gründen der Konsistenz gezwungen, seine strafrechtlichen Verfolgungen als Reaktion auf die »Aktion Reinhard« darzustellen, obwohl de facto die einzige Vernichtungsaktion durch Gas, welche seine Anklagen noch berühren konnten, jene in Auschwitz-Birkenau war. Die Massenmorde in Auschwitz-Birkenau setzten sich bis zum Sommer 1944 fort – und auf diese hatten Morgens Untersuchungen keine irgendwie bekannten Auswirkungen.

Morgen versuchte noch auf einem weiteren Weg, die Vernichtungsmaschinerie zu stoppen. Er bemühte sich, seine Vorgesetzten

34 IMT XX, S. 507f.; online verfügbar unter: {http://www.zeno.org/Geschichte/M/Der+Nürnberger+Prozeß/Hauptverhandlungen/Einhundertachtundneunzigster+Tag+Donnerstag,+8.+August+1946/Vormittagssitzung} (Stand August 2016), S. 554.

35 Morgen neigt dazu, die Wirkungen seiner Untersuchungen zu überschätzen. In KMW (S. 2900) meint er: »Unmittelbar nach meinem Eingreifen in einem Massenvernichtungslager wie in Lublin wurden diese Vernichtungslager dem Erdboden gleichgemacht. Ich konnte beweisen, dass der Kommandant von Auschwitz Hoess [sic!] offensichtlich Morde begangen hatte [...] Hoess wurde sofort aus seiner Funktion entlassen, und als Folge davon verlangsamten sich die Aktivitäten in Birkenau.« (Morgens Zeugenaussage, im Original in englischer Sprache, Übersetzung H. P.-St.)

darauf aufmerksam zu machen – in der Hoffnung, diese würden dann möglicherweise Hitler zu einem Kurswechsel bewegen:

> Es mußte Hitler veranlaßt werden, seine Befehle zurückzuziehen. Das konnte den Umständen nach nur Himmler in seiner Eigenschaft als Innenminister und Polizeiminister tun. Mein Bestreben, so dachte ich damals, muß es also sein, an Himmler heranzukommen über die Ressortchefs und an Hand der Auswirkungen dieses Systems ihm klar zu machen, daß man mit diesen Methoden den Staat unmittelbar in den Abgrund führt. Ich habe mich daher zunächst an meinen unmittelbaren Vorgesetzten, den Chef des Reichskriminalpolizeiamtes, den SS-Obergruppenführer Nebe, gewandt. Ich habe mich weiter an den Chef des Hauptamtes SS-Gericht, SS-Obergruppenführer Breithaupt, gewandt. Ich habe auch Vorstöße bei Kaltenbrunner und dem Chef der Gestapo, dem Gruppenführer Müller und dem Obergruppenführer Pohl vom Wirtschafts-Verwaltungshauptamt und dem Reichsarzt SS, SS-Gruppenführer Dr. Grawitz unternommen.[36]

Morgen spricht bei mehreren Gelegenheiten über Treffen mit diesen leitenden SS-Offizieren, allerdings ist aus dem Kontext oft nicht genügend klar ersichtlich, wie viele solcher Unterredungen stattfanden und ob diese »legale« oder »illegale« Tötungen oder gar beides betrafen.

Laut seiner Zeugenaussage beim Auschwitzprozess hat Morgen in einem Fall nicht selbst den Kontakt zu Gestapo-Chef Müller gesucht, sondern wurde von diesem wegen der Verhaftung Maximilian Grabners, der ja Müllers Mann in Auschwitz war, vorgeladen. Morgen berichtet in Frankfurt:

> Ich habe dann Grabner sofort festnehmen lassen. Darauf wurde ich zum Chef der Geheimen Staatspolizei, dem SS-Gruppenführer Müller, zum Rapport ins Reichssicherheitshauptamt bestellt.
>
> Schon beim Eintritt brüllte mich Müller an, was ich da für einen Unfug gemacht hätte, ich hätte wohl kein Verständnis für staatspolizeiliche Aufgaben, so in dieser Tonart. Ich versuchte, sehr ruhig zu blei-

36 IMT XX, S. 506f.; online verfügbar unter: {http://www.zeno.org/Geschichte/M/e/M/Der+Nürnberger+Prozeß/Hauptverhandlungen/Einhundertachtundneunzigster+Tag+Donnerstag,+8.+August+1946/Vormittagssitzung} (Stand Juli 2016), S. 553.

ben, und sagte ihm etwa sinngemäß: Gruppenführer, ich bin kein Gestapo-Beamter, sondern ein SS-Richter und auf das Gesetz vereidigt. Schließlich leben wir ja noch in einem Rechtsstaat, und es gibt Grenzen, an die sich auch die Gestapo zu halten hat. Müller, der wurde weiß wie Kalk. Er sprang auf, er brüllte mich an, was ich mir erlaube, für eine Sprache mit ihm zu führen, er, ein General der Waffen-SS, und ich, was ich sei, ein einfacher Obersturmführer, ein Würstchen. Das werde er mir beweisen, soll mich rausscheren! Und damit warf er mich buchstäblich zur Tür hinaus.

Ich stand nun in diesen großen, leeren, endlosen Gängen des Gebäudes, des früheren Kaiser-Friedrich-Museums, glaube ich, und war überzeugt, daß der Mann in seinem Haß, in seiner Wut sofort unten die Wache anrief. Denn jeder, der da reinwollte, der mußte da einen Besucherschein ausfüllen, wurde namentlich festgehalten, und diesen beim Herausgehen wieder abgeben. Ich war überzeugt, wenn ich also jetzt rausgehe, daß ich verhaftet würde und in einem der Keller da verschwände. Ich [Pause] überlegte mir meine Situation und sagte: Du mußt, koste es, was es wolle, den Gruppenführer Müller umstimmen. Und so bitter es ist, und so schwer es dir fällt, du mußt noch mal in die Höhle des Löwen rein. Jedenfalls der Versuch muß gemacht werden. Und nachdem ich mir das überlegt hatte – inzwischen waren fünf oder zehn Minuten vergangen –, da ging ich noch mal ins Vorzimmer rein und sagte, ich hätte dem Gruppenführer noch eine wichtige Meldung zu machen. »Bitte, vorgelassen zu werden.«

Zu meiner Überraschung ging die Tür auf, und Müller, der war in der Zwischenzeit auch wieder ruhig geworden. Ich entschuldigte mich für mein militärisch unziemliches Auftreten und sagte ihm: »Gruppenführer, eigentlich bin ich hierhergekommen, um Ihren Rat und Ihre Weisung für die weiteren Untersuchungen zu erbitten.« Und plötzlich war der Müller wie umgewandelt. Er sagte auf einmal: »Aber bitte sehr, stehe Ihnen zur Verfügung.« »Kamerad Morgen«, sprach er mich an, »nehmen Sie Platz.« Ich sagte ihm: »Gruppenführer, es ist doch richtig, daß in jeder Personalakte eines Konzentrationslager-Kommandanten und eines Leiters einer Politischen Abteilung in einem Konzentrationslager ein Revers von dem Betreffenden unterzeichnet [Faksimile] steht, der lautet, daß über das Leben eines Staatsfeindes der Führer entscheidet.«[37] »Ja«, sagt er, »das stimmt.« Sagte ich ihm: »Ich nehme doch auch

37 In einer seiner CIC-Vernehmungen nennt Morgen dieses Prinzip (»Ueber das Leben eines

richtig an, daß diese Machtbefugnis auf Sie als den Chef der Geheimen Staatspolizei und sonst niemand anderen delegiert worden ist.« Sagt er: »Jawohl, das ist richtig.« Dann sagte ich: »Wie würden Sie denn dann beurteilen, wenn ein Ihnen weit untergebener, ohne Ihnen eine Meldung zu machen, auf eigene Entschließung, nach eigenem Gutdünken Häftlinge töten würde?« »Na, das ist doch unmöglich, das gibt es doch nicht.« Also sagte ich ihm: »Sehen Sie, Gruppenführer, so mißachtet man Ihre Autorität in den Konzentrationslagern. Das hat der Untersturmführer Grabner getan, und deshalb habe ich ihn verhaftet.« Sagt er: »Das ist aber anders, so habe ich die Sache nicht gesehen.«[38]

Morgen wehrt sich geschickt gegen die Angriffe des Gestapo-Chefs, indem er Grabners Verbrechen als Angriffe auf dessen Autorität darstellt.[39] Bei diesen Verbrechen handelt es sich aber um »illegale« Tötungen, während Morgen in Nürnberg behauptet, dass er an Müller nicht nur wegen dieser Verbrechen, sondern auch wegen der Massenvernichtung durch Gas herantrat.

Diese Inkonsistenzen lassen sich möglicherweise klären, wenn man Morgens Zeugenaussage beim Kriegsverbrecherprozess gegen Oswald Pohl berücksichtigt:

F. Zeuge, wir wissen, dass Mueller hinsichtlich der Vernichtung der Juden Himmlers Stellvertreter war, diesem befehlsmäßig untergeordnet. Haben Sie mit Mueller gesprochen?
A. Ja, das habe ich. [...]
F. War er überrascht, als Sie ihm Ihr Wissen um die Vernichtung der Juden darlegten?
A. Obergruppenführer Müller war überrascht, als ich ihm über die illegalen Exekutionen in den Konzentrationslagern berichtete, also über die rechtswidrigen Tötungen, und er war auch überrascht über das Ausmaß der Verbrechen; er war aber keineswegs überrascht, von der Vernichtung der Juden zu hören, also von einer unmenschlichen Behandlung,

sogenannten Staatsfeindes entscheidet der Fuehrer selbst«) als die rechtliche Grundlage seiner Verfolgung der Morde in den Konzentrationslagern (vgl. KMI, 18. Januar 1947, S. 4).

38 KMF, S. 5582-5585.

39 An anderer Stelle sagt Morgen, dass er zunächst zum Bericht bei Kaltenbrunner, dann bei Nebe und schließlich bei Müller einbestellt wurde (vgl. KMI, 4. September 1946, S. 31).

die angeordnet worden war, und er sagte ironisch zu mir. »Warum verhaften Sie nicht mich?«[40]

Es scheint also, dass die »illegalen« und die »legalen« Tötungen Thema ein und derselben Unterredung waren.

An diesem Punkt seiner Zeugenaussage beim Prozess gegen Pohl wird Morgen gefragt, ob er auch Horst Bender, dem Verbindungsoffizier zwischen Himmler und dem Hauptamt SS-Gericht, über die Massenvernichtung Bericht erstattete:

> F. Zeuge, haben Sie jemals mit Richter Bender, dem Chefrichter des Reichsführers-SS über diese Angelegenheit gesprochen, und welchen Eindruck hatten Sie dann? Wusste er von diesen Dingen?
> A. Ich hatte den Eindruck, zumindest zu jener Zeit, dass der Mann darüber absolut überrascht war. Natürlich habe ich ihm, Oberfuehrer Bender davon erzählt, denn er war ein Richter, der dem Reichsfuehrer-SS direkt berichtete und diesen auch konsultierte. Ich habe auch dem Chef des Hauptamts SS-Gericht, Obergruppenfuehrer Breithaupt, davon erzählt. Ich kann unter Eid aussagen, dass beide Persönlichkeiten entsetzt waren, von diesen Dingen zu hören. Ich bin jemand, der [...] das internationale Recht kennt, und auch die Prinzipien, die für das Recht der verschiedenen Länder gelten, und aus diesem Grund habe ich keinen Zweifel daran gelassen, dass wenn ein Staat solche Verbrechen begeht, diese fatale und schreckliche Folgen für den Staat selbst haben. Und ich bin überzeugt, dass als Ergebnis meiner Untersuchungen ich anhand konkreter Fälle zeigen konnte, dass die, die solche blutigen Praktiken ausübten, zu völligen Verbrechern wurden. Vollkommen verdorben.[41]

Aus dieser Passage geht klar hervor, dass Morgen mit seinen Vorgesetzten über die von der Staatsführung angeordnete Vernichtung der Juden sprach – ob nun in der Absicht, eine Änderung von Hit-

40 KMP, S. 6695f. (Übersetzung der im Original in englischer Sprache protokollierten Zeugenaussage Morgens H. P.-St.; zu beachten ist, dass das Protokoll des von den Amerikanern angestrengten Nachkriegsprozesses gegen Oswald Pohl nur auf Englisch vorliegt).
41 KMP, S. 6696f.

lers Befehlen zu erwirken oder nicht, bleibe dahingestellt. Und er sprach insbesondere mit den höherrangigen Juristen in der Erwartung, dass diese die Vorgänge gleichfalls als Verbrechen und Verletzungen internationalen Rechts beurteilten.

Das internationale Recht, auf das sich Morgen in diesen Unterredungen stützen konnte, waren die bei den Haager Friedenskonferenzen von 1899 und 1907 unterzeichneten internationalen Abkommen. Diese kennen noch nicht den Begriff »Verbrechen gegen die Menschlichkeit«, der zur Grundlage für die gerichtliche Verfolgung der nationalsozialistischen Gräueltaten wurde. Die Präambel des Haager Abkommens von 1907[42] erwähnt aber »Gesetze der Menschlichkeit«, die als Prinzipien des Völkerrechts in Kriegszeiten Soldaten und Zivilbevölkerung schützen sollen. Diese Prinzipien seien, wie es in der Präambel heißt, so lange in Kraft, bis eine weiter greifende Konvention über die im Kriege geltenden Regeln angenommen werde.[43]

Bis zu den Nürnberger Kriegsverbrecherprozessen sahen viele Juristen in diesen »Gesetzen der Menschlichkeit« nicht rechtliche, sondern nur moralische Grundsätze und bezweifelten, dass diese Prinzipien überhaupt eine Strafverfolgung stützen könnten. Erst als die noch lebenden Vertreter der nationalsozialistischen Führung in Nürnberg wegen »Verbrechen gegen die Menschlichkeit« angeklagt und verurteilt wurden, kam diesen »Gesetzen der Menschlichkeit« die Autorität des Gesetzes zu.[44]

42 »Haager Abkommen betreffend die Gesetze und Gebräuche des Landkriegs vom 18. Oktober 1907« (sogenannte »Haager Landkriegsordnung«).

43 Die relevante Passage der Präambel der »Haager Landkriegsordnung« lautet: »Solange, bis ein vollständigeres Kriegsgesetzbuch festgestellt werden kann, halten es die hohen vertragschließenden Teile für zweckmäßig, festzusetzen, daß in den Fällen, die in den Bestimmungen der von ihnen angenommenen Ordnung nicht einbegriffen sind, die Bevölkerung und die Kriegführenden unter dem Schutze und der Herrschaft der Grundsätze des Völkerrechts bleiben, wie sie sich ergeben aus den unter gesitteten Völkern feststehenden Gebräuchen, aus den Gesetzen der Menschlichkeit und aus den Forderungen des öffentlichen Gewissens. Sie erklären, daß namentlich die Artikel 1 und 2 der angenommenen Ordnung in diesem Sinne zu verstehen sind.« (Online verfügbar unter: {http://www.brandtcomputer.de/Voelkerrecht/Texte/1910_107.html} [Stand August 2016])

44 In seinen Nachkriegsvernehmungen ist sich Morgen offensichtlich dieser normativen Än-

Morgen musste erkannt haben, dass die Massenvernichtung klar die »Gesetze der Menschlichkeit« und somit die Haager Konvention verletzte. Was aber konnte er schon erwarten, wenn er sich 1944 gegenüber seinen Vorgesetzten auf internationales Recht berief – also zu einem Zeitpunkt, an dem das nationalsozialistische Deutschland seit Jahren internationales Recht ganz offen verletzt hatte, ohne sich um irgendwelche juristischen Konsequenzen auch nur im Geringsten zu scheren. Die Antwort ist, dass es Morgen nicht darum ging, Bender und Breithaupt auf die Illegalität der Massenvernichtung hinzuweisen. Bei den »fatalen und schrecklichen Folgen«, vor denen er sie warnte, handelte es sich um die Korruption der beteiligten Täter. Dies ist genau, was er Grawitz zu verdeutlichen suchte, indem er von der »Seuche der Korruption, Verrohung der Menschen« sprach.[45]

In diesen Protesten bediente sich Morgen einer Sprache, die seine Vorgesetzten verstanden. Himmler selbst hatte das Risiko der Brutalisierung ebenfalls erkannt. In seiner zweiten Posener Rede vor SS-Offizieren erklärte Himmler am 6. Oktober 1943:

> Es mußte der schwere Entschluß gefaßt werden, dieses Volk von der Erde verschwinden zu lassen. Für die Organisation, die den Auftrag durchführen mußte, war es der schwerste, den wir bisher hatten. Er ist durchgeführt worden, ohne daß – wie ich glaube sagen zu können – unsere Männer und unsere Führer einen Schaden an Geist und Seele erlitten hätten. Diese Gefahr lag sehr nahe. Der Weg zwischen den beiden hier bestehenden Möglichkeiten, entweder zu roh zu werden, herzlos zu werden und menschliches Leben nicht mehr zu achten oder weich zu werden und durchzudrehen bis zu Nervenzusammenbrüchen – der Weg zwischen dieser Scylla und Charybdis ist entsetzlich schmal.[46]

derung bewusst. In der maschinengeschriebenen Fassung seiner eidesstattlichen Erklärung fügte er bei der Auflistung der Verbrechen Karl Otto Kochs handschriftlich »Verbrechen gegen die Menschlichkeit« hinzu (vgl. KMI, eidesstattliche Erklärung vom 29. Januar 1947, S. 2).

45 KMI, 11. Oktober 1946, S. 16.

46 Himmler 1974 [1943], S. 169f., Rede vor den Reichs- und Gauleitern in Posen am 6. Oktober 1943.

In seiner oben bereits zitierten ersten Posener Rede vom 4. Oktober 1943 betonte Himmler, die SS habe dieses Problem bewältigt:

> Von Euch werden die meisten wissen, was es heisst, wenn 100 Leichen beisammen liegen, wenn 500 daliegen oder wenn 1000 daliegen. Dies durchgehalten zu haben, und dabei – abgesehen von Ausnahmen menschlicher Schwächen – anständig geblieben zu sein, das hat uns hart gemacht. Dies ist ein niemals geschriebenes und niemals zu schreibendes Ruhmesblatt unserer Geschichte.[47]

Diese Reden wurden kurz vor Morgens Entdeckung des Erntefest-Massakers und seiner folgenschweren Besichtigung von Auschwitz-Birkenau gehalten. Seine daraus resultierenden Warnungen an Bender, Breithaupt und Grawitz artikulierten also Bedenken, welche die SS-Führung bereits beschäftigten. Im Gegensatz zu Himmler war Morgen allerdings nicht der Meinung, Massenmord richte keinen »Schaden an Geist und Seele« an. Morgen selbst betrachtete den Massenmord als Ausdruck der Korrumpierung des gesamten Gemeinwesens, als einen Missstand, der die moralische Grundlagen des Staates zerstörte und diesen geradewegs in den Abgrund führte. Wenn er jedoch zu seinen Vorgesetzten sprach, betonte er die Bedrohung der SS-Tugenden.

Morgens Strategie, etwas gegen die »Endlösung« zu tun, erwies sich als alles andere als erfolgreich. Niemand hörte auf seine Vorhaltungen, und zu der Zeit, als die von ihm Angeklagten vor ein SS-Gericht kamen, hatten die Tötungen in den Gaskammern bereits ein Ende gefunden.

47 PS-1919, S. 66.

15. ADOLF EICHMANN

Morgen bewegte sich, wie die bisherige Betrachtung seiner Laufbahn zeigt, in einem äußerst komplexen und ambivalenten normativen Umfeld. Zum einen sah er sich mit der Aufgabe konfrontiert, eine den Prinzipien der Rechtsstaatlichkeit und Gerechtigkeit verpflichtete berufliche Rolle, nämlich die des Richters, in einer ideologisch-politischen Schlüsselorganisation des NS-Staates auszufüllen. Zum anderen wusste er inzwischen um die politische Kontrolle seiner Tätigkeit durch die SS. Dies zwang ihn zum Lavieren zwischen Anpassung auf der einen und der Verfolgung von SS-Straftaten gemäß einem über allen ideologischen Bindungen stehenden Ideal der Unparteilichkeit auf der anderen Seite. Seine Degradierung zum einfachen Soldaten im Mai 1942 und die nachfolgende Versetzung an die Ostfront hatten ihn offensichtlich gelehrt, mit größtmöglicher Rückendeckung durch die leitenden Instanzen der SS-Gerichtsbarkeit vorzugehen. Morgen versuchte, wie die Dokumente belegen, immer wieder die Billigung seiner Aktivitäten durch den Reichsführer-SS zu gewinnen, oftmals durch direkte Vorsprache bei Himmlers Rechtsberater Bender. Doch mit seinem Wissen um das Erntefest-Massaker und der Entdeckung der »Endlösung«, also von Verbrechen, die ihren Ausgang direkt in der Machtzentrale der SS hatten, verkomplizierte sich dieses Unterfangen. Morgen musste nun seine auf die Massenvernichtung zielenden Ermittlungen noch indirekter anlegen, verdeckt durch deren heimliche Verfolgung im Rahmen offiziell von Himmler angeordneter Untersuchungen.

Diese Doppelbödigkeit ist besonders auffällig in seinen Ermittlungen gegen Adolf Eichmann, der die Deportation der Opfer in die Vernichtungslager organisierte. In seiner Zeugenaussage in Nürnberg gibt Morgen an, einen Haftbefehl gegen Eichmann initiiert zu haben:

Ich habe das SS-Gericht Berlin ersucht, die Untersuchungen gegen Eichmann auf Grund meiner Hinweise durchzuführen. Das SS-Gericht Berlin hat daraufhin dem Chef des RSHA, SS-Obergruppenführer Kaltenbrunner – in seiner Eigenschaft als Gerichtsherr – einen Haftbefehl gegen Eichmann vorgelegt. Dr. Bachmann berichtete mir, daß es bei dieser Vorlage zu dramatischen Auftritten gekommen ist.

Kaltenbrunner hat Müller sofort zugezogen, und nun wurde dem Richter erklärt, eine Verhaftung käme unter gar keinen Umständen in Frage, denn Eichmann führe einen geheimen Sonderauftrag des Führers von höchster Wichtigkeit aus.[1]

Morgen datiert die geschilderten Ereignisse auf Mitte 1944. Beim Eichmann-Prozess in Jerusalem 1961 kommt diese Episode dann ebenfalls zur Sprache. Der israelische Staatsanwalt meint sogar, das Gericht verfüge über den damaligen Haftbefehl,[2] doch leider findet sich dieser Haftbefehl nicht in den Prozessunterlagen. Alles, was wir haben, ist Eichmanns Zeugenaussage, die da lautet:

A. Die ganze Sache spielte sich nicht 1944, sondern 1943 ab. 1943 suchten mich zwei Beamte der Kriminalpolizei in meiner Abteilung auf. Sie erkundigten sich nach einem Beutel mit Diamanten oder anderen Edelsteinen, und ich sagte ihnen, dass ich etwas darüber wüsste, dass ich

1 IMT XX, S. 514; in deutscher Sprache online verfügbar unter: {Der+Nürnberger+Prozeß/Hauptverhandlungen/Einhundertachtundneunzigster+Tag+Donnerstag,+8.+August+1946/Vormittagssitzung} (Stand September 2016), S. 561; vgl. auch KMP, S. 6696; KM5, S. 556; und KMW, S. 2900: »Ich sollte etwas hinzufügen. Ich ging so weit, Kaltenbrunner einen Haftbefehl gegen Eichmann, der für die Vernichtung der europäischen Juden verantwortlich war, vorzulegen. Was mich betrifft, so beschränkte ich mich nicht auf Fälle von Korruption oder ähnliches; ich tat vielmehr alles, um der Ausbreitung dieser Auswüchse ein Ende zu setzen.« Morgens Erklärung in KM5 (S. 559f.) belegt, dass er doch eine Reihe von Informationen über Eichmanns Aktivitäten hatte; vgl. auch die Zeugenaussage von Günther Reinecke (IMT XX, S. 443): »Namen wie Höß und Eichmann sind in unseren Verfahren aufgetaucht. Gegen beide lief auch ein Verfahren, das bei Kriegsende noch in den Anfängen steckte.« (Online verfügbar unter: {http://www.zeno.org/Geschichte/M/Der+Nürnberger+Prozeß/Hauptverhandlungen/Einhundertsiebenundneunzigster+Tag.+Mittwoch,+7.+August+1946/Vormittagssitzung} [Stand Juli 2016], S. 482)

2 *The Trial of Adolf Eichmann: Record of the Proceedings in the District Court of Jerusalem*, 39. Sitzung, 15. Mai 1961, Band II, S. 712; online verfügbar unter: {htttp://www.nizkor.org/hweb/people/e/Eichmann-adolf/transcripts} (Stand Juli 2016). Eichmanns Verteidiger liest in der 87. Sitzung am 6. Juli 1961 die relevanten Passagen aus Morgens Nürnberger Zeugenaussage vor (ebd., Band IV, S. 1550-1553).

mich aber nicht an das Was und Warum erinnern könne. Und dann gingen sie wieder. Monate später wurde ich informiert, dass ich zum SS- und Polizeigericht in Berlin kommen solle. Ich ging an einem Spätnachmittag dorthin und meldete mich, weil ich glaubte, dass sie eine Information oder Ähnliches wollten, aber stattdessen wurde ich von einem Richter, Baumann oder Baumgarten, vernommen. Das war darüber, was mit diesen Edelsteinen geschehen sei. Und nachdem ich eine Aussage gemacht hatte, dass ich darüber etwas wüsste, aber mich an nichts Genaues erinnern könne, was damit geschehen sei, wurde ich vernommen, und ein Protokoll wurde von einem anwesenden Polizisten der Ordnungspolizei gemacht.
F. Und das Ergebnis war, dass sich diese Anschuldigung als haltlos herausstellte?
A. Das Ergebnis war, dass ich nach der Rückkehr [meine Beamten] beauftragte, die Unterlagen durchzusehen, und [diese] durchsuchten die ganze Nacht die Akten, und dann fanden sie einen brieflichen Austausch zwischen Mueller und Gluecks [Richard Glücks war ab 1939 Leiter der Inspektion der Konzentrationslager], in dem [...] Mueller Gluecks unterrichtete, dass es einen Beutel mit Edelsteinen im Safe der Zentrale der Geheimen Staatspolizei gebe. Und dieser Brief, der noch aus der Zeit meines Vorgängers – Lischka – stammt, musste irgendwie an mich gekommen sein, als ich die Abteilung übernahm; darum konnte ich mich an diese Sache mit den Edelsteinen und den Beutel mit Diamanten erinnern, das sagte ich dann und das war es.

Ich brachte diesen Brief meinem Vorgesetzten – Gruppenführer Mueller – und berichtete ihm von der Vernehmung vom Vortag, und dann später hörte ich, dass der Richter Baumann meine Verhaftung bei meinem Vorgesetzten, Kaltenbrunner, beantragt hatte und dort abgewiesen worden war. Ich selbst wurde von den Herrschaften des Polizeigerichts sehr grob behandelt. Bei meinen Mitarbeitern [...], solange der Brief nicht gefunden wurde, hinterließ das einen schlechten Geschmack, denn es handelte sich ja um eine kriminelle Angelegenheit, und deshalb bat ich darum, dass sich dieser Richter Baumann oder Baumgarten bei mir in der Gegenwart von Mitgliedern meiner Abteilung entschuldigte. Und der Mann kam und entschuldigte sich bei mir dafür, wie ich behandelt worden war.[3]

3 *The Trial of Adolf Eichmann: Record of the Proceedings in the District Court of Jerusalem*, 105. Sitzung, 20. Juli 1961, Band IV, S. 1801; online verfügbar unter: {htttp://www.niz

In vielen Details stimmt Eichmanns Version der Ereignisse mit Morgens Bericht überein. Obwohl Eichmann den Namen des Richters nicht mit Sicherheit nennen kann, sind seine Vermutungen – »Baumann« oder »Baumgarten« – dem von Morgen angegebenen Namen »Bachmann« sehr ähnlich. Nach Morgens Aussage wurde der Versuch, Eichmann zu verhaften, Mitte 1944 unternommen, und Eichmann sagt, dass die ersten Nachforschungen 1943 stattfanden und der Haftbefehl dann »Monate später« erging, was sich wiederum mit Morgens Angaben deckt. Wie Morgen erinnert sich auch Eichmann, dass die Verhaftung durch den Einspruch Kaltenbrunners verhindert wurde. Und die von dem Richter erzwungene Entschuldigung klingt ganz nach den »dramatischen Auftritten«, über die Morgen dann später von seinen Kollegen in Berlin informiert wurde.

Eichmanns Beschreibung der gegen ihn erhobenen Vorwürfe ist praktisch unverständlich: Alles, was wir sagen können, ist, dass es um ein Säckchen mit Diamanten oder, allgemeiner, Juwelen ging. Ein möglicherweise veruntreuter Beutel mit Diamanten war jedoch genau die Art von Vergehen, die Morgen interessiert haben könnte – ein geringfügigeres Delikt, das zu untersuchen er befugt war und das er laut seinen Nachkriegsaussagen für Anklagen benutzte, mit denen er die »Endlösung« zu behindern hoffte. Nach Eichmanns Darlegung war die Sache mit den Diamanten ein ungeklärter Fall aus der Zeit seines Amtsvorgängers. Diesen alten Fall wieder auszugraben und mit Eichmann in Verbindung zu bringen, wäre zweifellos weit hergeholt, doch Morgen behauptete ja, alles Erdenkliche getan zu haben, um die Vernichtungsmaschinerie zu stören.

Morgen musste das SS-Gericht in Berlin bitten, gegen Eichmann vorzugehen, da ihm selbst die Kompetenzen dafür fehlten. Die ihm von Himmler übertragenen Befugnisse beschränkten sich auf die Untersuchung von Verbrechen in den Konzentrationslagern, doch Eichmanns Verantwortlichkeit endete auf den Bahngleisen, wo die

kor.org/hweb/people/e/Eichmann-adolf/transcripts} (Stand Juli 2016) (Anm. der Autoren: Eichmanns Zeugenaussage ist in englischer Sprache; Übersetzung der Aussage H. P.-St.).

Deportierten die von ihm organisierten Züge verließen. Warum überschritt Morgen so deutlich seinen Zuständigkeitsbereich?

Die Antwort hat mit Ereignissen in Ungarn zu tun. Die deutsche Wehrmacht hatte Ungarn am 19. März 1944 besetzt. Grund war die Befürchtung des NS-Regimes, Ungarn, ein Verbündeter Deutschlands, würde infolge der sich abzeichnenden Niederlage des Deutschen Reichs einen Waffenstillstand und Sonderfrieden mit den Alliierten aushandeln.[4] Die Verfolgung der jüdischen Bevölkerung Ungarns war fester Bestandteil des Besatzungsplans der Deutschen.

Mitte 1944, als Morgen sich an das SS-Gericht in Berlin wandte, organisierte Eichmann, der unmittelbar nach den deutschen Besatzungstruppen mit seinem Kommando in Budapest eintraf, die Deportation der ungarischen Juden. Eichmann blieb bis Weihnachten 1944 in Budapest aktiv.[5] Der Großteil der jüdischen Deportierten, mehr als 400 000 Personen, wurde ab Anfang Mai innerhalb von zehn Wochen in Zügen nach Auschwitz transportiert. Zwei Drittel von ihnen wurden bereits bei der Ankunft in den Gaskammern getötet.[6]

Eichmanns Tätigkeit in Ungarn verlangte, dass er auch nach Auschwitz reiste, um die Aufnahme der Flut von Deportierten im Lager, präziser gesagt: in den Gaskammern, zu koordinieren.[7] Da

4 Die ungarische Regierung hatte ab dem Sommer 1943, vor allem in Kontakten mit Großbritannien, mögliche Optionen für ein Ausscheiden Ungarns aus dem Kriegsbündnis mit dem Deutschen Reich geprüft und verfolgt (vgl. Ránki 1978; Gerlach & Aly 2002, S. 91-148).

5 *The Trial of Adolf Eichmann*: *Record of the Proceedings in the District Court of Jerusalem*, Band VII, Aussage Adolf Eichmanns vor der israelischen Polizei, S. 268f., S. 304f., S. 1070f.; *The Trial of Adolf Eichmann: Record of the Proceedings in the District Court of Jerusalem*, 39. Sitzung, 15. Mai 1961, Band II, S. 712; online verfügbar unter: {htttp://www.nizkor.org/hweb/people/e/Eichmann-adolf/transcripts} (Stand Juli 2016). Eichmanns Stab umfasste nur wenige hundert Männer. Ohne die Kooperation der ungarischen Behörden, vor allem der Gendarmerie, wären die Deportationen der ungarischen Juden nicht möglich gewesen. Maßgeblich für die Umsetzung der Verfolgung war auch der Druck des deutschen Reichsbevollmächtigten für Ungarn, Edmund Veesenmayer, auf die ungarische Regierung; der HSSPF von Ungarn, Otto Winkelmann, trieb die Ghettoisierung und Deportation der Juden ebenfalls voran (vgl. Ránki 1978, S. 297-347; vgl. auch Gerlach & Aly 2002, S. 117-148; Braham 1981, Band I, S. 386-417).

6 Cesarani 2004, S. 246f.

7 *The Trial of Adolf Eichmann*: *Record of the Proceedings in the District Court of Jerusalem*,

die Deportationen aus Ungarn von Anfang Mai bis Anfang Juli 1944 dauerten, könnten sich Eichmanns Aufenthalte in Auschwitz zeitlich mit Morgens Untersuchungen im Lager überschnitten haben, die zum Beispiel auch das Verhör eines Adjutanten des Lagerkommandanten im Mai 1944 umfassten.[8] Es ist also durchaus möglich, dass sich die Wege Morgens und Eichmanns kreuzten.

Zudem erhielt Morgen einen Auftrag von Himmler, der ihn direkt in Eichmanns Aktivitätsbereich in Ungarn führte. In einem Brief vom 16. Juni 1944 an das Reichskriminalpolizeiamt in Berlin beklagt sich Morgen über das Ausmaß seiner immer noch unerledigten Fälle und fügt hinzu: »Wie ich bereits dem Gruppenführer Nebe schriftlich mitteilte, soll ich vom Reichsführer-SS einen weiteren Komplex erhalten, der von Ungarn nach Auschwitz spielt.«[9] Morgen ersucht in dem Schreiben um einen Assistenten, der die anfänglichen Ermittlungen in weiteren anstehenden Fällen übernehmen sollte.

Morgen reiste nach Ungarn, erreichte dort aber nicht viel.[10] In einer Aussage nach dem Krieg gibt er vage an, im Frühsommer 1944

10. Sitzung, 19. April 1961, Band I, S. 137, S. 143; 39. Sitzung, 15. Mai 1961, Band II, S. 712; online verfügbar unter: {htttp://www.nizkor.org/hweb/people/e/Eichmann-adolf/transcripts} (Stand Juli 2016). Eichmann erklärte gegenüber Willem Sassen, der ihn in Argentinien interviewte, dass er vor der Ankunft großer Häftlingstransporte, zum Beispiel jener aus Ungarn, in ständigem Kontakt mit den Lagern, besonders Auschwitz, gewesen sei (ebd., S. 75. Sitzung, 20. Juni 1961, Band III, S. 1367). Bei seinem Prozess erinnert sich Eichmann, dass er Auschwitz vier- bis sechsmal besucht habe; allerdings macht er keine genauen Angaben zu den Zeitpunkten dieser Besuche (ebd., 93. Sitzung, 12. Juli 1961, Band IV, S. 1633; 99. Sitzung, 17. Juli 1961, S. 1712).

8 GWA, S. 5.

9 F65, S. 122, Brief von Konrad Morgen an Oberregierungsrat Lobbes vom Reichskriminalpolizeiamt in Berlin. Morgen war zur Zeit der Abfassung dieses Schreibens bereits dem allgemeinen *Z. b. V.*-Gericht beim Hauptamt SS-Gericht in München zugeordnet und dort tätig.

10 KMI, 4. September 1946, S. 19. Dass Morgen in spezieller Mission in Ungarn war und offenbar nur kurz dort blieb, wird von einer Zeugenaussage des am SS-Gericht Budapest tätigen SS-Richters Anton Baumgartl im Zuge des Ermittlungsverfahrens gegen den Budapester HSSFP Winkelmann bestätigt. Baumgartl sagt, er habe nie von Konrad Morgen oder von Untersuchungen Morgens in Ungarn gehört; er fügt hinzu, dass solche Untersuchungen nicht ohne das Wissen des SS-Gerichts in Budapest hätten stattfinden können (vgl. HAW[1], S. 43f., Vernehmung von Anton Baumgartl am 10. November 1960 als Zeuge in den Ermittlungen gegen Otto Winkelmann, den früheren HSSPF Ungarn).

in Budapest gewesen zu sein. Er erklärt, dass er Eichmann vernehmen wollte:

> Ich erinnere mich dunkel, im Frühsommer 1944 einmal dienstlich für 2 Tage in Budapest gewesen zu sein. Nach meiner Erinnerung wollte ich dort den damaligen SS-Sturmbannführer Eichmann vernehmen. Anlaß zur Vernehmung war der Umstand, daß Eichmann verdächtig war, aus einem Tresor in Berlin eine Anzahl kostbarer Uhren, anderer Wertsachen und Aktien sich angeeignet zu haben. Wenn ich nicht irre, ist später wegen dieses Vorwurfs sogar Haftbefehl gegen Eichmann erlassen worden.[11]

Der von Morgen angegebene Grund für die geplante Vernehmung Eichmanns deckt sich mit dessen Aussagen in Jerusalem 1961. Der Versuch, Eichmann in Budapest zu verhören, scheiterte allerdings.[12] Morgen versuchte offensichtlich, über den Höheren SS- und Polizeiführer in Budapest, Otto Winkelmann, an Eichmann heranzukommen. Doch als er in Budapest ankam, fand er das Büro Winkelmanns in einem »fast chaotischen Zustand« vor.[13] An die Gründe – ob die Ursache die näher kommende Front war oder ob auf Winkelmann ein Attentat verübt worden war – kann sich Morgen in seiner Aussage nicht mehr erinnern. Da ihm Winkelmanns Adjutant keine Auskunft über dessen Verbleib gab, hielt Morgen einen weiteren Aufenthalt in Budapest für sinnlos und flog nach Deutschland zurück.

Morgens Absicht, Eichmann zu verhören, war nicht die offizielle Begründung seiner Reise; der offizielle Grund war Himmlers persönlicher Auftrag, die Korruption unter den SS-Wachen und in der ungarischen Polizei zu untersuchen. Es war der Verdacht aufgekommen, die begleitenden SS-Wachmannschaften würden die jüdischen Deportierten ihrer Wertgegenstände berauben und damit Schwarzhandel und illegale Devisengeschäfte betreiben. Morgen

11 HAW(2), S. 8-10, Zeugenaussage von Konrad Morgen vor dem Staatsanwalt des Landgerichts Frankfurt am Main, 1. April 1954, S. 1-6, S. 1.

12 Ebd.

13 Ebd.

fügt in seiner Aussage nach dem Krieg hinzu, diese Untersuchungen seien im Sande verlaufen, da die Deportationen mittlerweile beendet und die SS-Wachen versetzt worden waren.[14]

Morgens Auftrag in Ungarn bereitete ihm nach dem Krieg erhebliche Probleme. Im Dezember 1945 beschuldigte sein früherer Vorgesetzter beim allgemeinen »Gericht zur besonderen Verwendung« beim Hauptamt SS-Gericht in München, SS-Richter Kurt Mittelstädt, Morgen in einer eidesstattlichen Erklärung, ein Flugblatt verfasst zu haben, das die deportierten ungarischen Juden aufforderte, ihre Wertsachen mit nach Deutschland zu nehmen. Mittelstädt paraphrasiert in seiner Aussage den Text des Flugblattes folgendermaßen:

> Jüdische Männer und Frauen! Seid unbesorgt, Euch geschieht in Deutschland nichts. Ihr gelangt dort zum Arbeitseinsatz, da Deutschland jede Frau und jeden Mann zur Arbeit benötigt. Werft Eure Wertsachen nicht fort, gebt sie auch nicht an die ungarischen Polizeibeamten ab, sondern nehmt sie nach Deutschland mit. Ihr werdet sie dort vielleicht gebrauchen können.[15]

Mittelstädt behauptet, dieses Flugblatt sei ihm von dem SS-Richter Günther Reinecke, dem Amtschef des Hauptamts SS-Gericht, im Sommer 1944 gezeigt worden.

Anfang der fünfziger Jahre wurden gegen Morgen Ermittlungen wegen Beihilfe zum Mord an den ungarischen Juden eingeleitet.

14 Ebd.

15 F65, S. 71, eidesstattliche Erklärung von Kurt Mittelstädt in englischer Sprache bei einer Vernehmung durch das CIC, 14. Dezember 1945 (die Übersetzung von Mittelstädts Erklärung ins Englische erfolgte durch den vernehmenden amerikanischen Offizier). Eine Kopie der eidesstattlichen Erklärung Mittelstädts (NO-1875) ist Teil von HAW(1), S. 4. Die englischsprachige Fassung des Flugblatts lautet in Mittelstädts Erklärung: »Jewish men and women! Be without fear, nothing will happen to you in Germany. You will be put to work there as Germany needs the labor of every man and every woman. Don't throw away your valuables, don't give them to the Hungarian policemen, but take them with you to Germany. You may need them there.« Die zitierte deutschsprachige Fassung des Flugblatts folgt dem Wortlaut in KMU, S. 32 (= Aktenvermerk vom 6. April 1970, S. 2).

Einer von Morgens früheren Assistenten, Gerhard Wiebeck, bezeugte in einer eidesstattlichen Erklärung, Oswald Pohl habe ihm das inkriminierende Flugblatt 1944 gezeigt.[16] Wiebeck nahm an, die deportierten Juden würden in Auschwitz ohne ihre Wertsachen ankommen, wodurch dem »Dritten Reich« die übliche Möglichkeit der Bereicherung entginge. Das Flugblatt war, so vermutet Wiebeck, Morgens Versuch, die Ablieferung von Wertgegenständen an das Reich wieder sicherzustellen.

In einer 1954 im Kontext der Ermittlungen gegen Morgen gemachten Aussage rudert Mittelstädt zurück und gibt im Gegensatz zu seiner Erklärung im Jahr 1945 an, er wisse nicht mit Bestimmtheit, ob so ein Flugblattaufruf je veröffentlicht wurde.[17] Reinecke sagt im Kontext der Anschuldigungen gegen Morgen aus, dass er die Veröffentlichung aller Aufrufe an Deportierte zu verhindern trachtete, da dies im Ausland den »ungünstigen Eindruck« erweckt hätte, Deutschland würde jüdische Arbeiter benötigen.[18]

In seiner Einvernahme zu diesen Anschuldigungen bestreitet Morgen entschieden, dieses oder ein anderes Flugblatt verfasst zu haben.[19] Er räumt ein, möglicherweise sei an ihn die Frage herangetragen worden, wie die Deportierten vor der Ausraubung durch die Wachmannschaften geschützt werden könnten. Morgen präzisiert:

> Es ist durchaus möglich, dass ich gegenüber solchen Fragen in geeigneter Weise auf die Grundursache hingewiesen habe aus der solche Delikte entstanden. Nämlich die Rechtlosigkeit der Häftlinge und ihr Gefühl ohnmächtig jeder Willkür preisgegeben zu sein bzw. ihre Unkenntnis über die wirklichen Machtbefugnisse der Uniformierten, die ihnen gegenüberstanden.[20]

16 F65, S. 72ff., eidesstattliche Erklärung Gerhard Wiebeck, 22. März 1954, S. 2.
17 HAW(2), Aussage von Kurt Mittelstädt in Bad Tölz, 24. März 1954.
18 HAW(2), Aussage von Dr. Reinecke, München, 29. März 1954.
19 HAW(2), Aussage von Konrad Morgen, Frankfurt am Main, 1. April 1954, S. 2.
20 HAW(2), Aussage von Konrad Morgen vor dem Landgericht Frankfurt am Main, 1. April 1954, S. 3.

Er fügt hinzu, es sei denkbar, dass er dem Chef des Hauptamts SS-Gericht das Ergebnis solcher Gespräche mitgeteilt habe. Er bemerkt einschränkend, dies könne nur im Rahmen einer »berichtenden Tätigkeit« geschehen sein, weil ja die SS-Gerichtsbarkeit nichts mit der Deportation der Juden zu tun hatte.[21] In seiner Vernehmung bemerkt Morgen abschließend:

> Für die abstruse Behauptung, ich hätte jemals geplant, die in den Ghettos ausserhalb befindliche Judenschaft durch Flugblätter aufzufordern sich für ihre Evakuierungen freiwillig zu melden und dazu noch möglichst viele Kostbarkeiten und Wertsachen mitzubringen habe ich nur ein mildes Lächeln.[22]

Die Ermittlungen gegen Morgen wurden im Mai 1955 auf Anordnung des Justizministeriums Baden-Württemberg eingestellt und die Anklage fallengelassen. Das Ministerium argumentierte, es sei »nicht erweisbar, dass der Aufruf tatsächlich veröffentlicht worden ist und dass der Beschuldigte damit die Deportation und spätere Ermordung der Opfer gefördert hat«.[23] Dies klingt nicht eben nach einem Freispruch erster Güte.

1970 wurden erneut Ermittlungen gegen Morgen aufgenommen, dann aber 1972 endgültig mit der Begründung eingestellt, die Anschuldigungen entbehrten jeglicher Grundlage.[24]

21 HAW(2), Aussage von Konrad Morgen, Frankfurt am Main, 1. April 1954, S. 4. Wie Morgen sagt: »Das Hauptamt SS-Gericht [...] konnte daher auch keine verwaltungstechnischen Anforderungen treffen, ja noch nicht einmal sich gutachterlich zu einer solchen Frage, die gar nichts mit Rechtspflege zu tun hatte, äußern.« (Ebd.)

22 HAW(2), Aussage von Konrad Morgen vor dem Landgericht Frankfurt am Main, 1. April 1954, S. 5.

23 HAW(2), Blatt. 45-47. Justizministerium Baden-Württemberg, 24. Mai 1955.

24 KMU, Entscheidung des Landgerichts Frankfurt am Main, datiert mit 6. März 1972, auch in HAW(1), S. 57. Der Staatsanwalt beim Landgericht Frankfurt am Main hielt fest, dass die Vernehmungen von Zeugen keine Belastungen gegen Dr. Morgen ergeben hätten und dass sich kein Zeuge »an das den Gegenstand des Verfahrens bildende Flugblatt oder daran erinnern [könne], daß Dr. Morgen jemals in Budapest tätig gewesen wäre«. Morgen weigerte sich, in dem Ermittlungsverfahren von 1970 auszusagen; er schrieb nur dem Gericht einen Brief, in dem er darauf hinwies, die Anschuldigungen seien bereits in einem früheren Verfahren als nicht begründet zurückgewiesen worden.

In der Tat scheinen die Beschuldigungen wenig plausibel. Morgen war SS-Richter und Untersuchungsbeamter; sein Auftrag bezog sich nicht auf die Sicherstellung von Wertgegenständen. Wenn er überhaupt mit der Angelegenheit befasst war, jüdisches Eigentum für das Reich zu sichern, dann hätte seine Aufgabe darin bestanden, die sich daran bereichernden SS-Wachen anzuklagen. Aufrufe und Flugblätter zu verfassen, war nicht Morgens Metier. Im Sommer 1944 hatte Morgen eben seine Anklageschrift verfasst, in der er den Kommandanten von Buchenwald unter anderem beschuldigte, jüdischen Häftlingen bei ihrer Entlassung nicht ihr persönliches Eigentum zurückgegeben zu haben. Und im Frühsommer 1944 versuchte er, Eichmann zu verhaften. Gemessen an diesen Umständen wäre es für ihn untypisch gewesen, die jüdischen Deportierten aufzufordern, ihre Wertgegenstände mit nach Auschwitz zu nehmen, um dieser dort beraubt zu werden.

Die Archivmaterialien belegen, dass sowohl Mittelstädt als auch Wiebeck kein gutes Verhältnis zu Morgen hatten.[25] Wiebecks eidesstattliche Erklärung nach dem Krieg vermittelt den Eindruck, hier würden ehemalige SS-Offiziere um die Gunst der sie verhörenden amerikanischen Offiziere wetteifern und sich, wenn nötig, gegenseitig diskreditieren. Die Anschuldigungen gegen Morgen müssen aus diesem Blickwinkel gesehen werden.

Morgens Kurzbesuch in Ungarn resultierte, soweit uns bekannt ist, in keinerlei Anklagen. Was wir aber wissen, ist, dass zu der Zeit, als die Deportationen der ungarischen Juden in vollem Gange und sowohl Morgen als auch Eichmann in Auschwitz waren, Morgen ein SS-Gericht ersuchte, Eichmann zu verhaften – und zwar nicht

25 Wiebeck sagt in seiner eidesstattlichen Erklärung nach dem Krieg, dass die Beziehungen zwischen ihm und Morgen gespannt seien; vgl. zum Verhältnis zu Mittelstädt KMN, Morgens Brief an Reinecke, datiert mit 23. Oktober 1944; KMI, 4. September 1946, S. 22; vgl. auch HAW(2), wo Morgen aussagt, Mittelstädt hätte befürchtet, Morgen könnte ihn belastende Evidenz vorlegen, weshalb er ihn schon im Vorfeld habe diskreditieren wollen. Und in der Tat sagt Mittelstädt in seiner Aussage 1954, er sei von einem vernehmenden Offizier im Herbst 1945 darüber informiert worden, Morgen habe ihn beschuldigt, in Wien 45 Feuerwehrmänner zum Tode verurteilt zu haben. Mittelstädt war dann auch wirklich mit einem Ermittlungsverfahren wegen dieses Vorfalls konfrontiert (HAW[2], Aussage von Kurt Mittelstädt, Bad Tölz, 24. März 1954).

wegen Korruption in Ungarn, sondern wegen der Veruntreuung eines Säckchens von Diamanten im Jahre 1943 oder kurz davor.

Die plausibelste Interpretation dieser Ereignisse ist jene, die Morgen selbst nach dem Krieg vertrat. Da er keine Möglichkeit hatte, das Verbrechen des Massenmords gerichtlich zu verfolgen, versuchte er, dagegen etwas zu unternehmen, indem er die Täter für geringfügigere Delikte anklagte. Morgen konnte sich nur ansatzweise an Eichmanns Fersen heften; doch für einen Untersuchungsrichter, der gewillt war, etwas gegen die »Endlösung« zu tun, gab es wohl kaum ein lohnenderes Objekt.

16. DIE SS-PROZESSE IN WEIMAR 1944

Im Herbst 1943 beauftragte Morgen eine von ihm zusammengestellte Kommission mit Nachforschungen in Auschwitz. Diese führten zu Ermittlungen gegen Maximilian Grabner, den dortigen Gestapo-Chef, den Morgen, wie erwähnt, beschuldigte, 2000 Häftlinge im Zuge regelmäßig erfolgender Räumungen des Lagerbunkers ermordet zu haben. Grabner wurde dann am 13. und 14. Oktober 1944 in Weimar von dem allgemeinen »Gericht zur besonderen Verwendung« der Prozess gemacht.

Wichtig zu erwähnen ist, dass die Idee zu diesem allgemeinen *Z. b. V.*-Gericht von Konrad Morgen ausging.[1] Nach seiner Inspektion von Auschwitz empfahl Morgen Himmler dann in einem Schreiben von Anfang Dezember 1943, ein Gericht mit erweiterten Befugnissen zur Untersuchung und Anklage größerer Verbrechenskomplexe in den Konzentrationslagern einzurichten.[2]

Morgen ging es offensichtlich darum, die Morde in den Lagern verfolgen zu können, und so benötigte er ein Gericht, das eine breitere Rechtsprechung als das auf finanzielle Korruption beschränkte *Z. b. V.*-Gericht in Kassel ermöglichte. Das geplante allgemeine *Z. b. V.*-Gericht, das Morgen als »Generalstaatsanwaltschaft« verstand, soll-

1 Morgen hatte bereits im Zuge seiner Untersuchungen in Buchenwald und Lublin angeregt, ein auf Korruptionsfälle in Konzentrationslager spezialisiertes »Gericht zur besonderen Verwendung« (*Z. b. V.*-Gericht) einzurichten (KMI, 4. September 1946, S. 17). Dieses Gericht wurde von Himmler am 3. November 1943 genehmigt und in Kassel errichtet (vgl. NS 7/128, Brief des Chefs des Hauptamts SS-Gericht an den SS-Richter beim Reichsführer-SS vom 23. Dezember 1943).

2 NS 7/128, Brief des Chefs des Hauptamts SS-Gericht an den SS-Richter beim Reichsführer-SS vom 23. Dezember 1943; Brief von Bender, dem SS-Richter beim Reichsführer-SS, an SS-Richter Reinecke, Hauptamt SS-Gericht vom Januar 1944. Wie aus diesen Dokumenten hervorgeht, beantragte Morgen das allgemeine *Z. b. V.*-Gericht am 9. Dezember 1943.

te direkt dem Hauptamt SS-Gericht München unterstellt und damit unzuverlässigen örtlichen SS-Richtern entzogen werden.

Im Mai 1944 stimmte Himmler dann auch der Errichtung dieses allgemeinen *Z. b. V.*-Gerichts in München zu.[3] Warum Himmler ein solches Gericht überhaupt genehmigte, bleibt unklar, doch wir können davon ausgehen, dass ideologische Erwägungen eine Rolle spielten. In seinem Begleitschreiben, in dem er Himmler von der Notwendigkeit einer solchen Instanz zu überzeugen suchte, argumentierte Morgen, die Wehrmacht und die Luftwaffe verfügten bereits über vergleichbare Gerichte, deren geheime Satzungen als Vorbild für die SS dienen könnten.[4] Da sich die SS ideologisch ja immer auf die Fahnen schrieb, in ihren Reihen würden höhere Standards der Anständigkeit und Aufrichtigkeit gelten, kam Himmler praktisch nicht darum herum, das interne System der SS-Disziplin jenem der anderen militärischen Organisationen anzugleichen.

Morgen wurde nun zu der neu geschaffenen Abteilung beim Hauptamt SS-Gericht in München versetzt, die seinen Vorstellungen entsprechend die größeren Verbrechen in den Lagern untersuchen sollte. Allerdings ernannte Himmler Morgen weder zum Leiter dieser Abteilung noch gab er ihm freie Hand.

Bereits Anfang 1944 hatte Himmler angeordnet, keine neuen Untersuchungen zu eröffnen: Morgen sollte sich auf die noch »schwebenden Verfahren« beschränken.[5] Morgen gelang es, diesen Befehl mit der Behauptung zu umgehen, weitere Nachforschungen seien unumgänglich, um den Fall Karl Otto Koch abzuschließen. Himmler drängte dann aber kategorisch auf die Eröffnung eines Prozesses gegen Koch. Wie Morgen nach dem Krieg in einer CIC-Vernehmung sagt, sei es Himmler in erster Linie darum gegangen, vor den versammelten Konzentrationslagerkommandanten »bei naechtlichem Feuerschein« »eine erschuetternde Ansprache [...] an-

3 NS 7/128, Schreiben Himmlers Mai 1944 (Anmerkung der Autoren: Das Datum des Tages fehlt im Originaldokument).

4 NS 7/128, Brief des Chefs des Hauptamts SS-Gericht an den SS-Richter beim Reichsführer-SS vom 23. Dezember 1943.

5 KMI, 4. September 1946, S. 20.

gesichts der baumelnden Fuesse des Koch« zu halten.[6] Jene Lagerkommandanten, die unmittelbar Verbrechen gestanden, sollten straffrei bleiben. Und Morgen, den »dieser (geplante) ganze Zauber« schon damals skeptisch stimmte, fügt hinzu: »So hat sich der Romantiker Himmler das ausgedacht.«[7]

Morgen gelang es zwar, die Untersuchungen fortzusetzen, doch nicht ohne weiteren erheblichen Widerstand. Sein Erzfeind war Oswald Pohl, dem die wirtschaftliche Leitung der Konzentrationslager unterstand. Schon 1941 hatte sich Morgen während seiner Tätigkeit am SS-Gericht in Krakau mit Pohl angelegt. Morgen hatte damals Indizien gegen Pohls Adjutanten Paulsen zusammengetragen und den Fall schließlich dem Hauptamt SS-Gericht übermittelt. Pohl beauftragte daraufhin seinen Rechtsberater Kurt Schmidt-Klevenow, ein wachsames Auge auf Morgen zu haben, während er selbst herumposaunte, Morgen wühle »ueberall im Dreck« und bewerfe »andere Leute mit Dreck«.[8] Morgen kommentiert diese Vorkommnisse in seinen Nachkriegsvernehmungen durch die Amerikaner mit der ironischen Bemerkung: »Das war der Beginn meiner freundschaftlichen Beziehungen zu Pohl.«[9]

Schon 1941 reichte Pohl bei Himmler eine Beschwerde nach der anderen über Morgen ein. Und 1944 war dies nicht anders. In einer eidesstattlichen Erklärung vom 13. Juli 1946 berichtet Morgen:

> Er hat mich beschimpft, verunglimpft, bedroht, fortdauernd heftigste Beschwerden ueber mich an meine vorgesetzten Dienststellen gerichtet, die Tatbestaende abgeschwaecht und verdreht, oertliche Gerichtsherren und Kommandanten aufgehetzt, aus seiner wirtschaftlichen Machtstellung staendig einen Druck auf RSHA und RKPA [Reichskriminalpolizeiamt] ausgeübt.[10]

6 Ebd., S. 21.
7 Ebd.
8 Ebd., S. 12.
9 Ebd., 30. August 1946, S. 12.
10 KM5, S. 558.

Im Sommer 1944 wies Pohl schließlich alle Lagerkommandanten an, kein SS-Richter dürfe ohne einen von ihm genehmigten Ausweis die Lager betreten.[11]

Gestapo-Chef Müller teilte Pohls Haltung und wandte sich zusammen mit seinem Vorgesetzten Kaltenbrunner, dem Leiter des RSHA, an Himmler. Morgen erinnert sich:

> Mitte 1944 holten sie zu dem endgueltigen Schlag aus. Mueller ist mit Kaltenbrunner zu Himmler gegangen und dem sagten sie: »Der Mann hat hervorragend gearbeitet, hat vieles aufgeklaert, hat Riesenerfolge. Aber damit ist nun auch der Gerechtigkeit Genuege getan. Jede weitere kriminalistische Betaetigung in Konzentrationslagern fuehrt zu einer Verwirrung. Die Disziplin der Haeftlinge wird gefaehrdet.« »Ich kann nicht mehr fuer die Sicherheit garantieren«, sagte der eine. »Die Arbeit in den Konzentrationslagern wird gehemmt. Ich kann nicht mehr fuer den Ruestungssektor garantieren«, der andere. Pohl hatte gesagt, er wuerde saemtliche seiner Aemter niederlegen, wenn ich nicht verschwaende. Darauf hat der Reichsfuehrer verfuegt, ich bin abzusetzen.[12]

Der Leiter der neu errichteten Ermittlungsabteilung Ig, Kurt Mittelstädt, befand sich angesichts des Verhältnisses von Morgen zu Pohl in der Zwickmühle. Durch die »Tausende[n] von Akten«, die nun in sein Büro geliefert wurden, zur Verzweiflung getrieben, ersuchte Mittelstädt Morgen, sich voll auf die Arbeit bei der neuen Abteilung zu konzentrieren und die direkten Ermittlungen in den Konzentrationslagern hintanzustellen.[13]

Zunächst hielt sich Mittelstädt im Hintergrund und überließ Morgen die Untersuchungen. Doch dann entschloss er sich, alles selbst zu entscheiden, und nahm Morgen die Akten weg. Als sich Pohls Angriffe verstärkten, wies Mittelstädt Morgen an, sich zurückzuziehen: »Es ist vielleicht ratsam im Interesse des guten Zwecks, wenn Sie [Morgen] sich persoenlich nicht mehr so betaetigen in die-

11 Ebd., S. 559; KMI, 4. September 1946, S. 22.
12 KMI, 4. September 1946, S. 21.
13 Ebd., S. 18f.

ser Sache. Wir haben genug Kraefte, die arbeiten wir ein. Sie stehen mehr im Hintergrund, ueberwachen das ganze.« Morgen bemerkt erklärend: »Dabei hatte ich dann den Eindruck, als ob Mittelstedt [sic!] ein doppeltes Spiel gespielt haette. Wie es gewesen ist, weiss ich nicht. Persoenlich war er immer ziemlich giftig gegen mich.«[14]

Morgen beschreibt Mittelstädts unberechenbares Verhalten ihm gegenüber in einem Brief an seine Verlobte Maria Wachter:

> M. ist ein schwieriger Vorgesetzter. Zu Zeiten wollte er nichts von mir wissen. Heute kümmert er sich um alles u. jedes. Sehr häufig verfällt er in einen rüden Kasernenhofton, der schon beim Gamaschendrill wehe tut, in Fragen allerdings, die nur geschulte Intelligenz zu entscheiden vermag, sachliches Arbeiten lähmt. Sehr leicht fühlt er sich gekränkt. Ein nicht behebbares Mißtrauen läßt ihn hinter harmlosen Vorgängen grobe Insubordination wittern, auf die er mit unangebrachter Schärfe reagiert.[15]

Ende Oktober 1944 verfasste Morgen einen Brief an den Personalchef im Hauptamt SS-Gericht, Günther Reinecke, in dem er sich über Mittelstädts Umgang mit ihm beschwerte und um Versetzung aus dem Münchner Büro bat.[16]

Auch Himmler distanzierte sich zunehmend von Morgen. Als Morgen für das neue Münchner Gericht tätig wurde, war er parallel immer noch offiziell dem Reichskriminalpolizeiamt (RKPA) in Berlin zugeteilt. Morgen befand sich damit in der Situation, an zwei vorgesetzte Stellen berichten zu müssen. Im August 1944 richtete der Chef des Hauptamts SS-Gericht, Franz Breithaupt, an Himmler das Ansuchen, Morgens Zuteilung zum RKPA zu beenden: Morgen sollte fortan nur noch dem Hauptamt SS-Gericht und damit ihm, Breithaupt, unterstehen.[17]

14 Ebd., S. 22.

15 KMN, Brief an Maria Wachter, 22. September 1944.

16 KMN, Brief an Günther Reinecke, 23. Oktober 1944.

17 PKM, Brief von Breithaupt an Himmler vom 3. August 1944. Morgen bemerkt nach dem Krieg, die Versetzung vom RKPA ans Hauptamt SS-Gericht sei ein erfolgreicher Versuch seiner Gegner gewesen, ihn »unter Kontrolle« zu bringen (vgl. NO-2366, »Kurze Bemerkungen zu der Anklageschrift gegen SS Standartenführer Koch, den früheren Kommandanten von Buchenwald [Short remarks to the Bill of Indictement against SS Standarten-

Diese Änderung wurde von Himmler genehmigt, und sein Rechtsberater Bender informierte Breithaupt schriftlich über diese Entscheidung. Morgen blieb neben seiner Tätigkeit als »Untersuchungsführer« beim allgemeinen *Z. b. V.*-Gericht Leiter der in den Konzentrationslagern eingesetzten Untersuchungskommissionen.

Himmler suchte allerdings nach weiteren Wegen, Morgens Tätigkeiten möglichst unauffällig ein Ende zu setzen. So sprach er Morgen seinen Dank für dessen gute Arbeit in den Konzentrationslagern aus und bat das Hauptamt SS-Gericht, zum 9. November 1944 einen Vorschlag zur Beförderung Morgens einzureichen. Zudem gewährte Himmler Morgen drei Wochen Erholungsurlaub, »mit der Massgabe, dass er sich während dieser Zeit mit juristischen Fragen nicht beschäftigen darf«.[18] Himmler wies überdies Bender an, »mit Dr. Morgen noch grundsätzliche Fragen der Untersuchungsführung zu besprechen«.[19] Diese Anordnungen zielten klar auf eine subtile Form der Neutralisierung Morgens.

Der Fall der Buchenwald-Angeklagten – das Ehepaar Koch, Waldemar Hoven und Martin Sommer – kam Anfang September 1944 vor dem *Z. b. V.*-Gericht in Schloss Kranichfeld außerhalb von Weimar zur Verhandlung.[20] Morgen war als der die Untersuchungen leitende Richter anwesend.

Der Prozess wurde für ihn zu einer entmutigenden und auch beängstigenden Erfahrung. Wie Morgen in einem Memo nach dem Krieg bitter bemerkt: »Der wirkliche Prozess war nicht gegen die Beschuldigten, sondern gegen mich, den Untersuchungsrichter und Ankläger [gerichtet].«[21]

führer Koch, formerly commander of the KZ Buchenwald]«, S. 2 [Anmerkung der Autoren: Das Originaldokument ist in englischer Sprache.]).

18 PKM, Brief von Bender an Breithaupt, 26. August 1944. Die Beförderung wurde im November genehmigt (vgl. PKM, Aktenvermerk von Herff, 9. November 1944). Morgen nahm seinen Erholungsurlaub erst im November 1944 (vgl. KMN, Brief an Maria Wachter vom 9. Oktober 1944).

19 PKM, Brief von Bender an Breithaupt, 26. August 1944.

20 Der Prozess in Schloss Kranichfeld muss in den ersten Septembertagen 1944 begonnen haben, denn am 11. September 1944 schrieb Morgen an seine Verlobte Maria Wachter: »10 pausenlose Verhandlungstage liegen hinter mir.« (KMN, Brief Morgens an Maria Wachter 11. September 1944, WHT, S. 26018; vgl. auch NO-2380, HLSL item 2331)

21 NO-2366, »Kurze Bemerkungen zu der Anklageschrift gegen SS Standartenführer Koch,

Was das Blatt wendete, war die Anwesenheit mehrerer hoher SS-Offiziere, die dieses für den Ruf der SS maßgebliche Gerichtsverfahren aufmerksam verfolgten. Unter diesen war Pohls Rechtsberater Schmidt-Klevenow, den Pohl schon 1941 in Krakau auf Morgen gehetzt hatte.[22] Schmidt-Klevenow ließ sich beim gemeinsamen Essen nach den Sitzungen vor den Mitgliedern des Gerichts und den versammelten SS-Offizieren über den Prozess aus. Er beschuldigte Morgen, er habe den Fall Koch und insbesondere den Fall Dr. Hoven völlig übertrieben, um sich wichtig zu machen. Schmidt-Klevenow warf Morgen zudem vor, Himmler falsch informiert zu haben; der gesamte Prozess sei Unsinn, er schade nur dem Ansehen der SS und störe die in den Lagern notwendige Ordnung.[23]

Schon während des Prozesses sahen die Anwesenden in Morgen »einen toten Mann«.[24] Sein Kollege Gerhard Wiebeck erfuhr von der Kriminalpolizei Weimar, dass bereits ein Haftbefehl des Reichssicherheitshauptamts gegen Morgen vorlag. Als Wiebeck einwandte, Morgen, der die Anklageschrift verfasst hatte, könne nicht während des laufenden Verfahrens verhaftet werden, wurde ihm gesagt, Morgen werde nach Ende des Prozesses festgenommen.

Schmidt-Klevenow wandte sich insbesondere gegen die von Morgen hergestellte Verbindung zwischen Korruption und Tötungen. Er argumentierte, Morgen hätte Koch nur wegen Veruntreuung und Unterschlagung anklagen dürfen und möglicherweise einen davon unabhängigen Mordprozess gegen Hoven anstrengen können, dies aber nur nach Einholung von Himmlers Zustimmung.[25] Schmidt-Klevenow bezweifelte, dass Himmler den Befehl, allein der »Füh-

den früheren Kommandanten von Buchenwald (Short remarks to the Bill of Indictement against SS Standartenführer Koch, formerly commander of the KZ Buchenwald)«, S. 3 (Übersetzung H. P.-St., im Original: »And the real trial was not against the accused but against me as investigator and attorney.«)

22 Als Pohls juridischer Berater hatte Schmidt-Klevenow die Macht und das Recht, die Gerichtsoffiziere des WVHA in den Konzentrationslagern zu ernennen. Aus diesem Grund sah Schmidt-Klevenow in der SS-Gerichtsbarkeit und in Konrad Morgen im Besonderen nicht mehr als eine unbefugte Form der Einmischung.

23 KMI, 18. Januar 1947, S. 3; vgl. auch NO-2380, S. 1.

24 KMI, 18. Januar 1947, S. 5.

25 Ebd., S. 6.

rer« könne über Leben und Tod eines Staatsfeindes entscheiden, auf den sich Morgens Anklage stützte, wortwörtlich gemeint hatte; vielmehr habe der Reichsführer diesen nur mit einer *reservatio mentalis*, also einem entsprechenden Vorbehalt, erlassen.[26]

Morgen verlieh seiner Enttäuschung über den Prozessverlauf in einem Brief an Maria Wachter Ausdruck:

> Und alles war anders. Zeugen, die früher [aussagten], machten einen völlig bestürzten, unzuverlässigen Eindruck. Andere, die (früher) verstockt wie ein Stück Holz (waren), packten groß aus. [...] Schutzlos stand ich allein im Sturm als der Mann, über den Gericht gehalten. [...] Ja, der »königliche Richter«! Es ist schon ein trauriges, undankbares Geschäft, Ankläger des Staates gegen staatliche Institutionen zu sein.[27]

Als bei dem Prozess Beweise gegen ihn vorgelegt wurden, gab Koch plötzlich eine neue Erklärung für seine Handlungen ab. Die Ärzte in Buchenwald hätten, so argumentierte er, den Befehl erhalten, alle Tötungen, die sie ausführen sollten, müssten vom Kommandanten genehmigt werden. Daraus habe er geschlossen, er habe als Kommandant die Befugnis, solche Tötungen zu befehlen.[28] Ungeachtet schriftlicher Einwände von Morgen wurde der Prozess daher zur weiteren Klärung der Sachlage vertagt.[29]

Nach der Vertagung des Prozesses gegen Koch und Hoven fand vor dem *Z.b. V.*-Gericht das Verfahren gegen Maximilian Grabner statt. Wie Morgen erwartet, ja sogar gehofft hatte, berief Grabner sich im Zusammenhang mit der Tötung von Insassen im Bunker von Auschwitz auf »höhere Befehle«. Grabner behauptete, die vom RSHA an ihn ergangenen Exekutionsbefehle hätten auch die Anweisung enthalten, diese Befehle zu vernichten.[30] Eine Suche nach

26 Ebd., S. 4; vgl. auch NO-2380, S. 1.
27 KMN, Brief an Maria Wachter, datiert Weimar 11. September 1994.
28 NO-2380, S. 1.
29 In dem erwähnten Brief an seine Verlobte Maria Wachter schreibt Morgen: »Zum Schluß konnte sich das Gericht zu nichts entschließen u. die Sache wurde vertagt, um die Entschließung einer höheren Stelle herbeizuführen.« (KMN, Brief an Maria Wachter, datiert Weimar 11. September 1944)
30 WHT, S. 25993.

diesen angeblichen Befehlen durch einen ans RSHA gesandten SS-Richter blieb ergebnislos.[31]

Der Prozess gegen Grabner wurde daraufhin ebenfalls vertagt und anschließend nie wiederaufgenommen. Im März 1945 hörte Morgen, Grabner sei nach Berlin überstellt und anschließend aus der Haft entlassen worden. Morgen reagierte mit einem Ausbruch äußerster Frustration gegenüber dem mit der Sache betrauten Richter am *Z. b. V.*-Gericht: »Wenn wir den Krieg verlieren, dann sind Sie der erste, der gehaengt wird.«[32] Grabner wurde schließlich bei Kriegsende in Wien verhaftet und nach Polen ausgeliefert, wo er im Krakauer Auschwitzprozess zum Tode verurteilt und im Januar 1948 gehängt wurde.[33]

In seiner Aussage beim Nürnberger Hauptkriegsverbrecherprozess legt Morgen nahe, die Existenz höherer Befehle für die Massenvernichtung sei fraglich geworden, als sich im RSHA keine entsprechenden Unterlagen zu Grabners Tötungen fanden. Damit geriet der Kommandant von Auschwitz-Birkenau, Rudolf Höß, wegen seiner Rolle bei der »Endlösung« ins Visier der Strafverfolgung – und somit rückte endlich, so Morgens Hoffnung, das zentrale Verbrechen in den Fokus. Wie wir im nächsten Kapitel zeigen werden, suchte Morgen im Herbst 1944 verbissen nach Wegen, um Höß für seine Rolle bei der Massenvernichtung in Auschwitz-Birkenau zu belangen. Wie auch in anderen Fällen musste sich Morgen in Bezug auf Höß auf Verbrechen geringeren Ausmaßes beschränken. Morgens Bemühungen waren jedoch vergeblich. Die gerichtliche Ahndung der »Endlösung« war erst dem Tribunal des Nürnberger Hauptkriegsverbrecherprozesses möglich.

Der Buchenwaldprozess gegen Karl Otto Koch, dessen Frau Ilse, Waldemar Hoven und Martin Sommer wurde Mitte Dezember 1944 wiederaufgenommen,[34] wobei Morgen nun lediglich als Zeu-

31 KMI, 4. September 1946, S. 33. Nach dem Krieg behauptete Grabner während seiner Haft in Wien, er habe seine Befehle von Höß erhalten. Auch Höß hatte dies bei seiner Zeugeneinvernahme beim Prozess gegen Grabner in Weimar 1944 so behauptet (GR, S. 35).

32 KMI, 4. September 1946, S. 33.

33 *Der Auschwitz-Prozess* 2007, Zeugenaussage von Dr. Heinrich Dürmayer.

34 KMN, Brief an Maria Wachter, 22. Dezember 1944. In diesem Brief schildert Morgen, der

ge zugelassen war.[35] Das Ergebnis war für Morgen ernüchternd. Koch wurde zwar zum Tode verurteilt, allerdings wegen Veruntreuung und Betrugs, nicht wegen Mordes.[36] Kurz vor Ende des Krieges, Anfang April 1945, wurde er auf Befehl des HSSPF Waldeck erschossen.[37] Ilse Koch wurde aus Mangel an Beweisen freigesprochen. Hovens Verurteilung wurde immer wieder verschoben.[38] Er blieb zunächst in Buchenwald in Haft und wurde schließlich im März 1945 entlassen.[39]

Nach dem Krieg wurde Hoven im Juni 1948 im sogenannten Ärzteprozess in Nürnberg wegen Kriegsverbrechen und Verbrechen gegen die Menschlichkeit zum Tode verurteilt und gehängt. Ilse Koch wurde 1947 von den Amerikanern zu lebenslanger Haft verurteilt. Eine maßgebliche Frage in dem Prozess war, ob sie aus der tätowierten Haut getöteter Gefangener Lampenschirme hatte anfertigen lassen – ein Anklagepunkt, den Morgen aufgrund seiner Durchsuchung der Buchenwalder Wohnung der Kochs 1943 immer für unberechtigt gehalten hatte.[40] Frau Koch sorgte während des Nachkriegsverfahrens für eine Sensation, als sie bekanntgab, im

ja inzwischen wieder nach Krakau versetzt worden war, seine Reise von Krakau zum Prozess in Weimar und dann zu seinen Eltern nach Frankfurt am Main, wo er Weihnachten verbrachte.

35 NO-2366, »Kurze Bemerkungen zu der Anklageschrift gegen SS Standartenführer Koch, den früheren Kommandanten von Buchenwald [Short remarks to the Bill of Indictement against SS Standartenführer Koch, formerly commander of the KZ Buchenwald]«, S. 3.

36 An anderer Stelle meint Morgen, dass Koch in der Tat wegen des Vorwurfs des Mordes verurteilt wurde (vgl. KMO, S. 1; KMT, Track 2, 20:20). In seiner Zeugenaussage beim Prozess gegen die Hauptkriegsverbrecher in Nürnberg sagte Günther Reinecke aus, dass Koch wegen seines gesamten »Systems des Mordes« zum Tode verurteilt wurde, wenngleich sich die Anklageschrift auf einige wenige Fälle beschränkte, für die Evidenz eindeutig vorlag (vgl. IMT XX, S. 441; online verfügbar unter: {http://www.zeno.org/Geschichte/M/Der+Nürnberger+Prozeß/Hauptverhandlungen/Einhundertsiebenundneunzigster+Tag.+Mittwoch,+7.+August+1946/Vormittagssitzung} [Stand September 2016], S. 481).

37 Der zusammen mit Koch inhaftierte Martin Sommer gibt in seinem Bericht den 5. April 1945 an (GMSB, S. 33f.).

38 NO-2366, »Short Remarks to the Bill of Indictment against SS Standartenführer Koch, formerly commandant of the KZ Buchenwald«, S. 2f., im Original englisch; KMI, eidesstattliche Erklärung vom 28. Januar 1947, S. 7f.

39 Ebd., S. 8.

40 KMW, S. 2806f.; KMO und begleitende Dokumente; vgl. auch KMT, Track 5, 15:00.

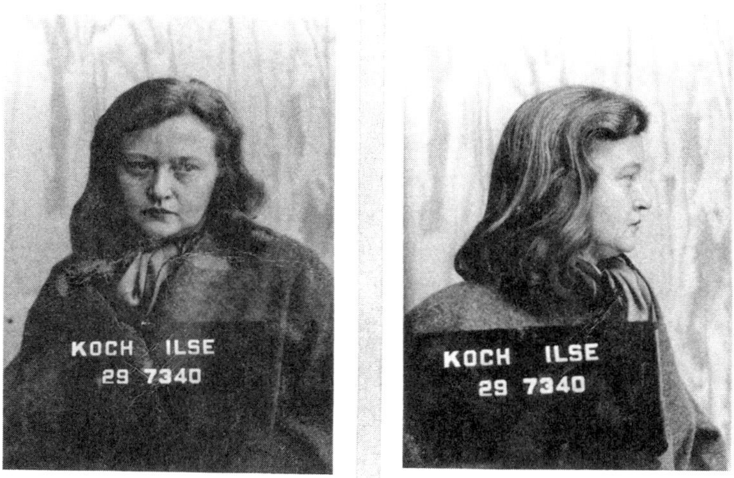

Abb. 11: Ilse Koch in amerikanischer Gefangenschaft, vermutlich 1946.

achten Monat schwanger zu sein. Diese Enthüllung erregte besonderes Aufsehen, da viele der US-Offiziere, mit denen sie während der Haft Kontakt gehabt hatte, Juden waren. Ihr Kind, ein Sohn, wurde ihr nach der Geburt 1947 weggenommen, er erfuhr erst im Alter von 19 Jahren von seiner wahren Herkunft. Ilse Kochs Strafmaß wurde 1948 von den amerikanischen Besatzungsbehörden reduziert, und sie wurde aus der Haft entlassen. Im Jahr 1951 wurde sie dann jedoch in einem weiteren, diesmal von den deutschen Behörden angestrengten Prozess erneut zu lebenslanger Haft verurteilt. Sie nahm sich 1967 im Gefängnis das Leben.

Ilse Kochs grausame Nachkriegsreputation als »Hexe von Buchenwald« übersteigt ihre tatsächliche Rolle bei den in Buchenwald verübten Verbrechen bei Weitem. Von Waldemar Hoven, der Hunderte Häftlinge mit Phenolinjektionen tötete, haben hingegen nur wenige Menschen je gehört.

17. ELEONORE HODYS: ZEUGIN GEGEN RUDOLF HÖSS

Für Morgens Untersuchungen in den Konzentrationslagern waren Zeugen unentbehrlich. Vielfach ließ sich nur mithilfe ihrer Aussagen klären, ob sich hinter Ungereimtheiten in den Aufzeichnungen über Krankengeschichten und den Tod von Häftlingen Verbrechen verbargen und wer gegebenenfalls dafür verantwortlich war. Der Gefahren, denen er Personen aussetzte, die sich ihm anvertrauten, war sich Morgen dabei durchaus bewusst.

Die Unterlagen über mysteriöse Todesfälle in Buchenwald belegten, wie Morgen nach dem Krieg erklärt, dass mögliche Mitwisser schon präventiv beseitigt wurden. Und Morgen selbst erlebte unmittelbar, welch dramatische Konsequenzen die Kooperation mit der SS-Gerichtsbarkeit haben konnte. So wurde der Hauptscharführer Koehler, der belastende Indizien über die Verbrechen Hovens geliefert hatte, praktisch vor Morgens Augen Opfer eines Giftmordes.

Einzig in einem Fall belegen die überlieferten Dokumente Morgens tiefe Anteilnahme für eine Zeugin und seine Sorge um deren Sicherheit:[1] Eleonore Hodys. Der Fall beleuchtet Morgens Beharrlichkeit in der Verfolgung von Höß.

Die aus Österreich[2] stammende Eleonore Hodys kam Ende März

1 Noch in einem anderen Dokument wird Morgen Sorge um die Sicherheit eines Zeugen bescheinigt. Der ehemalige politische Häftling des KZ Buchenwald, Alfred Miller, der Morgen nach langem Zögern doch als Zeuge zur Verfügung stand, sagte in einer eidesstattlichen Erklärung vom 11. November 1947 gegenüber der Entnazifizierungsbehörde in Ludwigsburg aus, Morgen habe ihm zugesichert, sich bei dem für Buchenwald zuständigen HSSPF Waldeck für dessen Freilassung einzusetzen. Miller wurde nach seinen eigenen Angaben dann auch im März 1944 aus Buchenwald entlassen. Miller stellt Morgens Untersuchungen in Buchenwald ein sehr positives Zeugnis aus (vgl. SKV EL 903/3, Bü 2196, S. 17f.).

2 Eleonore Hodys stammte aus Wien; Morgen bezeichnet sie als »tschechische Häftlingsfrau«.

1942 als politischer Häftling ins Konzentrationslager Auschwitz. Unmittelbar nach ihrer Ankunft begann Rudolf Höß, sich für sie zu interessieren. Er richtete es so ein, dass sie in seinem Haushalt Teppiche ausbesserte und Gobelins für seine Frau anfertigte. Höß sorgte zudem dafür, dass Hodys als Gefangene privilegiert behandelt wurde. Während einer Phase der Abwesenheit seiner Ehefrau begann Höß mit Annäherungsversuchen. Nach ihrer Rückkehr Ende September 1942 entließ Höß' Ehefrau daraufhin Hodys. Ungefähr zwei Wochen später, am 16. Oktober 1942, wurde Hodys in den Bunker gesperrt. Höß' Interesse an Hodys erlosch damit jedoch nicht, ab Dezember 1942 suchte er sie regelmäßig in ihrer Zelle auf. Als Folge dieser nächtlichen Besuche wurde Hodys schwanger.

Morgen geht in seiner Zeugenaussage im Frankfurter Auschwitzprozess auf die Geschichte ein:

> Der verheiratete Standartenführer Höß hatte ein Liebesverhältnis mit einer tschechischen Häftlingsfrau namens Hodys begonnen, und der weibliche Häftling war schwanger geworden. Damit die Sache nicht rauskam, da hat er seine Geliebte in den Block 11 bringen lassen, in den Bunker. Und zwar dort in dem Keller befanden sich auch Stehbunker. Ich habe die später beseitigen lassen. Das waren Gelasse, so etwa einen bis anderthalb Quadratmeter groß. Und unten war ein kleines Loch, in das man nur reinkriechen konnte, und dort mußte der betreffende Häftling stehen, solange es der Lagerleitung gefiel. Und im Falle Hodys, da hatte er sogar Anweisung gegeben, dieser Frau, die schwanger war, nichts mehr zu essen zu geben. Sie sollte da verhungern. Aber selbst Teile dieser entmenschten Wachen, die haben diesen Befehl nicht ausführen können. Sondern es fand sich ab und zu einer, der ihr was zu essen gab. So hat sie ihr kümmerliches Leben da weiter fristen können.[3]

Hodys wurde schließlich Ende Juni 1943 aus dem Bunker entlassen. Es gelang ihr, eine Abtreibung zu arrangieren und dann im Lager

3 KMF, S. 5587. Morgens 1964 gemachte Angaben sind nicht ganz akkurat. Nach Hodys' eigenen Angaben kam sie bereits in den Bunker, bevor sie schwanger wurde. Möglicherweise steckte Höß' Ehefrau dahinter. Erst als Hodys im Bunker schwanger wurde, ließ Höß sie in einen Stehbunker verlegen.

als Vermesserin zu arbeiten. Sie entging auch einer Selektion für die Gaskammern.

Morgen wurde auf Hodys durch seinen Assistenten Gerhard Wiebeck aufmerksam.[4] Er sorgte dafür, dass Hodys, die nach ihrer Entlassung aus dem Bunker zunächst an einer Bronchitis und dann an Typhus erkrankt war, im Sommer 1944 in eine Münchner Klinik transferiert wurde, wo er allmählich ihr Vertrauen gewinnen und sie dazu bewegen konnte, im Herbst 1944 gegen Höß auszusagen. Diese Zeugenaussage wurde später in einem Pamphlet abgedruckt, das die Siebte US-Armee im Mai 1945 unmittelbar nach der Befreiung des Konzentrationslagers Dachau veröffentlichte.[5]

Hodys' Zeugenaussage belegt, dass Morgens Untersuchungen eine ernsthafte Bedrohung für Höß darstellten. Sie beschreibt eine Vernehmung, die Gerhard Wiebeck mit ihr und Höß in Auschwitz durchführte, als sie sich im Krankenbau befand:

> [Höß] war sehr erregt und klammerte seine Hände an das Bett, um sich zu stützen. Er bestätigte, dass ich mich sehr ordentlich betragen

4 GWA, S. 4f.

5 Eine englischsprachige Version von Eleonore Hodys' Zeugenaussage ist abgedruckt in Perry 2000, Kap. 5. Eine deutschsprachige Fassung von Hodys' Zeugenaussage (eine Rückübersetzung der englischen Version) befindet sich im Institut für Zeitgeschichte, München; online verfügbar unter: {http://www.ifz-muenchen.de/archiv/zs/zs-0599_1.pdf} (Stand August 2016). Die deutsche Fassung wurde dem Institut für Zeitgeschichte im Jahr 1955 von dem ehemaligen SS-Richter Gerhard Wiebeck übergeben. Eleonore Hodys machte diese Aussage gegenüber Konrad Morgen unter Eid. Dies wird von Wiebeck bestätigt (vgl. GWT, S. 19597). Günther Reinecke sagte in Nürnberg aus, Hodys habe nur unter der Bedingung zugestimmt, mit Morgen zu sprechen, dass ihre Sicherheit garantiert sei. Diese Zusicherung wurde durch ihren Transfer nach München eingelöst (vgl. IMT XX, S. 475f.; online verfügbar unter: {http://www.zeno.org/Geschichte/M/Der+Nürnberger+Prozeß/Hauptverhandlungen/Einhundertsiebenundneunzigster+Tag.+Mittwoch,+7.+August+1946/Nachmittagssitzung} [Stand September 2016], S. 518). Hodys wurde also bewusst nach München verlegt, damit sie dort von Morgen und seinen Mitarbeitern ungestört einvernommen werden konnte. Hodys spricht in ihrer Aussage über ihre Ängste, gegen Höß vor einem SS-Richter auszusagen: »Über die Gefahren, die ich in Verbindung mit meiner Überstellung nach München zu besorgen hatte, sprach ich mit meinem Verlobten. [...] Er riet mir, unter keinen Umständen den Namen des Kommandanten anzugeben.« (Eleonore Hodys, Zeugenaussage gegenüber dem SS-Richter Konrad Morgen, Institut für Zeitgeschichte München, S. 23; online verfügbar unter: {http://www.ifz-muenchen.de/archiv/zs/zs-0599_1.pdf} [Stand August 2016]). Der »Verlobte«, von dem Hodys spricht, war ein Häftling, den sie in Auschwitz kennengelernt hatte.

> hätte und dass ich zu meinem eigenen Schutz in den Bunker eingeliefert worden sei. Er wusste nicht, warum ich in den Stehbunker eingesperrt worden war.[6]

Höß' offensichtliche Unruhe – und blanke Unehrlichkeit – zeigen, wie alarmiert er ungeachtet seiner machtvollen Position wegen Morgens Aktivitäten war.

Morgens Vernehmungen von Hodys in der Münchner Klinik sind in Briefen an seine Verlobte Maria Wachter dokumentiert. Diese Verhöre fanden im Oktober 1944 statt, als der Prozess gegen Koch unterbrochen und das Gerichtsverfahren gegen Grabner ausgesetzt war. Morgen hoffte, Hodys' Aussage würde seine Position in den Weimarer Prozessen stützen. So schreibt er am 9. Oktober 1944: »Gestern abend kam ich von München, wo ich 2 Tage war. Ich habe nun neues Beweismaterial an der Hand, das die ins Stocken gekommenen Weimarer Prozesse doch zum gerechten Ende führen wird – und mir auch insoweit Recht gibt.«[7]

Einige Tage später berichtet er:

> Heute Nachmittag fahre ich wieder nach München zu meiner Gefangenen. Ich schrieb dir schon davon. Ich erhoffe einen großen Erfolg für mein Wirken u. die Köpfe einer großen Anzahl schwerer Verbrecher. Davon abgesehen ist sie [Eleonore Hodys] auch eine in jeder Weise bemerkenswerte Persönlichkeit. Charmant u. sehr fraulich im Sinn des Wiener Typs, akademisch gebildet, weitgereist in Abessinien, Afrika, Palästina, Italien, Apothekerin u. Bakteriologin ihres Zeichens, raffiniert, intelligent u. verschlagen wie kaum eine Evastochter, aber kein Blaustrumpf, eine Künstlerin der Nadel aus deren Händen Wunderwerke der Gobelinwirkerei hervorgegangen sein sollen. Die Kehrseite: kriminell und politisch vorbestraft, geschieden u. seit einem Jahr bettlägrig krank. Die Frau ist ein Willensphänomen. Es ist unglaublich, was sie durchgemacht u. so überstanden hat, daß ihr Wesen und ihr Aussehen kaum darunter gelitten [haben].[8]

6 Eleonore Hodys, Zeugenaussage gegenüber dem SS-Richter Konrad Morgen, Institut für Zeitgeschichte München, S. 23; online verfügbar unter: {http://www.ifz-muenchen.de/archiv/zs/zs-0599_1.pdf} (Stand Juli 2016).

7 KMN, Brief an Maria Wachter, 9. Oktober 1944.

8 KMN, Brief an Maria Wachter, 13. Oktober 1944.

Wenn Morgen Hodys als »meine Gefangene« bezeichnet, meint er nicht, dass er ihr Gefängniswärter ist; in der Formulierung kommt vielmehr die paternalistische Fürsorglichkeit zum Ausdruck, die er Hodys gegenüber empfindet, die sich teils aber zu einer Form der Besitzergreifung steigert. Er zeigt echte Anteilnahme gegenüber ihrem Martyrium, ist aber auch persönlich von ihr angetan:

> Gestern nacht bin ich aus München zurückgekommen. Nach einer 10 stündigen, sehr ergiebigen Vernehmung meiner Gefangenen. Du kannst dir nicht die düstere Trostlosigkeit so einer Zelle, die schlechte Luft, das Gefühl der Beengtheit hinter Gitter, schwerer Eisentüren, Riegeln und Ketten vorstellen. Ich war so erschöpft, daß ich nicht einmal die Zeit bis zur Abfahrt des Zuges voll ausschöpfte. Fast eine Stunde ging ich auf dem Bahnhof München-Ost auf und ab.[9]

Bald beginnt die Situation in der Klinik seine Nerven zu strapazieren:

> [H]eute Nachmittag kam ich von München zurück. Zwei Tage habe ich in der Orthopädischen Klinik verbracht, wo meine Gefangene jetzt liegt. Es ist ein großes Haus mit lauter Kuppeln. Kleine Kinder, erblühende Mädchen mit schleppenden, verkürzten Beinen, kriegsverletzte Soldaten. Sie alle werden betreut von kath. Schwestern, die einförmige weiße Hauben wie Vogelscheuchen tragen. – Nebenbei, sie sind, wie ich feststellen konnte, noch genug Frau geblieben, um auch nette, freundliche Worte, Blicke und Gesten angenehm zu empfinden.
>
> Es liegt eine gute Atmosphäre in diesem Haus u. ich dachte, wie sehr es doch zu unserer versinkenden Gesittung gehört, für die Hilflosen, Entstellten u. Verkrüppelten ohne Ansehen in tätiger Liebe einzutreten.
>
> Mittags kam ein langer Alarm, ich saß unten im Keller mit all den Kranken. Plötzlich fingen die Schwestern mit einem Kinderchor an den Rosenkranz zu beten, »... Du Gebenedeite unter den Weibern, gebenedeit sei die Frucht deines Leibes.... in der Stunde deines Todes....« so ging es in endloser Leier. Ob das sein muß?
>
> Meine Gefangene war sehr schwierig u. fühlte sich auch schlecht. Ich nicht minder. So kamen wir am ersten Tag zu nichts. Nachmittags

9 KMN, Brief an Maria Wachter, 16. Oktober 1944.

um 5 legte ich mich in meiner Unterkunft erschöpft aufs Bett und erwachte anderntags um 9 ½.

Am andern Tag wurde alles nachgeholt. Ich bin froh, dieses, eines der düstersten Kapitel abgeschlossen zu haben. Doch wie bedrückt mich meine jetzige Ohnmacht, nicht mich für diese Unglückliche ganz einsetzen zu können. Mag der Fall auch noch so klar liegen, wenn keine Persönlichkeit dahinter steht, versandet alles im Aktenkram. Wer wird später noch nach ihr fragen, wenn ich der Sache nicht mehr vorstehe! Nur noch ihre Feinde. Und vielleicht muss sie es einmal bitter büßen, mir ihr Vertrauen geschenkt zu haben. Eine Ahnung von dem kam ihr als wir fertig waren. Sie war sehr verzweifelt. Und ich konnte ihr außer meinem guten Willen nichts geben. Was ist das schon für eine so oft enttäuschte Frau.[10]

Diese Briefe enthüllen eine Seite Morgens, die er in seinen offiziellen Eingaben und Stellungnahmen sonst nie offenbart, nicht einmal in seinen späteren informellen Konversationen mit den US-Offizieren, die er während seiner beinahe dreijährigen Gefangenschaft näher kennenlernte. Morgen, der mit Todesurteilen vertraute unerbittliche Richter, zeigt Gefühle – Gefühle der Empathie für andere. In diesem besonderen Fall ist seine Sorge wohl auch durch den persönlichen Charme seiner Zeugin bedingt. Es gibt in der in Morgens Nachlass überlieferten persönlichen Korrespondenz jedoch keinerlei Hinweise darauf, dass er im Umgang mit Eleonore Hodys die Grenzen überschritt, die seine professionelle Rolle zogen.[11] Seine

10 KMN, Brief an Maria Wachter, 22. Oktober 1944.

11 Es gibt keinerlei Belege dafür, dass Morgen seine berufliche Stellung je in sexueller Hinsicht ausnutzte. Er war nicht blind gegenüber der Attraktivität von Frauen (so erwähnte er in seinen offiziellen Berichten an die SS-Gerichtsbarkeit die Schönheit Jaroslawa Mirowskas), er hatte aber, wie die verfügbaren Dokumente und Briefe zeigen, konventionelle bürgerliche Vorstellungen von Geschlechterbeziehungen. Der Charme Mirowskas konnte ihn nicht täuschen. Für die amourösen Abenteuer Ilse Kochs hatte er nur Verachtung übrig (wenngleich er sie vor dem Vorwurf, Lampenschirme aus der Haut toter Häftlinge besessen zu haben, in Schutz nahm). Waldemar Hovens zahlreiche Frauenaffären beeindruckten ihn offensichtlich wenig, und die sexuellen Eskapaden hoher SS-Offiziere wie Fegelein und Faßbender fügten sich für ihn wohl in seine Beobachtungen über den »abgrundtiefen moralischen Sumpf« des damaligen Warschaus. Ein Beleg für Morgens traditionelle Auffassung von Geschlechterbeziehungen ist auch, dass er es als Faktum hinnahm, dass deutsche Soldaten sexuelle Beziehungen zu »fremdvölkischen« Frauen unterhielten,

Haltung ihr gegenüber ist die eines ritterlichen Beschützers, vorrangig aber die des Untersuchungsrichters, der ihre Aussage benötigt.

Die Briefe zeigen aber nicht nur Morgens Fähigkeit zu Anteilnahme und Mitleid, sondern belegen einmal mehr seine bedingungslose, ja »fanatische« Hingabe an seinen selbstgewählten Auftrag – die Verfolgung von Verbrechen in den höheren Rängen der SS. Selbst die Ängste, ja die offene Verzweiflung einer Frau, deren leidvolle und schreckliche Erlebnisse ihn mit Mitgefühl erfüllen, vermögen ihn nicht davon abzuhalten, sie zu einer für sie höchst riskanten Zeugenaussage zu bewegen. Wie stellte sich Morgen die Veröffentlichung dieser Aussage in einer Anklageschrift oder im Rahmen eines Gerichtsverfahrens vor? Wie sollte eine Frau, die als politischer Häftling nach Auschwitz gekommen war, in einem von höheren SS-Offizieren mit Argusaugen verfolgten Prozess als Zeugin der Anklage bestehen können?

Morgen wusste zu diesem Zeitpunkt bereits um seine Ohnmacht als SS-Richter. Die Prozesse in Weimar im September 1944 hatten ihm deutlich seine Grenzen aufgezeigt. Offenbar war er sich auch darüber im Klaren, dass seine Versetzung unmittelbar bevorstand und welche Konsequenzen dies für Hodys haben konnte (»Wer wird später noch nach ihr fragen, wenn ich der Sache nicht mehr vorstehe! Nur noch ihre Feinde.«). Und doch verfolgte er unbeirrt seine Ziele – in dem Fall ein SS-internes Strafverfahren gegen den Kommandanten von Auschwitz. Eleonore Hodys diente gewissermaßen als Mittel zum Zweck: Morgen ging es darum, die persönliche Verfehlung von Höß gegenüber Hodys zu nutzen, um diesen

und als SS-Richter dazu tendierte, diese Fälle von »Rassenschande« gar nicht zu verfolgen.

Persönlich gesehen, war Konrad Morgen seiner Verlobten und späteren Ehefrau Maria Wachter, geb. Blank, tief verbunden. Morgen lernte Maria Wachter im Jahre 1942 kennen. Während der kriegsbedingten räumlichen Trennungen schrieb Morgen seiner Verlobten regelmäßig, im Herbst 1944 und Winter 1944/45 fast täglich (aus dieser Periode ist die Korrespondenz im Nachlass Morgens im Fritz Bauer Institut vollständig erhalten). Die Beziehung überdauerte seine Gefangenschaft (zuerst in Dachau, dann in Nürnberg) vom Herbst 1945 bis zum Mai 1948. Im September 1948 heirateten Konrad Morgen und Maria Wachter.

Abb. 12: Rudolf Höß als Zeuge beim Nürnberger Prozess gegen die Hauptkriegsverbrecher, vermutlich April 1946.

indirekt wegen der größeren Verbrechen verfolgen und anklagen zu können.

Höß konnte von der SS-Gerichtsbarkeit nie für seine Verbrechen zur Rechenschaft gezogen werden. Er wurde erst 1946 in Polen angeklagt und dort zum Tode verurteilt.

18. NEUERLICHE VERSETZUNG NACH KRAKAU UND KRIEGSENDE

Im Herbst 1944 wurde das Hauptamt SS-Gericht in München bombardiert und anschließend nach Prien am Chiemsee evakuiert. In seiner Priener Zeit war Morgen oft melancholisch. Sogar im ländlichen Bayern spürte man nun die Auswirkungen des Krieges. In einem Brief an seine Verlobte schreibt er:

> Es ist nicht nur der nahende Herbst, der den Blick auf die Vergänglichkeit richtet. Täglich tritt sie jäh in anderer Erscheinung in mein Gesichtsfeld. Heute u. gestern Mittag war Alarm. Etwa 350 Bomber zogen in etwa 400 M. Höhe, silbrig glänzend zum Ort ihres Vernichtungswerkes. In weiterer Ferne fiel auf friedliche Gehöfte eine kleine Last. Man merkte die Erschütterung des Bodens.[1]

Angesichts des Schicksals, welches das »Dritte Reich« nun absehbarerweise erwartete, wandte Morgen sich der Literatur zu. Er las erneut Ernst Jüngers Buch *Auf den Marmorklippen* (1939), das von einer idyllischen Kultur erzählt, die von einer diktatorischen Macht zerstört wird. Jüngers Buch wurde oft als Kritik am Nationalsozialismus interpretiert,[2] Morgen interpretierte es im Herbst 1944 als mögliche Grabrede auf Deutschland: »Das Buch, das mir schon bei seinem Erscheinen von tieferer Bedeutung zu sein schien, hat heute eine große Gegenwartsnähe. In seiner Problemstellung: alte Ordnung unterliegt Ansturm des Chaos, wie auch in vielen seiner Sen-

1 KMN, Brief an Maria Wachter, 22. September 1944.

2 Das Buch wäre um ein Haar von Philipp Bouhler, dem Vorsitzenden der Parteiamtlichen Prüfungskommission zum Schutze des nationalsozialistischen Schrifttums, verboten worden. Goebbels wollte den Autor in ein Konzentrationslager einweisen lassen (vgl. Martus 2001, S. 375-379; Schwilk 2007; Keller 1997, S. 19-35).

Fp. Nr. 21731 K.

12. 12. 44

Liebes, ich habe dir bereits 2 Briefe gesandt u. erhielt gestern dein Schreiben v. 5. 12. Ich freue mich sehr über deine gute Stimmung u. bewundere aufs neue die Lebenskunst(?) mit der du dich deine Umwelt angenehm machen kannst.

Diesen Brief gebe ich meinem Chf.(?), dem SS Ostubf. Hanke(?) nach Berlin mit, damit du ihn schneller erhältst. Gestern war die Strecke nach Wien unterbrochen. Ich hoffe sehr, daß dein Zustand nicht zu Besorgnissen Anlass gibt. Möchte aber wünschen, daß auch ohne dies der Krankenhausaufenthalt möglichst lange dauert, denn Pflege unter ärztlicher Überwachung kann niemals schaden.

Mir selbst geht es ausgezeichnet! Bei meinem Eintreffen bestaunte man allgemein mein ausgezeichnetes Aussehen u. hätte nach der Vorstellung der Reichsverhältnisse eine solche Körperfülle nicht erwartet.

Durch meinen Dienstgrad bin ich eine Respektsperson u. werde darüber hinaus sogar mit einer gewissen Ehrfurcht behandelt. Ostubaf. K., scheint mich recht gern zu mögen, er stützt sich sehr auf mich. Er ist ein Herr v. 37 J. mit fast weißem Haar, der entsprechend älter aussieht. Der Kopf erinnert mich an Goethe. Er ist Inspektionsrichter u. hat einen weiten Pflichtenkreis, vorwiegend überwachender Art. Dies bedingt, daß er viel unterwegs ist. Ich bin dann sein Vertreter. Er ist freundlich u. ausgeglichen u. hält auf Distance ohne Kühle zu wecken.

Die anderen Kameraden sind auch sehr nett. Doch ist die Dienststelle zu groß, als daß es zu einem ausgesprochenen geselligen Leben käme. Nur der Mittagstisch ist gemeinsam. Sonst sieht man sich nur dienstlich. Etwas Anschluss habe ich an unseren Psychiater gewonnen, einem Dr. med. Clauss(?), den ich schon einmal in Prien zu examinieren hatte. Wir unterhalten uns viel über psychol. Fragen.

Mein Vorgänger hier, verließ Krakau mit Befriedigung. Er erzählte auch von dienstl. Schwierigkeiten mit dem Hauptamt, übelwollender Beurteilung u. Hintanstellung in der Beförderung. Trotz des aufrichtigen Mitgefühls mit meinem Kameraden war ich doch einigermaßen befriedigt, daß auch andere derartige Widerwärtigkeit in ihrer Laufbahn auszukosten haben.

Im übrigen ist mein besonderer Ruf hier durchaus noch frisch. In einer Sache, die ich übernehmen schrieb ein Beschuldigter, der mich noch nie kennen gelernt hatte in einem Kassiber aufgrund Hörensagens: ‚Ich fürchte K. Morgen einen(?) Blutrichter u. berüchtigter Kriminalist'

Am vergangenen Samstag hatte ich meine erste Sitzung. Die erste wieder nach mehr als 2 Jahren. Es ging gut. Ich habe nichts eingebüßt in der vergangenen Zeit. Mein Dezernat umfaßt vorwiegend besondere Fälle. Im Vergleich zu meiner bisherigen Tätigkeit ist es sehr [illegible]. Angenehm ist die Verschiedenartigkeit der Materie. Doch gibt es auch viel Kleinkram.

Die Untersuchungsführung habe ich natürlich sofort meinen Aufsicht(?) verliehen(?). Ich kann es eben nicht lassen . . .

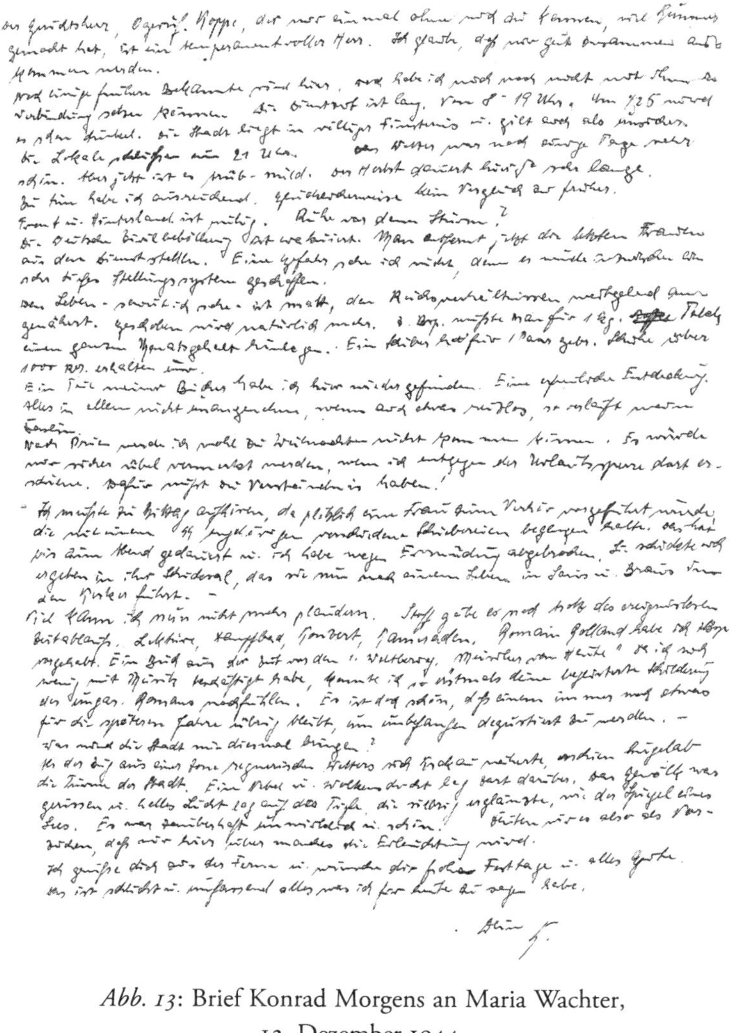
der Gerichtsherr, Obergruf. Koppe, der mir einmal ohne mich zu kennen, viel Kummer gemacht hat, ist ein temperamentvoller Herr. Ich glaube, daß wir gut zusammen auskommen werden.
Noch einige frühere Bekannte sind hier, [illegible] habe ich noch nicht mit ihnen in Verbindung setzen können. Der Dienst ist lang. Von 8 - 19 Uhr. Um ½ 5 wird es schon dunkel. Die Stadt liegt in völliger Finsternis u. gilt auch als unsicher. Die Lokale schließen um 21 Uhr. Das Wetter war noch einige Tage sehr schön. Aber jetzt ist es trüb - mild. Der Herbst dauert hier [illegible] sehr lange.
Zu tun habe ich ausreichend. Gottseidankweise kein Vergleich zu früher.
Front u. Hinterland ist ruhig. Ruhe vor dem Sturm?
Die deutsche Zivilbevölkerung hat verloren. Man entfernt jetzt die letzten Frauen aus den Dienststellen. Eine Gefahr sehe ich nicht, denn es wurde inzwischen ein sehr tiefes Stellungssystem geschaffen.
Das Leben - soweit ich sehe - ist matt, den Reichsverhältnissen weitgehend angenähert. Geschoben wird natürlich auch. Z. Bsp. mußte man für 1 kg. ~~[illegible]~~ Talg einen ganzen Monatsgehalt hinlegen. Ein Schreiber hat für 1 Paar Schuhe über 1000 RM. erhalten [illegible].
Ein Teil meiner Bücher habe ich hier wiedergefunden. Eine erfreuliche Entdeckung. Alles in allem nicht unangenehm, wenn auch etwas ziellos, so verläuft mein Dasein.
Nach Berlin werde ich wohl zu Weihnachten nicht kommen können. Es würde mir sicher übel vermerkt werden, wenn ich entgegen der Urlaubssperre dort erschiene. Dafür mußt du Verständnis haben!
- Ich mußte zu Mittag aufhören, da plötzlich eine Frau zum Verhör vorgeführt wurde, die mit einem SS Angehörigen verschiedene Schiebereien begangen hatte. Das hat bis zum Abend gedauert u. ich habe wegen Ermüdung abgebrochen. Sie schilderte mir ergeben ihr Schicksal, das sie nun nach einem Leben in Saus u. Braus [illegible] den Kerker führt. -
Viel kann ich nun nicht mehr plaudern. Stoff gäbe es noch trotz des ereignislosen Dienstablaufs, Lektüre, Hallenbad, Konzert, Kameraden. Romain Rolland habe ich [illegible]. Ein Buch aus der Zeit vor dem 1. Weltkrieg, „Musiker von Heute“. Da ich mich wenig mit Musik beschäftigt habe, konnte ich so erstmals diese begeisterte Schilderung des jungen Romans nachfühlen. Es ist doch schön, daß einem immer noch etwas für die späteren Jahre übrig bleibt, um unbefangen [illegible] zu werden. -
Was wird die Stadt mir diesmal bringen?
Als der Zug aus einer Zone regnerischen Wetters sich Krakau näherte, erschien hügelab die Türme der Stadt. Ein Nebel u. Wolken dicht lag fast darüber. Das Gewölk war gerissen u. helles Licht lag auf dem Tisch, die silbrig erglänzte, wie der Spiegel eines Sees. Es war zauberhaft unmittelbar u. schön. Deuten wir es also als Vorzeichen, daß mir hier über manches die Erleuchtung wird.
Ich grüße dich aus der Ferne u. wünsche dir frohe Festtage u. alles Gute. Das ist schlicht u. umfassend alles was ich für heute zu sagen habe.
Dein K.

Abb. 13: Brief Konrad Morgens an Maria Wachter, 12. Dezember 1944.

tenzen.«[3] Mit »alte Ordnung« kann hier wohl kaum das nationalsozialistische System gemeint sein, das zum damaligen Zeitpunkt weder alt war noch eine Ordnung darstellte. Morgen bezieht sich vermutlich auf eine frühere Ordnung, für die er nostalgische Gefühle hegte. Dieselbe Nostalgie zeigt sich, wenn er in einem Brief vom Dezember davon spricht, ein »Buch aus der Zeit vor dem 1. Weltkrieg« zu lesen, nämlich Romain Rollands *Musiciens d'aujourd'hui* (*Meister von heute* 1908): »Es ist doch schön, daß einem immer noch etwas für die späteren Jahre übrig bleibt, um unbefangen degustiert zu werden.«[4]

In den Briefen, die Morgen aus Prien an Maria Wachter schreibt, befasst er sich auch mit der Entwicklung der militärischen Lage:

> Die Kameraden von der Front berichten von einem hohen Stand unserer Truppenmoral u. der unstrittigen soldatischen Überlegenheit. Was fehlt, die quantitative u. qualitative Überlegenheit der Waffen wird nachgeholt. Ich habe da auch sehr viel Erfreuliches vernommen. Beim Anblick unserer zerstörten Städte fällt es zwar schwer, daran zu glauben. Und dennoch tut sich sehr viel unbemerkt. Soviel, daß es reicht. Wir wollen uns deshalb den Glauben bewahren. Bisher haben wir uns durchgeschlagen u. das werden wir auch weiter tun.[5]

Um sich Mut zu machen, wendet sich Morgen den Reden der nationalen Führer zu:

> Heute Morgen las ich Dr. Goebbels Rede. Es ist wirklich so, wie er sagt, den Einbußen an industrieller Fertigkeit stehen auf der anderen Seite riesige Neubauten gegenüber, die alle bisherigen Größenordnungen übertreffen. Leider nur hat man sehr spät damit begonnen. Nach dem amerikanischen Angriff auf die Philippinen [am 17. Oktober 1944 waren US-Truppen auf der zentralphilippinischen Insel Leyte gelandet; die Invasion markierte den Beginn der Rückeroberung des Archipels] habe ich neue Hoffnung, der Zeitgewinn für uns möchte gelingen. Meine

3 KMN, Brief an Maria Wachter, 22. September 1944.

4 KMN, Brief an Maria Wachter, 12. Dezember 1944. Diesen Brief sandte Morgen aus Krakau.

5 KMN, Brief an Maria Wachter, 16. Oktober 1944.

große Befürchtung war, die Amerikaner würden ihre ganze Kraft zunächst auf uns allein werfen.[6]

Bereits Ende August 1944 hatte Himmler Morgen drei Wochen Erholungsurlaub gewährt, den Morgen nun im November 1944 in Anspruch nahm. Anfang Dezember wurde Morgen wiederum an das SS- und Polizeigericht Krakau, den Ort seiner ersten Untersuchungen als SS-Richter, abkommandiert. Dies entsprach seinem Wunsch, aus Mittelstädts Einflusssphäre zu entkommen; zugleich diente diese Versetzung Himmlers Ansinnen, Morgen kaltzustellen.[7] In einem Brief an Maria Wachter schildert er seine Ankunft in der Stadt:

> Was wird die Stadt mir diesmal bringen? Als der Zug aus einer Zone regnerischen Wetters sich Krakau näherte, erschien[en] hügelab die Türme der Stadt. Eine Nebel u. Wolkenschicht lag zart darüber. Das Gewölk war gerissen u. helles Licht lag auf der Tiefe, die silbrig erglänzte, wie der Spiegel eines Sees. Es war zauberhaft unwirklich und schön. Deuten wir es also als Vorzeichen, daß mir hier über manches die Erleuchtung wird.[8]

An die Stelle dieses prächtigen Anblicks, der sich Morgen vom Zug aus darbot, trat jedoch schon bald die harte Realität einer Stadt, die von den Wirren des Krieges nach und nach erfasst wurde:

> Um ½ 5 wird es schon dunkel. Die Stadt liegt in völliger Finsternis u. gilt auch als unsicher. Die Lokale schließen um 21 Uhr. […] Das Leben – so weit ich sehe – ist matt, den Reichsverhältnissen weitgehend angenähert. Geschoben wird natürlich mehr. Z. Bsp. müßte man für 1 kg Tabak einen ganzen Monatsgehalt [sic!] hinlegen. Ein Schieber hat für 1 Paar gebr.[gebrauchter] Schuhe über 1000 RM. erhalten usw.[9]

6 KMN, Brief an Maria Wachter, 27./28. Oktober 1944.

7 Vgl. zu Morgens Ansuchen KMN, Brief an Reinecke datiert mit 23. Oktober 1944. Eine Beschreibung von Himmlers Absichten findet sich in PKM, Brief von Bender an Breithaupt, 26. August 1944.

8 KMN, Brief an Maria Wachter, 12. Dezember 1944.

9 Ebd.

Morgen wollte seine Verlobte nach Krakau holen, rückte jedoch im Januar 1945 von diesem Plan ab, da ihm die Lage nun zu gefährlich erschien:

> Ist so die Westfront unzweifelhaft entlastet [Morgen spielt hier wohl auf die letztendlich erfolglose Ardennenoffensive im Dezember 1944/Januar 1945 an], so bahnt sich z. Zt. im Südosten eine neue unheilvolle Entwicklung an. Die Absicht der Sowjets ist deutlich, den Zugang zur Tschechei zu gewinnen, um in Verbindung mit inneren Unruhen den Osten endgültig zum Einsturz zu bringen. Es ist noch nicht klar, ob die Hauptstoßkraft den Weg über Wien oder Preßburg, Olsagebiet sucht. Wie ich von einem Panzerhauptmann aus diesem Kriegsschauplatz hörte, tritt dort der Russe nicht nur mit seiner bekannten Materialüberlegenheit sondern überraschenderweise auch mit ganz ausgezeichnet kämpfenden, ausgestatteten, disziplinierten u. gut geführten Garde Elite Truppen an.[10]

Und doch schien Morgen optimistisch zu bleiben – zumindest demonstrierte er Optimismus gegenüber Maria Wachter: »Ich habe keinen Zweifel, daß ein Masseneinsatz vom Volkssturm die Lücken schließen und die Gefahr schließlich abwenden wird.«[11] Seine eigenen Lebensgeister wurden wiederum von einer Rede Himmlers gehoben, die dieser am 25. Juli 1944 vor einer Wehrmachtsdivision gehalten hatte und die dann später dem Personal des Krakauer SS-Gerichts vorgelesen wurde, um die Moral zu stärken:

> [Die Rede] übt bis heute noch eine ungeheure Wirkung aus u. hat auch mich und alle Kameraden sehr tief beeindruckt. Er sprach von den Offizierstugenden. Man erkannte daraus, wie undeutsch wir bereits geworden waren. Die Rede war von einer noch nie erlebten Offenheit getragen. Der RFSS erwies sich darin als ein großer Mensch mit warmempfindenden Herzen und ungeahnter Praktiker in Truppendingen.[12]

10 KMN, Brief an Maria Wachter, 7. Januar 1945.

11 Ebd.

12 KMN, Brief an Maria Wachter, 10. Januar 1945. Dieser Brief ist ein Zusatz zu dem Brief vom 7. Januar.

Schließlich wurde die Lage auch in Krakau unhaltbar. Am 14. Januar 1945 schreibt Morgen:

> Der Russe steht vor Krakau. Die großen Verteidigungsanlagen sind wohl schon überrannt, weil sie nicht oder zu schwach besetzt [sind]. Wieder einmal hat man sich verrechnet. Wieder einmal ist alles ganz anders geworden. Es ist tief in der Nacht oder früh am Morgen, wie man will. Ich habe unsere Akten und Schreibmaschinen verpacken lassen u. will sie heute ins Reich senden. Dabei ist auch mein Koffer. Ort: Amtsgericht Tarnowitz, OS [Oberschlesien], wo das Gericht einige Räume hat. Wir bleiben hier u. erwarten die russ. Panzer, um sie zu vernichten oder um uns zusammenschiessen zu lassen. Ich bin sehr ruhig u. gelassen. An das Schlimmste denke ich nicht.[13]

Die Deutschen geben Krakau auf. Morgen, der es gewohnt war, von einem Chauffeur gefahren zu werden, setzt sich nun selbst ans Steuer eines alten, unzuverlässigen Opel und fährt durch die dunklen, mit Fahrzeugen verstopften Straßen. Es gelingt ihm, vorwärtszukommen – teils indem er auf den Gehsteig ausweicht. Nach elf nervenaufreibenden Stunden erreicht er Bielitz, eine Stadt südlich von Auschwitz.[14] Obwohl er hofft, in Bielitz ein kleines SS-Gericht einrichten zu können, zwingt ihn die näher rückende Front erneut zur Flucht. Von Bielitz macht er sich auf nach Teschen (Český Těšín) an der polnisch-tschechischen Grenze. Trotz der allgemeinen Auflösungserscheinungen und des Exodus der Zivilbevölkerung schreibt er an Maria Wachter: »Wir haben eine schöne Zeit. Gutes Essen, warme schöne Zimmer. Nichts zu tun.«[15]

Doch auch diese Phase der Ruhe erweist sich als vorübergehend. Von Teschen begibt sich Morgen bald nach Olmütz, von dort nach Brünn und schließlich nach Breslau, wo er bis zum Kriegsende am dortigen SS-Gericht arbeitet. Er gerät dann, wie er angibt, in eine russische Panzeroffensive und wird schließlich ge-

13 KMN, Brief an Maria Wachter, 14. Januar 1945.
14 KMN, Brief an Maria Wachter, 19. Januar 1945.
15 KMN, Brief an Maria Wachter, 22. Januar 1945.

fangen genommen.[16] Wie ihm die Flucht gelang, sollte er später nie erzählen.

Morgen kam erst vier Monate später, also im September 1945, wieder in Prien am Chiemsee an. Dort erfuhr er, dass die Amerikaner ihn bereits suchten: Ein US-Offizier hatte sich in Begleitung von Morgens früherem Kollegen Gerhard Wiebeck bei Maria Wachter über seinen Verbleib erkundigt.[17] Kurze Zeit später stellte sich Morgen in Mannheim-Seckenheim den Amerikanern und wurde dort in Haft genommen.

Die Amerikaner brachten Morgen nach Dachau, wo sie eine Sammelstelle für vermutliche Kriegsverbrecher eingerichtet hatten. Anschließend wurde er nach Nürnberg überstellt, wo er als Zeuge der Verteidigung der SS beim Hauptkriegsverbrecherprozess auftrat. Morgen wurde von August 1946 bis März 1948 vom Army Counter Intelligence Corps verhört – eine belastend lange Zeit, was seine Bereitschaft zur Kooperation in den Verhören strapazierte. So beschwert er sich bei einer Vernehmung im April 1947:

> Ich muss hierauf erwaehnen, dass ich jetzt schon 10 Monate im Gefaengnis bin und dass ich ohne Erklaerung jetzt wieder in strenger Einzelhaft bin, der Grund dafuer ist mir nicht klar und ich fuehle, dass ich unter diesen Umstaenden keine weiteren Aussagen machen kann. Ich moechte erst mal wissen wie meine Lage ist, und ob ich hier nur als Zeuge bin, oder ob man irgendwelche Klagen gegen mich vorbringt.[18]

Morgen wurde dann im Frühjahr 1948 aus der amerikanischen Haft entlassen und zu seiner Entnazifizierung an die deutschen Behörden in Ludwigsburg überstellt. Das Entnazifizierungsverfahren dauerte bis September 1950.[19]

16 KMI, 4. September 1946, S. 22; 6. Dezember 1946, S. 21f.

17 F65, Morgens handgeschriebener Bericht über seinen Weg von Prien nach Mannheim, datiert 14. Dezember 1945.

18 KMI, 4. April 1 1947, S. 1.

19 SKV EL 903/3, Bü 2196 (J/75/5326). In ihrem Urteilsspruch vom 24. Juni 1948 klassifizierte die Spruchkammer in Ludwigsburg Morgen als »Entlasteten«, was besagte, dass er keiner Kriegsverbrechen schuldig war. Die Spruchkammer argumentierte, Morgen habe nicht nur Mut bei der Verfolgung hoher SS-Führer bewiesen, sondern habe sich damit

Morgen und seine Verlobte Maria Wachter hatten bereits während des Krieges heiraten wollten. Als SS-Offizier benötigte Morgen dazu eine Bewilligung des »Rasse- und Siedlungshauptamts«. Dieses verlangte den Nachweis, dass keine rassischen, ideologischen oder gesundheitsbedingten Einwände gegen die Heirat vorlagen. An diesem Punkt kam es zu Problemen. Nach Himmlers Vorstellungen sollten SS-Offiziere robuste junge Frauen ehelichen, die zahlreiche Kinder gebären würden. Maria Wachter aber war bereits verwitwet und außerdem viereinhalb Jahre älter als Morgen.[20] Eine Heirat war daher schon 1942 aufgrund des Altersunterschieds ein erstes Mal nicht genehmigt worden.[21]

Im verzweifelten Bemühen, ihre Gebärfähigkeit zu beweisen, war Maria Wachter im Frühjahr 1944 außerehelich schwanger geworden – doch sie verlor das Kind, nachdem sie bei einem Bombenangriff verwundet worden war. Morgen räumte in einer Darlegung seiner persönlichen Verhältnisse, die er im September 1944 im Zuge seines neuerlichen Ansuchens um eine Heiratsgenehmigung an das Hauptamt SS-Gericht übermittelte, ein, die Aussichten auf

auch am Widerstand gegen das NS-Regime beteiligt. Dieses erste Urteil wurde vom Ministerium für Politische Befreiung Württemberg-Baden aufgehoben. (Dieses Ministerium wurde im März 1946 errichtet. Die zunächst für die Entnazifizierung zuständige amerikanische Militärregierung hatte diesem Ministerium die Entnazifizierung übertragen. Von Oktober 1949 bis 31. März 1954 wurde das Ministerium für Politische Befreiung abgewickelt.) Das Ministerium argumentierte, Morgen habe lediglich die Korruption innerhalb der SS bekämpft, was keineswegs Widerstand gegen die nationalsozialistische Tyrannei bedeutet habe. Ein zweites Verfahren wurde bei dem für Entazifizierungsfälle zuständigen Gericht Nordwürttemberg anhängig. Dieses war Morgen gegenüber äußerst kritisch eingestellt und stufte seine richterlichen Aktivitäten als »Säuberungsmaßnahmen« innerhalb der SS ein (vgl. SKV EL 903/3, Bü 2196 [J/75/5326], Beschluss der Zentral-Spruchkammer Nordwürttemberg, 18. September 1950). Mit seiner Entscheidung vom 18. September 1950 beendete das Gericht auch das Entnazifizierungsverfahren gegen Konrad Morgen. Grundlage dafür war das »Gesetz Nr. 1078 zum Abschluss der politischen Befreiung vom 3. April 1950«, das alle noch laufenden Entnazifizierungsverfahren einstellte.

20 KMH, Fragebogen.

21 KMN, »Meldung des SS Hauptsturmführers Dr. Morgen über persönliche Verhältnisse«, 30. September 1944. Im Jahre 1942 hatte Morgen das SS Rasse- und Siedlungshauptamt ersucht, seine geplante Heirat so rasch als möglich zu genehmigen, da er unmittelbar vor dem Fronteinsatz stünde (vgl. KMH, handgeschriebener Brief vom 27. Juni 1942 ans Rasse- und Siedlungshauptamt).

Abb. 14: Konrad Morgen in der Nachkriegszeit.

eine weitere Schwangerschaft seien nicht günstig.[22] Dennoch erhob zumindest das Hauptamt SS-Gericht gegen diesen zweiten Antrag auf eine Heiratserlaubnis keine Einwände.[23] Das Gesundheitsamt Frankfurt bestätigte Maria Wachters Gesundheit sowie ihre arische Abstammung.[24] Doch die Genehmigung zur Verehelichung wurde erneut verweigert. Morgen schildert dieses persönliche Martyrium in einer CIC-Vernehmung:

> F. Kannten Sie das RuSH [Rasse- und Siedlungshauptamt]?
> A. Ich hatte einmal einen Beruehrungspunkt mit ihm, wo ich ein Heiratsgesuch eingereicht hatte und das abgelehnt worden ist.
> F. Was fuer ein Heiratsgesuch?
> A. Fuer mich selbst.

22 KMN, »Meldung des SS Hauptsturmführers Dr. Morgen über persönliche Verhältnisse«, 30. September 1944.

23 KMH, Genehmigung, unterzeichnet von Günther Reinecke, 11. November 1944.

24 KMH, »Erbgesundheitliche Beurteilung« von Maria Theresia Blank (Maria Wachters früherer Name), 20. Dezember 1944.

F. Wieso ist das abgelehnt worden, war das nicht rassisch wertvoll?
A. Es wurde abgelehnt, den Grund kann ich nicht ermitteln.
F. Ich meine, Ihre zukuenftige Frau Gemahlin war Deutsche?
A. Ja.
F. Und das ist abgelehnt worden, nicht moeglich?
[...]
A. [D]as war heller Wahnsinn. [...] Einem Vetter von mir ging es aehnlich, das war [...] ein alter Kaempfer und seine Frau ebenfalls und die haben ueber 1 Jahr warten muessen, da war ihr Nationalsozialismus gleich geschwunden.[25]

Konrad Morgen und Maria Wachter konnten erst nach Morgens Entlassung aus der amerikanischen Haft heiraten. Die Ehe blieb kinderlos.

25 KMI, 15. Oktober 1947, S. 1f.

NACHWORT

Wie sollen wir den Fall Konrad Morgen beurteilen? In welchem Sinne war Morgen jener »Gerechtigkeitsfanatiker«, als den er sich selbst einmal beschrieb? Wie ist diese Selbsteinschätzung zu verstehen?

Morgen war nicht unbedingt ein fanatischer Anhänger des Nationalsozialismus. In seinen schriftlichen Aussagen während des Kriegs und auch nach 1945 wird Hitler kaum jemals erwähnt. Wenn er Verachtung für Konzentrationslagerhäftlinge zeigte, dann richtete sich diese auf die Kriminellen unter den Gefangenen und nicht per se auf inhaftierte Juden, Roma oder Homosexuelle. Wenn er an eine mögliche Niederlage Deutschlands im Krieg dachte, galt seine Anteilnahme in erster Linie seinen Eltern und dann auch seinen früheren Kameraden im SS-Regiment »Germania«, von denen die meisten Ausländer waren. Morgen war, ungeachtet seiner SS-Mitgliedschaft, nicht besonders empfänglich für rassistische oder totalitäre Einstellungen.

Seine Empfindungen richteten sich, abgesehen von der Liebe zu seiner Mutter und seiner Verlobten, auf seine berufliche Tätigkeit als SS-Richter, eine Rolle, die er mit leidenschaftlicher Überzeugung lebte. Diese Rolle war jedoch in sich konflikthaft und widersprüchlich. Auf der einen Seite musste sich ein SS-Richter an dasselbe Recht halten wie ein Richter der allgemeinen Justiz oder des Militärs: Es gab kein eigenes SS-Strafrecht. Auf der anderen Seite war der SS-Richter angehalten, das allgemeine Recht und das Militärrecht in einer spezifisch ideologischen, für die Mitglieder der Organisation angemessenen Weise anzuwenden. Für Morgen war deshalb eine zweite normative Bindung prägend, von der andere Richter frei waren: die Loyalität zum Wertesystem der SS.

Zunächst fand Morgen Mittel und Wege, um diese dualen Verpflichtungen miteinander in Einklang zu bringen. Indem er Verbrechen vorrangig als Ausdruck eines schlechten Charakters betrachtete, konnte er gleichermaßen das Gesetz und die SS-Standards hochhalten. Morgens intensive, teils geradezu besessene Beschäftigung mit den mannigfaltigen Erscheinungsformen schlechter Charaktere passte deshalb zu seiner Rolle als SS-Richter.

Morgen entwickelte seine eigene Sicht und Interpretation der SS-Tugenden. Seine Empfindlichkeit gegenüber Kritik an seiner SS-Mitgliedschaft und sein Enthusiasmus für die Ehrenvorstellungen der Organisation brachten ihn im Alter von 28 Jahren dazu, Karl Julius Speck wegen einer trivialen Beleidigung zum Duell zu fordern. Doch bald legte sich Morgen seine eigene, etwas nuanciertere Auffassung von Ehre zurecht.

Abgesehen von einigen Standardfloskeln zeigte Morgen kaum bedingungslose Loyalität gegenüber der Partei und dem »Führer«. In der Erfüllung seiner beruflichen Pflichten bewies er gegenüber Heinrich Himmler Gehorsam; er reizte aber die Grenzen der Gehorsamspflicht aus. Vieles bleibt doppelbödig, wenn nicht rätselhaft. Wie konnte er sich im Januar 1945 von Himmlers Rede über die »Offizierstugenden« angesprochen, mehr noch bewegt zeigen und wie konnte er angesichts seines Wissens um das Erntefest-Massaker und die »Endlösung« im Januar 1945 sagen, Himmler sei »ein großer Mensch mit warmempfindenden Herzen«? Die SS-Ideologie holte Morgen immer wieder ein.

In gewissem Sinne war Morgens Loyalität auf eine nach seinen Vorstellungen »ideale SS« gerichtet – eine Art Elitetruppe, die auf Tugenden wie Ehrlichkeit und Integrität eingeschworen war. Morgen blieb dieser völlig irrealen Vorstellung sogar nach dem Krieg verbunden, als er die SS als Organisation verteidigte, während er jene verurteilte, die er als Verräter an diesen Idealen sah.

Wenngleich er der politischen Ideologie der Partei oder der SS nicht fanatisch anhing und auf deren verbrecherische Auswüchse mit Abscheu reagierte, so gehörte Morgen doch beiden Organisationen an und ging mit einigen ihrer zutiefst abstoßenden Eigenschaften konform. Während deutsche Truppen die Juden in Krakau ins Ghetto sperrten, deportierten und erschossen, war er damit beschäftigt, Unterschlagungen und Veruntreuungen von SS-Offizieren zu verfolgen. Wenn er über den Krieg sprach, so tat er dies als deutscher Soldat, der mit der deutschen Sache solidarisch war. Er genoss ein tägliches Dampfbad in Buchenwald, während unterernährte Häftlinge auf vierstöckigen Holzpritschen schlafen mussten. Nachdem er die Gaskammern in Auschwitz-Birkenau gesehen hatte, konnte er sich schockiert über SS-Leute zeigen, die mit jüdischen Mädchen vertraulich umgingen. Er billigte eine harte Behandlung der unterjochten Bevölkerungen im Osten. Als er Ende 1944 nach Krakau zurückkehrte, befriedigte es ihn zu hören, dass seine Reputation als »Blutrichter« intakt war und Gefangene nach wie vor mit tiefer Furcht erfüllte.[1]

Morgen war gewiss ein Arbeitsfanatiker. Er war ständig unterwegs. Schon seine Untersuchungen im Fall Sauberzweig erforderten Reisen nach Warschau, Auschwitz, Berlin, Hamburg, Den Haag und Amsterdam.[2] Ende 1941 musste er in kurzen Abständen zwischen Krakau und Warschau pendeln, während er mit unterschiedlichen Fällen beschäftigt war, von denen einige Kapitalverbrechen betrafen.[3] Seine späteren Ermittlungen in den Konzentrationslagern führten ihn von Buchenwald nach Lublin, Auschwitz und Berlin, in die Niederlande und nach Istrien.

Nichts konnte Morgens Arbeitseifer bremsen. Anfang Dezember 1944, zu einem Zeitpunkt, da der Krieg offensichtlich verloren, die Strafverfolgung Grabners gescheitert und der Prozess gegen die Buchenwald-Täter unterbrochen war, nahm Morgen nach seiner neuerlichen Versetzung nach Krakau seine richterliche Tätigkeit wieder auf, als ob nichts geschehen wäre. Aus Krakau schrieb er im Dezember 1944 an Maria Wachter: »Der Untersuchungsführung habe ich natürlich sofort neuen Auftrieb verliehen. Ich kann es eben nicht lassen ...«[4] Während der Weihnachtsferien 1944, die er bei seinen

1 KMN, Brief an Maria Wachter, 12. Dezember 1944.

2 NO-2366, Brief an Hinderfeld, 27. März 1942, S. 3.

3 NS 7/318, Brief von SS-Richter Norbert Pohl an den Leiter des Hauptamts SS-Gericht in München, Paul Scharfe, 22. Januar 1942, S. 12f.

4 KMN, Brief an Maria Wachter, 12. Dezember 1944.

Eltern in Frankfurt verbrachte, ließ er seine Verlobte wissen: »Und bin nun wieder begierig, an die Arbeit zu gehen.«[5]

Selbstredend hätte Morgen behauptet, seine Arbeitswut diene der Gerechtigkeit, für deren Durchsetzung er sich ja nach eigener Aussage »fanatisch« einsetzte. Doch was verstand Morgen unter Gerechtigkeit?

Eine mögliche Interpretation lautet, dass Morgen Gerechtigkeit schlicht auf die rigide Einhaltung von Regeln und Vorschriften im Dienste der SS reduzierte, dass seine Abneigung gegen Korruption also jener Haltung entsprang, die Himmler in der bereits zitierten Passage seiner Rede am 4. Oktober 1943 in Posen so artikulierte: »Wir hatten das moralische Recht [...], dieses Volk [...] umzubringen. Wir haben aber nicht das Recht, uns auch nur mit einem Pelz, mit einer Uhr, mit einer Mark oder mit einer Zigarette oder mit sonst etwas zu bereichern.«[6]

Die verfügbaren Archivmaterialien sprechen klar gegen eine solche Auslegung. In seinen Eingaben und Berichten während des Krieges zeigt Morgen echte menschliche Anteilnahme für die Opfer des KZ-Systems. In seinen Beschreibungen des Appellplatzes und des Steinbruchs in Buchenwald schildert er eindringlich die Grausamkeit der verantwortlichen SS-Offiziere und Wachen. Und als er den Fall eines ermordeten Juden darlegt, beruft sich Morgen auf den übergesetzlichen Wert individuellen Lebens. Zu bedenken ist, dass diese Passagen von einem Mitglied der SS in Berichten an seine Vorgesetzten verfasst wurden. Morgens moralische Empörung war so stark, dass er keine Bedenken oder gar Angst hatte, dieser auch dort Ausdruck zu verleihen, wo sie kaum freundliches Gehör finden würde.

Morgens Gespür für Ungerechtigkeit und Unrecht beschränkte sich allerdings auf Kriminalität. Soziale und politische Gerechtigkeit waren nicht in seinem Blickfeld. Für ihn zählte, dass Kriminelle die Strafe bekamen, die sie aus seiner Sicht verdienten – und zwar

5 KMN, Brief an Maria Wachter, 26. Dezember 1944.
6 PS-1919, S. 66.

kriminelle Personen, die nicht einfach nur illegal handelten, sondern die schlecht handelten, weil sie einen schlechten Charakter hatten. Morgen übersah den größeren politischen Kontext, der für das Elend und die Schrecken vor seinen Augen verantwortlich war. Während er sich über die Art empörte, wie Juden bei ihrer Aufnahme in Buchenwald behandelt wurden, hatte er nichts zu dem Pogrom zu sagen, das diese Menschen überhaupt dorthin brachte. Er verurteilte das Konzentrationslagersystem nicht aus prinzipiellen Gründen, sondern wegen seines korrumpierenden Einflusses auf Individuen, die dann individuell Verbrechen begingen. Im Fall von Verbrechen war er gegenüber der Bösartigkeit der Straftäter sensibler als gegenüber dem Leid der Opfer. Seine moralischen Empfindungen und Gefühle waren zwar stark ausgeprägt, doch in Fokus und Breite eingeschränkt.

Morgens Dünkel als Jurist verstärkte diese Unangemessenheit, indem sie ihm eine an Selbsttäuschung grenzende Selbstgefälligkeit erlaubte. Als er von der allgemeinen Justiz zur SS-Gerichtsbarkeit wechselte, brachte er das professionelle Ethos eines der Gerechtigkeit verpflichteten Juristen mit, wobei er schlicht übersah, welcher Art von Institution er ab nun dienen würde. Es kam ihm nie in den Sinn, dass es unmöglich war, Gerechtigkeit in einem radikal ungerechten System zu realisieren. Und er zog auch nicht in Betracht, dass er als SS-Offizier unweigerlich auch die Ungerechtigkeiten dieses Systems umsetzte und nicht nur seine eigenen Prinzipien, die mitunter an universellen moralischen Standards orientiert waren.

Analoges kann über sein Verhältnis zur SS gesagt werden. Morgen war in einem gewissen Sinn politisch naiv und blind, was die politisch desaströse, ja verbrecherische Rolle der SS betraf. Er bemühte sich, eine säkulare Form »moralischer Reinheit« in einer Organisation durchzusetzen, die auf ideologische und rassische »Reinheit« zielte – ein Unterfangen, das dem Herstellen von Ordnung in einem Tollhaus gleicht. Er wiederum war mit seinem eigenen moralischen Gleichgewicht zufrieden, obwohl die Welt um ihn herum moralisch vollständig aus den Fugen geraten war.

Morgens irrige Urteile über diese Welt werden besonders deutlich, wenn er Ende 1944/Anfang 1945 seiner richterlichen Tätigkeit in Krakau wieder nachgeht, als ob nichts geschehen wäre. Sein Versuch einer internen Säuberung der SS im Juli 1943 ist die eine Sache; etwas völlig anderes ist es, dieses Projekt auch noch eineinhalb Jahre später zu verfolgen – zu einem Zeitpunkt also, als er die Gaskammern in Auschwitz-Birkenau persönlich gesehen hatte und über die Deportationen aus Budapest Bescheid wusste.

Wir übersehen nicht, dass Morgen Eichmann, Höß und Grabner strafrechtlich zu verfolgen suchte, um »etwas« gegen die Massenvernichtung zu tun. In Anbetracht der Dimension der Fälle, die er im Sommer 1944 bearbeitete, hätte ihn ein Säckchen Juwelen überhaupt nicht interessiert, wäre dies nicht ein möglicher Vorwand gewesen, jenen Mann zu verhaften, der die Transporte von Ungarn nach Auschwitz organisierte. Was den Fall Grabner betrifft, so sagte der vorsitzende Richter des Weimarer Grabner-Prozesses nach dem Krieg aus, ein empörter Morgen habe ihn 1944 vertraulich über die Verbindung zwischen den Grabner zur Last gelegten Delikten und der Massenvernichtung informiert.

Selbst wenn Morgen diese Fälle verfolgte, um etwas gegen die »Endlösung« zu unternehmen, so bleibt doch die Frage: Was genau war es, was er daran falsch fand? Die Frage selbst klingt absurd. Was war falsch an der »Endlösung«? Das ist offensichtlich – und Morgen, der aus erster Hand um den Massenmord wusste, musste das ebenfalls wissen.

Doch aus der Perspektive der Moralphilosophie ist die Antwort nicht ganz so offensichtlich. Denn hier stellt sich die Frage, wie die Immoralität der »Endlösung« angemessen erfasst und ausgedrückt werden kann. Der Philosoph Gilbert Harman schrieb in einem Artikel: »Es klingt merkwürdig zu sagen, Hitler hätte keinen Befehl zur Vernichtung der Juden geben sollen. Dies klingt als Äußerung irgendwie ›zu schwach‹.«[7] Harman verneint selbstredend nicht, dass Genozid unmoralisch ist; vielmehr will er ausdrücken, dass gewisse Weisen, über diese extreme Form von Immoralität zu sprechen, unangemessen sind.[8] Nehmen wir an, jemand sagt: »Die Tö-

7 Harman 1975, S. 7 (Übersetzung H. P.-St.).
8 Zu beachten ist, dass wir Harmans Erklärung dieser Unangemessenheit nicht teilen. Har-

tung von Millionen Juden in den Gaskammern war eine Verletzung ihrer Rechte.« Selbstredend *war* es eine Verletzung ihrer Rechte. Die Verletzung von Rechten erfasst hier aber bestenfalls einen Aspekt des Unrechts: Die Sprache der Rechte klingt zu legalistisch. Auschwitz-Birkenau steht für eine tiefer gehende Form der Missachtung moralischer Standards.

Eine tiefer gehende Einsicht in diese Immoralität findet sich in Hannah Arendts Bemerkungen zum Todesurteil gegen Eichmann. Arendt schreibt: »Er [Eichmann] konnte nicht länger auf der Erde unter den Menschen bleiben, weil er in ein Unternehmen verwickelt war, das zugegebenermaßen gewisse ›Rassen‹ für immer vom Erdboden verschwinden lassen wollte.«[9] Sie wendet sich dann direkt an Eichmann:

> So bleibt also nur übrig, daß Sie eine Politik gefördert und mitverwirklicht haben, in der sich der Wille kundtat, die Erde nicht mit dem jüdischen Volk und einer Reihe anderer Volksgruppen zu teilen, als ob Sie und Ihre Vorgesetzten das Recht gehabt hätten, zu entscheiden, wer die Erde bewohnen soll und wer nicht. Keinem Angehörigen des Menschengeschlechts kann zugemutet werden, mit denen, die solches wollen und in die Tat umsetzen, die Erde zusammen zu bewohnen.[10]

Diese Unwilligkeit, die Welt mit anderen zu teilen – dieser Anspruch, sich über andere und die Grundbedingung menschlicher Sozialität zu stellen, sich also über die Bedingung hinwegzusetzen, eine Person neben anderen zu sein, kommt der Immoralität der »Endlösung« etwas näher als der Hinweis auf verletzte Rechte. Die »Endlösung« war nicht nur das ungeheuerlichste Unrecht in der Geschichte der Moderne, sondern auch das ungeheuerlichste Beispiel von Un-

man argumentiert, eine Beurteilung von Hitlers Entscheidung als falsch setze voraus, dass Hitler durch den Hinweis, seine Entscheidung sei falsch, zu deren Revision hätte bewegt werden können, wohingegen Hitler, wie Harman es formuliert, »jenseits des motivationalen Einflusses der relevanten moralischen Erwägungen« war (ebd., S. 8). Unserer Ansicht nach ist die Kategorie »falsch« allein nicht in der Lage, die Immoralität, die hier ins Blickfeld kommt, gänzlich zu erfassen.

9 Arendt 1986 [1963], S. 402.

10 Ebd., S. 404.

menschlichkeit. Gemäß dem für das Nürnberger Tribunal geschaffenen Begriff war es ein »Verbrechen gegen die Menschlichkeit«, da es sich gegen die Gemeinschaft der Menschen richtete, die eine Welt teilen.

Manchmal kam Morgen einer angemessenen Reaktion nahe. So bemerkt er zum Beispiel nach dem Krieg zum Erntefest-Massaker: »Ich hielt mich als Mensch für verpflichtet, dieser Ungeheuerlichkeit nachzugehen.«[11] Mit seinem verbohrten Blick auf kriminelle Einzelfälle war er allerdings meistens zu sehr in seiner juridischen Rolle gefangen, um die größere Perspektive auf die Verhältnisse zu haben. Letztendlich war er gezwungen, seine eingeschränkte Sicht aufzugeben, als er direkt mit dem industriellen Massenmord konfrontiert wurde. Seine erste Reaktion bestand darin, ins Ausland fliehen zu wollen. Doch dann entschloss er sich, in seiner Position als SS-Richter zu verbleiben und mit den unzulänglichen Mitteln, die ihm diese bot, das System von innen zu untergraben – eine Entscheidung, die mit den Weimarer Prozessen in der Ausweglosigkeit endete. Im Anschluss daran beschränkte sich Morgen auf die üblichen Aktivitäten eines Richters in der SS.

Dennoch können wir nicht behaupten, Flucht wäre eine moralisch bessere Option gewesen als das Festhalten an seiner beruflichen Position, so widersprüchlich und mehrdeutig diese auch war. Ob er sich für die Emigration in die Schweiz hätte entscheiden sollen, statt die Verfolgung einzelner Tötungen im Gesamtkontext des Massenmords fortzusetzen, ob er diesen kriminellen Sumpf mit Waffengewalt hätte bekämpfen sollen – das sind Fragen, die wir im Nachhinein nicht definitiv beantworten können und wollen. Morgen erkannte, wenn auch mit Einschränkungen, dass er eine moralische Katastrophe erlebte, und er versuchte, etwas dagegen zu tun – was sehr viel mehr ist als über andere damalige Fanatiker gesagt werden kann.

11 KMD(1), S. 8. Tatsächlich wurde das Massaker nicht allein von Morgen, sondern von einer ganzen Kommission untersucht, bei der es sich möglicherweise um die von Dennerlein handelte; vgl. den Bericht von Walter Többens, WTR, S. 30; vgl. auch den Bericht von Hans Lauffs, LA, S. 2f.; vgl. auch eine eidesstattliche Erklärung von Erich Muhsfeldt, EM, 16. August 1947, S. 5f.

In seinem beruflichen Umfeld war Konrad Morgen eine singuläre Erscheinung: Kein anderer SS-Richter ging in seinen Ermittlungen und Anklagen so weit. Morgen forderte das System der SS-Gerichtsbarkeit zwar heraus, verblieb aber formal in seinem Rahmen. Es war gerade seine Rolle als Richter und Ermittler, die ihn schützte und davor bewahrte, als Täter in die Verbrechen des Regimes verwickelt zu werden. De facto bewegte er sich ja in genau jenen Institutionen, die für den Massenmord verantwortlich waren: neben der SS war dies das Reichssicherheitshauptamt. Diesem unterstand wiederum das von Arthur Nebe geführte Reichskriminalpolizeiamt, dem Morgen ab Mai/Juni 1943 nach seiner Rückbeorderung von der Ostfront zugeordnet war.

Morgen hatte als Jurist nichts mit jenen Juristen im Reichssicherheitshauptamt gemein, die Michael Wildt in seiner umfassenden Studie zum RSHA als Angehörige einer »Generation des Unbedingten« beschreibt: Akademiker, die sich auch als politische Führer verstanden und die von ihren Schreibtischen im RSHA aus nicht nur die Massenvernichtung planten, sondern selbst Einsatzkommandos leiteten und aktiv an der Ermordung Abertausender Menschen beteiligt waren.[12] Die akademischen Stäbe im RSHA setzten ihre Vision einer rassisch konzipierten Großraumordnung auch praktisch um. Ihre institutionell-administrative Verankerung trug erheblich zur normativen Entgrenzung bei.[13] Morgen bewegte sich auf einer anderen Ebene: Weder war er ein hochrangiger politischer SS-Funktionär noch war er in den Machtapparat des RSHA eingebunden. Durch seine Funktion als Richter und seine spezifische Auslegung dieser Rolle stand er gewissermaßen auf der anderen Seite: Er ahndete und verfolgte letztlich jene, die in die Massenmorde verwickelt waren.

Morgen hatte als SS-Richter jedoch eine zweite normative Bindung – nämlich jene an die Prinzipien der SS. Auf dieser Ebene ergaben sich gewisse attributive Gemeinsamkeiten: Morgen teilte Ei-

12 Wildt 2002, S. 139ff.
13 Ebd., S. 847.

genschaften der SS-Mentalität wie Unbedingtheit, Kompromisslosigkeit, Härte und die »fanatische« Verpflichtung auf einen Arbeitsauftrag. Aber seine berufliche Rolle lenkte, ja neutralisierte die Art und Weise, wie sich diese Eigenschaften in seinem Verhalten ausdrückten und dieses bestimmten. Es ist etwas anderes, mit allen Mitteln des Rechts (selbst eines ideologisch verformten Rechts) Sauberkeit in der SS herstellen zu wollen, als sich der Umsetzung einer völkischen Weltanschauungspolitik zu verschreiben, die Angriffskriege und die Vernichtung ganzer Bevölkerungsgruppen gutheißt.

Morgen unterschied sich aber nicht nur in dieser Dimension von den in die Verbrechen des NS-Regimes involvierten Tätern, sondern auch in seinem moralischen Selbstverständnis. Eine die Standards der Anständigkeit und Ehrlichkeit beschwörende Selbstbeschreibung, die sich meist an unbedeutenden Vorfällen festmachte, war für die mordenden Täter, wie Harald Welzer argumentiert, eine Möglichkeit, sich von den Verbrechen innerlich auszunehmen.[14] Moral reduzierte sich auf eine Ressource der Distanzierung – so als ob die Erschießungen und der industrielle Massenmord ein externer Prozess gewesen wären, der weder die Person des Täters noch seine intentionalen Einstellungen und Willensdispositionen berührte.[15]

14 Vgl. Welzer 2005, S. 23-48. Welzer schreibt mit Blick auf die Täter, »dass es die Selbstvergewisserung über ihr *trotz allem* noch intaktes moralisches Vermögen war, die es ihnen erst ermöglichte, Morde zu begehen und sich dabei nicht als Mörder zu fühlen. Sie mordeten gewissermaßen nicht als Person, sondern als Träger einer historischen Aufgabe, hinter der ihre persönlichen Bedürfnisse, Gefühle, Widerstände notwendig zurückstehen mussten. Das heißt, sie mordeten mit Hilfe einer subjektiven Distanz von der Rolle, die sie ausfüllten.« (Ebd., S. 38) Vgl. zur Diskussion von Tätertypen auch Pauer-Studer & Velleman 2011, S. 340-353. Nach unserer Analyse sind drei Faktoren maßgeblich dafür, dass moralische Überlegungen Täter nicht vom Morden abhalten konnten: defekte Kriterien moralischer Relevanz, die ideologische Re-Interpretation moralischer Begrifflichkeiten und die Umdeutung von Abwehr und moralischem Widerstand in charakterliche Schwäche.

15 Ein vielsagendes Bespiel ist Franz Stangl, der bereits erwähnte Kommandant des Vernichtungslagers Treblinka. In einem der Gespräche mit Gitta Sereny argumentiert Stangl, es treffe ihn keine moralische Verantwortung für den Massenmord in Treblinka (dort wurden annähernd 300 000 Personen getötet), da in seinem Fall eine der vier Grundvoraussetzungen für eine Verbrechensbegehung, nämlich der freie Wille, nicht erfüllt war (die anderen drei Voraussetzungen sind, wie Stangl betont, Veranlassung, Gegenstand, Tathandlung). Anders gesagt: Es lag weder ein Willensentschluss noch intentionale Absicht

Konrad Morgen entwickelte eine andere Haltung zur Moral. Da er Richter und nicht Täter war, konnte er die Geschehnisse moralisch als das beurteilen, was sie waren: Verbrechen, die gesetzlich geahndet werden mussten. Und Morgens motivationale Gründe zum Handeln folgten seinen normativen Einschätzungen.

Welche Folgerungen lassen sich aus dem Fall Morgen für die Moraltheorie und die Rechtstheorie ziehen? Zunächst können wir lernen, dass die moralische Psychologie von Menschen, die Massengrausamkeiten wie den Holocaust durchleben, nicht mit plakativen Kategorien und Urteilen von »gut« und »böse« erfasst werden kann. Konrad Morgen entzieht sich einer solchen Schwarz-Weiß-Logik. Er teilte das Ethos der SS; an keinem Punkt rebellierte er entschieden dagegen. Erst der industrielle Massenmord vermochte sein persönliches Gewissen wachzurütteln, das von Nachrichten über Pogrome und Exekutionen zuvor nicht groß berührt worden war. Gleichwohl zeigte Morgen echte Anteilnahme für das Schicksal jüdischer Häftlinge und anerkannte deren Recht auf Leben. Trotz seiner Verbundenheit mit der SS war er der SS-Hierarchie ein Dorn im Auge. Ungeachtet seines beachtlichen persönlichen Risikos setzte er letztendlich alle ihm zur Verfügung stehenden Mittel zur Verfolgung führender Täter ein. Konrad Morgen bleibt, wie bereits betont, ein Fall moralischer Komplexität.

Viele Schwächen und Fehler Morgens waren dadurch bedingt, dass er unkritisch ideologisch verzerrte Darlegungen von Fakten übernahm, die er selbst direkt vor Augen hatte: das Umdeuten von Unterdrückung in Pazifizierung, von Liquidation in Euthanasie oder berechtigte Vergeltung, von Misshandlung und Mord in medizinische Forschung. Sein Fall zeigt, wie unangemessen es sein kann, Prinzipien rigide anzuwenden, wenn jede Skepsis gegenüber einer möglicherweise voreingenommenen Darlegung der Tatsachen fehlt. Selbst allgemein einleuchtende moralische Grundsätze können uns nicht angemessen leiten, wenn wir nicht zuerst die Fakten und un-

vor (vgl. Sereny 1995, S. 189 ff.). Harald Welzer diskutiert dies in Welzer 2005, S. 24 f. Weitere Beispiele von Tätern, die sich, internalistisch betrachtet, von dem, was sie taten, weitgehend ausnahmen, finden sich in Browning 1999, S. 105-125.

sere entsprechenden Entscheidungsmöglichkeiten in den moralisch relevanten Begrifflichkeiten erfassen.[16]

Der Fall Morgen warnt uns auch vor einem oberflächlichen Verständnis der »Tugendethik«. Morgen war noch mehr »Tugendfanatiker« als »Gerechtigkeitsfanatiker«. Er beurteilte Handlungen vorrangig nach dem, was sie über den Charakter und die Haltungen einer Person verrieten. Wenn er in der Beurteilung mancher Handlungen irrte, so lag dies nicht an der Zuschreibung falscher Charaktereigenschaften; der Grund war vielmehr, dass sein Katalog von tugend- bzw. fehlerhaften Charakterhaltungen viel zu eng und zudem ideologisch überformt war.

Ein Blick auf die aristotelische Sicht der Tugenden zeigt uns, worauf sich eine universalistisch gedachte Tugendethik richtet. Aristoteles' Tugendethik beruht auf seiner Lehre der *eudaimonia* (Glückseligkeit), die wiederum in seiner Teleologie verankert ist, also der These, dass es einen vorgezeichneten Weg gibt, wie Menschen das Gute erreichen können. Tugenden sind nach Aristoteles Dispositionen, die uns zum angemessenen moralischen Urteilen mit Blick auf ein gutes Leben befähigen. Die aristotelischen Tugenden sind Eigenschaften, deren Ausübung idealerweise zu einem gelingenden menschlichen Leben führt.

Der SS-Interpretation der Tugenden fehlt hingegen jegliche Verbindung zur universellen menschlichen Glückseligkeit im Kontext eines guten Lebens: Die SS-Tugenden reduzierten sich auf Mittel, um SS-Leute zu willfährigen Instrumenten des nationalsozialistischen Staates zu machen. Morgen, dessen Tugendkonzeption nicht frei vom SS-Ethos war, urteilte deshalb nach defekten Standards. Eine Tugendethik kann gefährlich sein, wenn diese nicht die Rolle der Tugenden bei der Realisierung des allgemeinen menschlichen Wohlergehens im Blick hat. Der nationalsozialistische Staat interpretierte Moral als parteiliches ideologisches Projekt, das den Interessen einer partikularen Gruppe zu dienen hatte, die sich zudem über rassistische Kriterien definierte.

16 Vgl. Herman 1993, S. 73-93; Herman 2007, S. 51-78. Wir diskutieren dies eingehender in Pauer-Studer & Velleman 2011.

Der in der SS gepflegte Tugendkult verdeutlicht noch ein weiteres Problem einer falsch verstandenen Tugendethik. Tugenden verfehlen ihr Ziel, wenn moralisches Denken den Bezug zum guten Leben übersieht und die Berufung auf die Tugend zum bloßen Selbstzweck wird. Moralisches Handeln kann nicht Handeln um der eigenen Tugendhaftigkeit willen sein.[17] Eine moralisch gute Person kümmert sich um den Schmerz und das Leid anderer, um deren Schmerz und Leid zu mildern und nicht um der damit verknüpften ethischen Selbsterhöhung willen.

Himmlers Rhetorik lebte von dieser moralisierenden Verfremdung, ja Pervertierung der Idee der Tugenden. Und Konrad Morgen zeigte sich für ebendiese Form der Selbststilisierung anfällig. Seine bedingungslose Verpflichtung auf Gerechtigkeit muss auch in diesem Licht gesehen und hinterfragt werden. Wenn er sich als »Gerechtigkeitsfanatiker« definiert, wird deutlich, dass er Gerechtigkeit wiederholt in eine Selbstbeschreibung verkehrt, aus der er bereits seine ethische Selbstzufriedenheit gewinnt. Gerechtigkeit ist für Morgen weniger eine Richtlinie, um sein juridisches Denken und Handeln im größeren politischen Kontext zu ordnen und zu prüfen, denn eine moralisierende Perspektive auf sich selbst. Eine bestimmte Beschreibung des eigenen Selbst zu übernehmen bedeutet aber noch nicht, dass das eigene konkrete Handeln den dieser Beschreibung inhärenten ethischen Standards entspricht.

Die im Nationalsozialismus ideologisch verformte Moralität hatte einen verzerrenden Einfluss auf das Recht; dies auch deshalb, weil sich die nationalsozialistischen Rechtstheoretiker für eine Vereinheitlichung von Recht und Moral aussprachen. Eine moralisierende Rhetorik verschleierte, in welchem Ausmaß das NS-Regime Recht und Gesetz in ein Mittel der autoritären politischen Kontrolle und letztendlich des Terrors sowie des Mordens umfunktioniert hatte.

Morgen war, wie in der Einleitung bereits betont, von diesen Entwicklungen in seiner Tätigkeit als SS-Richter beeinflusst. Die Umdeutung des Strafrechts in ein Instrument der massiven Ab-

17 Vgl. dazu Williams 1985, S. 9ff.

schreckung, die Ersetzung des Prinzips *nulla poena sine lege* (Keine Strafe ohne Gesetz) durch das Prinzip *nullum crimen sine poena* (Kein Verbrechen ohne Strafe) – all dies waren normative Transformationen, die Morgen bereitwillig akzeptierte und umsetzte. Die dienstbeflissene Empörung, die aus seinen Reflexionen über den Korruptionsverbrecher spricht, liegt ganz auf der Linie der Rechtsmoralisierung im Nationalsozialismus.

Dennoch konnte die herrschende Ideologie Morgens Gewissen nicht gänzlich ruhigstellen. Seine Berichte über Buchenwald drücken seine Überzeugung aus, dass Gerechtigkeit und Moral an Respekt und Achtung für Menschen geknüpft sind. Er versuchte, alle im nationalsozialistischen System überhaupt noch vorhandenen Ressourcen der Rechtsstaatlichkeit auszunutzen, um dem gerecht zu werden, was er in seinem Ersuchen um Versetzung aus dem Generalgouvernement im März 1942 als »natürliches Rechtsempfinden« eines Richters bezeichnet hatte. Er klagte den ehemaligen Kommandanten von Buchenwald, Karl Otto Koch, nicht nur wegen der Verletzung des § 92 MStGB (militärischer Ungehorsam) an, sondern auch wegen Verstoß gegen § 211 und § 212 des noch gültigen Strafrechts von 1871 (Mord und Totschlag). Doch als sich die Weimarer Prozesse als Fehlschlag entpuppten und die Hoffnung schwand, über ein allgemeines »Gericht zur besonderen Verwendung« die größten Verbrechen verfolgen zu können, wäre es für ihn an der Zeit gewesen zu erkennen, dass im nationalsozialistischen Staat eine Umsetzung von Rechtsprinzipien, die universelle moralische Normen reflektieren, nicht möglich war.

In der Einleitung haben wir Ronald Dworkins Rechtskonzeption erwähnt, die er in seinem Buch *Law's Empire* an der Figur des idealen Richters »Herkules« veranschaulicht. »Herkules« agiert unter rechtsstaatlich intakten Bedingungen; er verkörpert in seiner Person das Ideal der Integrität des Rechts, das einer am Grundsatz gleicher Achtung und Rücksichtnahme ausgerichteten Gesellschaftsordnung entspricht. Diesem rechtsstaatlichen Idealbild eines Richters stellt Dworkin den gleichfalls idealen Richter »Siegfried« gegenüber, der im Kontext des nationalsozialistischen Rechtssystems tätig ist.

Beide Richter verfügen über die Fähigkeit, Recht in der von Dworkin empfohlenen Weise zu interpretieren und, soweit dies möglich ist, von der Annahme auszugehen, dass das Recht durch ein kohärentes System von Prinzipien der Gerechtigkeit und Fairness sowie durch transparente Verfahren der Rechtsstaatlichkeit definiert und strukturiert ist. Diese Prinzipien der Gerechtigkeit und Fairness sollen die Anwendung von Gesetzen auf konkrete Fälle leiten. Obwohl Richter »Siegfried« diesen Richtlinien der Rechtsauslegung zu folgen versucht, kann dies, wie Dworkin einräumt, unmöglich sein, denn das Recht im Nationalsozialismus war moralisch schon zu pervertiert (»too wicked«), um eine kohärente Interpretation im Lichte moralischer Prinzipien zu erlauben.[18] Dworkin empfiehlt deshalb, »Siegfried solle, sofern er damit durchkommt, einfach Gesetze und bisherige Rechtsentscheidungen ignorieren und daneben sein Bestes tun, um die Ungerechtigkeit mit allen ihm zur Verfügung stehenden Mitteln in Grenzen zu halten«.[19] »Siegfried« darf nach Dworkin »sogar falsche Behauptungen über bestehende Rechtsregelungen [...] machen, wenn ihm dies hilft«.[20]

Morgen orientierte sich nicht an solchen Empfehlungen. Er verfehlte das moralische Rechtsideal weit mehr als Dworkins Richter »Siegfried«. Der Fall Konrad Morgen vermittelt uns aber ein realistischeres Bild der Rechtsprechung unter verzerrten juristischen und politischen Bedingungen als Dworkins Überlegungen. Wir können Morgens Behauptung, er habe sich als Richter auf das positiv gegebene Recht stützen müssen, nicht gänzlich abtun. Einfach falsche Behauptungen über das bestehende Recht zu machen und unter Ignorierung gegebener Normen ausschließlich den Grundsätzen der Moral (in diesem Fall einer ideologiefreien universalistischen Moral) zu folgen, hätte für Morgen bedeutet, Dworkins einschränkende Bedingung für »Siegfrieds« richterliches Handeln – »sofern er damit durchkommt« – noch weit stärker auszureizen, als er dies ohnehin schon tat.

In einer anderen Hinsicht aber entspricht Morgen der dworkin-

18 Dworkin 1998, S. 106.
19 Ebd., S. 105.
20 Ebd., S. 106.

schen Figur: Er trifft seine einsamen Entscheidungen nach seinem persönlichen Moralempfinden. »Herkules«, der in einen rechtsstaatlichen Rahmen eingebettete Richter, ist auf eine erstpersonal begrenzte, ja isolierte Form moralischen Denkens festgelegt.[21] Moralische Gründe sind für ihn Gründe, die er auf sich allein gestellt als gültig erkennt. Doch Morgen fehlt, was den idealen Richter »Herkules« in seinem Streben nach dem richtigen Urteil unterstützt und leitet, nämlich ein konstitutioneller rechtlicher Hintergrund, in dem das für Dworkin maßgebliche moralische Prinzip gleicher Achtung und Rücksichtnahme *(equal respect and concern)* verankert ist. Erst mit dieser konstitutionellen Absicherung gewinnt Dworkins Konzeption der Integrität des Rechts an Gewicht.

Unter demokratischen politischen Bedingungen findet sich die grundlegende moralische Idee gleicher Achtung und Anerkennung für gewöhnlich in einem Verfassungsgrundsatz konkretisiert, der Rechtsbeziehungen als Beziehungen zwischen Freien und Gleichen definiert. In solch einem Rechtssystem ist es für einen idealen, nach Gerechtigkeit strebenden Richter möglich, die richtigen Urteile zu fällen. Er ist in der Lage, auch in »schwierigen Fällen« die moralisch und rechtlich korrekte Entscheidung aus den allgemeinen Rechtsgrundsätzen abzuleiten. Der Verfassungsrahmen verhilft ihm zu genaueren Rechtsprinzipien, die in der Folge die richtige Einzelfallentscheidung ermöglichen.

Was aber gilt, wenn dieser konstitutionelle Hintergrund fehlt? Wie gelingt es dem Richter, in einem ideologisch unterwanderten konstitutionllen Kontext zu richtigen Entscheidungen zu kommen? Ebendiese Frage wird im Fall Konrad Morgen virulent. Die Verfassungsgrundlagen des »Dritten Reiches« waren prekär: Formell war

21 Jürgen Habermas argumentiert, Dworkins Richter »Herkules« könne »aus der Einsamkeit einer monologisch vorgenommenen Theoriekonstruktion« befreit werden, wenn man das Prinzip gleicher Achtung und Rücksichtnahme im Sinne reziproker Anerkennungsverhältnisse liest, die sich über »die Reflexionsform kommunikativen Handelns, die jedem Teilnehmer abverlangt, die Perspektiven aller anderen einzunehmen«, dann auch als rechtliche Beziehungen konstituieren können (vgl. Habermas 1992, S. 273f.). Entsprechend setzt Habermas dann ein allgemeines, gleiche Anerkennung sicherndes Diskursprinzip voraus, das den übergeordneten Standard sowohl für ein Moralprinzip als auch für ein Rechtsprinzip bildet (vgl. dazu Pauer-Studer 2000, Kapitel 3.4).

die Weimarer Verfassung nicht außer Kraft gesetzt, doch faktisch war sie durch eine Reihe von Maßnahmen des NS-Regimes und durch Führerentscheidungen verdrängt worden. Die Verfassung des NS-Staates bestand, wie die NS-Juristen schrieben, aus einer Auflistung der wichtigsten Gesetze des Führerstaates, die unter anderem das Ermächtigungsgesetz, das Gesetz über die Sicherung der Einheit von Partei und Staat und auch die »Nürnberger Rassengesetze« umfassten.[22] Damit erlangte der Grundsatz »rassischer Ungleichheit« gleichsam Verfassungsrang. Statt eines Prinzips gleicher Achtung und Anerkennung fand sich in der Verfassung bereits die Rassenideologie des NS-Regimes zementiert.

In diesem System, in dem die Verfassung als normative Richtschnur für Gerechtigkeit versagt, ist ein Richter, der sich dennoch der Realisierung von Gerechtigkeit verpflichtet fühlt, in der Tat rein auf sein eigenes Urteil verwiesen. Doch Dworkins Richter »Siegfried«, der den idealen Richter unter nichtidealen Bedingungen verkörpert, ist in seinem moralischen Denken und Empfinden dem idealen Richter »Herkules« ebenbürtig: Er vermag in einem ideologisch verzerrten politischen und rechtlichen Kontext das moralisch Richtige zu erkennen und zu tun.

Morgen verfügte nicht über solche Fähigkeiten. Er konnte die Grenzen zwischen Moral und ideologischer Moralisierung nicht klar und einwandfrei ziehen. Als Richter blieb er Gefangener seiner doppelbödigen normativen Identität: Zum einen verstand er sich als der noch an rechtsstaatlichen Prinzipien geschulte Richter, der sich lediglich einem besonderen System der Rechtsprechung, eben der SS-Gerichtsbarkeit, zugeordnet fand. Zum anderen war er der SS-Richter, der sich mit dem SS-Ethos und dessen spezifischer Auslegung durch Himmler identifizierte und dieses als Richter umsetzte.

Die Rechtsphilosophie der Nachkriegszeit sah in einer engen, fast symbiotischen Verbindung zwischen Recht und Moral das Allheilmittel, um eine Pervertierung des Rechts wie im Nationalsozialismus zu verhindern. Wenn Moral und Gerechtigkeit, so das Argu-

22 Vgl. Koellreutter 2014 [1938], S. 306.

ment, einen integralen Bestandteil der Rechtsordnung bilden, dann ist ein solcher Verfall des Rechts nicht möglich. Um einigen nationalsozialistischen Rechtsnormen den Status gültigen Rechts abzusprechen, wurde das Konzept rechtlicher Gültigkeit an moralische Kriterien gebunden.

Der Fall Konrad Morgen mahnt uns, hier vorsichtig zu sein. Es gilt, genau zu überlegen, wie und in welchem Sinne Moral einen »integralen Bestandteil« des Rechts bilden soll. Die Moralisierung des Rechts im Sinne einer Aufhebung des Unterschieds von Recht und Moral kann nicht die Lösung sein. Die Strategie der nationalsozialistischen Rechtstheoretiker, die eine Einheit von Recht, Moral und Politik postulierten, zielte darauf, die kritische Funktion der Moral in der Hinterfragung rechtlicher Standards zu untergraben. Die These, dass rechtliche Imperative immer zugleich ethische Imperative sind, stärkt unweigerlich die Macht eines Unrechtsregimes, denn die Aufhebung des Unterschieds zwischen diesen beiden Formen von Imperativen erlaubt es diesem ja gerade, Kontrolle über die inneren Haltungen und Gesinnungen der Person zu gewinnen.

Moral sollte selbstredend der oberste Standard sein, um Rechtssysteme kritisch zu prüfen. Es ist jedoch gerade die Trennung zwischen den Sphären des Rechts und der Moral, welche die korrektive Funktion moralischer Einsichten sichert. Statt einer gegen ideologischen Missbrauch ungeschützten Moralisierung des Rechts das Wort zu reden, sollten wir vielmehr darauf achten, dass eine Rechtsordnung normative Bedingungen wie Öffentlichkeit, Transparenz, Konsistenz und Berechenbarkeit erfüllt, Bedingungen also, die konstitutiv für Rechtsstaatlichkeit sind, die aber nicht die Vereinheitlichung von Recht und Moral verlangen.[23] Die schlichte Forderung, alle

23 Diese Bedingungen sind Teil jener Kriterien, die Lon L. Fuller als die »innere Moral des Rechts« bezeichnet. Neben den oben erwähnten Bedingungen führt Fuller noch an: Vorhersagbarkeit, Verstehbarkeit, Nicht-Willkürlichkeit und das Verbot rückwirkender Gesetzgebung (vgl. Fuller 1969, S. 39ff.). Doch Fullers Annahme der »inneren Moral des Rechts« kommt der als problematisch kritisierten Vereinheitlichung von Recht und Moral gefährlich nahe. Angemessener ist es, die angeführten Bedingungen nicht direkt als moralische Prinzipien zu lesen, sondern als normative Kriterien, die Rechtssysteme erfüllen müssen, um den von diesen Rechtssystemen betroffenen Personen ihre Autonomie als

Rechtsnormen, also auch alle Befehle Hitlers, zu veröffentlichen, hätte die schlimmsten Exzesse des nationalsozialistischen Regimes wohl verhindert.[24]

Dies ermöglicht einen etwas anderen Blick auf die in der Einleitung bereits angesprochene Kontroverse zwischen Rechtspositivismus und Naturrecht. Der Rechtspositivismus trennt zwischen den Sphären von Recht und Moral. Dies bedeutet aber nicht, dass Positivisten die moralische Beurteilung von Rechtssystemen verwehrt ist. Prinzipien der Gerechtigkeit, vorrangig der Grundsatz gleicher Achtung und Anerkennung, sollten Maßstab einer Rechtsordnung sein und die Konstruktion von Normen und Gesetzen leiten. Diese Forderung ist jedoch mit der positivistischen Trennung von Recht und Moral vereinbar. Manche Interpreten reduzieren den Rechtspositivismus auf den Standpunkt »Gesetz ist Gesetz«. Zweifellos wäre eine rechtstheoretische Position, die sich auf die Feststellung beschränkt, dass das NS-System gültiges Recht war, und die sich aus *theoretischen* Gründen der moralischen Kritik an diesem System enthält, höchst problematisch. Der Rechtspositivismus ist jedoch keineswegs auf eine solche These festgelegt.

Als moralisches Urteil verstanden, ist der These, beim NS-Recht handle es sich nicht um Recht, sondern um Unrecht, selbstredend nichts hinzuzufügen. Die Gerechtigkeit wurde in einem Maße verletzt, dass sich Recht in Unrecht verkehrte. »Unrecht« ist in diesem Fall ein moralischer Begriff, um die eklatante Abweichung von Standards der Gerechtigkeit auszudrücken. Doch diese moralische Einschätzung, so berechtigt sie auch ist, vermag die faktische Geltung und damit Autorität dieses Rechtssystems nicht auszuhebeln.

Naturrechtstheoretiker, unter anderem auch Radbruch, gehen

Rechtssubjekte zu gewährleisten. Anders gesagt: Diese normativen Kriterien verdanken sich zwar moralischen Einsichten, sie sind aber als Ergebnis der Übertragung dieser Einsichten in normativ-konstitutive Voraussetzungen von Rechtsstaatlichkeit zu verstehen. Die Sorge, dass die Aufhebung der Trennung von Recht und Moral auch das Recht in moralische Kontroversen verwickelt und damit einer seiner wesentlichen Funktionen beraubt, nämlich zur Neutralisierung moralischer Konflikte beizutragen, wird besonders von Scott J. Shapiro thematisiert (vgl. Shapiro 2011, Kap. 9 und Kap. 10).

24 Herbert Jäger sieht in der Geheimhaltung die »taktische Voraussetzung für die Verbrechenbegehung« (vgl. Jäger 1967, S. 230; vgl. auch S. 227-233).

über die moralische Ebene hinaus und versuchen, einem Rechtssystem, das die Grundsätze der Gerechtigkeit verletzt, die faktische Geltung abzusprechen.[25] Dies ist eine Verkennung der konkreten normativen Gegebenheiten. Das NS-Rechtssystem galt de facto und hatte Macht über die ihm unterstellten Personen. Und es band auch Richter wie Konrad Morgen: Morgen kam nicht umhin, diesen Gegebenheiten in seiner richterlichen Aktivität Rechnung zu tragen. Vielfach übernahm er die konkret geltenden Normen ohne Wenn und Aber. Wenn sein Sinn für Gerechtigkeit nicht bloß strapaziert, sondern grob verletzt wurde, suchte er allerdings nach Wegen, seinem moralischen Urteil in den bestehenden Rechtskategorien Ausdruck zu verleihen. Und hier waren ihm Grenzen gesetzt – Grenzen der eigenen Willigkeit, sich der politischen Macht zu widersetzen, aber auch Grenzen des Rechtssystems, in dem er sich bewegte. Die SS-Gerichtsbarkeit scheiterte nicht zuletzt am Einfluss von Politik und Gewalt: Ihr oberster Gerichtsherr hatte – und dies war eine politische Maßnahme – die Massenvernichtung angeordnet. Diese Untergrabung des Rechts durch politische Ideologie und blanke Gewalt machte Morgens Versuch zunichte, die »größeren politischen Verbrechen« in den Lagern von Buchenwald und Auschwitz in einem SS-internen Gerichtsverfahren zu ahnden.

Die Ressourcen des Rechts versagen nicht notwendigerweise angesichts politischer Kriminalität. Doch die Umsetzung moralisch intakter Rechtsprinzipien wird in einem totalitären System schwierig, wenn nicht unmöglich. Die Rechtstheorie kommt hier an ihre Grenzen, nicht zuletzt an die Grenzen ihrer Verantwortung. Nicht der Rechtspositivismus war schuld am Nationalsozialismus, sondern das Versagen politischer Institutionen, die Machtübernahme der

25 Radbruch schreibt: »[W]o Gerechtigkeit nicht einmal erstrebt wird, wo die Gleichheit, die den Kern der Gerechtigkeit ausmacht, bei der Setzung positiven Rechts bewußt verleugnet wurde, da ist das Gesetz nicht etwa nur ›unrichtiges Recht‹, vielmehr entbehrt es überhaupt der Rechtsnatur. Denn man kann Recht, auch positives Recht, gar nicht anders definieren denn als eine Ordnung und Satzung, die ihrem Sinn nach bestimmt ist, der Gerechtigkeit zu dienen. An diesem Maßstab gemessen sind Partien des nationalsozialistischen Rechts niemals zur Würde geltenden Rechts gelangt.« (Radbruch 2002 [1946], S. 11) Robert Alexy teilt Radbruchs Position (vgl. dazu die differenzierte Diskussion in Alexy 1992, S. 70-136).

Nationalsozialisten und deren normativen Umbau des Staates zu verhindern. Solch desaströse politische Entwicklungen vermag auch eine naturrechtliche Interpretation des Rechts nicht zu verhindern.

Die in diesem Buch vorgestellte Fallgeschichte zeigt auch, dass die Moralphilosophie den Holocaust anders denn als eine Quelle platter Beispielfälle von Immoralität sehen sollte. Es scheint angemessener, das moralische Versagen konkreter Personen zu ergründen: die willkürliche Grausamkeit des Kommandanten Koch oder die abgrundtiefe Verwerflichkeit eines Oskar Dirlewanger. In einer weniger dramatischen Dimension betrifft diese Forderung nach einer genauen Analyse auch das ideologisch verformte Pflichtgefühl eines Norbert Pohl oder eines Kurt Mittelstädt – oder eben das nicht immer intakte moralische Bewusstsein eines Konrad Morgen.

HAUPTPERSONEN

Horst Bender (geb. 24. Februar 1905, gest. 8. November 1987): SS-Oberführer; Rechtsberater Heinrich Himmlers; arbeitete nach dem Krieg als Rechtsanwalt in Stuttgart; eine u. a. von Simon Wiesenthal angestrengte Untersuchung wegen Mitschuld an Kriegsverbrechen wurde 1977 eingestellt.

Werner Best (geb. 10. Juli 1903, gest. 23. Juni 1989): SS-Obergruppenführer und Jurist; bis 1940 Justitiar der Gestapo im Reichssicherheitshauptamt (RSHA); 1942-1945 deutscher Statthalter in Dänemark. Nach dem Krieg von einem dänischen Gericht zunächst zum Tode verurteilt, dann zu einer Haftstrafe begnadigt. 1950 aus der Haft entlassen.

Philipp Bouhler (geb. 11. September 1899, gest. 19. Mai 1945): SS-Obergruppenführer; Leiter der Kanzlei des Führers; verantwortlich für das »Euthanasieprogramm« Aktion T4; beging 1945 in amerikanischer Gefangenschaft Selbstmord.

Karl Brandt (geb. 8. Januar 1904, gest. 2. Juni 1948): SS-Gruppenführer in der Allgemeinen SS und SS-Brigadeführer in der Waffen-SS; leitete die Durchführung des »Euthanasieprogramms« Aktion T4; ab 1942 Generalkommissar für das Sanitäts- und Gesundheitswesen; im Ärzteprozess nach dem Krieg zum Tode verurteilt und 1948 hingerichtet.

Franz Breithaupt (geb. 8. Dezember 1880, gest. 29. April 1945): SS-Obergruppenführer und General der Waffen-SS; ab 1942 Chef des Hauptamts SS- und Polizeigericht (Nachfolger von Paul Scharfe); angeblich knapp vor Kriegsende 1945 von einem Untergebenen ermordet.

Erwin Ding-Schuler (geb. 19. September 1912, gest. 11. August 1945): SS-Sturmbannführer; Arzt in Buchenwald; beging 1945 in amerikanischer Haft Selbstmord.

Oskar Dirlewanger (geb. 26. September 1895, gest. 7. Juni 1945): SS-Obersturmführer; Kommandant der »Brigade Dirlewanger«; starb 1945 in französischem Gewahrsam.

Albert Faßbender (geb. 30. Juni 1897, gest. 7. oder 8. April 1964): adoptierter Sohn des Eigentümers der Schokoladenfabrik Faßbender; SS-

Sturmbannführer; Kommandant einer SS-Reiterbrigade. Überlebte den Krieg.

Hermann Fegelein (geb. 30. Oktober 1906, gest. 28. April 1945): SS-Gruppenführer; Kommandant der SS-Reiterbrigade, stationiert in Warschau; später Kommandant des 1. SS-Reiterregiments, das im Krieg gegen die Sowjetunion im Einsatz war; Anfang Juni 1944 Heirat mit Eva Brauns Schwester Greta; am 28. April 1945 in Hitlers Berliner Bunker von einem improvisierten Kriegsgericht zum Tode verurteilt und erschossen.

Hermann Florstedt (geb. 18. Februar 1895, gest. vermutlich 5. April 1945): SS-Standartenführer; in den KZ Sachsenhausen und Buchenwald tätig; nach Absetzung von Karl Otto Koch zum Kommandanten von Majdanek befördert; vermutlich von einem SS-Gericht für Verbrechen in Majdanek verurteilt. Nach Angaben des Buchenwalder SS-Aufsehers Martin Sommer wurde er gemeinsam mit Karl Otto Koch am 5. April 1945 erschossen.

Odilo Globocnik (geb. 21. April 1904, gest. 31. Mai 1945): Höherer SS- und Polizeiführer (HSSPF) des Distrikts Lublin im Generalgouvernement; von Himmler mit der Ausführung der »Aktion Reinhard« beauftragt; ab Herbst 1943 HSSPF in der »Operationszone Adriatisches Küstenland«; beging 1945 in britischer Kriegsgefangenschaft Selbstmord.

Maximilian Grabner (geb. 2. Oktober 1905, gest. 28. Januar 1948): Leiter der Gestapo in Auschwitz; von Konrad Morgen im Herbst 1944 vor einem SS-Gericht in Weimar angeklagt; im Krakauer Auschwitzprozess zum Tode verurteilt und 1948 hingerichtet.

Ernst-Robert Grawitz (geb. 8. Juni 1899, gest. 24. April 1945): SS-Obergruppenführer und General der Waffen-SS; oberster Arzt der SS (»Reichsarzt der SS und Polizei«); tötete sich und seine Familie kurz vor Kriegsende 1945.

Eberhard Hinderfeld (geb. 26.12.1908, das Sterbedatum konnte nicht ermittelt werden): SS-Obersturmführer; Leiter des Amts für Personalangelegenheiten beim Hauptamt SS- und Polizeigerichtsbarkeit.

Waldemar Hoven (geb. 10. Februar 1903, gest. 2. Juni 1948): SS-Hauptsturmführer; Arzt in Buchenwald; im Nürnberger Ärzteprozess verurteilt und 1948 hingerichtet.

Rudolf Höß (geb. 25. November 1901, gest. 16. April 1947): SS-Obersturmbannführer; vom 4. Mai 1940 bis November 1943 Kommandant des Lagers Auschwitz; kehrte im Mai 1944 nach Auschwitz zurück, um die Deportation der ungarischen Juden zu leiten und zu überwachen; Zeuge

beim Hauptkriegsverbrecherprozess des Internationalen Militärgerichtshofs in Nürnberg; anschließend in Polen zum Tode verurteilt und 1947 hingerichtet.
Ernst Kaltenbrunner (geb. 4. Oktober 1903, gest. 16. Oktober 1946): SS-Obergruppenführer; Leiter des Reichssicherheitshauptamts (RSHA); vom Internationalen Militärgerichtshof in Nürnberg zum Tode verurteilt und im Oktober 1946 hingerichtet.
Ilse Koch (geb. 22. September 1906, gest. 1. September 1967): Ehefrau von Karl Otto Koch; in Dachau 1947 zu einer Gefängnisstrafe verurteilt; nach Herabsetzung der Gefängnisstrafe 1950 erneut angeklagt und zu lebenslanger Haft verurteilt; beging 1967 im Gefängnis Selbstmord.
Karl Otto Koch (geb. 2. August 1897, gest. 5. April 1945): SS-Standartenführer; Kommandant der KZ Sachsenhausen (1936), Buchenwald (1937-1941) und Majdanek (1941-1943); von einem SS-Gericht im Herbst 1944 zum Tode verurteilt und am 5. April 1945 hingerichtet.
Eugen Kogon (geb. 2. Februar 1903, gest. 24. Dezember 1987): christlicher Gegner des Nationalsozialismus; sechs Jahre in Buchenwald inhaftiert; Autor von *Der SS-Staat. Das System der deutschen Konzentrationslager.*
Walter Krämer (1892-1941): Kommunist, in Buchenwald inhaftiert.
Jaroslawa Mirowska (Geburts- und Sterbedatum konnten nicht ermittelt werden): polnische Doppelagentin; arbeitete einerseits für die SS, war andererseits in der polnischen Widerstandsbewegung engagiert.
Kurt Mittelstädt (Geburts- und Sterbedatum konnten nicht ermittelt werden): SS-Obersturmbannführer; SS-Richter, ab Mai 1944 Leiter des allgemeinen »Gerichts zur besonderen Verwendung« (*Z. b. V.*-Gericht), das von Himmler auf Morgens Ersuchen beim Hauptamt SS- und Polizeigerichtsbarkeit eingerichtet wurde.
Joachim Mrugowsky (geb. 15. August 1905, gest. 2. Juni 1948): SS-Arzt; Leiter des Hygiene-Instituts der Waffen-SS.
Heinrich Müller (geb. 28. April 1900, gest. vermutlich Mai 1945): ab 1939 Leiter der Geheimen Staatspolizei (Gestapo), Amt IV Reichssicherheitshauptamt.
Erich Muhsfeldt (Mußfeldt) (geb. 18. Februar 1913, gest. 28. Januar 1948): SS-Oberscharführer in Auschwitz und Majdanek, Leiter des Krematoriums in Majdanek. Mit der Verbrennung der Opfer des Erntefest-Massakers im November 1943 beauftragt; nach dem Krieg in Warschau angeklagt und 1948 hingerichtet.

Arthur Nebe (geb. 13. November 1894, gest. 21. März 1945): SS-Gruppenführer; ab 1939 Leiter der Kriminalpolizei beim Reichssicherheitshauptamt; 1941 Leiter der Einsatzgruppe B im Bezirk Białystok; beteiligt an Exekutionen von Juden und auch an Tötungsversuchen mit Gas im Raum Minsk; später Kontakte mit dem deutschen Widerstand gegen Hitler; nach dem gescheiterten Attentat auf Hitler am 20. Juli 1944 verhaftet und hingerichtet.

Werner Paulmann (Geburts- und Sterbedatum konnten nicht ermittelt werden): SS-Sturmbannführer; Leiter des SS- und Polizeigerichts in Kassel.

Karl Peix (1899-1941): Kommunist, Gefangener in Buchenwald.

Hermann Pister (geb. 21. Februar 1885, gest. 28. September 1948): SS-Oberführer; ab 1942 Nachfolger von Karl Otto Koch als Kommandant von Buchenwald; von den Amerikanern in Dachau angeklagt und zum Tode verurteilt; starb in Gefangenschaft an einer Herzattacke.

Norbert Pohl (1910-1968): SS-Richter; Morgens Vorgesetzter am SS- und Polizeigericht in Krakau (1941-1942).

Oswald Pohl (geb. 30. Juni 1892, gest. 8. Juni 1951): SS-Obergruppenführer; Leiter des Wirtschafts- und Verwaltungshauptamts (WVHA) der SS, verantwortlich für die Konzentrationslager; von einem amerikanischen Militärgericht 1947 zum Tode verurteilt, 1951 hingerichtet.

Günther Reinecke (geb. 18. April 1908, gest. 24. April 1972): SS-Richter und ab 1939 Leiter des Rechtsamts beim Hauptamt SS- und Polizeigerichtsbarkeit in München; ab 1942 Chefrichter des Obersten SS- und Polizeigerichts.

Ferdinand Römhild (Geburts- und Sterbedatum konnten nicht ermittelt werden): Gefangener in Buchenwald, medizinischer Assistent.

Ernst Röhm (geb. 28. November 1887, gest. 2. Juli 1934): Mitbegründer der Sturmabteilung (SA) und späterer Führer der SA; 1934 auf Befehl Hitlers im Zuge der Reaktion auf den angeblichen »Röhm-Putsch« hingerichtet.

Paul Scharfe (geb. 6. September 1876, gest. 29. Juli 1942): SS-Obergruppenführer; erster Leiter des Hauptamts SS- und Polizeigerichtsbarkeit; Vorgänger von Franz Breithaupt.

Georg von Sauberzweig (geb. 1. Juli 1893, gest. 9. März 1942): Leiter eines Truppendepots in Warschau; von Morgen wegen Korruption zum Tode verurteilt und 1942 hingerichtet.

Kurt Schmidt-Klevenow (geb. 19. August 1906, gest. 30. Januar 1980):

SS-Obersturmbannführer; ab 1940 Rechtsberater von Oswald Pohl, dem Chef des WVHA; ab 1942 Leiter des Amts für »Gericht und Fürsorge« beim WVHA; Zeuge beim WVHA-Prozess (*United States vs. Oswald Pohl et al.*).

Martin Sommer (geb. 8. Februar 1915, gest. 7. Juni 1988): SS-Hauptscharführer; Aufseher in Dachau und Buchenwald; gemeinsam mit Karl Otto Koch im Herbst 1944 vor dem SS-Gericht in Weimar angeklagt; degradiert und an die Ostfront strafversetzt. 1950 gefangen genommen; 1955 erste Anklage (Prozess wegen Sommers Verhandlungsunfähigkeit unterbrochen); 1957 von einem Gericht in Westdeutschland angeklagt und 1958 zu lebenslanger Haft verurteilt; starb 1988 im Gefängnis.

Jakob Sporrenberg (geb. 16. September 1902, gest. 6. Dezember 1952): SS-Gruppenführer; HSSPF in Minsk und Lublin (Nachfolger von Odilo Globocnik); in Polen nach dem Krieg angeklagt und 1952 hingerichtet.

Otto Georg Thierack (geb. 19. April 1889, gest. 22. November 1946): Jurist, Nationalsozialist und Politiker; Reichsjustizminister ab 1942 (Nachfolger von Franz Gürtner); beging nach dem Krieg in der Haft Selbstmord.

Walter Többens (geb. 19. Mai 1909, gest. 16. November 1954): Industrieller, Besitzer der Többenswerke im Warschauer Ghetto, die nach der Niederschlagung des Ghettoaufstands 1943 nach Poniatowa (Distrikt Lublin) verlegt wurden.

Martin Tondock (Geburts- und Sterbedatum konnten nicht ermittelt werden): SS-Oberführer; SS-Richter beim Hauptamt SS- und Polizeigerichtsbarkeit.

Maria Wachter (geb. Blank) (18. Januar 1904, das Sterbedatum konnte nicht ermittelt werden): Verlobte von Konrad Morgen, Verehelichung mit Morgen nach seiner Entlassung aus der amerikanischen Haft und der Haft in Kornwestheim.

Gerhard Wiebeck (geb. 25. Dezember 1907, gest. 20. Juli 1994): SS-Richter und von 1943 bis 1945 Assistent Konrad Morgens.

Josias Erbprinz zu Waldeck und Pyrmont (geb. 13. Mai 1896, gest. 30. November 1967): SS-Obergruppenführer; HSSPF in Kassel; zuständig für das Konzentrationslager Buchenwald; nach dem Krieg von den Amerikanern im Buchenwaldprozess in Dachau angeklagt und zu lebenslanger Haft verurteilt, nach drei Jahren wegen schlechter Gesundheit aus der Haft entlassen.

Christian Wirth (geb. 24. November 1885, gest. 26. Mai 1944): deutscher Polizist und SS-Sturmbannführer; 1941 Inspekteur der Einrichtungen im

»Euthanasieprogramm« Aktion T4; dann Kommandant von Chełmno und von Belzec; 1942 von Odilo Globocnik zum Inspekteur der Vernichtungslager der »Aktion Reinhard« ernannt; im Herbst 1943 gemeinsam mit Odilo Globocnik in die »Operationszone Adriatisches Küstenland« versetzt; im Mai 1944 in der Nähe von Triest von jugoslawischen Partisanen getötet.

ARCHIVMATERIALIEN UND ABKÜRZUNGEN

BG	Birmes-Gollak. Anklage gegen Heinrich Birmes, Ernst Gollak, Benno Winkler. Bundesarchiv Ludwigsburg AKT B162/4693 II 208 AR-Z 74/60.
EKI	Ernst Kaltenbrunner Interrogations (Kaltenbrunner-Vernehmungen). US National Archives, Record Group 238 Microfilm Publications, M1270, Rollen 4 und 25. In englischer Sprache.
EM	Erich Muhsfeldt. Eidesstattliche Erklärungen, datiert Krakau 14. August 1947, 16. August 1947, 19. August 1947, 8. September 1947. Kopie übermittelt von Barbara Schwindt; vgl. Schwindt 2005, S. 81, Fußnote 47, »Übersetzung in den ›Akten des Majdanek-Prozesses‹, HA, Bd. 56, Bl. 11551ff.«
F65	Institut für Zeitgeschichte München. Dokumentenakte Akz. 2693/61, F-65. Übermittelt von Gerhard Wiebeck.
GM	Georg Michalsen. Ermittlungen gegen Georg Michalsen u. a. Landgericht Hamburg. Bundesarchiv Ludwigsburg B162/1748 208 AR-Z 74/60.
GMSB	Bericht Gerhard Martin Sommer. Sommers Bericht über das Konzentrationslager Buchenwald (verfasst in der Strafanstalt Straubing), Staatsarchiv Ludwigsburg EL 317/III Bü 316.
GR	Grabner Report. Von Maximilian Grabner während seiner Haft in Wien nach dem Krieg im Herbst 1945 verfasster Bericht über seine Tätigkeit als Leiter der Gestapo in Auschwitz. (Grabner verfasste diesen Bericht auf Ersuchen des damaligen Leiters der Österreichischen Staatspolizei, Dr. Heinrich Dürmayer.) DÖW (Dokumentationsarchiv des österreichischen Widerstandes) Wien, Aktennummer 23680/15. Kopie der Akten des Hessischen Hauptstaatsarchivs Wiesbaden, Verfahren gegen Georg Renno, betreffend Euthanasie (StA Frankfurt/Main 4 Js 444/59).

GWA Gerhard Wiebeck Affidavit. Eidesstattliche Erklärung Gerhard Wiebecks vom 28. Februar 1947, Nürnberg Dokument NO-2331. Harvard Law School Library. *Nuremberg Trials Project: A Digital Document Collection*, HLSL Item 2326.

GWT Gerhard Wiebeck Testimony. Zeugenaussage Wiebecks beim Frankfurter Auschwitz-Prozess (1. Oktober 1964), Fritz Bauer Institut, HH StAW Abt. 461 Nr. 37638; publiziert als *Der Auschwitz-Prozess: Tonbandmitschnitte, Protokolle, Dokumente, 95. Verhandlungstag* 1. Oktober 1964, Berlin: Direct Media Publishing 2004, S. 19570-19698.

HGA Hoven Gottschalk Affidavit. Hoven betreffende eidesstattliche Erklärung von Zeuge Rudolf Gottschalk (4. Mai 1947). NMT 01. Medical Case – *USA v. Karl Brandt et al.* Nummeriert als »Hoven Document x«. Harvard Law School Library. *Nuremberg Trials Project: A Digital Document Collection*, HLSL Item 672.

HAW(1) Hessisches Hauptstaatsarchiv Wiesbaden 461/31502 (Abteilung 461, Nr. 31 502, 413 AR-Z 28/1970), Staatsanwaltschaft Frankfurt am Main. Ermittlungssache gegen RA Dr. Konrad Morgen 1970.

HAW(2) Hessisches Hauptstaatsarchiv Wiesbaden 461/32808 (Abteilung 461, Nr. 32 808, 4a JS 1841/54), Staatsanwaltschaft Frankfurt am Main. Ermittlungssache gegen RA Dr. Konrad Morgen 1954.

HAW(3) Hessisches Hauptstaatsarchiv Wiesbaden 631/325 (Abteilung 631, Nr. 325. Personalakten des Oberlandesgerichts Frankfurt am Main über Dr. Konrad Morgen).

HSG Akten des Hauptamts SS-Gericht. Captured German Records Filmed at Berlin (American Historical Association), US National Archives Record Group 242, microfilm T-580, Rollen 212-215.

IMT International Military Tribunal, Trial of the Major War Criminals (Nuremberg: Secretariat of the Tribunal, 1947) (»Blue Series«), 42 Bände. Englischsprachige Protokolle des Prozesses gegen die Hauptkriegsverbrecher vor dem Internationalen Militärgerichtshof in Nürnberg 14. November 1945 bis 1. Oktober 1946, 42 Bände; online verfügbar unter: {https://www.loc.gov/rr/frd/Military_Law/NT_major-war-criminals.html}

(Stand September 2016). Die deutschsprachige Fassung ist (ohne den Dokumententeil von Band 42) online verfügbar unter: {http://www.zeno.org/Geschichte/M/Der+Nürnberger +Prozeß} (Stand September 2016).

IZ Institut für Zeitgeschichte München. Zwei Berichte Konrad Morgens (vom 21. Dezember 1945 und vom 7. Januar 1946) über die SS, das System der Konzentrationslager und die SS-Gerichtsbarkeit (diese Berichte sind Teil von F65).

JJ Johannes Jaenisch. Strafsache (Anklage und Urteil) Johannes Jaenisch (Beihilfe zum Mord, KZ Buchenwald), Schwurgericht Waldshut. Bundesarchiv Ludwigsburg, B162/29657 AR 10 361/87.

KA Koch Anklageverfügung. Datiert 17. August 1944. Thomas J. Dodd Papers, University of Connecticut [Dokumente, gesammelt von dem amerikanischen Senator Thomas J. Dodd]. Dodd Archiveuconn_asc_1994-0065_box288_folder7343-7344. (Die Akte enthält die ursprüngliche Anklageverfügung in deutscher Sprache und die englischsprachige Übersetzung für die amerikanischen Behörden.)

KE Koch Ermittlungsergebnis. Datiert 11. April 1944. Document NO 2366. Harvard Law School Library. *Nuremberg Trials Project: A Digital Document Collection*, HLSL Item 2328 (in deutscher Sprache); auch verfügbar in US National Archives. Record Group 238, ARC Identifier 597043 / MLR Number NM70 174.

KM5, KM7 Konrad Morgens eidesstattliche Erklärungen im Rahmen des Nürnberger Prozesses gegen die Hauptkriegsverbrecher (IMT Nuremberg Affidavits), Dokumente SS-65 (datiert 13. Juli 1946), SS-67 (datiert 19. Juli 1946), IMT »Blue Series«, Band XLII (42), S. 551-565 (die eidesstattlichen Erklärungen sind in deutscher Sprache).

KMB Konrad Morgens Buch *Kriegspropaganda und Kriegsverhütung* (Leipzig: Universitätsverlag von Robert Noske 1936).

KMC Konrad Morgen Counter Intelligence Corps. Dossier des Nachrichtendienstes des Heeres der Vereinigten Staaten über Konrad Morgen (XE004520), US National Archives, Record Group 319, Box 365.

KMD Konrad Morgen Düsseldorf. Zeugenaussagen Morgens im

Rahmen des Düsseldorfer Majdanekprozesses gegen SS-Angehörige des Lagerpersonals (Strafsache gegen Hackmann u.a.). Landgericht Düsseldorf und Landgericht Frankfurt am Main.

KMD(1) Morgens Zeugenaussage unter Eid (betreffend KZ Majdanek), datiert Düsseldorf 19. September 1973. Landgericht Düsseldorf I 4/71. Bundesarchiv Ludwigsburg B162/2359.

KMD(2) Morgens Zeugenaussage unter Eid (betreffend KZ Majdanek), Frankfurt am Main, 22. Januar 1980. Landgericht Frankfurt am Main XVII 1/75.

KMF Konrad Morgen Frankfurt. Morgens Zeugenaussage beim Frankfurter Auschwitzprozess, 25. Verhandlungstag, 9. März 1964. Fritz Bauer Institut, HHStAW Abt. 461 Nr. 37638; publiziert als *Der Auschwitz-Prozess.* Tonbandmitschnitte, Protokolle, Dokumente, Berlin: Direct Media Publishing 2004, S. 5553-5693. Für eine stark gekürzte Version der Zeugenaussage siehe: Langbein, Hermann, *Der Auschwitz-Prozess. Eine Dokumentation*, Frankfurt am Main: Europäische Verlagsanstalt 1965.

KMH Konrad Morgen Heiratsansuchen. Dokumente zum Heiratsansuchen Morgens. Akte Konrad Morgen des Rasse- und Siedlungshauptamtes der SS, Bundesarchiv Berlin-Lichterfelde, BArch (ehem BDC/RS) VBS 283/6040001446.

KMI Konrad Morgen Interrogations. Vernehmungen Konrad Morgens, »Interrogation Records Prepared for War Crimes Proceedings at Nuernberg 1945-1947«. US National Archives, Record Group 238, Microfilm 1019, Roll 47. (Die Protokolle der Vernehmungen liegen in deutscher Sprache vor.)

KMK Konrad Morgen »Der Korruptionsverbrecher«. Morgens Aufsatz in: *Kriminalistik. Monatshefte für die gesamte kriminalistische Wissenschaft und Praxis* XVII/12 (Dezember 1943), S. 117-119.

KMKB Konrad Morgen Paul-Kleesattel-Bericht. Bericht Morgens an Himmlers Rechtsberater Horst Bender (im Dienstwege über Hauptamt SS-Gericht) in der Strafsache Paul Kleesattel, datiert 19. Februar. 1942. Bundesarchiv Berlin-Lichterfelde (ehem. BDC), SM J5, Kleesattel, Paul.

KMM Konrad Morgen »Ministries Case«. Zeugenaussage Morgens im Wilhelmstraßenprozess vor dem Militärgerichtshof Nürnberg (»Ministries Case«, *The United States of America vs. Ernst von Weizsäcker et al.* before the Nuremberg Military Tribunal,

15. November. 1947-11. April. 1949). US National Archives, record group, microfilm M897. (Morgens Zeugenaussage vom 24. März 1948 ist in deutscher und englischer Sprache vorhanden; sie erfolgte im Rahmen der Anklage gegen Gottlob Berger, den Chef des SS-Hauptamts, der gleichfalls im Wilhelmstraßenprozess angeklagt war.)

KMN Konrad Morgen, Nachlass. Fritz Bauer Institut, Frankfurt am Main.

KMO Konrad Morgen Oberursel. Eidesstattliche Erklärung, datiert 28. Dezember 1945 (in deutscher Sprache mit englischsprachiger Übersetzung). Thomas J. Dodd Papers, University of Connecticut [Dokumente, gesammelt von dem amerikanischen Senator Thomas J. Dodd]. Dodd Archive uconn_asc_1994-0065_box288_ folder7346.

KMP Konrad Morgen Pohl. Morgens Zeugenaussage vom 21. und 22. August 1947 im Gerichtsverfahren gegen Oswald Pohl und andere Angehörige des WVHA vor dem US Militärgerichtshof, Fall 4, 13. Januar bis 3. November 1947 (*USA vs. Pohl et al.*, NMT Case 4), Prozessprotokoll in englischer Sprache S. 6669-6753. University of Southampton Library MS 200/4/13/1-2.

KMR Konrad Morgen Mrugowsky Affidavits. Englischsprachige Übersetzung von drei eidesstattlichen Erklärungen Morgens im Gerichtsverfahren gegen Joachim Mrugowsky NMT 01. Medical Case – *USA vs. Karl Brandt et al.* English transcript S. 5118 (datiert 26. Februar 1947), S. 5150 (datiert 26. Februar 1947), S. 10675 (datiert 23. Mai 1947). Harvard Law School Library. Nuremberg Trials Project: A Digital Document Collection, HLSL Items 736, 741, 794.

KMT Konrad Morgen Toland. Interview John Tolands mit Konrad Morgen, 25. Oktober 1971, Audioaufnahme. FDR Library, Hyde Park, NY, John Toland Papers, Akte (box) 53.

KMU Konrad Morgen Ungarn. Dokumente zu den Ermittlungen wegen Morgens (angeblicher) Beihilfe zum Mord im Zusammenhang mit den Deportationen der jüdischen Bevölkerung Ungarns. Bundesarchiv Ludwigsburg B162/9000 IV/ 413 AR-Z 28/70.

KMV Konrad Morgen Vorvernehmungen. Vorvernehmungen Konrad Morgens im Auschwitzprozess in Frankfurt am Main,

Nachlass Konrad Morgen, Fritz Bauer Institut, Frankfurt am Main.

KMV(1) Datiert 24/27.1.1961, LG Köln, 30 UR 9/58, 4 Ks 2/63, Bd. 46, Bl. 8514-24.

KMV(2) Datiert 8. März 1962, LG Frankfurt am Main, 4 Ks 2/63, Bd. 63, Bl. 11714-22.

KMW Konrad Morgen Waldeck. Morgens Zeugenaussage vom 11. und 12. Juni 1947 im Gerichtsverfahren *USA vs. Josias Erbprinz zu Waldeck-Pyrmont*, Prozess 31 (Kriegsverbrechen in Buchenwald). US National Archives, Record Group 549, »Cases Tried«, Josias Prinz zu Waldeck et al., Case 000-50-9, Boxes 425 to 464. (Morgens Zeugenaussage liegt in englischer Sprache vor.)

KS Kurt Sachs. Brief von SS-Richter Kurt Sachs an Franz Breithaupt vom 26. Februar 1943. Bayrisches Staatsarchiv München Spruchkammer-Akte 1482: Sachs, Kurt (geb. 4. August. 1911).

KWO Koch Weimar Opinion. Englische Übersetzung einer Stellungnahme Morgens zum Prozess des SS-Gerichts in Weimar, datiert Weimar, 11. September 1944. Dokument Nürnberg NO-2380. From NMT 01. Medical Case, *USA vs. Karl Brandt et al.*, englischsprachiges Verhandlungsprotokoll, S. 9970 (24. Juni 1947). Harvard Law School Library. *Nuremberg Trials Project: A Digital Document Collection*, HLSL Item 2331.

LA Lauffs Affidavit. Eidesstattliche Erklärung Hans Lauffs, datiert Ludwigsburg 26. Juli 45. Kopie übermittelt von Barbara Schwindt, die das Dokument in Schwindt 2005, S. 270, Fußnote 381 zitiert als »Akten des ›Majdanek Prozesses‹, Auschwitz-Dokumente, Bl. 25«.

MCD »Ministries Case« Dokumente. Dokumente zum Wilhelmstraßenprozess. In *Trials of the War Criminals before the Nuernberg Military Tribunals Under Control Law No 10* (»The Green Series«), Bd. XIII. United States Military Tribunal IV, Case No. 11, *USA vs. Ernst von Weizsaecker et al.*, Library of Congress; online verfügbar unter: {https://www.loc.gov/rr/frd/Military_Law/pdf/NT_war-criminals_Vol-XIII.pdf} (Stand September 2016).

MHG Mitteilungen des Hauptamts SS-Gericht. US National Archives, Record Group 242, Mikrofilm T175A, roll 3.

NG-558 Englischsprachige Übersetzung eines Briefs des Reichsjustizministers Otto Georg Thierack an Martin Bormann, datiert 13. Oktober 1942. Harvard Law School Library. *Nuremberg Trials Project: A Digital Document Collection*, HLSL Item 4244.

NO-429 Waldemar Hoven eidesstattliche Erklärung (Affidavit) in englischer Sprache. NMT 01. Medical Case *USA v. Karl Brandt et al.* Harvard Law School Library. *Nuremberg Trials Project: A Digital Document Collection*, HLSL Item 154.

NO-434 Ferdinand Römhilds eidesstattliche Erklärung (Affidavit) in englischer Sprache (Römhild war von 1938 bis 1945 als politischer Häftling im KZ Buchenwald interniert, 1941-August 1943 war er medizinischer Gehilfe des Lagerarzts Waldemar Hoven). Harvard Law School Library. *Nuremberg Trials Project: A Digital Document Collection*, HLSL Item 612.

NO-630 Hitlers »Euthanasierlass«. Auftrag Hitlers an Bouhler und Brandt in Sachen »Gnadentod« vom 1. September 1939 (Autorisierung des Euthanasieprogramms der Nationalsozialisten). Harvard Law School Library. *Nuremberg Trials Project: A Digital Document Collection*, HLSL Item 2493 (deutschsprachiges Original).

NO-1270 Anfrage von Max Horn, dem Direktor der Ostindustrie G. m. b. H. (»Osti«), vom 13. Februar 1943 über die Verwendung der jüdischen Arbeitskräfte und der Übertragung des jüdischen Vermögens an die Osti, der formalen Zuständigkeiten (WVHA oder HSSPF Lublin), der Produktionspläne der Osti sowie der Kompetenzen der Direktion. Harvard Law School Library. *Nuremberg Trials Project: A Digital Document Collection*, HLSL Item 5765.

NO-1875 Eidesstattliche Erklärung (Affidavit) von SS-Richter Kurt Mittelstädt, Oberursel 14. Dezember 1945 (in englischer Spache). HAW(1), Ermittlungsverfahren gegen Dr. Konrad Morgen 1970, S. 4.

NO-2366 Materialien im Besitz Morgens, die er bei seiner Inhaftierung im September 1945 den amerikanischen Behörden übergab. US National Archives ARC Identifier 597043 / MLR Number NM70 174.

NO-2380 Englischsprachige Übersetzung einer Stellungnahme Morgens zum Prozess des SS-Gerichts in Weimar, datiert Weimar, 11. September 1944. Dokument Nürnberg NO-2380. NMT 01. Medical Case – *USA v. Karl Brandt et al.*, Englischsprachiges Verhandlungsprotokoll, S. 9970 (24. Juni 1947). Harvard Law School Library. *Nuremberg Trials Project: A Digital Document Collection*, HLSL Item 2331.

NS 7 Bestand NS 7, Akten zur SS-Gerichtsbarkeit. Bundesarchiv Berlin-Lichterfelde.

NS 19 Bestand NS 19. Akten zur SS-Gerichtsbarkeit. Bundesarchiv Berlin-Lichterfelde.

ODD Oskar Dirlewanger Dokumente. Dokumente in Sachen Oskar Dirlewanger. Bundesarchiv Berlin-Lichterfelde BArch R58-7633.

PAF Personalakte Albert Faßbender. Bundesarchiv Berlin-Lichterfelde BArch (ehem. BDC)/SSO/SS Faßbender, Albert.

PAL Personalakte Arthur Liebehenschel. Bundesarchiv Berlin-Lichterfelde, BArch (ehem. BDC)/SSO/SS/ Arthur Liebehenschel.

PCW Personalakte Christian Wirth. Bundesarchiv Berlin-Lichterfelde, BArch (ehem. BDC)/SSO/SS/ Wirth, Christian.

PFL Personalakte Hermann Florstedt. Bundesarchiv Berlin-Lichterfelde, BArch (ehem. BDC)/SSO/SS/ Florstedt, Hermann.

PGS Personalakte Georg von Sauberzweig. Bundesarchiv Berlin-Lichterfelde BArch (ehem. BDC)/SSO/SS/Sauberzweig, Georg von.

PHB Personalakte Horst Bender. Staatsarchiv Ludwigsburg EL 317/ III, Bü 965.

PHF Personalakte Hermann Fegelein. Bundesarchiv Berlin-Lichterfelde BArch (ehem. BDC)/SSO/SS/ Fegelein, Otto Hermann.

PKM Personalakte Dr. Konrad Morgen. Bundesarchiv Berlin-Lichterfelde, BArch (ehem. BDC)/SSO/SS/ Morgen, Konrad.

POG Personalakte Odilo Globocnik. Bundesarchiv Berlin-Lichterfelde, BArch (ehem. BDC)/SSO/SS Globocnik, Odilo.

PS-1919 Posen Speech. Himmlers Posener Rede vom 4. Oktober 1943. Deutscher Originaltext der Rede des Reichsführers-SS bei der SS-Gruppenführertagung in Posen am 4. Oktober 1943 (= Himmlers erste Posener Rede). Harvard Law School Library. Nuremberg Trials Project: A Digital Document Collection, HLSL Item 3791 (Anmerkung der Autoren: HLSL Item 3791 enthält mehrere Reden Himmlers.)

RSS Reichsführer-SS. Akten Himmlers (Records of the Reich Leader of the SS and Chief of the German Police). US National Archives, Record Group 242, microfilm T-175, rolls 3, 53, 248.

SF Strafsache Fellenz. Gerichtsverfahren gegen Fellenz, Ludwigsburg AKT B 162/1349 AR-Z 28/70 Band VIII, S. 52f.

SKV Spruchkammerverfahren. Akten zu Morgens Entnazifizierungsverfahren in Ludwigsburg. Staatsarchiv Ludwigsburg EL 903/3, Bü 2196; EL 905/4; Bü 1933.

SR Sporrenberg Report. Bericht, publiziert in *Historische Mitteilungen* 6 (1993), S. 250-277. Mit Kommentaren und Anmerkungen von Robert Bohn.

WHI Waldemar Hoven Interrogations. Vernehmungen Waldemar Hovens, datiert 22. und 23. Oktober 1946. Nuremberg Documents NO-4068, NO-4069 Harvard Law School Library. *Nuremberg Trials Project: A Digital Document Collection*, HLSL Items 221, 222 (in englischer Sprache).

WHM Werner Hansen Mitschrift. Zusammenfassende Bemerkungen des Richters zur Zeugenaussage des SS-Richters Werner Hansen. 116. Verhandlungstag des Auschwitzprozesses in Frankfurt am Main, 27. November 1964, in: Fritz Bauer Institut, *Der Auschwitz-Prozess: Tonbandmitschnitte, Protokolle, Dokumente*, S. 25987-26049, Berlin: Direct Media Publishing, 2004, S. 26050-26058.

WHT Werner Hansen Testimony. Zeugenaussage Werner Hansens, 116. Verhandlungstag des Auschwitz Prozesses in Frankfurt am Main, 27. November 1964, in: Fritz Bauer Institut, *Der Auschwitz-Prozess: Tonbandmitschnitte, Protokolle, Dokumente*, Berlin: Direct Media Publishing, 2004, S. 25987-26049.

WPA Werner Paulmann Affidavit. Eidesstattliche Erklärung in deutscher Sprache von SS-Richter Werner Paulmann beim Nürnberger Prozess gegen die Hauptkriegsverbrecher, 11. Juli 1946, Dokument SS-64, in: *Trial of the Major War Criminals before the International Military Tribunal 14. November 1945-1. Oktober 1946*, »Blue Series«, Band XLII (42), S. 543-551; online verfügbar unter: {https://www.loc.gov/rr/frd/Military_Law/NT_major-war-criminals.html} (Stand September 2016).

WRA Wilhelm Ruppert Affidavit. Eidesstattliche Erklärung von Friedrich Wilhelm Ruppert, 6. August 1945. Nuremberg Document NO-1903, US National Archives (in englischsprachiger Übersetzung). Ein Auszug aus der eidesstattlichen Erklärung

Rupperts, in dem das Erntefest-Massaker zur Sprache kommt, findet sich in: Longerich, Peter und Pohl, Dieter (Hg.), *Die Ermordung der europäischen Juden: Eine umfassende Dokumentation des Holocaust 1941-1945*, München: Piper 1989, S. 227f.

WTR Walter Többens Report. Walter Többens, »Bericht ueber Warschau und Werke von Poniatowa«, datiert Bremen, 15. September 1945, »z.Zt. Detention Camp«. YIVO Institute for Jewish Research, New York.

LITERATURVERZEICHNIS

I. Literatur aus der NS-Zeit

Best, Werner (1936), »Die Geheime Staatspolizei«, in: *Deutsches Recht* 6, S. 125-128.

Bockelmann, Paul (1939), *Studien zum Täterstrafrecht*, 1. Teil, Berlin: Walter de Gruyter & Co.

Dahm, Georg (1934a), »Das Ermessen des Richters im nationalsozialistischen Strafrecht«, in: Freisler (Hg.), *Deutsches Strafrecht*, S. 87-96.

Dahm, Georg (1934b), »Die Erneuerung der Ehrenstrafe«, in: *Deutsche Juristen-Zeitung* 39, S. 821-832.

Dahm, Georg (1935), »Verbrechen und Tatbestand«, in: Dahm, Georg, Huber, Ernst et al., *Grundfragen der Neuen Rechtswissenschaft*, Berlin: Junker und Dünnhaupt, S. 62-107.

Dahm, Georg (1944), »Gerechtigkeit und Zweckmäßigkeit im Strafrecht der Gegenwart«, in: Bockelmann, Paul (Hg.), *Probleme der Strafrechtserneuerung*, Berlin: Walter de Gruyter & Co., S. 1-23.

Dahm, Georg & Schaffstein, Friedrich (1933), *Liberales oder autoritäres Strafrecht?* Hamburg: Hanseatische Verlagsanstalt.

Forsthoff, Ernst (1933), *Der Totale Staat*, Hamburg: Hanseatische Verlagsanstalt.

Freisler, Roland (Hg.) (1934), *Deutsches Strafrecht. Strafrecht, Strafrechtspolitik, Strafprozeß*, Sonderband der Zeitschrift der Akademie für Deutsches Recht, Neue Folge, Band 1, Berlin: R.v. Decker's Verlag, G. Schenck.

Freisler, Roland (1935), »Willensstrafrecht; Versuch und Vollendung«, in: Gürtner (Hg.), *Das kommende deutsche Strafrecht. Allgemeiner Teil*, S. 5-48; Auszug abgedruckt in: Pauer-Studer & Fink (Hg.), *Rechtfertigungen des Unrechts*, S. 457-478.

Freisler, Roland (1936), »Aufbau und Aufgabe des Besonderen Teils, Gestaltung seiner Tatbestände. Einbau des Schutzes der Bewegung in das Gesetz«, in: Gürtner (Hg.) *Das kommende deutsche Strafrecht. Besonderer Teil*, S. 13-77.

Freisler, Roland (1938), *Nationalsozialistisches Recht und Rechtsdenken*, Berlin: Spaeth & Linde.

Gleispach, Wenzel v. (1936), »Willensstrafrecht«, in: Elster, Alexander & Lingemann, Heinrich (Hg.), *Handwörterbuch der Kriminologie und der anderen strafrechtlichen Hilfswissenschaften*, Band II, Berlin und Leipzig: Walter de Gruyter & Co., S. 1067-1079.

Günther, Hans F. K. (1933), *Rassenkunde des deutschen Volkes*, München: J. F. Lehmann.

Gürtner, Franz (Hg.) (1935), *Das kommende deutsche Strafrecht. Allgemeiner Teil; Bericht über die Arbeit der amtlichen Strafrechtskommission*, zweite Auflage, nach den Ergebnissen der zweiten Lesung neu bearbeitet, Berlin: Franz Vahlen.

Gürtner, Franz (Hg.) (1936), *Das kommende deutsche Strafrecht. Besonderer Teil; Bericht über die Arbeit der amtlichen Strafrechtskommission*, zweite Auflage, nach den Ergebnissen der zweiten Lesung neu bearbeitet, Berlin: Franz Vahlen.

Himmler, Heinrich (1974) [1933-1945], *Geheimreden 1933 bis 1945 und andere Ansprachen*, Berlin: Propyläen.

Huber, Ernst Rudolf (1939), *Verfassungsrecht des Großdeutschen Reiches*, zweite, stark erweiterte Auflage der »Verfassung«, Hamburg: Hanseatische Verlagsanstalt.

Koellreutter, Otto (1938), *Deutsches Verfassungsrecht. Ein Grundriss*, dritte, durchgesehene und erweiterte Auflage, Berlin: Junker und Dünnhaupt.

Koellreutter, Otto (2014) [1938], *Deutsches Verfassungsrecht* (Auszug), in: Pauer-Studer & Fink (Hg.), *Rechtfertigungen des Unrechts*, S. 304-307.

Krug, Karl (1935), »Drei Grundprobleme des kommenden Strafrechts«, in: *Zeitschrift der Akademie für Deutsches Recht* 2, S. 98-102.

Mayer, Hellmuth (1936), *Das Strafrecht des Deutschen Volkes*, Stuttgart.

Mezger, Edmund (1936), *Deutsches Strafrecht. Ein Leitfaden*, Berlin: Junker und Dünnhaupt.

Mezger, Edmund (1938), *Deutsches Strafrecht. Ein Grundriss*, Berlin: Junker und Dünnhaupt.

Nationalsozialistische Leitsätze für ein neues deutsches Strafrecht (1935), 1. Teil, Hg. vom Reichsrechtsamt der NSDAP, Reichsleiter Dr. Hans Frank, Berlin: Deutscher Rechts-Verlag.

Sauer, Wilhelm (1934), »Die Ethisierung des Strafrechts; Über die Prinzipien der Strafrechtserneuerung und ihre praktische Auswirkung«, in: Freisler (Hg.), *Deutsches Strafrecht*, S. 177-190.

Schäfer, Karl (1935), »Nullum crimen sine poena (Das Recht als Grundlage der Bestrafung. Zeitliche Geltung der Strafgesetze)«, in: Gürtner (Hg.), *Das kommende deutsche Strafrecht. Allgemeiner Teil*, S. 200-218.

Schaffstein, Friedrich (1934), »Ehrenstrafe und Freiheitsstrafe in ihrer Bedeutung für das neue Strafrecht«, in: Freisler (Hg.), *Deutsches Strafrecht*, S. 273-282.

Schmitt, Carl (1934), »Der Führer schützt das Recht. Zur Reichstagsrede von Adolf Hitler vom 13. Juli 1934«, in: *Deutsche Juristen-Zeitung* 39, S. 945-950; wiederabgedruckt in: Pauer-Studer & Fink (Hg.), *Rechtfertigungen des Unrechts*, S. 326-331.

Siegert, Karl (1934), »Nulla poena sine lege. Kritische Bemerkungen zu den Vorschlägen der amtlichen Strafrechtskommission«, in: Freisler (Hg.), *Deutsches Strafrecht*, S. 376-386.

Stuckart, Wilhelm & Globke, Hans (1936), *Kommentare zur deutschen Rassengesetzgebung*, Band I, München und Berlin: C. H. Beck'sche Verlagsbuchhandlung.

II. Allgemeine Forschungsliteratur

Alexy, Robert (1992), *Begriff und Geltung des Rechts*, Freiburg/München: Karl Alber.

Aly, Götz (2000), »The Planning Intelligentsia and the ›Final Solution‹«, in: Bartov, Omer (Hg.), *The Holocaust. Origins, Implementation, Aftermath*, London: Routledge, S. 92-105.

Aly, Götz & Heim, Susanne (2004), *Vordenker der Vernichtung. Auschwitz*

und die deutschen Pläne für eine neue europäische Ordnung, Frankfurt am Main: Fischer.
Anscombe, G. E. M. (2010 [1956]), *Absicht*, Frankfurt am Main: Suhrkamp.
Arad, Yitzhak (1987), *Belzec, Sobibor, Treblinka. The Operation Reinhard Death Camps*, Bloomington, IN: Indiana University Press.
Arendt, Hannah (1986) [1963], *Eichmann in Jerusalem. Ein Bericht von der Banalität des Bösen*, München: Piper.
Arendt, Hannah (2003) [1975], »Personal Responsibility under Dictatorship«, in: Arendt, Hannah *Responsibility and Judgment*, herausgegeben von Jerome Kohn, New York: Schocken Books, S. 17-48.
Der Auschwitz-Prozess (2007), *Tonbandmitschnitte, Protokolle und Dokumente*, herausgegeben vom Fritz Bauer Institut und vom Staatlichen Museum Auschwitz-Birkenau in Zusammenarbeit mit der Stiftung Deutsches Rundfunkarchiv und dem Hessischen Hauptstaatsarchiv, Wiesbaden, Berlin: Directmedia Publishing.

Bahro, Berno (2007), »Der Sport und seine Rolle in der nationalsozialistischen Elitetruppe SS«, in: *Historical Social Research* 32, S. 78-91.
Bein, Alex (1980), *Die Judenfrage. Biographie eines Weltproblems*, Band I, Stuttgart: Deutsche Verlags-Anstalt.
Bialas, Wolfgang (2009), »Die moralische Ordnung des Nationalsozialismus. Zum Zusammenhang von Philosophie, Ideologie und Moral«, in: Gross & Konitzer (Hg.), *Die Moralität des Bösen*, S. 30-61.
Bialas, Wolfgang (2014), *Moralische Ordnungen des Nationalsozialismus*, Göttingen: Vandenhoeck & Ruprecht.
Braham, Randolph L. (1981), *The Politics of Genocide. The Holocaust in Hungary*, 2 Bände, New York: Columbia University Press.
Browning, Christopher R. (1999), *Ganz normale Männer. Das Reserve-Polizeibataillon 101 und die »Endlösung« in Polen*, Hamburg: Rowohlt.
Browning, Christopher R. (2003), *Die Entfesselung der »Endlösung«. Nationalsozialistische Judenpolitik 1939-1942*, mit einem Beitrag von Jürgen Matthäus, Berlin: Propyläen.
Buchheim, Hans (1967), »Die SS – Das Herrschaftsinstrument«, in: Buchheim, Hans, Broszat, Martin et al., *Anatomie des SS-Staates*, Band I, München: Deutscher Taschenbuch Verlag, S. 15-212.
Büchler, Yehoshua R. (2003), »›Unworthy Behavior‹: The Case of SS Officer Max Täubner«, in: *Holocaust and Genocide Studies* 17, S. 409-429.

Cesarani, David (2004), *Adolf Eichmann. Bürokrat und Massenmörder*, Berlin: Propyläen.

Dieckmann, Christoph (1998), »Der Krieg und die Ermordung der litauischen Juden«, in: Herbert, Ulrich (Hg.), *Nationalsozialistische Vernichtungspolitik 1939-1945*, Frankfurt am Main: Fischer, S. 292-329.

Domarus, Max (1962), *Hitler. Reden und Proklamationen 1932-1945*, Band I: *Triumph (1932-1938)*, Band II: *Untergang (1939-1945)*, Neustadt an der Aisch: Verlagsdruckerei Schmidt.

Dreier, Horst & Pauly, Walter (2001), *Die deutsche Staatsrechtslehre in der Zeit des Nationalsozialismus*, Berlin und New York: De Gruyter (= Veröffentlichungen der deutschen Staatsrechtslehrer).

Dreier, Ralf (1981), *Recht – Moral – Ideologie. Studien zur Rechtstheorie*, Frankfurt am Main: Suhrkamp.

Dreier, Ralf & Sellert, Wolfgang (Hg.) (1989), *Recht und Justiz im »Dritten Reich«*, Frankfurt am Main: Suhrkamp.

Dworkin, Ronald (1998), *Law's Empire*, Oxford: Hart Publishing.

Dworkin, Ronald (2012), *Gerechtigkeit für Igel*, Berlin: Suhrkamp.

Dyzenhaus, David (2008), »The Grudge Informer Case Revisited«, in: *New York University Law Review* 83, S. 1000-1034.

Fest, Joachim (2005), *Die unbeantwortbaren Fragen. Notizen über Gespräche mit Albert Speer zwischen Ende 1966 und 1981*, Reinbek: Rowohlt.

Finnis, John (2011) [1980], *Natural Law and Natural Rights*, Zweite Auflage, Oxford: Oxford University Press.

Fraenkel, Ernst (1984), *Der Doppelstaat. Recht und Justiz im »Dritten Reich«*, Frankfurt am Main: Fischer.

Frei, Norbert (2001), *Der Führerstaat. Nationalsozialistische Herrschaft 1933-1945*, sechste, erweiterte Auflage, München: Deutscher Taschenbuch Verlag.

Friedlander, Henry (1997), *Der Weg zum NS-Genozid. Von der Euthanasie zur Endlösung*, Berlin: Berlin Verlag.

Fuller, Lon L. (1958), »Positivism and Fidelity to Law: A Reply to Professor Hart«, in: *Harvard Law Review* 71, S. 630-672.

Fuller, Lon L. (1969), *The Morality of Law*, New Haven/London: Yale University Press.

Gerlach, Christian & Aly, Götz (2002), *Das letzte Kapitel. Realpolitik, Ideologie und der Mord an den ungarischen Juden 1944/45*, Stuttgart/München: Deutsche Verlags-Anstalt.

Greene, Joshua M. (2003), *Justice at Dachau. The Trials of an American Prosecutor*, Westminster, MD: Broadway Books.

Gross, Raphael (2009), »Die Ethik eines wahrheitssuchenden Richters: Konrad Morgen, SS-Richter und Korruptionsspezialist«, in: Gross & Konitzer (Hg.) *Moralität des Bösen*, S. 243-264.

Gross, Raphael (2010), *Anständig geblieben. Nationalsozialistische Moral*, Frankfurt am Main: Fischer.

Gross, Raphael & Konitzer, Werner (Hg.) (2009), *Die Moralität des Bösen. Ethik und nationalsozialistische Verbrechen*, Jahrbuch des Fritz Bauer Instituts, Frankfurt am Main: Campus.

Gruchmann, Lothar (1988), *Justiz im Dritten Reich 1933-1940. Anpassung und Unterwerfung in der Ära Gürtner*, München: Oldenbourg.

Habermas, Jürgen (1992), *Faktizität und Geltung. Beiträge zur Diskurstheorie des Rechts und des demokratischen Rechtsstaats*, Frankfurt am Main: Suhrkamp.

Hackett, David A. (1996), *Der Buchenwald-Report. Bericht über das Konzentrationslager Buchenwald bei Weimar*, München: C. H. Beck.

Hambrock, Matthias (2009), »Dialektik der ›verfolgenden Unschuld‹. Überlegungen zu Mentalität und Funktion der SS«, in: Schulte (Hg.), *Die SS, Himmler und die Wewelsburg*, Paderborn, S. 79-101.

Harman, Gilbert (1975), »Moral Relativism Defended«, in: *The Philosophical Review* 84, S. 3-22.

Hart, H. L. A. (1958), »Positivism and the Separation of Law and Morals«, in: *Harvard Law Review* 71, S. 593-629.

Hart, H. L. A. (2012) [1961], *The Concept of Law*, Oxford: Oxford University Press 2012.

Hartl, Benedikt (2000), *Das nationalsozialistische Willensstrafrecht*, Berlin: Weißensee-Verlag.

Heiber, Helmut (Hg.) (1970), *Reichsführer! Briefe an und von Himmler*, München: Deutscher Taschenbuch Verlag.

Herbert, Ulrich (2001), *Best. Biographische Studien über Radikalismus, Weltanschauung und Vernunft 1903-1989*, Bonn: Dietz.

Herf, Jeffrey (2006), *The Jewish Enemy. Nazi Propaganda During World War II and the Holocaust*, Cambridge, MA/London: Harvard University Press.

Herman, Barbara (1993), »The Practice of Moral Judgment«, in: Herman, *The Practice of Moral Judgment*, Cambridge, MA/London: Harvard University Press, S. 73-93.
Herman, Barbara (2007), »A Cosmopolitan Kingdom of Ends«, in: Herman, *Moral Literacy*, Cambridge, MA/London: Harvard University Press, S. 51-78.
Herzl, Theodor (2004) [1896], *Der Judenstaat. Versuch einer modernen Lösung der Judenfrage; Text und Materialen 1896 bis heute*, Berlin: Philo 2004.

Ingrao, Christian (2006), *Le chasseurs noirs. La brigade Dirlewanger*, Paris: Perrin.

Jäger, Herbert (1967), *Verbrechen unter totalitärer Herrschaft. Studien zur nationalsozialistischen Gewaltkriminalität*, Olten/Freiburg: Walter.
Jünger, Ernst (1939), *Auf den Marmorklippen*, Hamburg: Hanseatische Verlagsanstalt.

Kant, Immanuel (1907) [1797], *Die Metaphysik der Sitten*, in: Kant, *Gesammelte Schriften*, Band VI, herausgegeben von der Königlich Preußischen Akademie der Wissenschaften, Berlin: Georg Reimer.
Keller, Ernst (1997), »Ernst Jüngers *Auf den Marmorklippen* – Eine Erzählung und ihre Kritiker«, in: Dunne, Kerry & Campbell, Ian R., *Unravelling the Labyrinth. Decoding Text and Language. Festschrift for Eric Lowson Marson*, Frankfurt am Main: Peter Lang, S. 19-35.
Kelsen, Hans (1960), *Reine Rechtslehre*, Wien: Deuticke.
Kendrick, Gregory M. (1988), *A Question of Justice: Konrad Morgen and the Final Solution*, M.A. Arbeit in Geschichte (Master of Arts in History Thesis), eingereicht an der San Francisco State University.
Kershaw, Ian (1998), *Hitler 1889-1936*, Stuttgart: Deutsche Verlags-Anstalt.
Kershaw, Ian (2000), *Hitler 1936-1945*, Stuttgart: Deutsche Verlags-Anstalt.
Klee, Ernst, Dreßen Willi & Rieß, Volker (1988), *»Schöne Zeiten«. Judenmord aus der Sicht der Täter und Gaffer*, Frankfurt am Main: Fischer.
Klemperer, Victor (1982), *LTI. Notizbuch eines Philologen*, Leipzig: Reclam.
Koehl, Robert Lewis (1983), *The Black Corps. The Structure and Power Struggles of the Nazi SS*, Madison, WI: University of Wisconsin Press.

Kogon, Eugen (1991) [1946], *Der SS-Staat. Das System der deutschen Konzentrationslager*, Gütersloh: Bertelsmann Club, Lizenzausgabe des Kindler Verlags.

Konitzer, Werner (2009), »Moral oder ›Moral‹? Einige Überlegungen zum Thema ›Moral und Nationalsozialismus‹«, in: Gross & Konitzer (Hg.), *Moralität des Bösen*, S. 97-115.

Kuwalek, Robert (2004), »›Das kurze Leben im Osten‹: Jüdische Deutsche im Distrikt Lublin aus polnisch-jüdischer Sicht«, in: Kundrus, Birthe & Meyer, Beate (Hg.), *Die Deportation der Juden aus Deutschland. Pläne – Praxis – Reaktionen 1938-1945, Beiträge zur Geschichte des Nationalsozialismus*, Band XX, Göttingen: Wallstein, S. 112-134.

Lenarczyk, Wojciech & Libionka, Dariusz (Hg.) (2009), *Erntefest, 3-4 listopada 1943. Zapomniany epizod Zagłady* [Die Aktion »Erntefest« vom 3./4. November 1943. Ein vergessenes Kapitel des Judenmordes], Lublin: Państwowego Muzeum na Majdanku.

Lindner, Peter (1997), *Hermann Florstedt. SS-Führer und KZ Lagerkommandant. Ein Lebensbild im Horizont der Familie*, Halle/Saale: Verlag André Gursky.

Longerich, Peter (2008), *Heinrich Himmler. Biographie*, München: Siedler 2008.

Lüken, Erhard-Josef (1988), *Der Nationalsozialismus und das materielle Strafrecht. Ein Beitrag zur Strafrechtsgeschichte*, Dissertation an der Georg-August-Universität Göttingen.

Martus, Steffen (2001), *Ernst Jünger*, Stuttgart/Weimar: J. B. Metzler.

Messerschmidt, Manfred (1969), *Die Wehrmacht im NS-Staat. Zeit der Indoktrination*, Hamburg: R. v. Decker.

Mommsen, Hans (1966), *Beamtentum im Dritten Reich. Mit ausgewählten Quellen zur nationalsozialistischen Beamtenpolitik*, Stuttgart: Deutsche Verlags-Anstalt.

Nazi Conspiracy and Aggression (»Red Series«), Supplement B, Office of United States Chief of Counsel for Prosecution of Axis Criminality, Washington, DC, 1948.

Neiman, Susan (2006), »Das Banale verstehen«, in: Horster, Detlef (Hg.), *Das Böse neu denken. Hannah-Arendt-Lectures und Hannah-Arendt-Tage 2005*, Weilerswist: Velbrück, S. 41-54.

O'Donnell, James P. (1978), *The Bunker. The History of the Reich Chancellery Group*, Boston: Houghton Mifflin.

Orth, Karin (2000), *Die Konzentrationslager-SS. Sozialstrukturelle Analysen und biographische Studien*, Göttingen: Wallstein.

Pauer-Studer, Herlinde (2000), *Autonom leben. Reflexionen über Freiheit und Gleichheit*, Frankfurt am Main: Suhrkamp.

Pauer-Studer, Herlinde & Velleman, J. David (2011), »Distortions of Normativity«, in: *Ethical Theory and Moral Practice* 14, S. 329-356.

Pauer-Studer, Herlinde (2012), »Law and Morality under Evil Conditions: The SS Judge Konrad Morgen«, in: *Jurisprudence* 3/2, S. 367-390.

Pauer-Studer, Herlinde (2014), »Einleitung: Rechtfertigungen des Unrechts. Das Rechtsdenken im Nationalsozialismus«, in: Pauer-Studer & Fink (Hg.), *Rechtfertigungen des Unrechts*, S. 15-135.

Pauer-Studer, Herlinde & Fink, Julian (Hg.) (2014), *Rechtfertigungen des Unrechts. Das Rechtsdenken im Nationalsozialismus in Originaltexten*, Berlin: Suhrkamp.

Perry, Michael W. (Hg.) (2000), *Dachau Liberated. The Official Report by U. S. Seventh Army*, Seattle: Inkling Books.

Petropoulos, Jonathan (2006), *Royals and the Reich. The Princes of Hessen in Nazi Germany*, New York: Oxford University Press.

Radbruch, Gustav (2002) [1946], *Gesetzliches Unrecht und übergesetzliches Recht*, mit einer Einführung von Winfried Hassemer, Baden-Baden: Nomos.

Ránki, György (1978), *Unternehmen Margarethe. Die deutsche Besetzung Ungarns*, Budapest: Corvina Kiadó.

Raz, Joseph (2009a) [1979], *The Authority of Law. Essays on Law and Morality*, zweite Auflage, Oxford: Oxford University Press.

Raz, Joseph (2009b), *Between Authority and Interpretation. On the Theory of Law and Practical Reason*, Oxford: Oxford University Press.

Reinicke, Wolfgang (2003), *Instrumentalisierung von Geschichte durch Heinrich Himmler und die SS*, Neuried: ars et unitas Verlagsgesellschaft.

Reitlinger, Gerald (1957), *The SS. Alibi of a Nation 1922-1945*, New York: Viking Press.

Rhodes, Richard (2002), *Masters of Death. The SS-Einsatzgruppen and the Invention of the Holocaust*, New York: Random House.

Riess, Volker (2003), »Hermann Fegelein – Parvenu ohne Skrupel«, in: Smelser & Syring, *Die SS*, S. 160-172.

Rieß (= Riess), Volker (2011), »Christian Wirth – der Inspekteur der Vernichtungslager« [2004], in: Mallmann, Klaus-Michael & Paul, Gerhard (Hg.), *Karrieren der Gewalt. Nationalsozialistische Täterbiographien*, zweite Auflage, Darmstadt: Wissenschaftliche Buchgesellschaft, S. 239-251.

Rousseau, Jean-Jacques (2004) [1762], *Vom Gesellschaftsvertrag oder Grundsätze des Staatsrechts*, hg. und übersetzt von Hans Brockard (unter Mitarbeit von Eva Pietzcker), Stuttgart: Reclam.

Schenk, Dieter (2010), *Krakauer Burg. Die Machtzentrale des Generalgouverneurs Hans Frank 1939-1945*, Berlin: Ch. Links.

Schmerbach, Folker (2008), *Das »Gemeinschaftslager Hanns Kerrl« für Referendare in Jüterbog 1933-1939*, Tübingen: Mohr Siebeck.

Schulte, Jan Erik (Hg.) (2009a), *Die SS, Himmler und die Wewelsburg*, Paderborn u. a.: Ferdinand Schöningh.

Schulte, Jan Erik (2009b), »Zur Geschichte der SS. Erzähltraditionen und Forschungsstand«, in: Schulte (Hg.), *Die SS, Himmler und die Wewelsburg*, S. xi-xxxv.

Schwilk, Heimo (2007), *Ernst Jünger. Ein Jahrhundertleben, die Biografie*, München/Zürich: Piper.

Schwindt, Barbara (2005), *Das Konzentrations- und Vernichtungslager Majdanek. Funktionswandel im Kontext der »Endlösung«*, Würzburg: Königshausen & Neumann.

Sereny, Gitta (1995), *Am Abgrund. Eine Gewissensforschung. Gespräche mit Franz Stangl, Kommandant von Treblinka*, München: Piper.

Shapiro, Scott J. (2011), *Legality*, Cambridge, MA/London: Harvard University Press.

Shepherd, Ben (2009), »The Clean Wehrmacht, the War of Extermination, and Beyond«, in: *The Historical Journal* 52, S. 455-473.

Smelser, Ronald & Syring, Enrico (2003), »Annäherungen an die ›Elite unter dem Totenkopf‹«, in: Smelser & Syring (Hg.), *Die SS*, S. 9-27.

Smelser, Ronald & Syring, Enrico (2003) [2000] (Hg.), *Die SS: Elite unter dem Totenkopf. 30 Lebensläufe*, zweite, durchgesehene und aktualisierte Auflage, Darmstadt: Wissenschaftliche Buchgesellschaft.

Stein, Harry und Gedenkstätte Buchenwald (Hg.) (2014), *Konzentrationslager Buchenwald 1937-1945. Begleitband zur ständigen historischen Ausstellung*, neunte Auflage, Göttingen: Wallstein.

Stolleis, Michael (2006) [1994], *Recht im Unrecht. Studien zur Rechtsgeschichte des Nationalsozialismus*, zweite Auflage, Frankfurt am Main: Suhrkamp.

The Trial of Adolf Eichmann. Record of the Proceedings in the District Court of Jerusalem (1992), State of Israel, Ministry of Justice.

Theel, Christopher (2014), »Parzifal unter den Gangstern? Die SS- und Polizeigerichtsbarkeit in Polen 1939-1945«, in: Schulte, Jan Erik, Liebe, Peter & Wegner, Bernd, *Die Waffen SS. Neue Forschungen*, Paderborn: Ferdinand Schöningh, S. 61-79.

Toland, John (1976), *Adolf Hitler*, New York: Doubleday & Company; dt. (1977), *Adolf Hitler*, Bergisch Gladbach: Lübbe.

Tugendhat, Ernst (2009), »Der moralische Universalismus in der Konfrontation mit der Nazi-Ideologie«, in: Gross & Konitzer (Hg.), *Moralität des Bösen*, S. 61-75.

Velleman, J. David (2006), *Self to Self. Selected Essays*, Cambridge: Cambridge University Press.

Velleman, J. David (2009), *How We Get Along*, Cambridge: Cambridge University Press.

Vieregge, Bianca (2002), *Die Gerichtsbarkeit einer »Elite«. Nationalsozialistische Rechtsprechung am Beispiel der SS- und Polizei-Gerichtsbarkeit*, Baden-Baden: Nomos 2002.

Wachsmann, Nikolaus (2016), *KL. Die Geschichte der nationalsozialistischen Konzentrationslager*, Berlin: Siedler.

Wegner, Bernd (2010), *Hitlers Politische Soldaten. Die Waffen-SS 1933-1945, Leitbild, Struktur und Funktion einer nationalsozialistischen Elite*, neunte Auflage, Paderborn: Ferdinand Schöningh.

Weingartner, James J. (1983), »Law and Justice in the Nazi SS: The Case of Konrad Morgen«, in: *Central European History* 16, S. 276-294.

Welzer, Harald (2005), *Täter. Wie aus ganz normalen Menschen Massenmörder werden*, unter Mitarbeit von Michaela Christ, Frankfurt am Main: Fischer.

Werle, Gerhard (1989), *Justiz-Strafrecht und polizeiliche Verbrechensbekämpfung im Dritten Reich*, Berlin/New York: De Gruyter.

Wette, Wolfram (2002), *Die Wehrmacht. Feindbilder, Vernichtungskrieg, Legenden*, Frankfurt am Main: Fischer.

Wildt, Michael (2002), *Generation des Unbedingten. Das Führungskorps des Reichssicherheitshauptamtes*, Hamburg: Hamburger Edition.
Williams, Bernard (1985), *Ethics and the Limits of Philosophy*, London: Fontana Paperbacks.
Wittmann, Rebecca (2005), *Beyond Justice. The Auschwitz Trial*, Cambridge, MA/London: Harvard University Press.

Zimmermann, Rolf (2005), *Philosophie nach Auschwitz. Eine Neubestimmung von Moral in Politik und Gesellschaft*, Hamburg: Rowohlt.
Zimmermann, Rolf (2009), »Holocaust und Holodomor«, in: Gross & Konitzer (Hg.), *Moralität des Bösen*, S. 13-29.

ABBILDUNGSVERZEICHNIS UND NACHWEISE

Abb. 1, S. 73: Konrad Morgen, 1938. Archiv des Fritz Bauer Instituts, NL-04 Konrad Morgen, Box 4. Abdruck mit freundlicher Genehmigung des Fritz Bauer Instituts.
Abb. 2.1, S. 85: Haftbefehl gegen Georg von Sauberzweig, unterzeichnet von Konrad Morgen. Bundesarchiv Berlin-Lichterfelde, SSO-Akte Georg von Sauberzweig, Abdruck mit freundlicher Genehmigung des Bundesarchivs Berlin-Lichterfelde.
Abb. 2.2, S. 86: Urteil gegen Sauberzweig. Bundesarchiv Berlin-Lichterfelde, SSO-Akte Georg von Sauberzweig, Abdruck mit freundlicher Genehmigung des Bundesarchivs Berlin-Lichterfelde.
Abb. 2.3, S. 87: Hitlers Ablehnung von Sauberzweigs Gnadengesuch. Bundesarchiv Berlin-Lichterfelde, SSO-Akte Georg von Sauberzweig, Abdruck mit freundlicher Genehmigung des Bundesarchivs Berlin-Lichterfelde.
Abb. 2.4, S. 88: Bestätigung von Sauberzweigs Hinrichtung. Bundesarchiv Berlin-Lichterfelde, SSO-Akte Georg von Sauberzweig, Abdruck mit freundlicher Genehmigung des Bundesarchivs Berlin-Lichterfelde.
Abb. 3, S. 90: Hermann Fegelein. Fotoarchiv Yad Vashem, Archiv-Nummer 4613/891, Abdruck mit freundlicher Genehmigung von Yad Vashem.
Abb. 4, S. 96: Jaroslawa Mirowska. Mit freundlicher Genehmigung von Michael Foedrowitz (Privatarchiv).
Abb. 5, S. 135: Karl Otto Koch, vermutlich 1941. Fotoarchiv Yad Vashem, Archiv-Nummer 4613/1038, Abdruck mit freundlicher Genehmigung von Yad Vashem.
Abb. 6, S. 138: Ilse und Karl Otto Koch mit ihrem Sohn in Buchenwald, vermutlich 1940. Abdruck mit freundlicher Genehmigung von Corbis Images.
Abb. 7, S. 158: Waldemar Hoven zur Zeit des Nürnberger Ärzteprozesses 1946/47. Fotoarchiv Yad Vashem, Archiv-Nummer 132BO3, Abdruck mit freundlicher Genehmigung von Yad Vashem.
Abb. 8, S. 160: Konrad Morgen in SS-Uniform, 1943. Archiv des Fritz Bauer Instituts, NL-04 Konrad Morgen, Box 4. Abdruck mit freundlicher Genehmigung des Fritz Bauer Instituts.
Abb. 9, S. 190: Christian Wirth. Fotoarchiv Yad Vashem, Archiv-Nummer 1979/3, Abdruck mit freundlicher Genehmigung von Yad Vashem.

Abb. 10, S. 222: Odilo Globocnik. Fotoarchiv Yad Vashem, Archiv-Nummer 2785/12, Abdruck mit freundlicher Genehmigung von Yad Vashem.
Abb. 11, S. 259: Ilse Koch in amerikanischer Gefangenschaft, vermutlich 1946. Fotoarchiv Yad Vashem, Archiv-Nummer 1584/256, Abdruck mit freundlicher Genehmigung von Yad Vashem.
Abb. 12, S. 268: Rudolf Höß als Zeuge beim Nürnberger Prozess gegen die Hauptkriegsverbrecher, vermutlich 1946. Fotoarchiv Yad Vashem, Archiv-Nummer 147FO7, Abdruck mit freundlicher Genehmigung von Yad Vashem.
Abb. 13, S. 270f.: Brief von Konrad Morgen an Maria Wachter, 12. Dezember 1944. Archiv des Fritz Bauer Instituts, NL-04 Konrad Morgen, Box 4. Abdruck mit freundlicher Genehmigung des Fritz Bauer Instituts.
Abb. 14, S. 278: Konrad Morgen in der Nachkriegszeit. Archiv des Fritz Bauer Instituts, NL-04 Konrad Morgen, Box 4. Abdruck mit freundlicher Genehmigung des Fritz Bauer Instituts.

PERSONENREGISTER

SACHREGISTER